高原地区教育政策研究丛书

洪成文　主编

高原职业教育的改革与发展研究

郭　辉　主编

学苑出版社

图书在版编目（CIP）数据

高原职业教育的改革与发展研究/郭辉主编. —北京：学苑出版社，2023.10
（高原地区教育政策研究丛书/洪成文主编）
ISBN 978-7-5077-6792-6

Ⅰ. ①高… Ⅱ. ①郭… Ⅲ. ①高等职业教育—教育改革—研究—中国②高等职业教育—发展—研究—中国 Ⅳ. ① G718.5

中国国家版本馆 CIP 数据核字（2023）第 219668 号

责 任 编 辑：	任彦霞
出 版 发 行：	学苑出版社
社　　　址：	北京市丰台区南方庄 2 号院 1 号楼
邮 政 编 码：	100079
网　　　址：	www.book001.com
电 子 信 箱：	xueyuanpress@163.com
联 系 电 话：	010-67601101（营销部）、010-67603091（总编室）
印　刷　厂：	北京建宏印刷有限公司
开 本 尺 寸：	710mm×1000mm　1/16
印　　　张：	26.25
字　　　数：	387 千字
版　　　次：	2023 年 10 月第 1 版
印　　　次：	2023 年 10 月第 1 次印刷
定　　　价：	98.00 元

编 委 会

总顾问 顾明远

主　编 洪成文

委　员（以姓氏笔画排序）

　　　　王　鉴　史培军　朱旭东
　　　　刘旭东　苏　德　李晓华
　　　　洪成文　梅　岩　曹昱源
　　　　管培俊

总　序

党的十八大以来，习近平总书记多次到西部地区视察调研，深入基层和边疆一线，发表了系列重要讲话，为新时代西部大开发指明了方向，提供了基本原则。党的十九大明确提出，强化举措推进西部大开发形成新格局。2020年5月，中共中央、国务院在系统总结西部大开发战略实施经验基础上，顺应中国特色社会主义进入新时代、区域协调发展进入新阶段的新要求，统筹国内国际两个大局发布了《关于新时代推进西部大开发形成新格局的指导意见》，这对于推动高原地区高质量发展、决胜全面建成小康社会、开启全面建设社会主义现代化国家新征程具有重要意义。

我国有青藏、黄土、云贵和内蒙古四大高原，高原地区虽然是中国地理的脊梁，但教育事业的发展却相对滞后。改革开放以来，党中央一直关心高原地区教育的发展，教育事业从入学率的提升，到教育质量的提高和教育均衡战略的实施，都取得了世人瞩目的成就。然而，与东部发达地区相比，高原地区的经济发展和教育事业发展还是有差距的。如何缩小差距，现行的政策有哪些需要调整，如何在政策思想和手段方面不断创新，以更好地满足高原地区教育事业发展的需求，是高原地区教育研究者绕不过去的大难题。高原地区的发展与教育发展息息相关，没有教育事业的发展，就没有高原地区的经济社会发展。教育发展又与教育政策息息相关，没有良好的政策和举措，就不会有教育的良好发展。因此，如何对既往的教育政策加以反思，如何创新当下的教育政策，如何为高原发展提供更好的政策思想和动议，都是当前需要做的紧迫工作。

在党中央提出的"两个一百年"宏伟目标的指引下，本着对高原地区教育发展的一腔热血，青海师范大学组织力量编写这套《高原地区教育政策研究丛书》（以下简称《丛书》），不仅是对高原地区教育在新时代如何更好发展的积极回应，也是对高原地区教育政策的一次系统性梳理，是高原地区教育研究的一个大手笔。

我认为，这套丛书的特点可以概括为三个方面：一是视角创新；二是内容聚焦；三是时机恰当。第一，这是改革开放以来第一套系统整理和研究高原地区的教育政策的丛书。《丛书》的出版将为高原地区教育研究和政策咨询提供系统性的资料，同时也会为促进高原地区教育政策的研究产生积极的影响，从这个角度看，这套丛书的研究视角具有独特性和创新性。第二，《丛书》丰富了我国区域研究的内容，填补了区域教育政策研究的空白，立足于高原地区教育发展，关注高原教育政策，内容具有很强的针对性。第三，《丛书》的编辑和出版恰逢建党百年、教育现代化的纲领刚刚颁布之际，从建党的角度看，有必要系统梳理一下党中央关心高原地区教育的政策和举措；从教育现代化的角度看，高原的教育现代化是全国教育现代化的短板，没有高原的教育现代化，就没有教育现代化的真正实现。研究高原教育现代化，就是要破解中国教育的难题，为高原教育现代化提供研究咨询，就是办大事，办实事，办好事，《丛书》的出版可谓恰逢其时。

《丛书》的第一批选题包括基础教育政策、高等教育政策和职业教育政策。待出版后，第二批的成果将逐渐拓展到高原教育发展的更多方面。如果合适的话，建议以后每五年编辑出版一次，让《丛书》发展成一个连绵不断的教育发展宝库、教育研究的数据库和资源中心。

这套丛书从编辑到出版，编辑委员会和出版社的相关同志都做出了巨大的努力，为全套丛书的出版贡献了各自的智慧。特别要感谢青海师范大学高原科学与可持续发展研究院对该丛书的大力支持。书中可能存在这样和那样的问题，恳请各位读者不吝赐教，让丛书不断提高水平，更好地满足不同层次读者的要求。

应编辑部邀请，我欣然作序。

瞿振元

庚子年 季秋

（瞿振元，国家教育咨询委员会委员，中国高等教育学会原会长，第十、十一届全国政协委员）

序　言

职业教育是国民教育体系不可或缺的组成部分，与产业和经济发展对接最为紧密，也最为直接，既可为经济的可持续发展提供源源不断的人力资源，也是实现生产力转化的重要力量。重视职业教育发展已经成为经济社会发展和教育改革创新的重要战略选择，成为我们的国策。

2019年国务院出台了《国家职业教育改革实施方案》，2020年教育部等九部门印发《职业教育提质培优行动计划（2020—2023年）》，2021年中共中央办公厅、国务院办公厅印发《关于推动现代职业教育高质量发展的意见》。2022年新修订的《中华人民共和国职业教育法》正式实施，明确"职业教育是与普通教育具有同等重要地位的教育类型，是国民教育体系和人力资源开发的重要组成部分，是培养多样化人才、传承技术技能、促进就业创业的重要途径"。在国民教育体系中，职业教育的价值得到空间的提高。

党中央、国务院不断加大对职业教育的政策支持、制度创新，变革职业教育的现代治理体系。职业教育已经形成了独具特色的现代职业教育发展范式，职业教育类型定位科学明确，职业学校教育和职业培训并重，职业教育与普通教育横向融通，不同层次职业教育纵向贯通，服务全民终身学习的现代职业教育体系日益完善。可以说，我国职业教育已进入提质培优、增值赋能新阶段。从顶层设计到制度标准，我们已经构建起具有中国特色贯穿学生从入学到毕业全过程，包含考试招生、人才培养、质量评价、实习管理和学位制度的一整套职业教育制度体系。

青藏高原环境特殊，有世界屋脊和地球的第三极之称，具有独特的自然环境、社会环境和文化环境。青藏职业教育所处的特殊环境及其承担的特殊使命，使其不仅成为区域经济和社会发展的重要支持力量，还是国家文化安全和边防安全的重要屏障，具有维护国家安全稳定、促进民族团结进步、推动经济可持续发展的重大战略价值，发展好职业教育，其意义是多方面的。

梳理和审视青藏高原职业教育的研究成果及相关文献，反思青藏高原职业教育的经验和教训，为高原未来职业教育的发展建言献策、提供参考、引发思考，意义重大，且具有紧迫性。

对口支援工作是贯彻落实国家西部大开发战略的重要举措。教育部于2001年6月启动《对口支援西部地区高等学校计划》，实现了东西部高校之间的"结对帮扶"。2010年，教育部发布《关于进一步推进对口支援西部地区高等学校工作的意见》，从教师队伍建设、联合培养、资源共享、干部挂职、国际合作与统筹管理等方面深化对口支援工作。

青海省人民政府－北京师范大学高原科学与可持续发展研究院（简称高科院）是贯彻落实中央"教育援青"战略，充分发挥北京师范大学人才和科技优势，推进青海教育优先发展的重要载体。

高原教育政策研究团队是该研究院的重要团队之一，以北京师范大学知名学者为学术带头人，会集了青海师范大学和北京师范大学的集体力量，本团队的成立，目的就是将"请进来，走出去"的战略思想落到实处，打造出扎根高原、服务高原、理论联系实际的聚焦高原教育政策问题研究的高水平团队。

依循丛书的要求，作者系统研究了高原职业教育的成果及重要文献。所选文献均为高原职业教育研究最具代表性的知识成果，其中部分文献还是高原职业教育、西部职业教育的滥觞之作，这些文献对于理解高原职业教育、认识西部职业教育研究的文化性和特殊性，具有重要意义。该著作共分为四章，理论与政策探讨、改革与发展实践、应用型人才培养和农牧区的职业教育。每章开头安排有简短的导言，简要介绍专题选文的原则和内容，希望能帮助读者对高原职业教育、西部职业教育的思想内涵及其学术影响形成一个较深刻的认识，也可以为职业教育研究同行提供知识基础。

诚然，高原教育、西部教育还存在与东部教育和中部教育差距较大，重点学科数量相对偏少，学科专业设置和师资队伍结构不尽合理等问题，但是，大家已经迈开步伐，有目标，有方法，有聚焦，一定能够取得一个接一个的辉煌成果。高原职业教育还需要持续性关注和改进，高原职业教育政策研究领域是一块具有开发潜力的沃土。

千里之行，始于足下。一本著作的出版固然微不足道，但是它暗示着西部职业教育研究，特别是高原职业教育大发展时期行将到来。

最后，郑重感谢青海师范大学对该系列丛书的大力支持！

洪成文
2023年初夏 西宁

目 录

第一章　理论与政策探讨 ……………………………………… / 1

全省职业教育大会在西宁召开　王建军、信长星提出要求
………………………………………………………… 郑思哲 / 3
西部民族地区职业教育地方立法现状与前瞻
　　——以青海省职业教育实践为分析对象…… 郑春晶　郝文武 / 5
中华民族共同体意识融入青海民族地区职业教育的理论思考
　　——基于海西州职校的个案调查……………………… 张海云 / 23
民国时期青海地区职业教育的兴办……………… 赵春娥　白雪梅 / 37
青海藏区职校学生择业倾向与态度研究
　　………………………………… 王士勇　张效科　瑜措珍嘎 / 51
青海藏区初三学生对职业教育的需求调查与分析
　　………………………………… 张效科　王士勇　瑜措珍嘎 / 64
"一优两高"战略下青海民族地区职业教育体系定向研究
　　……………………………………………… 张春海　李金睿 / 80
青海高职教师人格特质与职业承诺的关系：教学效能感的
　　中介作用………………………………………………… 胡维芳 / 98

第二章　改革与发展实践 ……………………………………… / 109

以职业教育赋能振兴发展
　　——我省积极推进职业教育改革发展综述……………… 赵　静 / 111

职业教育与城镇化质量的协调发展
——基于2005年和2013年的省级层面数据
……………………………………………… 阚大学 吕连菊 / 116

西部民族地区高职教育发展：进程、挑战与变革
——基于《规划纲要》发展回顾与"双高计划"前瞻
……………………………………………… 马鸿霞 朱德全 / 134

青海省职业教育发展现状及问题研究………… 魏凤英 赵 伟 / 178

青海省职业教育改革发展的现实困境与路径选择
——基于9所职业学校的调研分析…………………… 邓彩霞 / 199

从数据看新时代以来青海职业教育发展………王海春 王 荣 / 212

青海省高等职业教育与区域经济协调发展研究………赵 倩 / 221

青海省高职教育国际化影响因素SWOT分析及发展路径探讨
……………………………………………………………… 刘迎春 / 228

青海省中等职业教育发展四十年…… 王 荣 王海春 文 霞 / 238

第三章 应用型人才培养 ……………………………………… / 249

关于加强青海省职业培训促进就业的调研报告
……………………………………………………… 李爱国 潘 立 / 251

高职院校"双师型"师资建设现状与对策研究
——以青海省为例…………………………………………… 柳 春 / 264

高职专业建设适应地方经济发展的实践探索
——以青海交通职业技术学院旅游管理专业为例
……………………………………………………………… 赵丽华 / 270

新时代高职院校专职辅导员培育机制的新思考
——以青海省为例………………………………………… 常金玉 / 276

高职院校学生社团建设存在的问题及对策
——以青海卫生职业技术学院医学技术系学生社团为例
……………………………………………………… 史 娜 吴 建 / 286

浅析民族地区高职教师教育科研能力
　　——以青海地区为例 ……………………马玉萍　司润霞 / 292
青海省高职毕业生就业满意度分析
　　——以青海建筑职业技术学院为例………………杜　杰 / 297

第四章　农牧区职业教育……………………………………… / 303

三江源教育生态研究报告
　　——藏区职业教育发展问题………王　娟　李宗远　陈化育 / 305
"后脱贫时代"职业教育如何行稳致远
　　——"三区三州"职业教育发展现状与未来展望
　　………………………………………………张劲英　陈　嵩 / 320
民族地区涉农高职教育之窘及破解之道
　　——以青海省为例…………………………………井亚琼 / 335
青海涉藏六州民办中等职业教育发展问题研究…………马丽亚 / 348
青海民族地区职业教育发展现状研究
　　——以黄南、果洛、玉树职校为例………………琼　英 / 362
青海农牧区职业教育精准扶贫的成效与经验
　　——兼论"后精准扶贫时代"职业教育助力乡村振兴的对策
　　………………………………………………何九甫　王　娜 / 373
我国农业职业技术教育精准扶贫路径探讨
　　——以青海省互助县为例…………………………虎文华 / 385

后　记 ……………………………………………………………… / 403

第一章
理论与政策探讨

高原职业教育相关理论和政策的探讨可以更好地引导高原职业教育发现问题、分析问题、解决问题，从而更好地培养高原职业教育人才、优化高原职业教育实践和推进高原职业教育的高质量发展。本部分内容既包括在宏观层面，省委书记、省长等对青海省职业教育发展指示的方向，西部民族地区职业教育地方立法的研究，职业教育中铸牢中华民族共同体意识的理论思考，地方职业教育发展史的梳理，"一优两高"战略下民族地区职业教育体系等；也包括在微观层面，以学生为研究对象，民族地区初中学生对职业教育的需求和民族地区职业学校学生择业情况的调研；以教师为对象，对教师的人格特质、教学效能感与职业承诺的关系的考察等。这些立足高原职业教育实践，带有鲜明地域特征的理论和政策的思考，为高原职业教育发展战略提供了指南。

全省职业教育大会在西宁召开
王建军、信长星提出要求[*]

郑思哲[**]

9月27日,全省职业教育大会在西宁召开。省委书记、省人大常委会主任王建军,省委副书记、省长信长星提出要求。省委副书记吴晓军出席并讲话,省委常委、宣传部部长赵月霞主持,省政府副省长杨志文讲话,省政协副主席王绚出席会议。

王建军强调,职业教育是为受教育者未来择业、创业、就业做准备的教育。习近平总书记强调,"在全面建设社会主义现代化国家新征程中,职业教育前途广阔、大有可为","前途广阔、大有可为"是习近平总书记对办好人民满意的职业教育的深情嘱托。要全面贯彻习近平总书记的重大要求,以职业教育的美好来引领受教育者对未来美好生活的向往。要坚持以学生为中心,重构促进受教育者全面发展的职业教育观。要秉持新发展理念,推进职业教育供给侧改革,培养更多更好的、适应信息化智能化时代的、德技兼修的各类高素质专业化人才,为建设好青海、发展好青海提供有力人才和技能支撑。

信长星指出,"十三五"时期,我省职业教育在稳步扩大办学规模、优化专业结构设置、提高人才培养质量、推进教学改革试点等方面取得较大进步,职业教育服务地方经济社会发展能力不断提升。要深入贯彻习近

---

[*] 本文发表于《青海日报》2021年9月28日第001版。
[**] 郑思哲,《青海日报》记者。

平总书记关于职业教育的重要指示，坚持党的领导，坚持正确办学方向，坚持立德树人，立足类型教育战略定位，着眼内涵式发展，着力抓好完善教育体系、改革体制机制、突出办学特色、强化教学保障等重点任务，促进产教融合、校企合作、供需对接、师资共建、人才共育，为新青海建设培养更多高素质技术技能人才、能工巧匠、"青海工匠"。

会议要求，要全面贯彻全国职业教育大会精神，提高政治站位，强化担当作为，抢抓历史机遇，明确工作路径，加强组织领导，努力推动青海现代职业教育高质量发展。要着眼服务青海现代化建设，优化类型定位，深化产教融合、校企合作，深入推进育人方式、办学模式、管理体制改革，构建具有青海特色的高质量职业教育体系。要引导全社会树立正确的教育观、择业观和成才观，提高技术技能人才待遇，畅通职业发展通道，增强职业教育认可度和吸引力。要打造高水平职业教育师资队伍，提升职业教育人才培养质量，把职业教育"大有可为"的美好愿景，转化为"大有作为"的青海实践。各级党委政府和有关部门要协调解决职业教育重点难点问题，更好支持和促进职业教育发展。

会上，省财政厅、海南州等单位和地区做了交流发言。省教育厅与西宁（国家级）经济技术开发区、海东工业园区、柴达木循环经济试验区签订了合作框架协议。有关职业院校之间签订了对口帮扶协议。

西部民族地区职业教育地方立法现状与前瞻
——以青海省职业教育实践为分析对象*

郑春晶　郝文武**

一、问题缘起与样本选择

2021年6月，《中华人民共和国职业教育法（修订草案）》（下文简称《修订草案》）提请全国人大常委会审议，随后面向社会征求意见。《修订草案》明确提出"职业教育与普通教育是不同教育类型，具有同等重要地位"，与1996年《职业教育法》相比，《修订草案》顺应新时代中国特色社会主义发展的历史要求，从体系、主体、对象、保障等方面对职业教育相关问题进行了更为详尽的规定，并对法律责任进行了必要的细化。①

就我国西部民族地区而言，发展不平衡、不充分问题更为突出，加之多元自然环境和多民族共生、多文化并存的现实，决定了其更为多样的经济样态和更为复杂的民生格局，需要地方立法发挥其衔接国家法律与一线司法实践的纽带功能，更好地提升民族地区教育法治化水平，实现依法治教。鉴于上位法《职业教育法》修订在即，有必要一方面"大处着眼"，

---

*　本文发表于《青海民族大学学报（社会科学版）》2022年第48卷第2期。
**　郑春晶（1985—），女，黑龙江绥棱人，陕西师范大学教育学院博士研究生，研究方向：教育政策与职业教育。郝文武（1954—），男，陕西清涧人，陕西师范大学教育学院教授，博士研究生导师，研究方向：教育哲学与教育政策。
①　全国人大常委会. 中华人民共和国职业教育法（修订草案）[EB/OL]. http://www.npc.gov.cn/npc/c12435/list_2.shtml.

从全面推进依法治国、建设社会主义法治国家的高度，重新思考职业教育地方立法在西部民族地区经济社会发展中的作用；另一方面"小处着手"，着力提升地方立法的实操性，打通国家法律与司法实践之间的"最后一公里"。

在样本选择上，青海是典型的西部欠发达省份，平均海拔超过3000米，少数民族人口占比为49.47%，在全国仅次于西藏和新疆。①2020年人均可支配收入24037元，仅及全国平均水平约四分之三。② 全省职业教育存在严重历史欠账，集中表现为内涵式发展动力不足，服务区域经济社会发展能力偏低。③ 未来青海在迎来新一轮西部大开发历史机遇的同时，面临着巩固脱贫攻坚成果、实现乡村振兴等历史任务，亟须重新思考职业教育地方立法的现状与问题、含义与目标、地位与角色、内容与进度。因此，青海是考察西部民族地区职业教育立法现状、分析其问题并提出对策的理想样本。

研究内容上，《中华人民共和国立法法》（下文简称《立法法》）规定，我国地方立法包括"地方性法规、自治条例和单行条例、规章"。④ 然而，《行政诉讼法》第六十三条第三款规定："人民法院审理行政案件，参照规章。"⑤ 地方性规章在我国法律体系中处于最低一级，在司法实践中更多作为参照而非依据存在，且目前在青海，具有地方规章制定权的省人民政府和各自治州人民政府尚未制定职业教育领域地方规章，故本文涉及的职业教育立法主要指地方人大立法，即由省（区、市）人大及其常委会和民族

---

① 青海省第七次全国人口普查领导小组办公室. 青海省第七次全国人口普查公报（第一号）[N]. 青海日报. 2021-06-16（6）.

② 国家统计局. 中华人民共和国2020年居民收入和消费支出情况统计公报[EB/OL]. http://www.stats.gov.cn/tjsj/zxfb/202101/t20210118_1812425.html.

③ 魏凤英，赵伟. 青海省职业教育发展现状及问题研究[J]. 青海师范大学学报（哲学社会科学版），2020（2）：147-151.

④ 乔晓阳.《中华人民共和国立法法》导读与释义[M]. 北京：中国民主法制出版社，2015：12.

⑤ 全国人大常委会. 中华人民共和国行政诉讼法（2017最新修正版）[M]. 北京：法律出版社，2017：11.

自治州、自治县人大制定的地方法规、自治条例和单行条例。另外需要说明的是，西部地区民族自治州、自治县人大在立法时，大多选择将职业教育内容包含在其教育条例或民族教育条例中，而非专门制定职业教育单行条例，在青海也是如此，因此本文讨论的职业教育地方立法，既包括专门的职业教育法规和单行条例，也包括教育条例或民族教育条例中与职业教育相关的内容。

二、西部民族地区职业教育地方立法现状及问题

（一）职业教育地方立法普遍缺位

西部民族地区职业教育地方立法，既包括省（区、市）人大及其常委会制定的地方性法规，也包括民族自治州、自治县人大制定的单行条例。关于前者，《立法法》第七十二条第一款规定："省、自治区、直辖市的人民代表大会及其常务委员会根据本行政区域的具体情况和实际需要，在不同宪法、法律、行政法规相抵触的前提下，可以制定地方性法规。"[①] 但截至2021年底，青海省人大及其常委会尚未制定职业教育地方性法规，类似情况在西部并非个例，新疆维吾尔自治区和宁夏回族自治区也未制定相应的地方性法规。

关于民族自治州、自治县立法权，《立法法》第七十五条第一款规定："民族自治地方的人民代表大会有权依照当地民族的政治、经济和文化的特点，制定自治条例和单行条例。"[②] 照此原则，青海民族地区具有职业教育领域立法权的主体包括海南、海北、黄南、果洛、玉树5个藏族自治州（以下简称海南、海北、黄南、果洛、玉树）和海西蒙古族藏族自治州（以下简称海西）以及海北州门源回族自治县、海东市化隆回族自治县、海东市循化撒拉族自治县、海东市互助土族自治县、海东市民和回族土族自治县、西宁市大通回族土族自治县和黄南州河南蒙古族自治县人大。关

---

① 乔晓阳.《中华人民共和国立法法》导读与释义［M］. 北京：中国民主法制出版社，2015：14.

② 同① 15.

于西宁市和海东市 2 个设区的市，由于 2015 年《立法法》规定设区的市立法权限于"城乡建设与管理、环境保护、历史文化保护等方面的事项"，且上述地区并未在 2015 年之前制定职业教育地方性法规，故无须考虑其职业教育立法和接续实施问题。

由此可以明确，目前青海省职业教育地方立法主体除省人大及其常委会外，还包括 6 个民族自治州、7 个民族自治县的人大。以此考察青海民族地区职业教育立法现状，不难发现缺位严重的现象。6 个民族自治州中，只有海南州在 2010 年修订并经省人大常委会批准的《海南藏族自治州民族教育工作条例》中，以一章八条的篇幅对职业教育进行了专门规定，7 个民族自治县中只有民和回族土族自治县于 2004 年制定了《民和回族土族自治县发展职业教育条例》，立法缺位率高达 84.6%（见图 1）。类似现象在西部民族地区并非个别，以自治州为例，全国 30 个民族自治州中 27 个地处西部，目前无一制定职业教育单行条例，在其教育条例或民族教育条例中涉及职业教育内容的，只有四川阿坝藏族羌族自治州、贵州黔南布依族苗族自治州、云南楚雄彝族自治州、红河哈尼族彝族自治州、西双版纳傣族自治州、德宏傣族景颇族自治州、甘肃临夏回族自治州和青海海南藏族自治州八地。

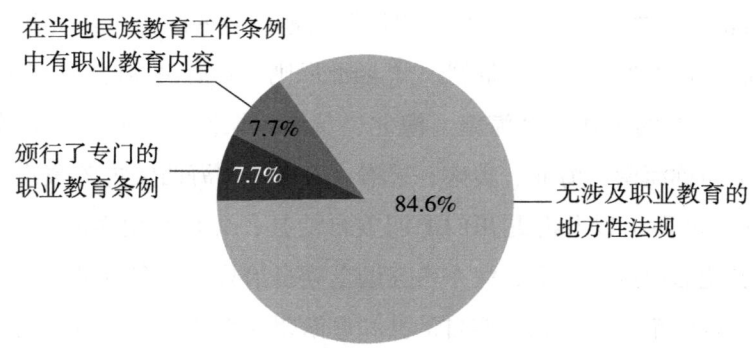

图 1　青海民族地区职业教育立法现状

（二）立法缺位导致"以政代法"

立法缺位的直接后果，是上述地区职业教育长期无法可依，"以政代法"现象普遍存在。以青海为例，自 2000 年以来，各级政府先后印发职业教育政策性文件 22 部，由省政府印发的就有 10 部。作为社会治理文件依据之一，政策性文件紧跟现实、灵活调整的优势显而易见，但最大弊端在于缺乏足够的明确性和强制力，导致其在落实过程中触及现实利益时往往难以推进。具体到职业教育，其调整势必涉及与义务教育、高中教育、高等教育等教育阶段和类型的关系，鉴于三者相对强势的地位，单靠政策性文件驱动难免"外热内冷"，即相关部门一方面不断强调职业教育的重要性，另一方面又难以有效兑现职业教育政策，长此以往势必会影响职业教育的社会认可度，甚至加速其边缘化。青海省教育厅公布的数据显示，尽管近年来各级政府出台多部政策性文件，但对全省职业教育的推动效果总体有限，表现之一是全省高中阶段教育职普比多年低位徘徊，2012 年为 42.03%：57.97%，2015 年为 39.57%：60.43%，2018 年为 37.80%：62.20%，2021 年小幅回升到 39.92%：60.08%。[①]（见表 1）

表 1 青海省高中阶段教育职普比（2012—2021 年）

年份	职业高中在校生占比/%	普通高中在校生占比/%
2012	42.03	57.97
2015	39.57	60.43
2018	37.80	62.20
2021	39.92	60.08

"以政代法"的另一表现，是以行政手段规定高中阶段教育的职普比，甚至陷入"越调越低、越低越调"的循环。上述现象在全国层面长期存在，较近一次是 2021 年 3 月教育部出台《关于做好 2021 年中等职业学校招生工作的通知》，第一条就是"坚持职普比例大体相当"，并提出"职

---

① 青海省教育厅. 全省教育事业发展统计公报［EB/OL］. http://www.qhedu.cn/gk/jyfz/.

普比例较低的地区要重点扩大中等职业教育资源,要提高中等职业教育招生比例"的要求。① 具体到青海,根据笔者检索,进入21世纪以来,各级人民政府印发的职业教育领域政策性文件中,约三分之二涉及"职普比大体相当"或类似表述。

笔者认为,上述现象长期存在,恰恰是职业教育法治化程度偏低的表现,且在职业教育社会认可度总体不高的情况下,以行政手段强行分流,很难从根本上解决职业教育发展的困境,倘若操之过急,甚至可能加剧教育资源分配不均的问题。《修订草案》中职业教育与普通教育"具有同等重要地位"的提法,更多的是立足两者对经济社会发展的贡献及由此带来的社会认可,而非学生人数上硬性"大体相当"。换言之,"同等重要"重点在"质"而非"量"。②

三、西部民族地区职业教育地方立法的内涵

西部民族地区职业教育法治化水平偏低,需要地方立法机构依据《立法法》,紧跟《职业教育法》进行修订,做好各项立法前期工作,这不仅是推进依法治国、提升职业教育法治化水平的历史要求,也是激活西部民族地区人才资源、促进城乡协调发展的现实要求。对青海而言,当下面临着巩固脱贫攻坚成果、实现乡村振兴、推进生态保护等艰巨任务,有必要重新思考其职业教育地方立法的内涵,至少明确两个问题:西部民族地区职业教育地方立法的目标是什么?功能是什么?

(一)西部民族地区职业教育立法的目标

职业教育地方立法的目标,是提升基层教育法治化水平,真正实现依法治教。根据中共中央印发的《法治社会建设实施纲要(2020—2025年)》要求,到"十四五"末,我国要"全面提升社会治理法治化水平,依法维

---

① 教育部办公厅. 关于做好2021年中等职业学校招生工作的通知[EB/OL]. http://www.moe.gov.cn/srcsite/A07/moe_950/202104/t20210406_524618.htm.

② 彭振宇. 职业教育作为类型教育之我见[J]. 教育与职业,2019(17):5-6.

护社会秩序、解决社会问题、协调利益关系、推动社会事业发展"。① 具体到教育领域，应当坚持依法治教的总要求，其前提则是有法可依，有良法可循。西部民族地区总体收入偏低、相对贫困高发的现实，决定了其职业教育发展的必要性、紧迫性，据测算，职业学历教育对受教育者收入水平的正向影响系数可稳定在7%以上，在多种教育形式中与收入的正相关性最为明显，"职教一人，就业一个，幸福一家"的说法所言不虚。② 同时，西部民族地区职业教育发展存在巨大的历史欠账，特别是当地产业支撑能力相对薄弱的现实，决定了其发展职业教育的艰巨性，更需要以立法为引领，全面规范职业教育主体行为特别是行政行为，在发挥市场在资源配置中决定性作用的同时，更好地发挥政府的指导、规范和监督作用。

学者周旺生认为，地方立法的意义，一方面在于促进宪法、法律和国家大政方针有效实施，另一方面在于解决中央立法不能独立解决或暂时不宜由中央立法解决的问题，从而全面提升基层治理的法治化水平，实现从"人治"到"法治"的历史性跨越。③ 上述观点显然适用于西部民族地区职业教育立法，由于《职业教育法》修订在即，继续参照现行《职业教育法》进行地方立法显然意义不大，但这绝不意味着地方立法主体在此问题上可以等待观望。相反，地方立法主体应当在明确西部民族地区职业教育立法目标基础上，做好各项前期工作，确保在《职业教育法》修订完成之后，地方立法能够及时跟进。

（二）西部民族地区职业教育立法的功能

首先，职业教育地方立法是连接上位法与司法实践的纽带。《职业教育法》颁行以来，学者讨论其得失，对其"软法"特质颇有微词，认为其中原则性、宣示性内容较多，很多条款缺乏法律应有的明确性和强制性，

---

① 中共中央. 法治社会建设实施纲要（2020—2025年）[EB/OL]. http://www.gov.cn/zhengce/2020-12/07/content_5567791.htm.
② 尹振宇，吴传琦. 乡村振兴背景下农村劳动者培训的收入效应研究[J]. 调研世界，2021（3）：18-19.
③ 周旺生. 立法学[M]. 北京：法律出版社，2004：218-219.

整部法律甚至没有关于法律责任的专门规定，仅在"附则"部分规定"在职业教育活动中违反教育法规定的，应当依照教育法的有关规定给予处罚"，导致该法颁行以来基本未直接应用于司法实践。上述情况一方面是由于国务院多年来并未制定配套行政法规，导致《职业教育法》相关规定在中央层面未能得到细化；另一方面是由于职业教育地方立法的缺失，直接制约了《职业教育法》在地方的"落地"。

具体到西部民族地区，《立法法》第七十五条第二款规定："自治条例和单行条例可以依照当地民族的特点，对法律和行政法规的规定做出变通规定，但不得违背法律或者行政法规的基本原则，不得对宪法和民族区域自治法的规定以及其他有关法律、行政法规专门就民族自治地方所做的规定做出变通规定。"① 由于职业教育并非该款但书中的"法律保留"事项，民族地区职业教育立法在功能定位上不应拘泥于解读、细化上位法，而应当结合地方实际，在可操作性上下足功夫，积极主动地弥补上位法中存在的盲区。在青海多地，以非物质文化遗产为代表的民间手工业已经形成规模和稳定市场，如人口仅27.6万人的青海黄南藏族自治州，其热贡唐卡艺术产业年创造产值超7亿元，吸收青壮年劳动力4万余人。在黄南州职业技术学校中，唐卡绘制也是就业最好的专业。② 由于唐卡绘制技艺传承在历史上长期垄断于藏传佛教僧侣和民间艺人群体，若按照现行《职业教育法》中关于教师的规定，上述人员显然难以从事职业学校教学活动，当地人大应当合理利用《立法法》中的"变通规定"原则，在当地职业教育或民族教育单行条例中，做出适合职业教育特色专业发展的相关规定，并报请全国人大常委会批准。

其次，职业教育地方立法是积极发挥地方立法试点作用的平台。在我国立法实践中，"地方先于中央立法"的做法并不鲜见。全国人大常委会法制工作委员会《关于2019年备案审查工作情况的报告》指出，"允许

---

① 乔晓阳.《中华人民共和国立法法》导读与释义[M]. 北京：中国民主法制出版社，2015：22.

② 徐文辞. 青海黄南：唐卡的"非遗"致富经[N]. 甘肃日报，2018-08-13（9）.

和鼓励制定机关根据实践需要和法治原则进行立法探索"。① 地方立法重要功能之一,是在不与上位法抵触的前提下,及时就地方层面亟待解决的法律问题做出规定,从而为更高层面立法"探路"。具体到西部民族地区,一方面其自身在自然环境、文化风俗、民生格局等方面存在较为明显的特异性,另一方面,更为重要的是上述地区面临着与西部其他地区乃至全国相同的历史机遇、发展任务和风险挑战,其立法实践具有鲜明的试点意义,不仅可以及时总结地方经验,寻找其与更高层面立法的契合点,同时可以及时发现并修正存在的纰漏乃至误区,为更高层面立法提供借鉴。

青海由于人口较少、经济体量较小,可以发挥"船小好掉头"的优势,更加积极地参与职业教育领域地方立法试点。同时,由于青海集中了西部地区、民族地区、欠发达地区等诸多特点,其试点经验常常具有更强的可推广性。以农村职业教育为例,中国职业技术教育学会发布的数据显示,2012年农村户籍学生占到中职学校在校生人数的82%,近七成生源来自西部地区。② 故而可以认为,职业教育与"三农"发展和乡村振兴之间有着天然的紧密联系。然而,在1996年《职业教育法》及地方立法中,相关规定基本还是按照农村、城市分开的逻辑制定,这与我国逐步进入"城乡时代"、人力资源和生产资料在城乡之间加速流动的国情明显脱节。③ 现实中,农村生源职校毕业生尽管回乡务农率较低,但大多会选择在本省特别是家乡所在县市就业,这些人中的大部分,都是未来乡村振兴的重要力量。据学者魏凤英、赵伟研究,在青海职业院校毕业生中,回乡就业率达到近70%。④ 地方职业教育立法应当及时准确地把握上述变化,尝试从

---

① 全国人大常委会法工委. 关于2019年备案审查工作情况的报告[EB/OL]. http://www.npc.gov.cn/npc/c30834/201912/24cac1938ec44552b285f08f78c944.shtml.

② 中国职业技术教育学会. 2012年中国中等职业学校学生发展与就业报告[M]. 北京:外语教学与研究出版社,2013:78.

③ 周立. "城乡中国"时代的资本下乡[J]. 人民论坛,2018(28):70–72.

④ 魏凤英,赵伟. 青海省职业教育发展现状及问题研究[J]. 青海师范大学学报(哲学社会科学版),2020(2):147–151.

制度设计上进一步打破城乡之间在人力资源、生产资料方面的壁垒，加速人员"走出去"和生产资料的"引进来"，在实现农村再组织化的同时促进城乡共同繁荣。

四、西部民族地区职业教育地方立法的迫切性

2015年，全国人大常委会开展了《职业教育法》执法检查，在充分肯定1996年《职业教育法》开创意义的同时提出了加紧修订的意见。根据学者邢晖的调查，目前国内多数职业教育从业者、接受者认为职业教育立法修订不仅应当加速，而且应根据现实需要，重新思考其逻辑主线和大致框架。① 具体到西部民族地区，从1996年至今，职业教育所处政策环境和自身功能定位均发生了显著变化，特别是随着绝对贫困全面消除，西部民族地区在面对新一轮西部大开发历史机遇的同时，也和全国其他地区一样，面临着巩固脱贫攻坚成果、推进乡村振兴战略的历史重任，加强职业教育地方立法势在必行。

（一）加强职业教育地方立法，是融入新一轮西部大开发战略的历史要求

作为全面建设社会主义现代化国家新征程中的一项重大战略部署，新一轮西部大开发立足西部高质量发展、高水平开放、高层次生态建设与高标准民生保障。中共中央、国务院2020年印发的《关于新时代推进西部大开发形成新格局的指导意见》指出，西部地区经济发展应"充分发挥西部地区比较优势，推动具备条件的产业集群化发展"，通过相关优势产业、特色产业的发展，"推动形成现代化产业体系"，从而实现"有所为，有所不为"的差异化、特色化发展。② 以青海为例，地理环境与民俗文化造就了独特的藏医药资源，据权威媒体报道，目前青海藏医药产业年产值

---

① 邢晖.《职业教育法》修订历程回顾与《职业教育法修订草案（征求意见稿）》分析［J］.中国职业技术教育，2020（10）：8-9.

② 中共中央，国务院.关于新时代推进西部大开发形成新格局的指导意见［N］.人民日报，2020-05-18（1）.

至少已达26亿元，年均增速保持两位数，占全国藏医药产业的44%，发展规模和综合实力位居全国之首，就业人口保持在万人以上。[①] 在青海省内多家高等、中等职业院校中，藏医药专业均已实现常态化招生，如在《青海卫生职业技术学院2022年单独招生简章》中，藏医学招生名额为100人，占该校招生总数的近八分之一。[②] 藏医药技艺传承不但涉及学校教育，还涉及自身传承习俗和非物质文化遗产保护。上述内容在全国性立法中暂时难以详细规定，应当通过民族地区地方立法予以规范，特别是合理利用《立法法》第七十五条第二款中的"变通原则"，突出立法的可操作性。

与世纪之交启动的第一轮西部大开发相比，新一轮西部大开发的亮点之一是对西部生态地位的强调。《关于新时代推进西部大开发形成新格局的指导意见》指出，要"加大美丽西部建设力度，筑牢国家生态安全屏障"。青海是中国乃至亚洲重要的生态屏障和水源涵养区，也是高原野生动物的重要栖息地。2016年习近平总书记在青海考察时提出了"青海最大的价值在生态、最大的责任在生态、最大的潜力也在生态"的重要论断。[③] 关于地方生态立法的得失，刘小冰、纪潇雅认为最大问题是地方利益的过度干扰，[④] 韩璐则认为是立法理念的落后导致立法范围交叉、渠道单一、部门化倾向严重。[⑤] 上述观点见仁见智，然而据笔者观察，目前西部生态立法问题之一是在生态文明建设中就生态论生态，未能突出人的主体作用，地方职业教育立法恰恰可以填补这一空白。在2015年颁行的《青海省生态文明建设促进条例》中，第五十六条明确规定："省人民政府及其有关部

[①] 央秀达珍. 中国藏医药产业吸引世界目光[N]. 经济参考报，2020-06-30（12）.
[②] 青海卫生职业技术学院2022年单独招生简章[EB/OL]. http://www.qhwszy.edu.cn/zsjy/info/1002/1166.htm.
[③] 新华社记者. 习近平在青海考察时强调：尊重自然顺应自然保护自然 坚决筑牢国家生态安全屏障[N]. 人民日报，2016-08-25（1）.
[④] 刘小冰，纪潇雅. 生态法律治理中的地方偏好及其法律规制[J]. 南京社会科学，2016（7）：83-90.
[⑤] 韩璐. 新时代地方高质量生态立法工作机制探析[J]. 广西民族大学学报，2020（3）：97-103.

门应当将生态文明建设内容纳入国民教育体系和培训机构教学计划，加强生态文明领域人才队伍建设和人才智力引进。"① 2021年初，青海三江源地区生态保护公益岗位已达14.51万个，占全省总人口2%。② 由于人员综合素质参差不齐，加之由青海省人民政府2014年底颁布的《关于三江源国家生态保护综合试验区生态管护员公益岗位设置及管理意见》已于2020年1月到期，未来青海全省特别是三江源地区应当通过职业教育立法，将生态保护公益岗位的培训、考核等工作纳入当地职业教育机构职能，真正促进三江源生态保护国家干预、公众参与、平衡合作、可持续发展局面的形成。③

（二）加强职业教育地方立法，是巩固脱贫攻坚成果的历史要求

随着脱贫攻坚于2020年底取得全面胜利，西部民族地区和全国一道，成功消除绝对贫困。然而不容回避的是，上述地区自然条件恶劣、经济社会发展动力不足的现实，决定了其面临着更为突出的相对贫困和更为严峻的返贫压力。统计显示，2020年境内31个省级行政区划中，人均可支配收入排名最后7位的全在西部。2020年全国城乡居民收入比为2.56，西部则为2.74，这意味着西部城乡差距偏大。④ 巩固脱贫攻坚成果，除加快产业发展、扩大对外开放外，还应当加强对劳动者权益的保护，其中之一就是对职校学生实习权益的保护。近年来，关于实习生维权难问题，由于其涉及面广、影响人员多，亟待通过立法明确责任主体，拓宽维权途径。维权难表现之一是合同纠纷，企业常利用其强势地位，迫使学生、学校签订有失公平的条款，一旦出现问题则以"意思自治"等为由推卸责任，最终

---

① 青海省人大常委会. 青海省生态文明建设促进条例［EB/OL］. http://www.law-lib.com/law/law_view.asp？id=498253.

② 央秀达珍. 14.51万生态保护公益岗位守护"三江之源"［EB/OL］. http://www.gov.cn/xinwen/2021-02/02/content_5584457.htm.

③ 张立，王作全，苏永生，等. 三江源自然保护区生态保护立法基本理念研究［J］. 青海民族大学学报（社会科学版），2007（4）：79-87.

④ 国家统计局. 中华人民共和国2020年居民收入和消费支出情况统计公报［EB/OL］. http://www.stats.gov.cn/tjsj/zxfb/202101/t20210118_1812425.html.

导致"由于法律法规的不明晰,政府的推动及学校的利益倾向都让企业在这场劳动力争夺战中得到了最大的实惠"。① 此外,关于在校生实习期间的薪酬问题,1996年《职业教育法》仅在第三十七条规定"应当给予适当的劳动报酬",但对"适当"标准如何确定和非顶岗的其他实习方式是否需要支付报酬并无硬性规定,导致现实中实习生常常成为廉价甚至免费劳动力。

上述现象在西部民族地区尚不严重,但当地居民可支配收入总体偏低、相对贫困高发的现实,决定了维权难一旦发生,后果很可能更为严重。学者王士勇等进行的抽样调查数据显示,2018年青海省黄南、果洛、玉树和海南4个藏族自治州职校学生中农村牧区生源占90%以上,近三分之一家庭超过6人,家庭年收入在2万元以下的占近一半。② 这至少意味着不少家庭供养学生存在压力,实习薪水一旦被拖欠,很可能影响学生求学和家庭生活。《修订草案》亮点之一是在权益保护方面力度加强,特别是第五十六条从学校及职业培训机构、实习接受单位、劳务派遣单位等多个方面,对侵犯受教育者权益的行为规定了处罚措施。地方立法应当在与上位法规定不抵触的前提下,立足西部民族地区实际,对处罚措施进行细化。

(三)加强职业教育地方立法,是推进乡村振兴战略的历史要求

随着脱贫攻坚全面实现,乡村振兴不仅成为未来"三农"工作重点,更成为破解城乡、地域之间发展不平衡不充分问题,畅通"国内大循环"的重要战略。对西部民族地区而言,乡村振兴不仅是一项经济发展和民生改善战略,更是一个对乡村功能定位、人员结构、发展理念、治理方式等产生深远影响的历史进程,其目标在人,动力在人,难点也在人。具体到职业教育地方立法,应当聚焦人力资本,以提升当地青壮年自我发展能力为目标,提高其"走出去"的能力。同时优化当地投资和营商环境,促进

---

① 陈乐乐. 中等职业教育三十年探究[M]. 北京:人民日报出版社,2010:184-185.
② 王士勇,张效科,瑜措珍嘎. 青海藏区职校学生择业倾向与态度研究[J]. 职业教育研究,2018(7):79.

资本和其他生产资料"引进来",提高农村人口组织化程度,带动当地产业振兴和社会治理能力全面提升。

不少学者指出,1996年《职业教育法》局限之一是过强的国家本位和工具本位倾向,整部法律更强调职业教育对国家经济社会发展的意义,对维护教育公平、促进受教育者长远发展乃至终身发展关注有限。① 平心而论,在该法颁布的1996年,人口红利对我国经济发展具有较高贡献率,并构成了我国的劳动力成本优势。26年后的今天,我国劳动力结构已发生根本变化,集中表现为人口红利的大幅缩水和人力资本贡献率的持续提高。根据中国社会科学院人口与劳动经济研究所陆旸研究员测算,2021年我国劳动力数量对经济增长的贡献率降为-3.15%,2025年将下降为-4.46%。与之相应,2021年我国劳动力质量即人力资本对经济增长的贡献率达5%,2025年将提高到5.16%,并在未来持续提高。②

具体到西部民族地区,通过职业教育地方立法"撬动"人力资本,应当与乡村振兴总体战略相结合,将激活农村牧区人力资本作为突破口。不少学者指出,西部民族地区职业教育发展的困难之一是当地缺乏产业特别是工业支撑,导致职校毕业生就业出口相对狭窄。破解上述问题,笔者认为,应当通过人员"走出去"和资本等生产资料"引进来"的"双轮驱动"模式,激活西部民族地区的乡村人力资本,加速当地基层社会再组织化。具体到青海,近年来一方面通过生态畜牧、民族手工、藏医药等特色产业的发展,有效促进了当地青壮年劳动力特别是技术人员就业,影响了乡村基层的社会生态;另一方面,自2010年对口援青政策实施以来,每年选派青海农牧区适龄学生前往内地职业院校学习,毕业后积极尝试省外就业,在增加自身收入的同时减轻家乡就业压力,上述经验应当通过职业教育地方立法及时总结提炼。

---

① 陈鹏,薛寒.《职业教育法》20年:成就、问题及展望[J].陕西师范大学学报(哲学社会科学版),2016(6):130.
② 陆旸.中国人口红利的变化趋势和对策建议[J].人民论坛,2021(17):70-71.

五、西部民族地区职业教育地方立法的几点建议

西部民族地区职业教育立法普遍缺位、"以政代法"现象的常态化，倒逼上述地区立法主体本着全面统筹、适度优先的原则，加速职业教育地方立法，尽快让当地职业教育发展有法可依、有良法可循。关于西部民族地区职业教育地方立法，未来在宏观层面，应当从依法治国、建设社会主义法治国家的高度，重新思考其中的根本性、全局性问题；微观层面，应当在提高地方立法质量方面下足功夫，确保其在司法实践中的可操作性。此外还应当打破社会治理不同体系之间的壁垒，尝试建立法律与政策、立法与司法的有效衔接机制。

（一）坚持以人为本，准确把握职教群体真实诉求

《职业教育法》当下的修订，是在我国产业结构持续调整、劳动力结构发生深刻变化、地域与城乡关系加速重构的背景下，在职业教育领域进行的一次具有全局性、前瞻性的顶层设计。上述部署的最终落实，有待地方立法发挥纽带作用。因此，地方立法主体应当从大处着眼，坚持人本主义的立法本位。前文所说，与《职业教育法》颁布的20世纪90年代相比，我国劳动力结构已发生根本变化，人口红利逐渐消失，人力资本重要性显著提升。上述变迁带来对职业教育立法本位的反思，职业教育在继续发挥其国家、社会价值的同时，理应被赋予促进个人成长成才的角色，其立法应坚持权利适度优先的原则，坚持以人为本，保障发展权利，立足受教育者终身学习和立身处世能力的提升。[①] 除培养受教育者相应的职业技能和职业素养之外，还应引导其形成终身学习能力，从而有效应对技术革命和劳动力结构变迁带来的挑战。换言之，对理想的职业教育而言，高质量就业应是其社会价值的开始而非结束，终身学习、终身发展才是目标。

具体到西部民族地区职业教育立法，笔者认为应当由多省（区、市）人大常委会教科文卫委员会联合组织业内人士，对西部地区职业教育相关

---

① 彭超. 职业教育机构职能[J]. 青海民族大学学报（社会科学版），2020（6）：80.

群体的需求和期待进行调研，不仅应涵盖职校在校生及其家庭，还应当涵盖职业教育潜在群体，即未来几年有较大可能性进入职校学习的学生及其家庭，从而切实掌握上述群体真实发展诉求，掌握其短期、中期、长期发展的大致趋向，使地方职业教育立法能够有的放矢，在"接天线"的同时做到"接地气"。在省（区、市）之内，应当由省级人大牵头并支持，相关民族自治地方人大组织开展上述调研，准确把握民族自治州、自治县自身职业教育群体的发展诉求。

（二）发挥地方人大职能，严格规范职业教育领域行政权力

提升西部民族地区职业教育法治化水平，需要明确职业教育地方法规、单行条例的行政法属性，规范公权力行使。教育类法律属于公法中的行政法领域，理想法律关系的重要标志是公权与私权各司其职相辅相成，在行政法领域尤其如此。然而在现实中，公权往往处于相对强势地位，故而在维持两者动态平衡过程中，应适度优先考虑对公权力的限制。正如英国学者威廉·韦德（William Wade）所说："行政法的第一个含义，就是它是关于控制政府权力的法。"① 具体到西部民族地区，应当通过立法规范相关公权力行使的主体、范围和方式，在尊重职业教育接受者及其家庭意愿前提下，保障其受教育过程中的各项权利。西部民族地区由于产业支撑薄弱，市场在资源配置中的作用发挥不够充分，更需要通过地方立法规范行政行为，从制度上避免"以政代法"现象。

目前就西部民族地区而言，应当由地方人大对相应级别人民政府制定的职业教育政策性文件进行合法性审查，及时剔除那些在合法性方面存在瑕疵的文件。同时，对那些尽管合法性无瑕疵但内容已过时的政策性文件，敦促相应级别人民政府及时修改，不能及时修改或修改意义不大的则应及时废止。在未来相关政策性文件制定过程中，地方人大应当更好地发挥其监督职能，有效预防、及时纠正行政部门借政策性文件扩大自身权力、影响相关当事人正常行使权利的行为，主动限制、切实规范职业教育

---

① 韦德. 行政法 [M]. 徐炳，译. 北京：中国大百科全书出版社，1997：6.

领域公权力的行使。

（三）加快地方立法前期调研，提高立法质量

在《职业教育法》修订过程中，地方立法机构应当避免等待观望的思想，按照《立法法》要求和《修订草案》的内容，适时启动地方立法前期调研工作。作为科学立法、民主立法的重要方式之一，立法调研可以使立法在目标、时机、内容等方面更好地回应社会需要，避免因"闭门造车"而导致立法活动与社会现实脱节。学者孙育玮认为，立法调研必须从源头即规划阶段抓起，贯穿于立法全过程，从而保证在立法各阶段都能坚持鲜明的问题导向。[①] 西部民族地区除自然条件恶劣、经济社会发展滞后等共性特征之外，各地不同的资源禀赋和人文生态等，造就了富于差异性的现实。在此情形下，职业教育地方立法调研特别是前期调研更应走深走实，一方面尽可能全面地收集筛选职业教育接受者、从业者和其他利益相关者的意见，保证立法能够尽可能全面反映社会需要，解决现实问题；另一方面积极咨询法律专业人士特别是立法工作者的意见，保证立法专业品位，避免将非法律问题纳入地方立法，影响立法的可操作性。

目前，就西部民族地区而言，职业教育立法调研中亟待掌握的内容之一是那些民族特色鲜明、研习方式独特的行业的传承方式，及其与现代学科制度之间可能的结合点。如前文中所说的唐卡绘制、藏医藏药等领域，长期依靠民间传播，藏传佛教僧人和民间艺人群体在传承中发挥着重要作用。如何合理利用《立法法》中的"变通规定"原则，将部分爱国僧人和民间能工巧匠纳入职业教育兼职教师队伍，是地方职业教育立法调研应当提出并尝试解决的问题。从而在保证正确教育导向的前提下，拓宽职业教育师资队伍群体，发挥民间人士参与职业教育的积极性，探索传统与现代、民间传承与教育体制之间的"最大公约数"。

（四）打破治理体系壁垒，促进法律与制度、立法与司法的有效协作

良法是善治的前提，科学、民主、有序的立法活动则是创制良法的保

---

① 孙育玮. 完善地方立法立项与起草机制研究［M］. 北京：法律出版社，2007：139.

障。然而作为社会治理的体系之一，法律亦存在局限。由于法律自身属于行为规范，当涉及一些思想观念等层面问题时往往难以有所作为。其内容相对宏观，通常较少针对具体操作性、流程性问题。此外由于法律制定和修改程序复杂且周期较长，导致其落后于社会现实的问题往往较为突出。为解决上述几方面问题，除了提高立法技术、提升法律针对性和前瞻性外，还需要政策性文件进行补充。具体到西部民族地区，应当利用制定、修订地方《立法法》实施办法的契机，切实厘清地方性法规、单行条例与政策性文件之间的边界，在保证双方不越权的情况下，探索各司其职、分工协作的机制。

此外，还应立足地方实际，促进职业教育立法与司法有机结合，更好地实现主体权益保护，实现程序正义与实质正义的统一。鉴于西部民族地区丰富的经济样态和复杂的民生格局，"在变通立法供给不足，明确的法律规则适用可能有违个案公正的情形下"，① 应当通过优化司法服务供给的方式，保证职业教育接受者及其家庭更好地运用司法渠道保护自身权利。当下有较强可操作性的方法是通过优化基层法律援助相关环节的方式，降低中职、高职学生及其家庭接受法律援助的门槛，拓宽其接受法律援助的渠道，保证其合法权益一旦受到侵害，可以更好地通过法律渠道维护自身权益。

---

① 张殿军. 民族自治地方能动司法与法律变通 [J]. 北方民族大学学报（哲学社会科学版），2011（3）：42-43.

中华民族共同体意识融入青海民族地区职业教育的理论思考

——基于海西州职校的个案调查 *

张海云 **

青海省民族地区职业教育紧扣国家职业教育政策，立足当地区域特色和产业资源，采用政府主导、行业指导、企业参与的职业教育办学体制，不断推动地方政府、行业、企业深度参与学校管理和教育教学，进一步强化职业院校为地方经济社会发展服务的责任意识，促进职业教育与地方经济发展融为一体。全国教育大会召开后，落实立德树人根本任务的紧迫性提上日程，职业教育同样面临铸牢中华民族共同体意识的路径探索和模式实施等问题。特别是民族地区的职业教育肩负技能教育和民族工作的双重使命，中高职教育中贯穿铸牢中华民族共同体意识教育关系到民族团结进步省的创建，以民族教育形塑中华民族共同体意识，有利于加强各民族交往交流交融，实现中华民族伟大复兴。① 本文主要探讨民族地区中华民族共同体意识融入职业教育的路径。

---

* 本文发表于《青海民族大学学报（社会科学版）》2021年第47卷第2期。

** 张海云（1975—），女，土族，青海贵德人，青海民族大学教授，博士生导师，研究方向：民族文化、民族教育研究。

① 陈达云，赵九霞. 民族教育塑造中华民族共同体意识的四重逻辑——学习习近平总书记关于民族教育重要论述研究［J］. 新疆大学学报（哲学·人文社会科学版），2021（2）.

一、海西地区职业教育的发展历程

青海省民族地区职业学校共有 11 所，分别是海西蒙古族藏族自治州（以下简称海西州或海西）的青海柴达木职业技术学院和海西州职业技术学校（这两所职校两副牌子、一套领导班子）以及格尔木职业技术学校，海东市的青海高等职业技术学院、互助县职业技术学校、民和县职业技术学校、循化县职业技术学校、乐都区职业技术学校、平安区职业技术学校，玉树藏族自治州（以下简称玉树州）的玉树州八一职业技术学校和囊谦县慈行职业技术学校。其中，高职学校有两所，分别是青海柴达木职业技术学院和青海高等职业技术学院。玉树州八一职业技术学校是集高中教育、职业教育、普通高等教育、成人教育、远程教育和继续教育为一体的综合性学校，海西州职业技术学校（青海柴达木职业技术学院）是一所中高职衔接的职业学校，其余 7 所均为中等职业技术学校。

（一）海西州职校发展历程

海西州的职业教育发展历程较为曲折，2004 年，为满足海西地区专业技术人才培养方面的需求，经由教育厅批准，正式将原州民师、州卫校、州财政干校等多个学校和单位合并成立为海西州职业技术学校。学校建立之初仅是一个中等职业技术学校，经过多年的建设，海西州职业技术学校发展势头良好。柴达木循环经济试验区的建设极大地推动了海西州社会和经济的迅速发展。但当地各类企业及工厂对人才的需求不断增加，仅靠原来的职校规模无法满足当地社会发展需要。为进一步推动海西经济发展，青海省政府于 2014 年在德令哈市批准建设柴达木职业技术学院。

海西州职业技术学校和柴达木职业技术学院实行一套人马、两块牌子的运营方式，共用一个校园，招生和教学管理分开运行。这种建校模式为海西州职业技术学校中职阶段的学生提供了稳定的升学平台和途径，可以帮助中职学生去柴达木职业技术学院进行高级阶段的职业技能培训和学习。自成立柴达木职业技术学院以来，海西州职校和柴达木职院协同发展，合理经营，共同完成了为海西各地初高中毕业生、社会人士等提供更多专业技能培养和就业培训等多方面的任务，进一步完善了该地区的教育结构。

格尔木职业技术学校建立于1984年，是当时海西地区唯一一所全日制职业培训学校，建成时间早于海西州职业技术学校近20年。格尔木市位于我国西部的地理中心区域，是国家稳藏固疆的战略要冲、加强西南边防建设的保障基地、国家级柴达木循环经济试验区的核心区，也是青海省2个国家级陆路枢纽站所在地之一。格尔木建市之功能定位是稳固西南边疆的后方保障城市和连接西藏与青海（边疆与内地）的物资流动集散地，同时也是青海省最初的资源开发基地和西部大开发战略实施的基地。具有这种历史和社会发展背景的格尔木市在城市建立之初便迎来高速发展的机遇，一直以来对技术型和应用型人才的需求很大，所以格尔木职业技术学校的使命感因政治和经济意义而更为突出。

（二）资源能动背景下的职校发展

不同地区不同民族社会的发展类型决定了教育发展类型的多样性，而教育发展类型的多样性决定了其现代化发展水平的参差不齐。以海西州职业技术学校和柴达木职业技术学院两所学校为主的海西地区职业教育优势和特色专业不同于西宁市、海南藏族自治州（以下简称海南州）、海北藏族自治州（以下简称海北州）和青南三州及海东市职业学校的专业设置，青海其他民族自治州的职校有传统文化和民族技艺培训类课程供学生选择，以海南、海北州的职校为例，几乎都开设了藏医、藏药、唐卡、藏绣这类传承和发展民族传统特色技艺和文化的课程，也开设有畜牧兽医这类专门针对游牧地区牧畜医治方面人才需求类的课程。根据对海西三所职校少数民族学生的访谈，学生们对于海西地区没有与民族文化相关的专业或课程设置的办学模式并没有排斥情绪，这些少数民族学生大部分来自青海省内其他各州县，他们大都是因为高考或中考成绩不理想而不得不选择职校。对他们来说，选择职校的主要原因在于职校的就业率高。这些少数民族学生虽然也希望能或多或少接受民族文化或者民族技艺等方面的课程教育，但在得知学校并未开设此类课程或者专业时也没有感到失望或者出现转学等想法，原因在于他们大都认为相较于民族文化类课程，学校开设的工学、理学类课程能帮助他们更好地找到一份工作。尽管少数民族学生对所学的专业不感兴趣甚至有些陌生，但是为了找到一份相对不错的工作，认为是可以忍受的。可见，对于民族学生，特别是因为考试成绩不理想而不得不去选择职校教育的学生而言，能否找到一份较为满意的工作最为重要。考虑到海西州三所职校的专业设置能够最大化地利用柴达木循环经济试验区这一巨大优势，并且紧紧依托当地的盐湖化工、钾肥制造等工矿企业推进校企融合，应该是海西职校办学的特色和优势。这种发展模式摒弃了人们长期以来一直认为的民族地区就该将自己的民族文化特色作为发展的名片和主打方向等类似的观念。正是由于柴达木循环经济试验区成为职业技术学校长足发展的坚实后盾，才能实现资源优势产业和特色专业融合发展的格局。

二、海西州三所职业学校调查情况

（一）中、高职学校现状及专业特色

青海柴达木职业技术学院与海西州职业技术学校目前的管理体制是"一园两校、一套班子两块牌子，资源共享、管理有别、一体运行"，两所学校由一套领导班子管理运营，老师和学生分属两部，海西州职业技术学校属于中等职业部，柴达木职业技术学院属于高等职业部。中职部和高职部以现今在职业教育领域较为热门的机电、化工、汽修、医学护理等为主要培养专业。在中职部经过学习的学生如果有继续升学的诉求，也可以选择同样的专业进入高职部接受进一步培养和训练。

青海柴达木职业技术学院是一所以机电、化工、医学护理、汽修四大学科为主，其他学科协调发展的综合性高等职业技术学院，主要开设石油化工类、加工制造类、医学类、交通运输类、教育类等5大类14个专业，各专业均建有稳定的校内外实训基地，实训课开出率达95%以上。柴达木职业技术学院紧紧依托青海柴达木循环产业试点园区的产业优势，基于海

西州工业发展规划及盐湖化工、油气化工、煤化工、金属冶炼四大传统支柱产业及农牧区经济发展的人才需求，下设化学工程系、机电工程系、汽车工程系、医学护理系、经济管理系、生物工程系、能源与动力工程系、公共基础部等9个系（部）14个专业，开设了20多个适应地方产业特色、服务地区经济和社会发展的专业方向，所设专业与推动地方社会经济发展的支柱产业关联密切。

格尔木市职业技术学校是一所集职业教育、成人教育、职业技能培训为一体的中等职业技术学校，每年接受短期培训800人左右。相继开办化工、财会、计算机应用、电子技术应用、机电技术应用、法律、汉语言、行政管理、机械加工、焊接、计算机网页设计和网络建立、汽车修理、幼师、数控、机电一体化等近20个中职教育和成人教育专业，承接并顺利完成城乡劳动力技能培训任务，涉及电焊工、计算机、美容、餐厅服务等工种。2018年，组织精准扶贫户及农牧民参加技能培训，主要工种有维修电工、锅炉操作工、育婴员等。针对格尔木市兴建盐湖光伏城、发展学前教育等实际，及时开设了化学工艺、电气运行与控制、学前教育等新专业，与青海盐湖工业股份有限公司、青海桥头铝电股份有限公司、青海矿业股份有限公司、庆华矿业有限责任公司、格尔木藏格钾肥有限公司等企业建立了行业企业支撑联系。格尔木市政府与青海师范大学、青海盐湖工业股份有限公司在格尔木市职业技术学校挂牌成立青海师范大学盐湖学院，推动合作办学模式纵深化发展。

目前，海西州中职、高职教育瞄准光伏、光热、风电等新能源，金属镁及镁基合金、无机非金属、高分子材料等新材料，还有白刺、沙棘、野生黑枸杞、藜麦等特色植物，高原牦牛、藏羊等生态畜牧精深加工及盐湖旅游等产业开设了新兴专业，打造具有直接经济效益的职业教育品牌专业。

从社会需求层面来看，柴达木循环经济试验区有近400家大中型企业，每年有近5000个空缺岗位为广大毕业生提供就业机会，柴达木职校开设的大部分专业实行"订单招生，定向培养"人才培养模式，为学生实习就业搭设了理想通道，可以为毕业生做到100%推荐就业。

（二）生源现状

2019年海西地区职校生源以本省为主，其中以青海柴达木职业技术学院为例，省内生源870人，占总人数的94.97%；省外生源46人，占总人数的5.03%（见图1）。生源覆盖8个地级行政区（2个地级市、6个自治区），其中以海东市生源为主，占省内生源总人数的36.32%，其次是海南州、海西州、西宁市，占比分别为13.91%、13.10%、12.64%。民族学生人数比例达90%以上。

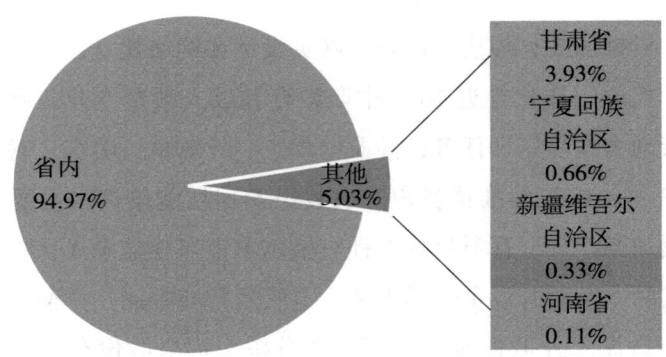

图1 青海柴达木职业技术学院2019届毕业生生源地分布[①]

（三）职校生的就业情况

柴达木职业技术学院2019届毕业生就业人数为877人，就业率达95.74%，基本实现充分就业。其中有9个专业的就业率均处于95.00%以上，处于较高水平；电厂热能动力装置专业就业率达到100.00%，实现了完全就业。高级技术应用型专门人才完全符合制造型社会的大量需求，为我省柴达木循环经济区建设和工业转型发展提供了不竭动力。

相比于2017届和2018届，2019届毕业生就业行业分布呈现多元格局，其中主要集中在"制造业""卫生和社会工作"和"教育"等领域。可见，

---

① 青海柴达木职业技术学院. 2019届毕业生就业质量年度报告［Z］. 2019.

一方面，这与柴达木"聚宝盆"的优越资源条件相关，紧紧盯住盐湖化工等优势产业的发展方向，聚焦海西州"五千个产业集群，先后建成以化工、机电、电气、医学护理等示范专业"，处在这得天独厚的环境中，毕业生未来的就业方向难免会受到影响。另一方面，毕业生的就业方向与学校竭力打造创新、实用型人才培养模式相契合。

表1　青海柴达木职业技术学院2019届各专业毕业生就业情况 ①

专业	毕业生人数/人	已就业人数/人	就业率/%
电厂热能动力装置	10	10	100.00
工业分析技术	111	110	99.10
机电一体化技术	87	86	98.85
工业自动化仪表	40	39	97.50
工业过程自动化技术	37	36	97.30
化工装备技术	72	70	97.22
电气自动化技术	97	94	96.91
应用化工技术	159	153	96.23
汽车营销与服务	74	71	95.95
护理	229	208	90.83
总体	916	877	95.74

2017届毕业生在民营企业工作的比例最高，达到55%，国有企业占比为20%。2019届毕业生主要流向的单位类型为其他企业，占比达到59.52%；其次为医疗卫生单位（16.53%）和国有企业（6.50%）。就业单位规模主要集中在51-200人（30.09%），其次是50人及以下（28.70%），由此可见，中小微企业的用人需求逐渐提升，相比大企业，中小微企业更能为大学生提供就业机会与就业选择。因为中小微企业点多、面广、经营

---

① 青海柴达木职业技术学院. 2019届毕业生就业质量年度报告［Z］. 2019.

灵活的特点和扁平化的管理模式，迎合了当代大学生追求兴趣、实现自我价值的需求。

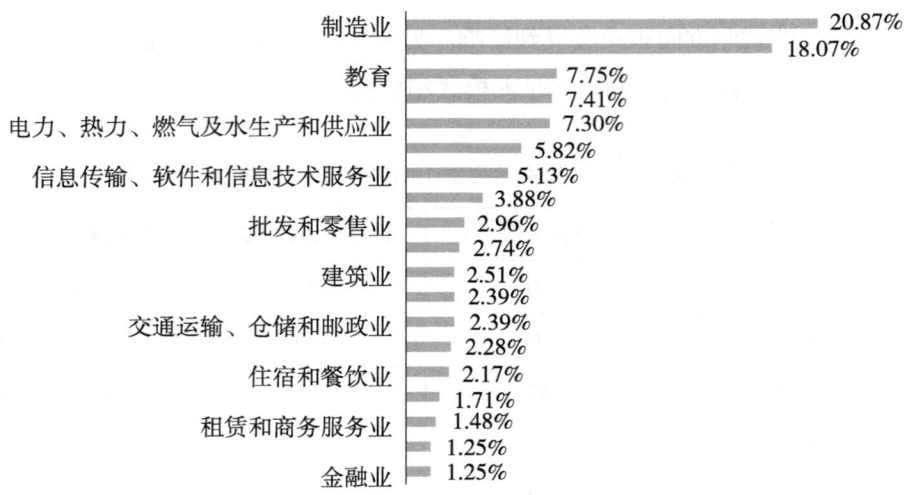

图2　青海柴达木职业技术学院2019届毕业生就业行业分布①

2019届毕业生主要选择在青海省内就业（91.45%），服务地方经济发展；在青海省内就业的毕业生主要流向了海西州（28.73%）和西宁市（26.11%）。

毕业生对学校硬件设施、与地方产业紧密结合的专业设置及实训基地等保障度有较高的认同。海西州中职和高职教育主动对接地方产业发展，学校与企事业单位达成"订单培养协议"，建有高标准的化工、机电、计算机、汽修、医学护理、学前教育等校内实训基地，配置了较为先进的实验、实训设施，实习实训工位数4034个。现代化的职业教育理念与管理模式使得海西州职业教育与学校教育并行发展，完善了当地教育布局和职业教育体系，提升了服务社会的有效度与贡献度。

---

① 青海柴达木职业技术学院. 2019届毕业生就业质量年度报告［Z］. 2019.

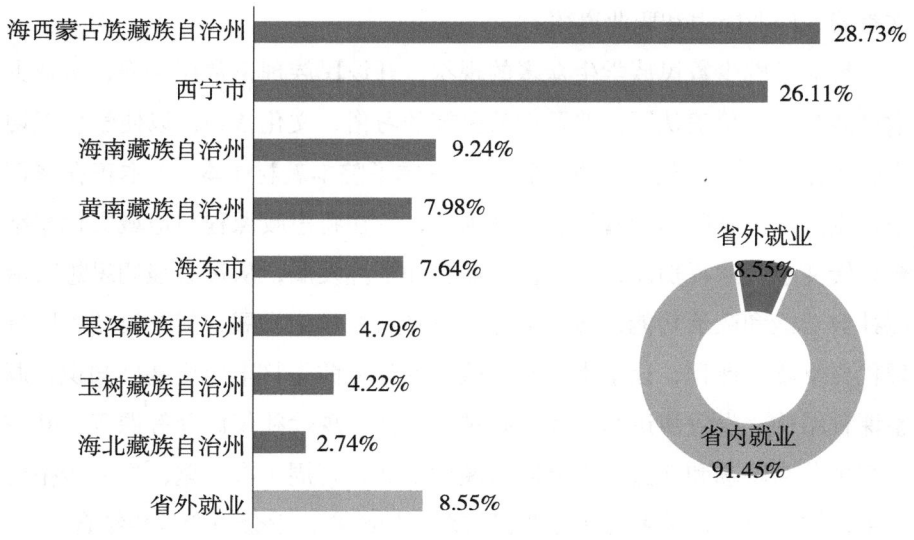

图 3　青海柴达木职业技术学院 2019 届毕业生就业区域分布 ①

三、海西地区职校的铸牢中华民族共同体意识教育

青海柴达木职业技术学院在思政教育、民族团结教育和中华民族共同体教育等铸魂育人的工程方面专门成立有思想政治教育工作部（以下简称思政部），思政部承担全院中职部和高职部的思想政治、德育、美育等综合素养培育和提升的教学任务，近年来在思政课程建设方面紧紧围绕立德树人根本任务的落实，持续推进思政教学改革，创建思政品牌，并且出台特聘教授专题讲座相关制度，制定《青海柴达木职业技术学院思想政治理论课特聘教授教学计划》，在锻造职校生"德技并修，工学结合"上持续形成了以下特色。

（一）推进课程思政，开设院本教材

围绕理论与实践融会贯通、践行知行合一的教育理念，在工程技术教育中渗透德育和美育，通过通识课程与专业课程的相辅相成培养学生的人

---

① 青海柴达木职业技术学院. 2019 届毕业生就业质量年度报告［Z］. 2019.

文素养、职业能力和职业道德。

针对学院少数民族学生众多的现状,开设民族理论常识课程,增强少数民族学生的价值认同,普及少数民族的习俗、文化常识,以便学生能切实融入集体、融入校园、融入社会。完成了院本教材1本,1本正在修订中,主要以民族团结和省情、州情为主,旨在将思政课程与地域文化相结合。转变思政课程功能,兼顾社会需要和学生发展,从过去强调思想政治课社会功能和政治功能,转变为课程体系兼顾学生发展,新开设"中国近现代史纲要"课程,让学生在学习政治课程之前先打牢历史基础知识。调整课程结构,设置演讲与口才、省情、州情、现代礼仪修养等课程,并在选修中分为限选和任选,以专题讲座的形式,每周1次专题,进一步拓展学生的知识面,将学生的文化课程与兴趣相结合,学会与会学相结合。

(二)提升思政教师队伍素质,打造思政教育特色

开展集体备课活动,围绕"实践教学、以老带新、经验交流"三个主要内容展开,在中职职业道德与法律课程中开展法律案件分析实训课,培养学生课堂知识应用能力。在高职"毛泽东思想和中国特色社会主义理论体系概论"课程中开展"五位一体"课堂手抄报活动。培养学生动手收集信息、整理信息的能力及团队合作能力,并选取优秀作品进行展示评比。打造"民族团结一家亲"精品课程,结合海西民族地区及学院以蒙古族、藏族学生居多的区域特色,设立民族团结教育专题,从民族分布、民族文化、民族饮食、民族故事等各个方面开展民族团结课程教育。

(三)结合州情实际,构建"四个一"的课程教学体系

"四个一"的思政课程教学体系是围绕一个核心,即立足海西州州情特点,进行民族文化与社会主义先进文化相结合的主题教育,增强汉族学生对少数民族文化的知晓度,提高少数民族学生对社会主义先进文化的认可度;开展一次调查,针对少数民族思想特点和学习、生活体验,通过调查研究,采取针对性教学;评选一篇征文,以班级为单位,开展"我爱我的故乡"主题征文活动,班级内评选一篇优秀征文,增强对学生"五个认同""四个自信"教育;举办一次竞赛,每学期开展一次民族团结知识竞赛，普及民族知识、提高各民族学生的参与度。

（四）开展领导干部、特聘教授上讲台活动

学院坚持开展领导干部上讲台专题讲座，每学期开学伊始，院领导面向职校生围绕习近平生态文明思想、习近平新时代中国特色社会主义思想、党的十九大精神解读、全国两会政府工作报告、"四爱三有""五位一体"总体布局等主题开展思政教育；每月开展至少三次的特聘教授专题讲座，讲座面向"七系"（化学工程系、机电工程系、医学系、汽车工程系、教育系、经济管理系、生物工程系）中、高职学生，主要有《新时代的宪法保障》《中美贸易摩擦》《走进新时代　开启新征程——学党史知党情强党性》《民族区域自治法》《海西蒙古族藏族自治州自治条例》《全力推进新型城镇化》《弘扬工匠精神，提高职业素养》等。

（五）开设"形势与政策"专题，加强民族团结教育

思政部举办"形势政策热点分析"专题讲座，分析了当前我国经济发展进程、体系构成和经济社会发展布局，以及当前中美关系及国际环境发生的深刻变化来增强学生"四个自信"。开展以"加强民族团结，共享和谐校园"为主题的专题报告来加强民族团结教育和爱国主义教育。在疫情防控期间开设了《爱国主义教育》《生命教育》《社会责任感教育》《爱与感恩教育》《敬畏自然教育》《敬畏知识教育》等十一节专题思政课，提升思政教育实效。

（六）设立"中华传统文化"进课堂专题讲座

为充分发挥语言文字在传承发展中华优秀传统文化、革命文化和社会主义先进文化中的重要作用，分期开展关于"中国传统文化经典诵读"的专题讲座。专题讲座以"品传统精髓树当代风采"为主题，以经典性、思想性、文学性和知名度为标准，以思想道德教育为主线，以爱祖国、爱家乡、有道德、有理想、有责任等为专题，通过对先秦经典及诸子学说、两汉经学、魏晋玄学、宋明理学、汉赋、六朝骈文、唐宋诗词、元曲与明清小说和历代史学等一套特有而完整的文化、学术体系的讲解，把德育工作贯穿到了学生的诵读学习中，用多元化的专题讲座形式开展思政教育。多元一体教育是民族教育培育中华民族共同体意识的文化维度,是中国民族教育有别于西方多元文化教育的理论基础。①

除此之外,在海西州博物馆建立了德育教育基地,培养职校生综合素养。另通过青海民族大学创作的《青春之光》,省、州委组织部和州委党校创作的《青藏公路之父慕生忠将军开路精神》等情景式党性教育课培养职校生的工匠精神和爱国情怀。

四、中华民族共同体意识融入职业教育的思考

教育是铸牢中华民族共同体意识的重要途径,"中华民族共同体意识"的铸牢需要在教育法规定的思想政治教育中加强相关内容的教育才能完成。② 职业技术教育是培养劳动者职业素质的教育,是学习某种职业技能、知识及职业道德的教育。职业教育对一个国家的现代化和工业化具有重要意义。而民族职业教育无疑对民族地区的经济发展有着重要的促进作用,其发展向来被国家和地方政府所重视。

(一)民族地方职业教育在体现地方性知识的同时要高度体现中华民族共同体意识,真正发挥职业教育对社会稳定的维护作用

民族地区的职业教育要立足地方文化传统,保护和传承优秀民族文化,要将地方性知识纳入民族职业教育中,将传统的手工艺、服饰、种植等技术纳入教学中去,聘请民族、民间高超技艺人才进入学校开展多元一体的跨文化教育。要将地方性知识引进学校特色专业建设中,可根据民族地区经济文化发展需要将地方性知识和民族特色技术作为普适性课程的补充,还可以从整体上改变课程构架,凸显地方性知识和技能,比如通过对优秀传统技术的培养,满足本地区民族产业的发展。与区域生态文化紧密相关的民族工艺、旅游、医药,以及立足于特殊地理环境的地方种植、养殖、深加工等类型的人才培养适合于这种完全凸显地方性知识的模式,所

---

① 陈达云,赵九霞. 民族教育塑造中华民族共同体意识的四重逻辑——学习习近平总书记关于民族教育重要论述研究[J]. 新疆大学学报(哲学·人文社会科学版),2021(2).
② 赵心愚. 教育视域下的铸牢中华民族共同体意识[J/OL]. 民族学刊,2021-02-07.

以，青海民族地区的职业教育发展要紧紧抓住 2017 年出台的《青海省人民政府关于进一步加快现代职业教育改革发展的若干意见》的政策机遇，形成体现民族文化和地方性知识体系的职业教育专业布局。

民族地区职业教育在树立地方文化品牌的同时，要将中华民族多元一体格局和中华民族共同体意识嵌入学校教育全过程，坚持社会主义办学方向，坚持以学生发展为本的理念，坚持职业技能与职业素养并重的大数据分析评估，建立终身学习框架下学生的可持续发展机制，建立起体现职校生职业素养的工匠精神职业观，培养体现职业素养的企业文化认同，培养通用职业素养和专业职业素养，使职业素养成为职校生底气和可持续发展的原动力，设计融通专业教学＋实践活动＋主题教育的职业素养培育构架，让职校生在接受知识的同时，获得态度、动机、价值观等潜移默化的成效，从而使职业教育在承担育人、就业和社会稳定方面发挥教育应有的社会功能。

（二）民族地方职业教育要将马克思主义信仰教育与职校生职业生涯教育相融合，促进民族地区职校毕业生思想政治素质的提高

职业生涯教育在理念上以自我认知、自我设计、自我价值实现为核心。在理论方面，激发学生的学习动力和热情，在实践方面，培养勇敢探索职业规划的精神。职校要开展形式多样的具有中华文化特点的活动，潜移默化地将"五个认同"思想融入师生的头脑和行为中，切实增强各民族师生自觉抵御敌对势力渗透的能力。同时，不断创新民族团结进步教育的载体和方式，搭建沟通交流的文化桥梁，打造"中华民族一家亲"系列实践教育活动品牌，大力实施"文化育人"工程，推动中华优秀传统文化进校园、进课堂、进头脑。[①] 铸牢中华民族共同体意识是马克思主义民族理论中国化的最新成果，也是我党在推动统一多民族国家发展过程中的重要实践。只有为国家输送源源不断的信仰坚定、能力突出的高层次人才作为建设者和接班人，才能引导民族地区职校的发展走向更加光明的未来。因

---

① 邢海晶. 中华文化中的凝聚力与软实力［J］. 人民论坛，2020（28）：31-33.

此，第一，更加重视民族地区职校学子的理想信念，树立马克思主义的伟大理想，一切从实际出发，实事求是，必须对什么是实际有一个正确的理解，所谓实际就是客观事物的整体、各种现象的综合，就是始终坚持以民族地区服务为主的办学指导思想。第二，党的思想路线坚持理论联系实践的原则。人们之所以追求符合客观实际的科学认识，归根结底就是为了用这种科学的认识去指导人们实践，达到改变世界的目的。近些年实践发现民族地区的产教融合度低，无法形成"产教合一""工学结合"的办学模式，相应的学校应该大力提升办学水平、提高教学质量，形成科学的认识后再指导实践。第三，坚持一切为了群众，一切依靠群众，从群众中来到群众中去的群众路线。学校要设立调查访问箱，不断听取民族地区职校师生的宝贵意见，提升办学质量，不断进行实时跟踪与监督，努力探索符合民族特点和民族区域特点的发展路线。

（三）根据民族地区职业教育现有"思政课程"和"课程思政"推进模式和改革内容，建议开设"中外科技史""中外科学家"等励志型专题讲座，照亮职校生的青春年华

职业教育阶段的学科专业体系相比于本科阶段的学科专业体系要更加偏重于职业技能和技术应用的训练，本科阶段各专业开设的文理互通的通识教育类课程资源丰富，数量众多，涉及面广，既有艺术类课程，也有文理渗透类课程，包括国际文化类课程和自然科学类课程，建议农、工、理类学生修读人文社科类课程；文、管、法类学生修读自然科学类课程；艺术类学生修读自然科学类课程或综合类选修课，从而丰富职校生的知识结构。另外，还可以搭载省外对口共建学校的优质资源，通过网络共享或者专题讲座形式将前沿的知识信息传递到民族地区的职业教育中，以高起点追平发展滞后的差距，特别是在铸牢中华民族共同体意识方面，前沿理论和政策的专题开设，有助于民族地区职校生正确的民族观、历史观和祖国观的形成。

民国时期青海地区职业教育的兴办[*]

赵春娥　白雪梅[**]

近代社会，教育的经济功能成为其核心功能，民国时期青海地区的职业教育中这一特点表现得尤为突出。职业教育作为青海地方政府除师范教育以外最先着手经办的中等学校，各科的设立为工、农、牧领域近代科学技术的传播搭建了有效的正规化平台。青海省教育厅成立伊始在工作计划中以"注重毛编物，提倡工产"作为兴办职业教育的宗旨；国民政府对青海教育的扶持重点因为抗战军马的需要，着力于畜牧兽医、防疫卫生人才的培养；青海职业教育始终是以服务于畜牧业生产为教育核心内容，最早的职业学校即以编毛科为主要专业。

一、职业教育的起步：编毛科到职业学校

最早的职业教育是以附设在宁海蒙番师范学校的编毛科为起点，马麒一开始筹办职业教育就着眼于畜牧业，以培养编织毛制品的技术人员、改进传统畜牧技术及提高畜牧经济产业为目的。可以说，马麒最先以编毛作为主要课程内容的教学活动，催生了青海的近代职业教育。在编毛科的基础上，"至民国九年，马护军使阁臣，黎道尹雨民，均慨捐鹤俸，提倡创

---

[*]　本文发表于《青海师范大学学报（哲学社会科学版）》2013 年 7 月第 35 卷第 4 期。
[**]　赵春娥（1966—），女，藏族，甘肃文县人，青海师范大学副教授，武汉大学中国传统文化研究中心博士生，研究方向：中国文化史。白雪梅（1969—），女，蒙古族，青海海北人，青海师范大学副教授，研究方向：青海地方史。

 高原职业教育的改革与发展研究

办宁海职业学校,委李成蔚为校长"。① 青海地区职业教育正式起步。后来职业学校虽几番变更,皆基于此校不断变迁。1925 年,黎丹再设"西宁县立职业学校",但是"旋因经费支绌,势将中辍;十五年经由青海教育会建议,归并筹边学校,立为一科,冀收兼蓄并容之效"。② 因经费问题,黎丹只好将这所职业学校归并到筹边学校,单独在昭忠祠设立职业科,"购运编织机多架,化学用品多种,并拨管本城西门外海神庙所为农业试验场"。③ 黎丹计划职业科要以农业和畜牧业人才兼顾培养,二者并重发展,但在后来的发展中,职业教育偏向于以畜牧业生产经济为主。最早筹办的职业科设在筹边学校,是因为此校源自蒙番半日学堂,游牧区蒙藏子弟来西宁就学一般入此校就读。在游牧子弟集中的校区设立编毛科进行畜牧技术教育,黎丹以为可达到"兼蓄并容"之效。但职业科设在筹边学校"因事务繁杂,难免顾此失彼之虞"。1927 年秋天,甘肃教育厅厅长马鹤天来西宁考察,"面允另加经费与筹边学校分别办理"。时任校长朱锦屏当即"缮具计划书并预算书,拟自二十七年起学校独立,逐渐进行"。④ 自此,虽然在建制上仍为筹边学校职业科,但对外已经开始恢复使用"职业学校"一名;所以,1927 年秋天马鹤天去参观后以"筹边学校附属职业学校"为校名记述,实际此时编制还在筹边学校;校长朱锦屏一人"主办筹边师范学校,及附属职业学校",⑤ 一身兼二任。学校完全独立出来的实施工作,因为当时正值青海建省计划之中,马鹤天允诺新的省政府成立后即按照朱锦屏的计划书与预算书拨加经费之后再呈请核办,"现在西宁已另划省份,上项经费(分校),一俟省政府成立后,应即进行"。⑥

---

① 青海省档案馆档案. 全宗号 43 号 [Z].
② 青海省档案馆档案. 全宗号 43 号 [Z]. 民国十八年三月八日筹边学校校长(杨焕)呈教育厅的函.
③ 青海省档案局,青海省档案学会编印. 青海档案 [J]. 1998(增刊):26.
④ 青海柴达木职业技术学院. 2019 届毕业生就业质量年度报告 [Z]. 2019.
⑤ 马鹤天. 青海考察记 [M]. 陶雪玲点校. 兰州:甘肃人民出版社,2003:164.
⑥ 青海省档案馆档案. 全宗号 43 号 [Z]. 民国十八年三月八日筹边学校校长(杨焕)呈教育厅的函.

1929年青海建省，"当局为发展生产教育起见，将附设职业科改设为独立学校"。①青海省立第一职业学校（省立西宁初级工科职业学校）正式成立。1933年6月17日，省教育厅又将刚成立不久的农业学校改建为青海省立第二职业学校，全省8所中等学校中，职业学校占了2所。后期教育部边疆教育司在贵德设立国立职业学校，重点培养兽医，职业教育规模渐成。到1946年上半年，乐都县（今乐都区）中学、互助县简易师范学校又并入西宁职业学校，学校除农科、工课外，拥有初中及简师教学班14个，学生近300名，达到民国时期最大规模。自马麒设置编毛科，职业教育起步到1949年，职业学校共培养学生600名。中华人民共和国成立后于1950年4月19日，经青海省文教处决定，将昆仑中学、西宁职业学校合并，成立青海省第二中学，不再有独立的青海省职业学校。但是，中华人民共和国成立后青海省重点的职业专科学校中，青海省畜牧兽医学校、青海省卫生职业学校，皆由职业学校单科基础上分设而置。

表1中职业学校专业增设的顺序，明显呈现出青海省工业从无到有的递进过程。初期以编毛科为重点，用简单的梳毛、编毛机器代替传统的手工制作，率先在畜牧业经济领域实现了简单的近代化机器生产。20世纪30年代中期以后，随着青海省早期工业的出现，特别聘请内地工程技术人员为教师，增设近代工业课程，相应增加工科、染料科。宋子文考察青海以后，专门拨款增设卫生防疫专业。后期职业教育在各类专科开设的基础上，将适宜地方经济发展的专业扩大为专业学校；"青海省畜牧兽医训练班"后来扩大另设为"省立高级畜牧兽医学校"；助产班、护士职业训练班改设为"青海省立高级护士职业学校"；由此来看，职业学校是青海近代专科学校多样化发展的基地。

从表中专业设置情况来看，编毛科的设置是职业学校自始至终作为重点培植的专业，典型地体现出青海职业教育特点。职业学校自创办时起，编毛技术一直被列为主要学习课程，学校专门附设的一处工厂就是用来实

---

① 青海省档案馆档案. 全宗号43号［Z］.

表1 省立第一职业学校增设专业情况

时间	主要专业	学校变迁及附设实验场所	学生（人）	教员（人）	校长	经费
1929年	编毛科	青海省立第一职业学校；工厂一处，实习毛织物；产品销售所一处，销售学生实习作品：毛线、毛袜、手套、毛衣等	70	31	祁中道	经费悉计11901元；其中省政府拨款10885元
1930年	编毛科		304	31	祁中道	
1932年	编毛科、工业科		30，毕业29	31	祁中道	
1934年	编毛科、工业科	附设小学部初高级六班、工读生一班	30	31	祁中道9月辞职，马绍武继任	
1935年	编毛科、工业科	元月，学校改名为"青海省西宁初级工科职业学校"；3月，农科职业学校（1931年成立）并入，校名改为"青海省西宁初级工科农科职业学校"；增设实习厂八处	93	31	马绍武	每月经费1939.95元
1936年	增设助产科；编毛科、工业科	9月1日，工、农二科分设；工科仍在本处办理，农科迁至镇海堡办理	63		12月11日，委任张继训为工科校长，宋之权（金陵大学毕业）为农科校长	

40

续表

时间	主要专业	学校变迁及附设实验场所	学生（人）	教员（人）	校长	经费
1937年	创建附设"青海省畜牧兽医训练班"；编毛科、工业科	第一批毕业生35人，由教育厅保送至陆军部兽医学校深造	60	31		常年经费14610元。畜牧兽医训练班经费由马步芳军队专款拨支付
1939年	编毛科、工业科	元月，工、农二校又合并，定名为"青海省立西宁初级职业学校"			赵永能	
1939年	增设"省立高级畜牧兽医训练班"；编毛科、工业科	由附设畜牧兽医训练班单独另立而成			赵永健	
1940年	编毛科、工业科		150		石殿峰	17460元
1941年	编毛科、工业科		126	18	石殿峰	13209元
1941年4月	工科停办；南门外国民义地被拨为学校实习农场	日机轰炸西宁，学校西大厅及所有教具、机械设备被炸毁			石殿峰	
1941年	编毛科		154	32	铁远瑞	每月经费法币207万，全年2484万元
1944年	工科恢复；增设染料科；编毛科，工业科	开辟西宁西郊刘家寨实验农场				

 高原职业教育的改革与发展研究

续表

时间	主要专业	学校变迁及附设实验场所	学生（人）	教员（人）	校长	经费
1945年9月	增设高级农艺科；编毛科、工业科	修业年限为一年	180名		马晓东、赵国俊	
1946年上半年	乐都县乐都县（今乐都区）中学、互助县简易师范学校并入西宁职业学校	设有初中及简师教学班14个	近300名		魏泰兴、马俊德	
1950年4月19日	昆仑中学、西宁职业学校合并为"青海省第二中学"		400名		马鷁珍、陈立纲	

资料来源：青海省档案馆档案．全宗号43号[Z]．

42

习毛织物。学生实习产品被送往市场销售，配套设立一处产品销售所，用来销售学生编织的毛袜、手套、毛线、毛鞋等。除了交付年地租费500元，实习工厂还能得到年516元的利润，是当时仅有的可通过学生劳动赚得利润的学校。当教育部第一个筹办边疆民族职业教育的条令《初级实用职业学校筹备计划纲要》于1940年颁布时，青海职业学校教学目标与其目的基本相符，"使学校能生产自给，养成员生自食其力""适应边疆环境，使员生以学校为家庭，实行半工半读制"。教育部对边疆地区职业学校课程设置的要求分为普通学科和职业学科，普通学科课程与一般学校相同；职业学科要求设置畜牧科，包括放牧、饲养、选种、兽医；垦殖科包括种草、植树、农作物耕种；畜产品加工包括制革、毛织、炼乳、脂肪制造；工艺科包括锻工、钳工、木工、缝纫工；卫生及医疗包括公共卫生、助产及普通治疗护理。法令颁布时，青海职业教育已经初具雏形，作为重点的畜牧科，将垦殖科、畜产品加工的一些课程按需教授，更加具有实用性。出于对青海经济的扶持，中央政府对青海职业教育资助力度加大，学校常年经费14160元，在当时中等学校中位列第四，拨款仅次于师范类学校。"开发西北"热不断高涨的时期，1934年以后，学校增设实习厂八处，附设小学部初高级六班，工读生一班；教学体系得以完善。职业教育开办过程中，虽然以畜牧业为重，但农业科同时设立，并有专属的农业试验场；然而不如编毛科成效显著；农校也在反复中终于1939年和西宁第一职业学校合并，成为"青海省立西宁职业学校"。由于抗战的需要，1939年，国民政府军政部直接拨款在西宁南部的贵德过马营地区建立起贵德军马场，养殖战争需用的军马，以支援抗战。军马场为保证马匹质量，配备了十几位兽医，由于马匹供应量加大，专业的兽医人才急需，为此，第二年教育部就近在贵德县校耶日瓦地方创办"国立青海初级实用职业学校"，设置畜牧科。当时畜牧科包括垦牧、兽医、畜产制造等科，三个专业先后设立，主要仍以兽医科为主。学校开垦荒地200余亩作为实验农牧场，养殖牛羊710头（只）；设立附属毛革工厂，配有织布机5架、织袜机1架，纺线车30套；在资金和设备方面远强于西宁职业学校，到1947年时共有

 高原职业教育的改革与发展研究

三个班级 55 名学生。① 抗战胜利后，不再需要征集大量军马，学校遂迁往游牧区与农耕区的交界地湟源县，设为"国立青海湟源实用职业学校"，设立畜牧、农垦两个专业。为了教学实习的方便，在海南专设一处牧场，饲养牛、羊、马等牲畜。编毛科依旧是职业学校重点课程，学校购置有 30 部左右纺织机供教学实习使用。教育部直接办学在经费上相对地方办学充足，学校学生全部享受公费待遇，教育部希望用此种办法激励蒙藏子弟入学，促进游牧区畜牧业科学养殖。游牧区入学率相应有所提高，每届招收学生保证在 40 余名，所有的毕业生充为省兽医防治处和骑兵团连的兽医骨干。

二、职业教育以编毛科、兽医科为核心专业的原因探析

正如表1所见，早期职业教育专业设置中，编毛科既是重点专业，又是青海职业教育特点所在；后期因抗战输送军马之需而辅以兽医科，教育部为此特地设立国立职校，兽医科与编毛科成为职业教育核心专业。两个专业培养的人才服务领域针对畜牧业，尤其以蒙藏游牧区畜牧业为特定对象，其中以羊毛作为主要出口原材料的技术培训是专业特点形成的主因。职业学校自民国初期创建到后期分设专科学校，羊毛编织技术在学校占有极重要地位；然在前后两个阶段其重视目的有所不同。早期是以营利为目的，后期主要作为缓解羊毛囤积的辅助手段。

早期筹边学校校长朱绣筹办职业教育时，商人出身的朱绣"鉴于青海毛华富饶，若自家制造，颇足自需，亦可获利权外溢之效。遂极力提倡，呈请甘肃教育厅附设职业科于筹边学校之内"。② 畜牧兽医专业的创设是在抗战开始以后，为"策应抗战需要"而设；因大量军马供应前线，但是"本省畜牧兽医人才缺乏，在经费万难之中，筹设畜牧兽医人员训练班一班"。③

---

① 教育部边疆教育司. 边疆教育概况 [Z]. 民国三十六年八月续编，125，94.
② 青海省档案馆档案. 全宗号 43 号 [Z].
③ 同②.

马麒刚到青海，为实现经济独立，在中等教育的兴办上将职业教育与师范教育并重。其经营青海推行的"殖边政策"中，"振兴实业"和"兴办教育"是核心内容；办学的着眼点基于畜牧业经济为青海带来的巨大贸易额，实业教育为前提的出发点即以编毛业作为主要培训内容。青海省经济结构的总体特点是以畜牧业为中心的多种经济结构重叠交错，商品经济极端落后。西部游牧区占地辽阔，蒙藏游牧民以牛羊为主的牲畜数量在民初时期"约在400万～500万头之间"，[①] 全省约有"各类牲畜7533280只（不含猪），其中羊为5312500只，牛、马、骡等大牲畜2220780头；到1937年，据青海省畜牧厅的历史资料记载，各类牲畜达12381000头（只），其中羊800多万只，年产羊毛5000吨以上，为近代畜牧业生产的高峰"。[②] 但是，落后的生产方式严重制约了畜牧业发展。"先进的生产工具没有出现，就连原始的手工业也极少。在牧民的日常生活中，除了茶叶、藏刀、龙碗、铁锅、铁、木制工具等多从外地购入外，几乎从吃穿到住行的绝大部分生活用品，都是以畜产品为原料而自制自用、自给自足的。如肉、奶、酥油、衣帽、绳索、毡毯、帐房、乘马及燃料（牛羊粪）等，无一不是靠自己所生产。常使用的绳索、马绊、牛挡绳、接羔袋等，都是当地牧民用牛羊毛、皮张自制成的。日常生活用具及简单细小的生产工具尚且如此，其他如修棚打圈、打草储草等工作，自然就更谈不上什么先进技术了。"[③] 畜牧业生产中，蒙藏游牧区羊毛质量优、产量大的优势，因为没有工厂难以体现；羊毛加工业仍处在手工编织阶段，大量羊毛依靠国际、国内市场出口销售原材料获利。输出商品中，以毛皮、牲畜为大宗，年出羊毛千余石，羔皮、狐等杂皮二百余万张，油（青油、猪油）、木（松、柏、榆、柳）、药材（麝香、鹿茸、大黄、红花、羚羊角）等次之，输出价值每年计约千五六百万元，每年出超九百余万元。因为工业不兴，尽管畜牧业产量为数不少，却只能每年将原材料运往天津廉价出售。身拥丰富的畜

---

① 翟松天. 青海经济史［M］. 西宁：青海人民出版社，1998：72.
② 同①.
③ 同①67.

 高原职业教育的改革与发展研究

牧业资源,游牧民却无法拥有富裕的生活,畜牧业生产技能的局限与对外贸易交流渠道不畅直接阻碍着地区畜牧业经济发展。

30年代初,因为受到国际市场冲击,天津等地皮毛无法运往国际市场销售,直接影响到青海皮毛业,大量原材料积压在本地,民众直接或间接受到影响,尤其牧民许多陷于困苦境地;游牧民除了牛羊几乎没有任何额外财产,一旦牛羊出问题,则一贫如洗;青海省经济由此几显停滞。省教育厅以"若不力谋挽救,则本省富源,将趋于绝境矣,挽救之方,非提倡手工业不为功"。① 职业学校推行毛编物成为特定时期以教育力量挽救青海省经济的举措之一。畜牧科对于青海职业教育的重要性以及羊毛市场对青海经济的影响也为教育部熟知,边疆教育司对青海职业教育政策做出针对性指导"注重毛编物,提倡手工业";因为"该省布匹羊毛为大宗出产,近年以销路停滞,毛价跌落,而衣料之来源,全恃布匹之输入,影响边民生活颇巨,今后各校劳作科应注重毛编物,教以自制毛衣毛袜,由此逐渐推及家庭、推及社会"。② 羊毛编织成了这时职业教育的主要科目,要求在全省推广,力求普及。1933年教育厅下令在各级学校,一律加授毛编物。职业教育能使教育和社会紧密结合的教育形式在此发挥出作用。这一政策要求从小学阶段就须执行,以便儿童自备衣服毛袜等,逐渐推及家庭、推及社会。③ 教育厅以"实"为标尺立为职业教育目标,以谋求整个社会的认可和生产实际的需要。是青海经济产业结构的多样化对教育提出的新要求,使得杨希尧等人适应本地经济结构,在教育应随时势为转移的认识下,期望由此使本省毛编工业,得有进展,由学校而渐及于社会,以使出产的大宗羊毛,得有用途,不至于青海工商凋敝。首先大量宣传羊毛用途,提倡使用羊毛编织物。对于羊毛产品,竭力提倡本省民众自行消费,还能够解决本省民众穿衣问题。一时机关单位职员皆以编织羊毛物品为业余作物,省府也以发放羊毛为职员酬劳。职业学校设立后同时附设一

---

① 杨希尧. 青海教育概况,青海省教育厅民国二十三年十月编印.
② 教育部边疆教育司印. 边疆教育概况[Z]. 民国三十六年八月续编,125,94.
③ 同①.

处编织工厂、毛织物产品销售所，工厂为学生实习毛编物场所，编成的毛线织物在销售所出售。1932年，内地来青海考察的林鹏侠看到的职业学校，内分机织、制革、皮件、栽绒、纺纱、绸物、造鞋、化学等八部，机械系购自上海者，原料则取之土产。惜资本不充，出品无多，所出者仅毛单、毛鞋、毛褥、毛衣、毛巾、帆布、制革、肥皂等，又私人经营加牙栽绒工厂，其产品仅有栽毛毯、毛褥等。经济水平远远落后于国内其他省份的青海地区，自民众至政府公务员，几乎人人都穿着一身自织、自编的纯毛衣服，自毛袜子、毛裤、毛衣到毛帽的穿戴，对羊毛的滞销不知起到了多大的作用，但是，对毛编织技术的推广却发挥出了极大的效用。学校制度下所进行的生产技能知识的传授和职业培训，改变了一般教育课程空疏无用、脱离社会经济和生活实际的状况，教育与畜牧业结构相结合，是从理论到实践对传统的儒学只读四书五经的空虚教育的一次扫荡，让民众对以近代化为核心的"新学"教育产生了深刻的印象，是30年代青海社会民众广泛接受学校的一种实践启蒙。

三、青海地区职业教育的地区特点

职业教育首重毛编物的特点，典型地反映出畜牧业经济在青海社会生活中的重要位置。尤其在羊毛大宗出口，热销国际国内市场时，为青海经济带来了几乎是唯一的对外贸易额，一旦国际、国内羊毛市场不畅，青海经济势必受到重创。"一战"后到"二战"期间，青海羊毛滞留本地无法售出，地方收入锐减，严重影响到各个行业。教育界在学校倡导羊毛的自产自销成为解决羊毛问题的一大便利条件而得到地方当局大力支持；重视畜牧业技能的培训成为职业学校一大特点。职业教育的产生和发展是和近代资本主义机器工业生产的发展紧密相连的，社会的经济发展为职业教育的发展提供了所需的外部条件。建省后经济领域受中央政府统筹规划，内地早已使用的近代化机器，诸如编织机、纺线机、织袜机等不断出现在青海，近代化机器与先进科技的传入为学校教学提供了条件，使得职业教育中的畜牧业领域实用技能的培训成为重点。

从现实来看，30年代以前青海的职业教育是实业教育，结合青海经济社会特点实施的是以实利和实用为指导的劳动技术的培训，属职业教育早期形式，以培养行业应用人才为主。这和国内职业教育早期发展阶段相符，"实业教育"一词从日本传入以前，国内以"实学"指称，梁启超以为，"一切实学，如水师必出海操练，矿学必入山察勘"，[①]当时实施实业教育的学校则直接加上学校的种类而称为某某学堂或学馆，如福建船政学堂、湖北农务学堂、湖北工艺学堂等。青海的职业学校以其实际的教学内容来看应该称为青海编毛学校，而这也是当时民间对职业学校的别称，当时社会上流传的顺口溜就是"职业学校编毛线"。职业教育的实用性教学从社会效益来看还是取得了意想不到的效果。在完全没有工业化生产，传统的手工生产占主导的青海社会，民众认为学校里的书本上学习不到实际中用得上的生产技能，普通学校培养的人才无一技之长，无法谋生就业，不需要接受与产业结构相脱离的"职业教育"，为此，实用性教学既是地方政府发展经济保证利润的前提，也成了吸引民众入学的条件；要进行职业教育只能以满足实业的需求作为职业教育的中心。这种结合实际，因地制宜设置课程的做法，恰好避免了盲目学习的弊端。清末教育改革中对西洋工业化社会教育制度在中国的移植表现出的不适应性，就是盲目照搬的结果。省教育厅希望通过毛编物的普及带动羊毛的消费，进而对畜牧业生产复兴起到一定作用的规划，切合民计民生，新兴的近代化专业在经济领域开始发挥实效。自30年代初，一批拥有近代化医疗技术的兽医防治机构设立，青海防疫处（1933年）、青海卫生实验处兽医诊断室（1936年）、西北防疫处驻青海办事处（1937年）、青海兽医防治处（1944年）等设在西宁；县一级兽疫防治所在门源、湟源、共和、贵德四个牧区县由西北防疫处驻青海办事处设立。近代化疫情防治技术在游牧业中逐渐采用，专业人员对草原牲畜定期门诊，观察疫情规律。1943年，青海防疫防治大队首次成功制造出抗牛瘟血清疫苗，在西宁、湟源建立的血清制造厂制造

---

① 陈学恂. 中国近代教育文选［M］. 北京：人民教育出版社，2001：130.

牛瘟疫苗、羊用疫苗等；①帮助牧民降低了每年由于疫情导致牛羊大量伤亡的损失，抵御自然灾害能力明显增强。医疗卫生领域具有近代化医疗技术机构的设立迟至建省后才出现，只有简单的内科、外科、眼科、妇科；发展为具备近代先进医疗器械设备的综合性医院，时间已经到了1948年，规模上也只是拥有100张病床，全院职工280余人；但是相对于建省时的20张病床，医师10余人，已经有了较大发展，其中，职业学校设立护士职业训练班对医院扩大提供了一定人才资源。护士职业训练学校虽然设备简陋，实验条件不及内地，但是在教学、管理上严谨负责，学生成为本土最早以近代化西医标准培训的医疗界合格人才。学校曾有一位外国籍女专家为专任教师，对学生训练严格，保证了学生技术水平，令同时在兰州附属医院的教授给予了极高评价，认为学校学生的基本训练能符合工作上的要求。学校招收的学生大都来源于省立女子师范学校，从生源上保证了质量；学校走出来的学生很快就职于省立中山医院到各个县一级医疗机构中。

自从近代化性质的"八大工厂"发展起来，火柴厂、三酸厂、玻璃厂、修配厂、洗毛厂、制磷厂陆续建立，近代化机器生产渐成规模，对专业技术人才达到渴求状态。近代机器化生产要求劳动者必须具有一定的文化水平，能了解生产过程和工艺原理，并具有一定的技术能力，职业教育的发展需要社会消化其成果，这是职业教育发展的客观社会经济需求。职业学校专业设置增多，经费投入加大。但是，由于缺乏师资，许多课程无法教授，化学实验缺乏设备，更多专业技能人才的培养模式，采用的是职业学校学生毕业后再由省府统一保送至内地各高校深造，进一步学习结束后再回来就业。

确切地说，青海的职业教育实质上仍处在实业教育阶段，谈不上培养高质量、多数量的经济建设人才，此种状况与青海产业结构和经济发展的

---

① 吴也波. 一九四二年青海发生严重牛瘟及筹建兽医防治机构的经过[J]. 青海文史资料选辑·第8辑.

整体状况是相适应的。职业教育作为教育与经济最紧密的结合体，是要适应经济发展和产业结构多样化的需要，涉及综合性教育过程，所包括的除了普通教育外，还包括技术和相关科学的学习，以及与经济和社会生活各部门的职业有关的实际技能、态度、理解力和知识，职业技能保证能够在环境中达到可持续发展的目标。实业教育更多注重实用，职业教育同时注重教育的社会功能，实业教育必定向职业教育过渡。早期实业教育中以"编毛"为核心的课程体系奠定了青海职业教育以畜牧业生产为重心的基础。

青海藏区职校学生择业倾向与态度研究[*]

王士勇　张效科　瑜措珍嘎[**]

近年来，在青海省委、省政府坚强领导和强力推动下，青海省职业教育主动适应新形势新要求，以服务发展为宗旨，以促进就业为导向，以改善民生为目标，深化产教融合、校企合作，初步构建了规模适度、中高职衔接、职业教育与普通教育贯通的现代职业教育体系。

从总体上看，青海省职业教育还不能完全适应经济社会发展的需要。特别是青海藏区职业教育的发展还不能满足当地经济社会发展的需求，人们对接受职业教育的认知还不高，职业教育在经济社会发展中的重要作用还远没有得到发挥。本文通过研究青海省黄南、果洛、玉树和海南四个藏族自治州职业学校共325名学生的择业倾向与态度，以期发现青海藏区职业教育发展中存在的主要问题，从而提出促进青海藏区职业教育发展的对策建议。

一、青海藏区职校学生基本情况

从职校学生的户籍情况来看，青海省黄南、果洛、玉树和海南四州职校学生大部分来自广大的农牧区，占比为92.07%，非农业户口的学生仅占到7.93%。非农业户口学生占比最高的为黄南州，占10.31%；最低的为玉

---

[*] 本文发表于《职业教育研究》2018年第7期。
[**] 王士勇（1963— ），男，藏族，博士，青海师范大学教授，研究方向：民族教育及经济研究；张效科（1975—），男，汉族，硕士，青海师范大学副教授，研究方向：区域经济及企业管理；瑜措珍嘎（1984—），女，藏族，硕士，青海师范大学讲师，研究方向：少数民族经济。

树州，只占 5.63%。这也从一个侧面反映了青海藏区各州人口占比的实际分布情况。（见表 1）

表 1 职校学生所在户籍情况统计（%）

项目	黄南	果洛	玉树	海南	合计
农业户口	89.69	93.02	94.37	92.41	92.07
非农业户口	10.31	6.98	5.63	8.45	7.93

绝大多数学生的家庭人口总数在 4 人以上，其中有 31.69% 的家庭人口总数达到或超过 6 人，基本属于贫困家庭。在被调查的 325 名学生中，家庭年总收入超过 10 万元人民币的只占 5.87%，在 2 万元及以下的占 57.41%。家庭年总收入在 2 万元及以下比例最高的是玉树州，占 68.42%，黄南州和海南州比例皆超过 50%。

这些数据从一个侧面证实了青海藏区贫困落后的实际情况。考虑到贫困人口主要集中在农牧区的现实，家庭收入占比与学生农业与非农业户籍占比也基本一致。（见表 2、表 3）

从职校学生就读职业学校的主要原因来看，37.12% 的学生是为了早日工作从而减轻家庭困难。此项的比例最高，这进一步说明就读职业学校的学生主要来自贫困家庭。免学费和助学金政策对职校学生的吸引力不大，只有 1.53% 的学生将此项作为选择上职校的主要原因，说明大部分来自贫困家庭的学生认为免学费和助学金政策对摆脱贫困的作用有限。还有占 22.7% 的学生是因为学习成绩不好没考上普通高中而选择上职校。另有占 1/3 的学生选择职业学校是因为对技能学习感兴趣。

这些数据说明青海藏区职业学校对学生的吸引力不大，特别是许多家长和学生受传统就业观念影响，把进机关、事业单位工作视为就业的唯一方向，从而鼓励孩子考普通中学，对于大部分家庭来说选择职业学校是无奈之举。（见表 4）

表2　职校学生家庭人口情况统计（%）

项目	黄南	果洛	玉树	海南	合计
2人以下	1.03	9.43	4.08	3.90	4.00
2~3人	20.62	16.98	11.22	15.58	16.00
4~5人	38.14	39.62	50.00	64.94	48.31
6人及以上	40.21	33.96	34.69	15.58	31.69

表3　职校学生家庭收入情况统计（%）

项目	黄南	果洛	玉树	海南	合计
2万元及以下	55.67	45.28	68.42	54.43	57.41
2万~5万元（含）	19.59	24.53	7.37	29.11	19.14
5万~7万元（含）	6.19	7.55	9.47	8.86	8.02
7万~10万元（含）	14.43	13.21	8.42	2.86	9.57
10万~20万元（含）	1.03	1.89	4.21	2.53	2.47
20万元以上	3.09	7.55	2.11	2.53	3.40

表4　职校学生选择就读职校的原因统计（%）

项目	黄南	果洛	玉树	海南	合计
对技能学习感兴趣	23.71	33.96	35.71	48.72	34.97
学习成绩不好，没考上普通高中	22.68	24.53	31.63	10.26	22.70
希望早点工作减轻家庭经济负担	49.48	26.42	29.59	38.46	37.12
免学费和助学金政策吸引	1.03	5.66	1.02	0.00	1.53
是家长的意愿	1.03	7.55	1.02	2.56	2.45
其他	2.06	1.89	1.02	0.00	1.23

二、职校学生对学校的认同感

当问到"是否愿意告诉别人自己在哪儿上学时"，青海藏区职校学生中占66.56%的学生乐于告诉他人自己在职业学校上学，占33.44%的学生表示不想告诉他人自己在职校上学，占比达1/3强。比例最高的为果洛州，有近一半（47.17%）的学生不想告诉他人自己在职校上学；黄南州的比例也高达40.21%；海南州的比例最低，但也占到24.36%。

这进一步说明社会对职业学校的认同感不高，导致职校学生不愿认可自己的身份。令人欣慰的是，青海藏区职校学生中高达75.39%的学生认为经过几年的学习发现，在职校能学一门实用技术或手艺，有利于就业，很喜欢。这一比例最高的是玉树州，其次为海南州，分别为92.05%和86.08%。最低的为黄南州，但比例也高达59.79%。这说明大部分学生比较喜欢自己所学的专业，对专业技术的认同感较高。但遗憾的是，青海藏区职校学生的学习动力不足。虽然有37.31%的学生认为职校的学生学习很认真，真心想学一门实用技术，但认为学习动力不足的比例高达45.87%。另外，还有11.31%的学生仅是打发时间，认为职业学校仅是"混时间和混文凭的地方而已"比例最高的是黄南州，高达23.71%；最低的是玉树州，比例为3.41%。（见表5）

表5 职校学生对职业教育和职业学校的认同感统计（%）

项目		黄南	果洛	玉树	海南	合计
如有亲戚邻居问你在哪儿上学时	乐于告诉他人自己在职业学校上学	59.79	52.83	73.47	75.64	66.56
	不想告诉他人自己在职校上学	40.21	47.17	26.53	24.36	33.44
经过几年的学习，职业学校在你心目中留下什么印象	混时间和混文凭的地方而已	23.71	20.75	3.41	5.06	12.93
	学风很差，纪律很差	7.22	11.32	2.27	7.59	6.62
	能学一门实用技术或手艺，有利于就业，很喜欢	59.79	60.38	92.05	86.08	75.39
	其他	9.28	7.55	2.27	1.27	5.05
从学习态度上看，你认为自己所在职业学校的学生大多数是怎样的	很认真，真心想学一门实用技术	27.84	37.74	45.92	37.97	37.31
	一般，学习动力不足	56.70	24.53	42.86	50.63	45.87
	不认真，混文凭而已	7.22	15.09	6.12	2.53	7.03
	连文凭都不想拿，仅是打发时间，糊弄家人	6.19	5.66	3.06	2.53	4.28
	从没了解过	2.06	16.98	2.04	6.33	5.50

从职校学生对学校教育服务质量的满意度也能反映出青海藏区这几年对职业教育的大力投入和快速发展（见表6）。职校学生对学校学习环境的总体印象非常好，占53.16%的学生认为学校在软硬件设施设备建设方面都很好，认为硬件和软件都不好的只占到11.71%。认为职校软硬件方面都很好的比例最高的为玉树州，高达68.04%的学生认可玉树在职校建设方面的成绩，其次为海南州。认可度最低的是黄南州，有24.74%的学生认为学校硬件和软件建设方面不好。但黄南州职校的学生比较认可学校软件方面的建设。认为软件好，硬件不好的比例中黄南州最高，比例为27.84%。这一比例最低的为玉树州，比例仅为8.25%。这些数据从不同侧面说明了玉树州在灾后重建中得到了相关部门的大力支持，职校建设获得了很大发展，特别是学校硬件方面的建设非常突出。但在师资力量、教风学风方面还有待进一步提高。

表6 职校学生对自己学校教育服务质量满意度统计（%）

项目		黄南	果洛	玉树	海南	合计
你对所在职业学校学习环境的总体印象是	硬件和软件都很好	32.99	46.81	68.04	64.00	53.16
	硬件好，软件不好	14.43	19.15	19.59	20.00	18.04
	软件好，硬件不好	27.84	21.28	8.25	12.00	17.09
	硬件和软件都不好	24.74	12.77	4.12	4.00	11.71
你所在学校的教师对学生学习兴趣的调动状况如何	经常调动学生学习兴趣	24.74	45.28	42.27	30.38	34.66
	有时调动学生学习兴趣	23.71	15.09	49.48	50.63	36.50
	很少调动学生学习兴趣	39.18	28.30	5.15	17.72	22.09
	从不调动学生学习兴趣	12.37	11.32	3.09	1.27	6.75
在你和学校、老师的沟通方面如何	能够充分沟通	31.78	28.30	38.78	32.91	33.53
	比较容易沟通	46.73	30.19	47.96	39.24	42.73
	很少主动沟通	4.67	30.19	10.20	17.72	13.35
	沟通困难	16.82	11.32	3.06	10.13	10.39

职校学生对教师教学情况也给予了较客观的评价。34.66%的学生认为教师能经常调动学生的学习兴趣，但也有6.75%的学生认为教师从不调动学生学习兴趣。在学生与教师、学校的沟通方面，高达76.26%的学生认为能够充分沟通或比较容易沟通，其中33.53%的学生认为能够充分沟通；认为沟通困难或者很少主动沟通的学生占到23.74%。

这些数据一方面有力地证明了青海藏区各级政府在推进本土职业教育发展方面的突出贡献，但另一方面也反映出学生对职业学校的认同感还有很大的提升空间。在提高职业学校的教育教学质量、师资队伍建设、教风学风建设方面，青海藏区还有很长的路要走。

三、职校学生的择业倾向和态度

择业对于职校学生来说至关重要，是学生最初选择职校的主要原因之一，也是完成职校学习任务后人生的一个重要转折点。树立正确的就业观和择业观是求职活动的基础和前提，也是事业成功的起点。另外，学生的择业倾向与态度不仅反映了当地经济社会发展情况，也从一个侧面反映了职校的教育教学质量。职校学生的择业倾向与态度直接影响到职业学校的办学方向和专业建设，直接反映出职业学校的教育教学能否适应当地经济社会发展的需求。

（一）职校学生毕业后的打算

从青海藏区职校学生毕业后的打算来分析，大部分职校学生表示要继续升学，其中47.32%的学生打算毕业后继续读书，21.77%的学生打算工作一段时间后再深造，只有13.88%的学生希望找到合适的岗位就业，另有9.46%的学生打算自己创业。打算继续升学比例最高的是玉树州，其次为海南州，分别为69.32%和67.09%。这些数据一方面反映了这几年就业压力增大不好找工作的实际情况，同时也反映了青海藏区经济发展严重滞后，因缺乏工业导致没有太多就业机会的现实。近一半的学生选择职校是无奈之举，可能是因为没有考上普通高中，或者家庭经济困难等原因而选择上职业学校。但主要原因还是受传统观念影响较大，大部分家长和孩子希望接受更高层次的教育,从而实现到行政事业单位工作的机会。也反映出社会对高学历的认可和追求,而对技术技能重要性缺乏足够的认识。另外值得关注的是在自己创业的选项中,比例最低的是玉树州,其次为海南州,分别为2.27%和5.06%。这两个州也是学生选择继续升学比例最高的。历史上玉树州是从事商贸活动人数最多的藏区之一,但今天玉树州职校学生希望自己创业的比例在青海藏区是最低的,反而职校毕业后打算继续升学的比例最高,其背后的政府政策以及其他原因值得进一步调查研究。(见表7)

表7 职校学生毕业后的打算统计(%)

项目	黄南	果洛	玉树	海南	合计
继续升学	26.80	18.87	69.32	67.09	47.32
工作一段时间再深造	26.80	28.30	12.50	21.52	21.77
找合适的岗位就业	19.59	20.75	11.36	5.06	13.88
自己创业	10.31	26.42	2.27	5.06	9.46
还没考虑	16.49	5.66	4.55	1.27	7.57

(二)职校学生的择业困惑

对于职业学校的学生来说,由于其培养的主要目的是具有胜任某一工作的专业能力,注重职业性和技能性,相对来说不应该有太多的择业困惑,但青海藏区职校仅有1/3的学生表示没有择业困惑,比例最高的为果洛州,达56.60%。

在产生择业困惑的诸多原因中,缺少指点和引导,以及不知道该如何根据自身条件和环境因素确定自己职业成为大部分学生困惑的主要原因,比例分别为42.86%和27.95%。另外还有21.74%的学生认为自己对工作一无所知,完全不了解状况,无法抉择。(见表8)

 高原职业教育的改革与发展研究

表8 职校学生择业困惑及其原因统计（%）

项目		黄南	果洛	玉树	海南	合计
你有择业方面的困惑吗？	有	67.44	43.40	68.04	72.73	64.86
	没有	32.56	56.60	31.96	27.27	35.14
如果有择业困惑，产生困惑的主要原因是	对工作一无所知，完全不了解状况，无法抉择	24.74	17.31	20.21	22.78	21.74
	不知道该如何根据自身条件和环境因素确定自己的职业	35.05	17.31	26.60	27.85	27.95
	有大致的想法，但缺少指点和引导	35.05	40.38	51.06	44.30	42.86
	众说纷纭，家人与自己的选择不一致	3.09	17.31	2.13	5.06	5.59
	其他	2.06	7.69	0.00	0.00	1.86

这些都反映了青海藏区职业学校的教育中严重缺乏职业认知、社会实践和就业指导方面的教育工作。说明学校需要加强实践实训课程教学质量的提升，以及加大职业生涯设计指导，这也正是学生们的期盼。当问到"你最希望学校提供哪些就业指导服务"时，比例最高的依次为求职、面试技巧培训，职业生涯设计指导，就业政策、形势分析，提供就业信息，这几项合计比例高达90.34%。另外还有9.67%的学生希望得到就业心理咨询，虽然这一比例是最低的，但也说明有近1/10的学生需要就业心理咨询。（见表9）

表9 职校学生希望学校提供的就业指导服务统计（%）

项目	黄南	果洛	玉树	海南	合计
就业政策、形势分析	33.67	18.87	5.83	19.48	19.34
职业生涯设计指导	30.61	33.96	20.39	20.78	25.68
求职、面试技巧培训	17.35	20.75	60.19	36.36	35.65
提供就业信息	5.10	11.32	11.65	11.69	9.67
就业心理咨询	13.27	15.09	1.94	11.69	9.67

职校有些学生在择业方面存在自卑心理，导致择业时不敢对自己喜欢的职业发起挑战，总觉得自己不行，这就要求学校从不同方面激发学生的自信心。

（三）职校学生对自己职业能力的评价

在对自己能否胜任本专业岗位的评价中，青海藏区职校学生总的来说是有信心的，但许多学生认为缺乏实际操作能力：48.45%的学生认为经过岗前培训可以胜任，20.19%认为已完全具备专业技能可以胜任，25.47%的学生认为具备文化素质但缺乏实操能力，认为不具备文化素质和专业技能而无法胜任的只占到5.9%。通过几年在职校的学习经历，大部分学生认为专业技能和实习经历是自己在求职过程中最具竞争实力的一面，分别占到45.12%和19.82%。另外有17.07%和16.77%的学生认为求职过程中自己最具竞争实力的是各类证书和学习成绩。（见表10）

表10 职校学生对自己所学技能的评价统计（%）

项目		黄南	果洛	玉树	海南	合计
你对自己能否胜任本专业岗位是如何评价	我已完全具备专业技能，可胜任	23.71	18.87	9.38	30.26	20.19
	经过岗前培训可以胜任	38.14	33.96	61.46	55.26	48.45
	具备文化素质缺乏实操能力，难以胜任	29.90	30.19	27.08	14.47	25.47
	不具备文化素质和专业技能，无法胜任	8.25	16.98	2.08	0.00	5.90
你觉得自己在求职的过程中，最具竞争实力的是哪一方面	学习成绩	8.16	39.62	16.33	12.66	16.77
	专业技能	51.02	26.42	41.84	54.43	45.12
	实习经历	21.43	15.09	20.41	20.25	19.82
	考试证书/技能认证	19.39	18.87	17.35	12.66	17.07
	其他	0.00	0.00	4.08	0.00	1.22

这些数据说明学生对职业学校注重技能的认可，也反映了大部分学生通过训练学到了应有的技能。但同时也说明多数学生虽然认识到学习各类

技能的重要性，但对自己缺乏信心，特别是实际操作能力有待进一步提高。这也是青海藏区职业学校的短板，需要各级政府、各行各业通力协作，进一步加强职业学校的实训能力，满足当地经济社会发展对人才的需求。

（四）职校学生毕业后最想进入的行业

在回答"毕业后你最想选择的行业"时，比例超过10%的有四个行业：医药食品业、政府机关、商贸业和电力石化等能源业，比例分别为32.92%、13.48%、13.17%和11.6%。虽然选择政府机关的仍然较高，但已经发生很大转变。除了政府部门外，愿意在不同行业就业的比例高达近86.52%，人们传统的就业观正在悄然发生改变。但由于青海藏区落后的经济发展水平，特别是工业发展非常有限，所以医药食品业等关系到民生福祉的行业成为青海藏区职校学生有意选择的比例最高的行业；其次为政府机关、商贸业和电力等能源业。值得关注的是旅游业是青海藏区的主要收入来源之一，但只有4.39%的职校学生选择。而在我们的调研中发现青海藏区旅游业急缺各类人才，说明青海藏区职业学校在人才培养方面缺乏针对性，不能很好地满足当地社会经济发展对人才的需求。（见表11）

表11 职校学生毕业后最想进入的行业统计（%）

项目	黄南	果洛	玉树	海南	合计
IT与通信业	10.31	13.21	2.22	3.80	6.90
金融、证券、保险业	7.22	13.21	1.11	5.06	5.96
商贸业	8.25	20.75	15.56	11.39	13.17
电力、石化等能源业	31.96	11.32	0.00	0.00	11.60
新闻出版业	1.03	3.77	1.11	2.53	1.88
房地产业	3.09	1.89	0.00	2.53	1.88
医药食品业	13.40	28.30	56.67	32.91	32.92
旅游交通民航业	8.25	1.89	3.33	2.53	4.39
制造业	0.00	0.00	1.11	8.86	2.51
政府机关	8.25	3.77	15.56	24.05	13.48
其他	8.25	1.89	3.33	6.33	5.33

（五）职校学生对就业形势的看法和就业地区的选择

受经济下行压力的驱使，这几年就业形势不容乐观，职校学生也面临着同样的问题。但青海藏区职校学生认为就业形势不乐观的只占到 10.19%，玉树州和海南州职校的学生选择不乐观的均不到 3%。认为就业形势不乐观比例最高的是果洛州，占到 26.42%。虽然青海藏区职校学生持不乐观的比例较低，但态度持完全乐观的比例不到一半，有 44.14% 的学生认为就业形势一般。对就业形势持完全乐观态度的比例最高的是玉树州，达到 61.62%。这与玉树职校学生想继续升学比例最高、自主创业比例最低形成鲜明的对比。一方面说明玉树灾后重建工作提高了学生们的自信心，另一方面也说明传统就业观的改变还需时日。

对于大部分来自农牧区的学生来说，在选择就业地区时较为保守。虽然青海藏区经济发展相对落后，现代企业少且规模不大，从而就业压力较内地压力大，但绝大部分学生仍然选择在本省就业，比例高达近 70%，其中 27.44% 的学生选择在当地乡镇或县城就业。选择在本省就业比例最高的是玉树州，其次为海南州，分别为 86.87% 和 82.28%。这一方面反映了比较落后的就业观，另一方面也说明了语言障碍、文化习俗等因素使得许多农牧区的孩子很难去内地生活发展。（见表 12）

表 12　职校学生对就业形势的看法和就业地区的选择统计表（%）

项目		黄南	果洛	玉树	海南	合计
你对现在求职形势的看法	乐观	35.48	41.51	61.62	40.51	45.68
	一般	48.39	32.08	36.36	56.96	44.14
	不乐观	16.13	26.42	2.02	2.53	10.19
你对未来就业地区的选择是	当地乡镇或县城	15.46	33.96	36.36	26.58	27.44
	本省省会城市	32.99	24.53	50.51	55.70	42.38
	东部沿海地区	32.99	26.42	6.06	11.39	18.60
	其他地区	18.56	15.09	7.07	6.33	11.59

四、建议

为深入贯彻落实国家《关于加快发展现代职业教育的决定》和省第十三次党代会精神，建立和完善符合青海藏区经济社会发展需求、助力打赢脱贫攻坚战的现代职业教育体系，青海省政府提出以藏区各州重点建好一所中等职业学校为突破口，以"中央、省、州级支持与对口援助"相结合为手段，大力加强校园校舍、实训基地、教师队伍、专业能力、信息资源和校园文化建设。从青海藏区职校学生对学校教育服务质量的满意度也反映出各级政府近几年对职业教育的大力投入和职业教育的快速发展。但青海藏区职业教育的发展仍不能满足经济社会发展的需求，无论横向比还是纵向看，都存在不小的问题和差距，还需要付出艰辛努力，需要采取多种举措，进一步提高职业教育质量。

第一，必须树立全新的教育教学理念。要适应经济发展方式转变和产业结构调整要求，满足经济社会对技术技能人才的需求。由于青海藏区职业教育缺乏现代职业教育理念，特别是学生缺乏实际操作能力，严重影响学生创业、就业能力。此外，缺乏"双师型"教师，以及实践实训基地，学生的技能培训无法满足标准；学制设计缺乏针对性，不能体现藏区学生特点，所有这些都严重影响到教育教学质量。

第二，提高职业教育投入。受传统观念影响，社会上普遍重学历教育、轻技能教育，再加上高考扩招和普通高中扩建，中职学校招生逐年下降。同时，由于职业教育投入不足，基础设施薄弱，实训基地和设备缺乏，专业设置与区域产业发展匹配度不高，中职学生升入高职院校和大学的比例较低等，使职业教育缺乏吸引力，加之受经济下行、企业用工等因素影响，导致高就业率低就业质量，多数毕业生就业稳定性差、收入低。因此各级政府要进一步提高职业教育投入，特别要加强实践实训基地建设，从而提高学生的实际操作能力，进一步加强职业认知、社会实践和就业指导方面的工作，积极引导学生提高自信心，勇敢面对机遇和挑战，提高就业率和就业质量。

第三，积极促进校企合作。青海藏区职业教育存在与经济社会发展需求不相适应、人才培养与使用脱节的现象。政府主导、行业指导、企业和社会参与的办学体制尚未形成，行业企业参与职业教育的积极性不高。青海藏区由于经济落后，非公有制经济发展缓慢，劳动密集型的大中型企业缺乏，学校推行工学结合、校企合作人才培养模式较为困难，导致人才培养质量、就业质量不高，服务经济社会发展能力不强。这就要求教育部门和学校加大对当地经济社会发展的研究，主动与企事业单位联系，积极引导行业企业参与职业教育，实现校企合作，从而实现职业教育与当地经济社会发展相适应的良好局面。

第四，根据当地实际需求和经济结构、产业结构的需要，以需求为导向制订职业教师培训计划。考虑到就业市场竞争激烈的现实问题，职业教育不仅要培养学生的专业技能，还应教会学生在创业或就业过程中应有的其他的基本技能。因而在培养培训专业教师的同时，还应该培训教师掌握如何创业和就业的基本思想和技能。

第五，重视学生的汉语能力培养。青海藏区职业教育的主要对象是中学毕业生，来自农牧区学生的汉语能力有限，从小就没有汉语的语言环境，再加上落后的语言教学的理念和方法，大部分学生在中学毕业后仍不能用汉语正常交流。所以在选择教师参加培训时，应注重教师的双语能力，以便让教师和学生在课堂内外流畅地互相交谈和沟通，从而保证教学质量，提高学生的学习积极性。

 高原职业教育的改革与发展研究

青海藏区初三学生对职业教育的需求调查与分析[*]

张效科　王士勇　瑜措珍嘎[**]

一、引言

职业教育是与经济、社会发展联系最紧密、最直接的教育。《国家中长期教育改革和发展规划纲要（2010—2020年）》提出："根据经济社会发展需要，合理确定普通高中和中等职业学校招生比例，今后一个时期总体保持普通高中和中等职业学校招生规模大体相当。"这对于我国大力发展中等职业教育、普及高中阶段教育、提高劳动者素质和优化人力资源结构，具有重要的战略意义。然而，在民族地区职业教育发展中，普遍存在"招生难"的问题，使职业教育处于一个比较尴尬的境地。教育需求是促进教育发展的基本动力，依据初中生的职业教育需求程度，可以在国家调整普高和中职招生规模时作为参考的依据。[①] 因此，民族地区初中生对普高教育和中职教育的需求程度就成为一个非常值得研究的教育供求问题。

---

[*] 本文发表于《青海师范大学学报（哲学社会科学版）》2018年3月第40卷第2期。
[**] 张效科（1975—），男，汉族，青海湟中人，青海师范大学副教授，研究方向：民族经济。王士勇（1963—），男，藏族，青海尖扎人，发展研究学博士，青海师范大学教授，研究方向：民族教育、区域经济。瑜措珍嘎（1985—），女，藏族，青海共和人，青海师范大学讲师，研究方向：少数民族经济。

[①] 王一涛，冯淑娟，李文杰. 初中生对普高和中职的需求调查及政策启示[J]. 教育与经济，2014（5）.

二、调研过程和方法

课题组于 2016、2017 年赴青海省黄南藏族自治州、玉树藏族自治州、果洛藏族自治州、海南藏族自治州等几个地区进行实地调研，访谈了当地教育行政部门负责人、学校领导及教师，在此基础上，又分别选择了黄南州同仁民族中学（132 人）、尖扎县第二民族中学（91 人）、玉树州民族中学（51 人）、玉树州八一孤儿学校（45 人）、果洛州玛沁县第二民族中学（130 人）、海南州共和县民族中学（89 人）、兴海县第一民族中学（51 人）等 7 所学校，共计 589 名初三学生进行了问卷调查，以了解当地职业教育发展的现状，以及学生对职业教育的认知和需求情况，从而得出相应结论。需要说明的是，本次调查共发放问卷 589 份，实际回收 589 份，在数据整理分析时，个别问题有个别学生漏填或未填的情况，所以在实际分析时以每个设计问题的实际回答人数作为样本量进行统计分析。

三、初三学生教育需求实证调查结果

我国实行九年义务教育制度，学生在接受了九年义务教育之后面临"普职分流"，即初中毕业生需要在普通高中和中等职业学校之间做出选择。

1. 初中毕业后对未来教育需求的选择意向

初中毕业后的升学意向	黄南州	玉树州	果洛州	海南州	合计	占比 / %
上普高	197	91	95	120	503	86
上中等职业学校	23	2	26	16	67	11.4
出门打工，直接就业	2	1	1	3	7	1.2
其他	1	0	6	1	8	1.4
合计	223	94	128	140	585	100

对初三学生的调查表明，选择上普高的学生为503人，占样本总量的86%，可见选择上普高的比例远远高于就读中职的比例，绝大多数学生更愿意在初中毕业后进一步接受普通高中教育，这说明"普高热"未见降温；选择上中职的学生为67人，占样本总量的11.4%，这表明实际愿意接受职业教育的学生规模与国家"普职比大体相当"的宏观政策之间还有很大的距离，这也是职业教育普遍存在"招生难"的主要原因所在；选择出门打工，直接就业的只有7人，占样本总量的1.2%，此说明只有个别学生在完成了九年制义务教育后，因个人或家庭原因，倾向选择走向社会，直接就业。

2. 家长对子女初中毕业后选择意向的态度

家长希望你初中毕业后接受何种教育？	黄南州	玉树州	果洛州	海南州	合计	占比 / %
上普高	169	76	60	107	412	70.6
上中职学校	46	6	53	24	129	22.1
打工就业	2	3	6	2	13	2.2
不干涉	5	10	9	6	30	5.1
合计	222	95	128	139	584	100

为进一步了解学生家长对子女初中毕业后选择意向的态度，我们做了进一步调查，结果显示，有70.6%的学生家长希望自己的孩子初三毕业后能够上普高，希望上中职学校的只有22.1%，另有5.1%和2.2%的学生家长分别选择了"不干涉"和"打工就业"。如果就各州来看，果洛州的数据不同于其他几个州，家长希望孩子上中职学校的比例相对比较高一些。但综合各州数据分析，在家长心目中对普通高中的教育需求远远大于对中职教育的需求。

3. 国家助学金政策对初中毕业生教育偏好的整体影响

自2007年秋季开始，我国实行了中等职业教育国家助学金政策，对中等职业学校所有全日制在校农村学生和城市家庭困难学生实行资助，资助标准为每生每年 1500 元，资助时间为两年。2015 年春季起，将中职学校国家助学金标准由年生均 1500 元提高到 2000 元。该政策从经济层面刺激居民尤其是广大农户以及他们的子女增加对中等职业教育的需求，帮助中等职业学校克服招生困难问题，优化教育和人才培养结构。

在调查国家助学金政策对初中生教育偏好的影响之前，我们需要利用问题的方式告知学生国家助学金政策的详细内容。具体体现在问卷中使用"我国从 2007 年开始，凡是农村学生，初中毕业后读中等职业学校，都可以得到每年 1500 元的助学金（共资助两年，资助总金额 3000 元），这个政策你知道吗？"这一问题来达到告知的目的。结果显示，只有 18.4% 的学生原来就知道该政策的具体内容，绝大多数（81.6%）的学生回答"原来不知道，现在才知道"，表明大多数学生对国家有关职业教育补助政策并不了解，这一告知是非常必要的。这说明，在义务教育阶段加强必要的职业启蒙教育和指导是十分重要的。

然后，问卷中用"有了国家给予的每年 1500 元的资助，上中等职业学校比上普高在费用方面要便宜很多，你会因此选择就读中等职业学校吗？"来测量初中毕业生对中等职业教育偏好的改变情况。

国家中职助学金政策对初三学生教育偏好的影响情况

有了国家给予的每年 1500 元的资助，上中等职业学校比上普高在费用方面要便宜很多，你会因此选择就读中等职业学校吗？	黄南州	玉树州	果洛州	海南州	合计	占比 / %
非常不愿意	29	13	16	15	73	12.5
不太愿意	80	46	28	49	203	34.7
说不清楚	62	31	48	34	175	29.9
有点愿意	24	5	23	26	78	13.3
非常愿意	26	1	13	16	56	9.6
合计	221	96	128	140	585	100

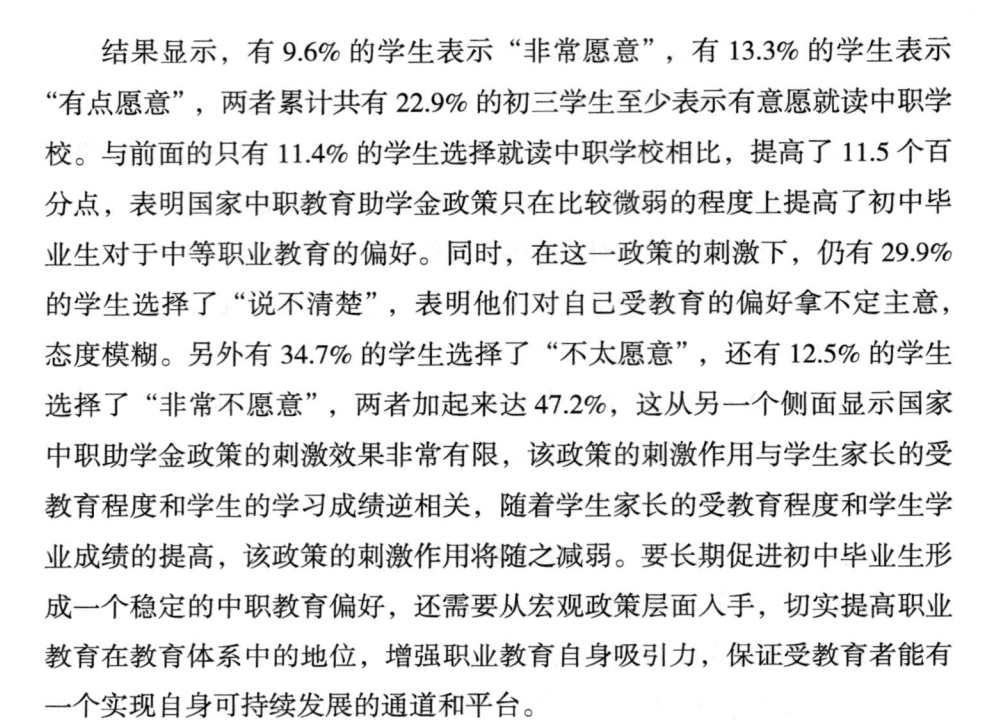

结果显示，有 9.6% 的学生表示"非常愿意"，有 13.3% 的学生表示"有点愿意"，两者累计共有 22.9% 的初三学生至少表示有意愿就读中职学校。与前面的只有 11.4% 的学生选择就读中职学校相比，提高了 11.5 个百分点，表明国家中职教育助学金政策只在比较微弱的程度上提高了初中毕业生对于中等职业教育的偏好。同时，在这一政策的刺激下，仍有 29.9% 的学生选择了"说不清楚"，表明他们对自己受教育的偏好拿不定主意，态度模糊。另外有 34.7% 的学生选择了"不太愿意"，还有 12.5% 的学生选择了"非常不愿意"，两者加起来达 47.2%，这从另一个侧面显示国家中职助学金政策的刺激效果非常有限，该政策的刺激作用与学生家长的受教育程度和学生的学习成绩逆相关，随着学生家长的受教育程度和学生学业成绩的提高，该政策的刺激作用将随之减弱。要长期促进初中毕业生形成一个稳定的中职教育偏好，还需要从宏观政策层面入手，切实提高职业教育在教育体系中的地位，增强职业教育自身吸引力，保证受教育者能有一个实现自身可持续发展的通道和平台。

4. 初三学生毕业后对将来个人学历的期望值

初中生毕业后，对自己未来期望获得什么层次的最高学历，也会影响自己的教育需求选择。

你在未来所期望的最高学历（学位）是什么？	黄南州	玉树州	果洛州	海南州	合计	占比 / %
高中	25	9	24	18	76	12.9
专科	14	3	11	10	38	6.5
本科	94	35	37	54	220	37.5
硕士	35	23	17	22	97	16.6
博士	54	26	39	36	154	26.5
合计	222	96	128	140	585	100

可以看出，初中生毕业后，只有 19.4% 的学生满足于较低层次的学历要求（12.9% 的学生选择高中学历，6.5% 的学生选择专科学历），而有

37.5%的学生未来期望的最高学历是本科，另外还有16.6%和26.5%的学生分别选择了硕士和博士，三者加起来想获得本科及以上学历的人数达471人，占样本总量的80.6%，可见绝大多数学生希望在未来能够获得更高的学历，以求获得更好的发展机会，而现实是上了高中后，可能通过考大学实现自己的愿望，满足自己在学历层次上的需求，而上职校后将来升学渠道窄，中职基本上还属于"终结者"教育，这也是大多数学生都愿意上普高而不愿意上职校的主要原因之一。

四、影响初中毕业生教育需求选择的因素

一些学者研究发现：家庭的人口数、经济收入、家长的受教育程度在一定程度上会影响初中毕业生的教育需求选择。通常认为家庭人口数越多，经济收入越少，家长的受教育程度越低，为了减轻家庭负担，越倾向于选择上职业教育。本研究中，我们以藏区为例，分析这些因素对初中生选择普高和中职的影响。

（一）家庭人口数

在我国民族地区，一个家庭中有2个或多个孩子的情况比较普遍，家庭人口数较多的家庭，是否为了减轻家庭经济负担而让自己的孩子选择中职呢？

影响因素	分类指标	黄南州	玉树州	果洛州	海南州	合计	占比/%
家庭人口数	2人及以下	2	9	4	3	18	3.1
	2~3人	17	16	28	29	90	15.4
	4~5人	141	52	63	84	340	58.1
	6人及以上	61	19	34	23	137	23.4
	合计	221	96	129	139	585	100

从上表可以看出，家庭人口在4~5人的学生有340人，占样本总量的58.1%，而家庭人口在6人及以上有137人，占样本总量的23.4%，这两者合计占比为81.5%，说明人口在4人及以上家庭在藏区占大多数。根

据前面调研的数据,在样本量为 585 人的学生规模中,只有 11.4% 学生和 22.1% 的家长态度是选择上职校,说明家庭人口数多少对学生选择普高还是中职的影响不显著,如果孩子的分数达到普高录取线,藏区的绝大多数家庭不会为了减轻家庭的经济负担而让孩子选择中职。

(二)家庭年收入

影响因素	分类指标	黄南州	玉树州	果洛州	海南州	合计	占比/%
家庭人口数	2 万元及以下	116	52	56	71	295	50.4
	2 万~5 万元(含)	63	16	22	35	136	23.2
	5 万~7 万元(含)	26	13	16	13	68	11.6
	7 万~10 万元(含)	8	5	11	8	32	5.5
	10 万~20 万元(含)	5	7	15	5	32	5.5
	20 万元以上	4	2	9	7	22	3.8
	合计	222	95	129	139	585	100
你认为家庭年收入对自己初中毕业后的受教育选择有影响吗?	影响很大	20	13	16	30	79	13.8
	有点影响	122	37	55	54	268	46.8
	没有影响	74	36	50	47	207	36.1
	不清楚	5	6	1	7	19	3.3
	合计(实际)	221	92	122	138	573	100

从上表可以看出学生家庭的收入状况。为了便于统计,我们对样本数据进行了整理和划分:将年收入"2 万元及以下"和"2 万~5 万元(含)"合并为低收入家庭,将 5 万元以上的家庭合并为"中高收入家庭"。在选取的 585 个学生样本中,大多数学生处于低收入家庭,占比达 73.6%,但这与前面调研的"初中毕业后的升学意向"中,只有 11.4% 的学生选择上中等职业学校相比,说明家庭经济收入的高低对学生选择上普高和中职方面并无直接影响,如果自己的成绩足够进入普高,不会因为家庭支付能力的考虑而选择上中职。

在了解学生家庭基本经济状况的同时,我们对学生进行了家庭年收入对自己初中毕业后的受教育选择影响程度的调查，结果显示，有 13.8% 的学生认为影响很大，46.8% 的学生认为有点影响，两者加起来占样本总量的 60.6%，这说明近六成的学生认为家庭收入对自己的受教育的选择方面会有影响，但这种主观认识与他们实际选择之间出现明显的偏差，原因主要有两个方面：一是尽管职业教育近年来的发展取得了很大的进步，但优势并不突出，对学生的吸引力是远远不够的；二是随着国家对教育的投入加大，尤其是对藏区的教育支持力度更大，使得一个家庭对子女教育方面的费用支出大大减少，不管是上普高或中职，低收入家庭都会因为享受国家的教育免费和补助政策而顺利完成学业，经济因素不再是影响初中生教育需求的主要因素。

（三）父母的受教育程度

本次调查将父亲和母亲的学历划分为五种类型，以了解所选样本学生的父母受教育程度的基本情况，进而分析父母受教育程度对子女未来选择意向的影响。

影响因素	分类指标	黄南州	玉树州	果洛州	海南州	合计	占比/%
父亲的学历	文盲	31	37	53	49	170	30
	小学	103	23	48	68	242	42.6
	初中	41	9	17	15	82	14.4
	高中或中专	29	12	4	4	49	8.6
	大专、本科或更高	13	5	5	2	25	4.4
	合计	217	86	127	138	568	100
母亲的学历	文盲	71	50	63	85	269	46.6
	小学	103	15	46	43	207	35.9
	初中	26	10	10	9	55	9.5
	高中或中专	13	11	4	2	30	5.2
	大专、本科或更高	6	4	6	0	16	2.8
	合计	219	90	129	139	577	100

从上表可以看出，被调查学生的父母受教育程序普遍较低。其中父亲的学历在初中及以下的有 494 人，占样本总量的 87%；高中及以上学历的有 74 人，只占样本总量的 13%。母亲的学历在初中及以下的有 531 人，占样本总量的 92%；高中及以上学历的有 46 人，只占样本总量的 8%。可见，绝大多数学生的父母拥有的学历层次很低，甚至有很大一部分是文盲，没有上过学。这种父母受教育程度普遍较低的状况，对学生自己未来受教育类型的选择上有何影响？我们做了进一步的调查：

你认为父母受教育程度，对自己未来的受教育选择有影响吗？	黄南州	玉树州	果洛州	海南州	合计	占比 /%
影响很大	18	9	25	26	78	13.5
有点影响	112	25	41	56	234	40.5
没有影响	90	46	61	54	251	43.4
不清楚	2	6	3	4	15	2.6
合计	222	86	130	140	578	100

从调研数据可以看出，有 13.5% 的学生认为父母受教育程度对自己未来的选择意向影响很大，40.5% 的学生认为有点影响，两者加起来达 54%，说明有超过一半的学生认为自己未来的受教育选择是由自己和父母共同决定的，而具体选择什么，不仅取决于学生个人的判断，还会受到父母价值观以及父母自身的经历等因素的影响。可见，父母亲学历的高低与学生选择普高、中职、直接就业的相关性是存在的。

但另一个数据也值得关注，有 43.4% 的学生认为父母受教育程度对自己未来的选择意向没有影响，这个比例是比较高的，也从另一个侧面反映了在父母受教育程度普遍比较低的情况下，部分学生表现出了相当的独立性，自己的未来选择由自己做主。究其原因，主要有两个方面：一是学生通过在校学习，对事物有了基本的判断能力，独立意识比较强；二是父母受教育程度较低，对未来选择的利弊得失方面也缺乏自己的见解和判断。

（四）相关群体的影响

相关群体是能够直接或间接影响自己决策和判断的个人或集体。作为初三即将毕业的学生，究竟选择上普高，或是中职，还是直接就业，除了自己的独立判断外，影响他们最多的应该是父母、亲戚、老师和同学等。

初中毕业后能较大程度上影响你选择意向的是？	黄南州	玉树州	果洛州	海南州	合计	占比/%
父母及亲人	81	36	38	48	203	34.7
老师	32	13	14	21	80	13.7
同学	14	17	21	5	57	9.7
自己决定	82	26	41	57	206	35.2
其他	12	5	14	8	39	6.7
合计	221	97	128	139	585	100

从上表可以看出，初中毕业后能较大程度上影响选择意向的依次是：自己、父母及亲人、老师、同学和其他。其中有35.2%的同学对将来的选择是自己决定的，其他群体的意见或许有一定的影响，但也只是参考价值，最终是自己决定；另外有34.7%同学会受父母及亲人的影响，决策时也会考虑他们的意见；而受老师、同学及其他群体的影响相对是较少的。

（五）学生在校的综合成绩

由于课题组在对这几所学校进行调研时，初三年级的学生还未毕业，所以这里的在校综合成绩不是毕业考试成绩，而是指目前成绩，即现在学生的学习成绩在班级中的等次，根据自己的学习状况估计后在五个层次中（优秀、良好、中等、较差、差）做出选择：

影响因素	分类指标	黄南州	玉树州	果洛州	海南州	合计	占比/%
在校综合成绩	优秀	8	8	22	20	58	9.9
	良好	49	30	37	50	166	28.4
	中等	136	43	62	61	302	51.6
	较差	17	9	2	7	35	6
	差	9	6	7	2	24	4.1
	合计	219	96	130	140	585	100

从上表可以看出，有超过一半的学生（51.6%）认为自己的成绩在中等水平，其次为良好和优秀，分别占样本总量的28.4%和9.9%，可见中等及以上成绩的学生占绝大多数，为样本总量的89.9%，而认为自己学习较差或差的同学只有59人，占样本总量的10.1%。不同成绩层次的学生，对未来教育需求的选择有着怎样的影响？通过进一步对所选样本学生的问卷分析后发现，学生对自己学习成绩的认识与未来选择意向之间具有很大的相关性。

影响因素	分类指标	合计	上普高 人数	上普高 占比/%	上中职 人数	上中职 占比/%	直接就业 人数	直接就业 占比/%	其他 人数	其他 占比/%
在校综合成绩	优秀	58	56	96.6	2	3.4	0	0	0	0
	良好	166	160	96.3	2	1.2	1	0.6	3	1.8
	中等	302	279	92.4	19	6.3	1	0.3	3	1
	较差	35	7	20	25	71.4	2	5.7	1	2.9
	差	24	1	4.2	19	79.1	3	12.5	1	4.2
	合计	585	503	86	67	11.4	7	1.2	8	1.4

注：数据中占比为横向占比，即不同成绩层次的学生选择意向占比。

在所选样本的585名学生中，如果不考虑填写"其他"选项的8人外，可以看出选择接受普通高中教育、接受中等职业教育、直接就业与在校综合成绩之间的关系：学习成绩为优秀、良好及中等的学生，绝大多数（平均有 95.1%）选择上普高，其次为上职校和直接就业；学习较差的学生有 71.4% 选择上职校，其次为上普高（20%）和直接就业（5.7%）；学习差的学生有 79.1% 选择上职校，其次为直接就业（12.5%）和上普高（4.2%）。这说明，在校综合成绩较好的学生，更愿意接受普通高中教育，选择上中职和直接就业的人数很少，而综合成绩较差的学生，迫于国家政策和自身能力的限制，选择接受中等职业教育的人数比例较高。可见，初三学生未来的选择意向与自己在校的综合成绩关系颇为直接，相关性最强。这是因为在我国以分数为标准的"一刀切式"普职分流模式下，初中毕业的学生接受普通教育还是职业教育，都是参加统一考试以后由中考分数决定的，对每个人来说通常只有一次分流选择的机会（除个别学生复读情况外），许多学生即使想接受普通教育，如果分数达不到，也没有选择的权利。

五、职业教育需求低迷的原因分析

调研发现，在青海省的几个主要藏区，都普遍存在对普高的需求过热，而对中职的需求低迷的现象，通过对普通高中及中职学校的调研，并访谈相关人员，找出了这一现象的根本原因。

（一）就业观念比较落后

在藏区，无论是家长还是学生对职业教育的认识不足，普遍存在排斥心理，接受职业教育的愿望不强，较少有到外地打工挣钱的要求和心理，不愿意从事服务性工作，正是这些少数民族独特的文化与心理，使当地推进职业教育改革的举措收效甚微，多数仍停留在低层次水平，从而制约了当地职业教育的发展。以玉树州为例，人们的观念上就有一个在城市中从事什么样的工作才算得上是真正意义上的工作的认识，有许多人在观念中认为只有当公务员，在行政事业单位上班才是从事真正意义的工作，而让自己的孩子从事服务性、技能性的工作，许多家长认为没前途不看好，导致许多家长不愿意让自己的孩子上职校。所以，观念的转变是一个长期的过程，不是一下子就能完成的，只有随着社会的发展，人们思想观念的逐步转变,才能使本地区越来越多的毕业生来从事服务性、技能性的工作成为一种可能。

(二)部分中职学校的教育质量不高,缺乏对学生的吸引力

调研中也发现,一些中职学校在办学中也存在许多问题,导致教学质量不高,难以向社会输送合格的人才,从而对学生职业教育选择方面缺乏吸引力。主要表现在:一是在办学体制方面,许多中职学校是由原来的一些诸如师范学校、卫生学校、电视广播大学合并而来的,存在先天性不足,即专业教师特别是"双师型"教师严重不足,原有的教师缺乏实践操作能力,转岗难度较大,从而影响到教学质量的提高。二是职业教育资源不足,尽管全国从上到下增大了对中职教育的资金投入,但总体来说,中职学校特别是民族地区中职学校的资金依旧相当缺乏。中职学校普遍存在缺专业教师、缺校舍、缺实习实训设备的"三缺"现象,学生难以学到扎实的知识和技能。三是中职学校存在专业设置不够合理的问题,许多专业的开设,与当地经济社会发展所需要的人才不匹配,导致学生毕业后很难就业。四是教师队伍不稳定,由于青海藏区大多是高海拔地区,气候和地区条件较差,教师队伍的流动性很大,一些老教师由于气候原因身体难以适应而提前退休,一些新招聘的教师工作两三年以后,在条件较好的地区有工作机会就调走了,教师队伍的不稳定,最终会影响到教学质量的提升,这是职业教育发展面临的一个现实问题。

(三)受传统观念及文化的影响

调研中发现,观念和文化因素也会对学生未来的教育需求产生导向作用。藏区许多家长和学生认为,去上职校的学生肯定是很差的,没有出息的,认为毕业后从事一些技术性或服务性的工作,工作环境较差,工作性质更加接近于体力劳动,会觉得低人一等;而好的学生去到正规的学校上学,考上大学接受正规的学历教育,毕业后有机会成为国家公职人员,这才是有本事的。在这种观念和文化背景下,职业教育的发展举步维艰。这种现象在问卷调查中得到了印证。初三学生在回答"许多初中毕业生不愿意选择上职业学校,你认为是什么原因"这一问题时,部分学生对职校的看法偏负面，经梳理大多集中在这几个方面，认为上职校没前途、被人嘲笑、不易找工作、学不到技能、学风较差等。在这种认知下，许多学生不愿意上职校，家长也希望自己的孩子接受普通高中教育，但在国家发展规划上，是要大力发展职业教育，普职比例大体要相当，但存在一个事实是，许多家长不愿意自己的孩子上职校，受政策的限制，不到迫不得已，不会来职校的。这种观念是很普遍的，不仅在藏区，甚至在全国，都有这种情况。如果分析其中原因，其实是对职业教育的一种偏见，整个社会氛围中对职业教育的认识和重视程度还不够，发展职业教育依然任重而道远。

六、本次调查的主要结论

1.本次调查是选择青海省藏族人口较为集中的四个州进行调研，选择的学校为当地的民族中学，以589名初三学生作为样本选取的对象，无论是地区的选择，还是学校的类型，不存在特殊性或偶然性，因而在很大程度上可以代表青海省藏区中职教育需求的现状。

2.综合调查的结果分析，得到的主要结论如下：

（1）"普高热、中职冷"的现象十分突出。绝大多数学生希望在初三毕业后能上高中，接受更完整的教育，而对职业教育的态度倾向于排斥，本次调研的数据中愿意上普高的为86%，愿意上职校的只有11.4%，另外从家长角度看，有70.6%的学生家长希望自己的孩子初三毕业后能够上普高，只有22.1%的家长希望孩子上中职学校，这些数据提醒我们：实现《国家中长期教育改革和发展规划纲要（2010—2020年）》提出的目标不容乐观，特别是当学生和家长的内在要求在远离这一目标的时候。因此，要改变职业教育发展的困境，关键在于从制度设计上将职业教育视为与普通教育价值相当、地位相等的类型教育，改变普职分流的取舍标准，为职业教育构建一个好的政策环境和发展平台，真正实现普职平等，才能不断增强职业教育吸引力，逐步改变人们对职业教育的偏见，进而得到社会的认可。

（2）由于民族地区经济发展水平、产业结构、职业教育水平、受教育者整体素质等方面与其他地区相比，还有很大的差距，具有一定的特殊性，同时调研结果显示国家"普职比大体相当"的政策导向与藏区实际的教育需求之间存在严重背离，所以教育部在制定普职分流政策时要兼顾民族地区独特的地域性、民族性等特点，不宜对全国做出统一规定，可以根据民族地区实际情况整体规划、科学布局，有必要对民族地区的政策做出适当调整。

（3）初三学生对国家职业教育方面的政策了解并不多，对职业教育的评价偏向负面，这会直接影响他们对未来教育需求选择意向的态度。可见，在义务教育阶段加强对职业教育政策的宣传和引导、开展职业启蒙教育是十分必要的。调研中发现学生并不了解自己未来适合的职业方向，在普职分流的背景下，初三学生缺乏相应的心理准备，如果考不上普通高中，就会产生困惑和选择的迷茫。因此，在义务教育阶段可以开设一些职业教育启蒙的课程，在职业院校开展初中学生职业教育体验活动，引导初中学生了解未来职业方向，结合自身发展特点和社会需求，合理做出升学选择，这对促进普通高中教育与中等职业教育融会贯通、协调发展，开辟学生多元成长新途径具有重要的引导作用。

（4）影响教育需求的客观因素中，家庭年收入、家庭人口数对初三学生的未来教育需求的相关性很小，父母受教育程度对孩子将来的选择有一定影响，具有一定的相关性，而初三学生在校的综合成绩对他们未来的选择意向存在显著的影响，具有很高的相关性。这说明学生在成绩达不到普高分数线时会选择上职校，而达到普高线时，不会因为较低的家庭收入或较多的人口数而放弃上高中的机会。

（5）藏区较为独特的民族心理和观念，对"工作"概念的认识上与内地有一定的差距，认为只有成为国家公职人员才算是找到了真正意义上的工作，而对从事技能性、服务性的工作较为轻视，这也会在一定程度上影响到家长和学生对未来教育需求的选择，而这种观念的引导和转变，需要一个长期的过程。

七、结语

教育需求是教育发展的基本动力，也是国家调整优化教育结构的基本依据之一。根据经济学的观点，需求应该和供给保持吻合和均衡。当教育供给大于教育需求，而教育供给受到政策的干预无法根据需求的变动及时调整时，政策制定者只能通过外部力量来干预教育需求从而保持供给和需求的被动均衡。此表现在职业教育方面，压抑初中生尤其是农牧区初中生的教育需求并"强迫"他们进入中职，不可避免地带有很大强制性，造成了事实上的教育机会与发展机会的不均等，这与教育公平、教育自由选择的理念是相悖的。尤其是少数民族地区，由于基础教育相对比较薄弱，初中生整体的素质与内地发达地区的学生还有一定的差距，如果过早地将更多的学生推向职业教育，他们在学习相关技能过程中就会出现很多障碍，这也与我国经济发展和产业结构转型升级对人才层次和规格的要求不断提高的趋势难以适应。"普职比"保持相当的比例，一方面取决于经济社会发展对技术技能人才的需求层级和程度，另一方面取决于职业教育接受者能否实现自身的可持续发展。所以，政府部门在制定普职比例时要避免一刀切，应根据民族地区的实际情况合理确定普高和中职的适当比例，今后应适当压缩中职规模并相应扩大普高规模，使更多的初中毕业生有机会进入普高学习。

另外，职业教育是教育体系中与市场联系最为紧密的一环，当前在发展中面临一些矛盾和问题，比如职业教育还不能适应经济社会发展的需要，存在结构不尽合理、质量有待提高、办学条件薄弱、体制机制不畅等突出问题，职业教育仍然是教育领域的一块"短板"，补齐了这块短板，教育就实现了均衡发展，我国的人口红利就会充分释放出来。所以，为了增强职业教育自身的吸引力，也要切实做好职业教育的供给侧改革，即必须以提高质量为中心，在关注需求端、用人端的同时，尤其需要关注供给端、培养端，要真正培养出经济和社会发展需要的实用性人才，增强自身优势，才能突破职业教育发展面临的瓶颈问题。

"一优两高"战略下青海民族地区职业教育体系定向研究

张春海　李金睿[**]

一、问题的提出

2015年《国务院关于加快发展民族教育的决定》(国发〔2015〕46号)中提出"加快发展民族地区中等职业教育","优先设置与实体经济和产业发展相适应的高等职业学校"。[①] 2019年,习近平总书记考察甘肃时强调,"西北地区因自然条件限制,发展相对落后。要解决这个问题,关键是要发展教育,特别是职业教育"。[②] 职业教育健康发展,是推动区域经济发展、促进就业创业、改善民生、解决"三农"问题的重要途径。《国务院关于加快发展现代职业教育的决定》明确了"健全多渠道投入机制,加大职业教育投入,不断优化高等教育结构,重点扩大应用型、复合型、技能型人才培养规模"的职教发展方向。这表明国家在今后一个时期,将进一步加快现代职业教育的发展,加大投入力度,积极推进合作办学、合作育人、

---

[*]　本文发表于《青海师范大学学报(社会科学版)》2021年第43卷第2期。
[**]　张春海(1981—),男,回族,青海民和人,教育学博士,青海师范大学副教授,研究方向:教育基础理论、民族教育政策。李金睿(1995—),男,汉族,陕西西安人,青海师范大学硕士研究生,研究方向:教育基础理论、民族教育政策。
① 高岳涵. 新工科背景下西北民族地区职业教育体系的建设路径[J]. 中南民族大学学报(人文社会科学版),2019,39(6):85-90.
② 习近平考察山丹培黎学校[EB/OL].(2019-08-21). http://www.moe.gov.cn/jyb_xwfb/s6052/moe_838/201908/t20190821_395318.html.

合作就业和合作发展，大力增强职业教育办学活力，其为职业教育的当前改革和长远发展提供了政策依据。

新时代西部大开发格局、"一带一路"倡议等规划的实施使民族地区由过去的边远落后地区转变为前沿发展地带，而民族工作的长期性、复杂性、重要性以及民族地区地理环境、文化特色和产业特点的特殊性赋予了民族地区高等职业教育独特的发展定位和特殊的历史使命。[①] 为响应党中央有关职业教育的大政方针，各省（区市）按照中央的部署和要求，在系统查摆自己职业教育家底的基础上先后出台了发展民族地区职业教育的相关政策。青海省人民政府 2014 年印发了《青海省人民政府贯彻落实国务院关于加快发展现代职业教育决定的实施意见》（青政〔2014〕75 号），提出"到 2020 年，形成与全省产业体系相匹配，与社会充分就业相适应，办学类型和专业设置多样、中等职业教育与高等职业教育有机衔接、职业教育与普通教育协调发展，学校与企业、学校与社会相互融合，培养各类职业技术应用人才，构建具有青海特色充满生机活力的现代职业教育体系"。[②] 2018 年 5 月，青海省教育厅印发的《青海省深度贫困地区教育脱贫攻坚实施方案（2018—2020 年）》提到"加快发展职业教育，通过产教融合、校企合作、工学结合的人才培养模式，帮助深度贫困地区'两后生'接受学历教育和职业技能培训，增强其就业创业能力、脱贫致富能力。广泛开展公益性职业技能培训，实现脱贫举措与技能培训的精准对接"。[③] 2018 年 7 月，青海省委十三届四次全会做出"一优两高"的战略部署，将党的十九大精神与青海社会经济发展现状进行对接。实现"一优两高"战略目标，促进经济社会高质量发展和人民大众高品质生活，办好

[①] 薛寒，苏德. 论民族地区"双高"建设的逻辑、动力与路径 [J]. 民族教育研究，2021，32（1）：95-102.

[②] 青海省人民政府办公厅. 青海省人民政府贯彻落实国务院关于加快发展现代职业教育决定的实施意见. http://zwgk.qh.gov.cn/zdgk/zwgkzfxxgkml/zfwj/201712/t20171222_18179.html.

[③] 青海省教育厅. 青海省扶贫开发局关于印发《青海省深度贫困地区教育脱贫攻坚实施方案（2018-2020 年）》的通知. http://old.qhedu.cn/zwgk/zxwj/201807/t20180731_27199.html.

教育是首要任务。职业教育作为国民教育体系和人力资源开发的核心，为经济高质量发展贡献巨大。与此同时，民族地区职业教育发展过程中，专业课程设置与本土经济发展有些脱离的问题依然存在，人才培养与实际使用相对脱节的情况没有得到彻底根除，必须依靠深化民族地区职业教育体系改革消除弊端，推进民族地区职业教育现代化，实现民族地区的现代化。

二、青海民族地区职业教育现状分析

进入新时代，青海民族地区经济社会发展进入高质量发展的阶段，高质量发展持续推进产业升级和经济结构的不断调整，生态优先、高品质生活催生了全省民族地区各行各业对技术技能人才的强势需求。当前，我国高技能人才供需矛盾十分突出，高技能人才仅占就业人员总数的6.2%。[①]长期以来，民族地区特殊的自然、历史、社会等因素制约着民族地区经济、社会、教育的发展，民族地区职业教育的发展面临定位不准，人才培养脱离民族地区社会需求的窘境。青海省职业教育仍存在专业设置不合理、师资队伍建设相对滞后、教育投入与区域经济发展不协调等问题。[②]为缓解和改变这一现状，促进民族地区职业教育的内涵式发展，创造更大的人才红利，全面把握青海民族地区职业教育现状，查摆家底对青海民族地区职业教育的发展意义重大。

（一）青海民族地区职业教育培养现状

在青海全省中，选取具有代表性的4所职业技术院校进行实地调研，分别是青海柴达木职业技术学院、青海高等职业技术学院、青海交通职业技术学院、青海建筑职业技术学院。主要调研内容聚焦为专业设置、培养目标和就业领域三大方面。

---

① 裴中岐，尚维来．"职教20条"背景下高职院校高质量发展路径研究［J］．宁波教育学院报，2020，22（6）：1-4．

② 魏凤英，赵伟．青海省职业教育发展现状及问题研究［J］．青海师范大学学报（哲学社会科学版），2020，42（2）：147-156．

1. 专业设置

四所高职院校中，共设置了 22 个院系，其中交通职业技术学院 5 个院系全部为工科院系，22 个院系下设 74 个专业。对 74 个专业进行词频分析后发现，"工程""技术"是两个高频词，其次是"管理"。青海作为民族地区，职业教育主要专业设置并没有体现其与地方特色产业之间的联系。值得一提的是四所高职院校中三所带有明显的主管部门的行业特征。位于海西藏族蒙古族自治州的柴达木职业技术学院设立了化学化工系和机电工程系，开设了应用化工技术、工业分析技术、化工装备技术、环境监测与控制技术、光伏发电技术与应用、食品生物技术等专业，这与海西加快转型发展，大力培育新能源、新材料、特色生物等战略性新兴产业，形成区域发展新支撑，加快发展德令哈、诺木洪枸杞产业园，打造枸杞标准化生产加工基地的发展思路相吻合，并且海西州丰富的自然资源储量和海西循环经济试验区建设具有密切的关联性，比较符合海西地区特色产业和人才需求的现状。

柴达木职业技术学院开设有应用化工技术、工业分析技术、化工装备技术、环境监测与控制技术、工业自动化仪表、电力系统自动化技术、机电一体化技术、电气自动化技术、工业过程自动化技术、光伏发电技术与应用、汽车运用与维修技术、汽车营销与服务、护理、医学检验技术、药学、助产、康复治疗技术、计算机网络技术、旅游管理、会计、电子商务、财务管理、化工生物技术、食品生物技术、食品营养与检测、绿色食品生产与检验、学前教育等 26 个专业。

青海高等职业技术学院开设有物流管理、商务管理、材料成型与控制技术、农产品加工与质量检测、社区服务与管理、学前教育、汽车维修与检测、旅游管理、老年服务与管理、互联网金融等 17 个专业。

青海建筑职业技术学院开设有建筑工程技术、建设工程监理、工程测量技术、建筑材料工程技术、建筑设备工程技术、建筑智能化工程技术、消防工程技术、电梯工程技术、通信技术、信息安全与管理、工程造价、房地产经营与管理、物业管理、会计、建筑装饰工程技术、建筑室内设计、园林工程技术等 17 个专业。

青海交通职业技术学院开设有道路桥梁工程技术、道路桥梁工程技术（道桥工程检测）、建设工程监理（公路工程监理）、工程测量技术、工程造价、市政工程技术、铁道工程技术、汽车营销与服务、汽车检测与维修技术、机车运用与维修技术、旅游管理、物业管理、酒店管理、计算机应用技术、计算机网络技术、移动通信技术、数字媒体技术、焊接技术与自动化、工程机械运用技术等 19 个专业。

2. 培养方案

通过对 79 个专业办学主体所设计的培养方案进行分析后发现，人才培养方案修订基本能充分考虑人才培养方向、目标是否与岗位目标对应，专业核心课程的设置是否能够支撑专业的培养目标等核心问题。培养目标都采用了固定的书面表达方式，即"本专业培养理想信念坚定，德、智、体、美、劳全面发展，具有一定的科学文化水平，良好的人文素养、职业道德和创新意识，精益求精的工匠精神，较强的就业能力和可持续发展的能力；掌握专业知识和技术技能，面向行业，能够从事相关工艺管理、相关生产现场操作、生产中控操作、生产班组长等工作的高素质技术技能人才"，但此类表述很少顾及所培养学生是否与地方岗位需求相适切。在培养规格设置上，四所高职院校都基本分为素质、知识、能力三大方面，其中培养规格素质环节要求中高频词主要为"情感""道德""精神""创新"，知识要求中出现的高频词为"掌握""熟悉""了解"，能力要求中出现的高频词为"具有""能够""处理""技术""诊断""维修""维护"。由此可见，院校在民族学生素质、知识等综合素质规格要求上比能力要求方面较宽泛，规格表述不清晰，过于强调少数民族学生与自己专业相关的知识与能力掌握，窄化了少数民族学生的就业领域。同时，院校在培养方案制订时，存在专业人才培养方案概念表述上不够清晰的问题，如对专业领域和职业领域的表述界定不清；制订程序不够规范，4 所职业技术院校，在培养方案制订程序上，都不同程度地存在专业所在院系闭门制订，学校教务处参与度不够等问题。此外，培养方案监督机制不健全，培养方案在具体的教学实践过程中，都不同程度地存在课时被削减，教学进度不一致等问题。

3. 就业方向

在对四所高职院校就业办实地走访调研中，抽样调查了2018届、2019届毕业生，毕业生就业单位覆盖了国有企业、民营企业、其他所有制企业和医疗卫生单位等类型。其中国有企业和民营企业为毕业生主要单位流向，两者占比达到了58.56%；医疗卫生和其他企业单位次之，占比分别为14.27%和12.68%。企业和医疗卫生单位在保障毕业生充分就业中起到了"稳压器"的作用，这也与学校精准开拓就业市场，不断深化与重点行业领域的国有企业及事业单位、医疗卫生单位等机构合作，构建合作新模式密切相关，保障了供需。就就业地域而言，省内占91.45%，省外占8.55%。这一行业流向与高职院校专业设置及人才培养定位相符合。四所学校2018届、2019届毕业生主要流向单位类型为其他企业，占比达到59.52%；其次为医疗卫生单位（16.53%）和国有企业（6.50%）。就业单位规模主要集中在51～200人（30.09%），其次是50人及以下（占比为28.70%），可见中小微企业逐渐成为吸纳毕业生就业的"稳压器"。毕业生行业布局多元，覆盖了制造业、卫生和社会工作、教育、公共管理/社会保障和社会组织、电力/热力/燃气及水生产和供应业、居民服务/修理和其他服务业、信息传输/软件和信息技术服务业等多个领域。其中，制造业、卫生和社会工作领域为毕业生主要选择方向（详见图2）。

同时，随着民族地区产业结构的不断升级，企业对本地化的技术技能型人才的需求日益扩大，这为毕业生的就业与发展带来了新的机遇。此外，除流向民营企业外，毕业生流向医疗卫生单位就业的占比也保持在较高水平；这一布局也与民族地区高职院校不断深化校地、校企事业单位合作，构建合作新模式密切相关，为毕业生拓宽了就业渠道。毕业生就业行业布局多元，其中主要集中在"制造业"（42.29%）、"卫生和社会工作"（12.11%）及"电力、热力、燃气及水生产和供应业"（7.63%）。这一结构与学校专业特色及培养定位相符，与青海省的产业需求相契合（详见图2）。

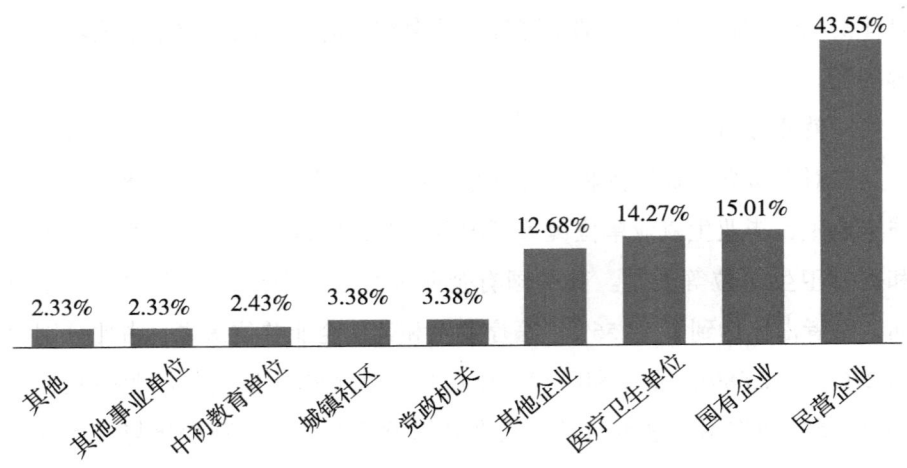

图1 毕业生就业单位流向

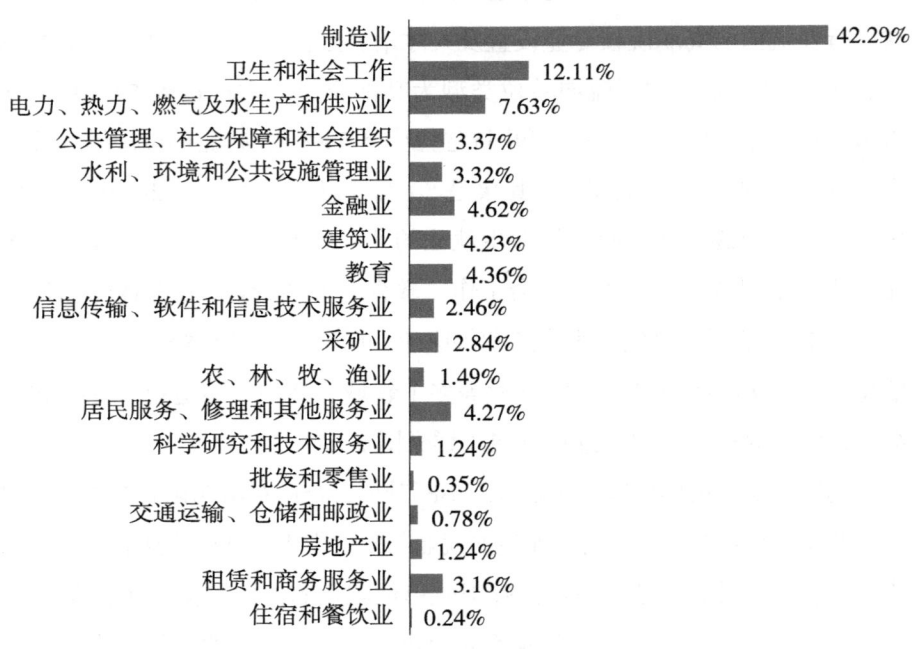

图2 毕业生就业行业流向

（二）社会用人需求与青海高职院校人才培养方向的现状分析

1. 青海民族地区职业教育用人需求探析

对青海民族地区企业用人需求的探析主要是通过对青海本土的一些用

人单位进行调查所获，调查企业包括青海盐湖工业股份有限公司、格尔木钾肥厂、青海五彩碱业有限公司、青海煜展东风汽车销售服务有限公司、青海中浩天然气化工有限公司、中盐青海昆仑碱业有限公司、青海中浩天然气化工有限公司、晶科能源有限公司、冷湖金藏膜新材料有限公司、青海凯金新能源材料有限公司等10家用人单位。调研发现工作中较为重要的能力位居前五位的依次为专业能力、人际沟通能力、实干与执行能力、问题解决能力和团队协作能力。与其他高校毕业生相比，用人单位认为学校2019届毕业生专业能力、实干与执行能力、人际沟通能力和问题解决能力优势较强的占比相对较高。从企业网站公布的招聘条件发现，企业发布的大多数岗位对于应聘者的综合素质有基本要求，包括熟练掌握办公软件、具有良好的语言表达和沟通能力，以及对应聘者的精神型素质要求，如吃苦耐劳、认真踏实等。企业对职业技术院校培养的毕业生有着较高的综合型能力要求。

2. 社会用人需求与职业教育民族人才培养契合度分析

从调研的高职院校的专业设置角度来审视，青海民族地区特色产业所属的专业领域在高职院校的专业设置中是有一定的彰显的。如青海交通职业技术学院中公路交通相关专业对应了青海省发展交通产业的强势需求。从就业专业相关度来看，2019届毕业生目前就职岗位与所学专业的相关度为86.35%，可见学校专业设置与社会需求相契合，大部分毕业生均可以专业作为"敲门砖"实现就业；同时也有利于毕业生发挥自己各项专业知识技能，学以致用，促进其职业发展。青海省高职院校培养的各民族专业人才可以为不同产业领域相关的企业提供具有专业知识和技能的一线人才。高职院校所发布的学生培养目标中明确了各族学生应具备的专业技能，与企业的人才招聘岗位中的有关技能要求方面具有一致性。如在调研用人单位反馈聘用青海柴达木职业技术学院毕业生的主要原因的调研问卷分析中发现，"工作能力符合要求"（61.64%）和"专业对口"（58.90%）成为用人单位聘用该毕业生的主要原因。可见，所调研的职业技术院校专业设置与社会需求相符，毕业生知识结构、能力与岗位要求基本相匹配。加之职业教育的特殊性如实训教学、校企合作等在一定程度上加强了企业用人需求与高职院校人才培养方向契合度。但职业教育其特殊性在于要满足未来行业变化的特殊需求，从广域的角度来说，职业技术院校专业设置与社会需求还是存在一定差异，详见图3。

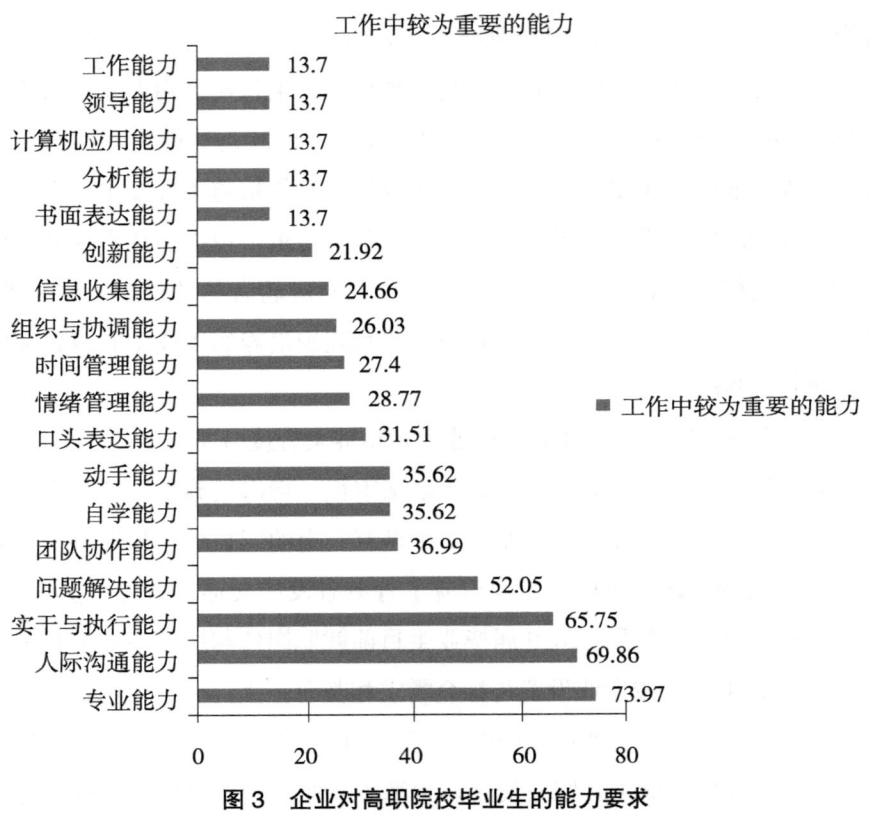

图3 企业对高职院校毕业生的能力要求

（1）职业院校制定的培养目标缺乏综合性，无法与社会用人的岗位需求无缝对接。从对所调研企业招聘信息的分析中可明显看出，企业推出某一招聘岗位，大多数要求毕业生所学专业与所从事岗位工作相关就可以，也有企业常年招聘专业技术工人。

从对10家用人单位对高职院校毕业生的综合素质要素评价调研中发现，其中团队协作和人际沟通能力的满足度相对较高，专业能力相对较低。决定应聘者是否能进入这 10 家企业的关键性因素并不是专业能力优势，而是其是否具有较为综合的技能型素质和精神型素质。通过对职业技术院校的学生培养方案的分析看出，职业技术院校更多热衷于明确学生应获得的专业技能上在培养目标中用本行业的专业性词汇来设计人才的培养，虽然有综合素质方面的零散要求，但却显得空洞、不具体。详见图 4、图 5。

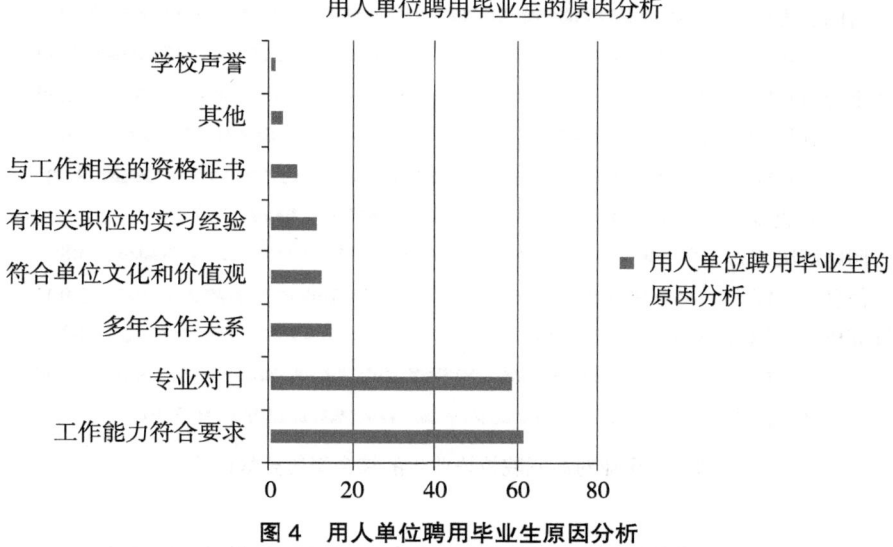

图 4　用人单位聘用毕业生原因分析

（2）高职院校的专业设置面向省域特色产业的倾斜度不够。尽管一些属于普遍性门类的工业青海省也有所分布，但更多的却是特色产业与国家建设项目。青海民族地区特色产业所属的专业领域在高职院校的专业设置中有一定的体现，但在相应比例与倾斜度上还远远不够。如职业技术学院普遍以化工、机电、汽修专业为骨干，专业都与"机电""机械"等相关。不管是东部发达地区还是西部欠发达地区，此类专业设置普遍存在于各类职业技术院校中，与青海民族地区特色产业关联不大。虽然青海柴达木职业技术学院对标海西州委、州政府"五个千"产业集群发展规划，紧贴产业发展和企业用工需求实际，着力做强化工、机电工程、电子信息类专业，但专业设置向青海民族地区特色产业的倾斜度还不够。

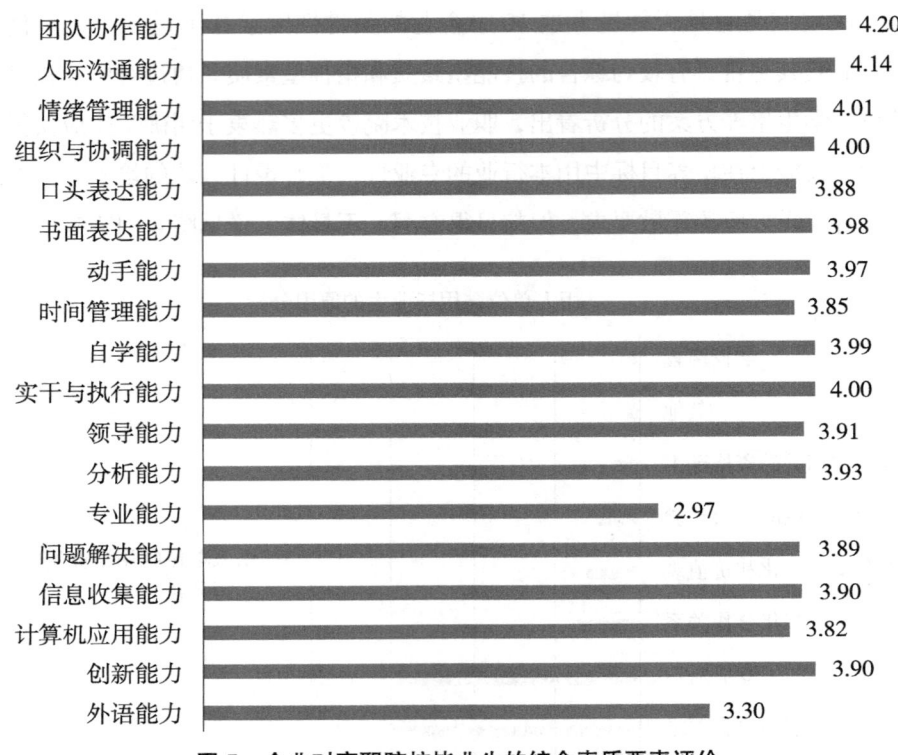

图 5　企业对高职院校毕业生的综合素质要素评价

三、"一优两高"战略下青海民族地区职业教育体系定向

把发展不平衡、不充分的问题,如何在建设新时代现代职业教育中逐步加以解决是全面建设社会主义现代化国家的重中之重。[①] 从目前青海全省整体的经济发展水平来审视,其虽与中西部、东部地区存在一定的差距,但其具有发展职业教育丰厚的自然资源和文化资源,这是发展特色职业教育的厚天沃土。挖掘青海本土富有的人文资源,来优先补齐青海民族教育短板,以教育的发展促进青海民族地区经济社会发展。[②] 抓住国家职业教育大发展的政策机遇,职业教育政策问题解决、政策目标达成唯有通

[①] 林克松,曹渡帆."十四五"时期民族地区职业教育振兴发展的基本思路[J].民族教育研究,2021,32(1):82-88.

[②] 王鉴.西部农村小规模学校发展思路研究[J].教育发展研究,2019,39(20):1-7.

过政策执行来实现。① 在政策执行中如何有效开发和整合利用当地资源，是青海民族地区发展的关键。要实现民族地区职业教育的发展转型，需要政府优化完善政策供给、职业院校深度融入民族地区社会治理体系、社会力量积极参与职业教育。② 新时代背景下，民族地区职业教育特色发展理论是中国特色社会主义理论体系的题中应有之义，需要围绕"特色性"发展理念、"内生性"发展动力、"公平性"发展理性、"共生性"发展方式以及"跨越性"发展目标进行完善。③ 青海省"一优两高"战略部署的深入推进，不仅需要国家和地方职业教育政策的支持，更需要自身深入挖掘职业教育体系育人的深刻内涵，审时度势、合理调整人才培养目标，弘扬工匠精神，培养具备综合技能素质和精神型素质的民族职业教育人才。④

（一）调整人才培养模式，实行工学结合的"工匠式"人才培养模式

1. 特色专业设置，培养本土人才

2019年2月，国务院颁布了《国家职业教育改革实施方案》，要求集中力量建设一批引领改革、支撑发展、中国特色、世界水平的高职院校和专业群。⑤ 青海的职业技术院校要对特色产业人才需求有精准的预判，在特色产业专业比例与本地人才需求量上进行精准对接，职业院校要在本地人才培养上下功夫，要与企业实行订单式的民族人才培养模式。青海条件艰苦，引进人才一直是青海人才工作发展的短板，补齐这一短板就要重视挖掘职业院校的人才培养功能。在全省职业技术院校已有的特色专业基础

---

① 张春海. 羁绊与前行——民族地区教育政策执行过程的田野研究[J]. 西北师大学报（社会科学版），2019，56（3）：70-75.
② 彭敏. 后扶贫时代民族地区职业教育发展的战略转型与推进策略[J]. 民族教育研究，2021，32（1）：89-94.
③ 韦幼青，孙振东. 民族地区职业教育发展"特色说"及其理论完善[J]. 贵州社会科学，2020（10）：101-107.
④ 王士勇. 促进藏区职业教育高质量发展的几点思考[J]. 中国民族教育，2019（4）：31-33.
⑤ 国务院. 国务院关于印发国家职业教育改革实施方案的通知. 参见 http://www.gov.cn/zhengce/content/2019-02/13/content_5365341.htm.

上，增加与特色产业相关的专业数量和比例，以此来推动青海民族地区特色产业的发展，产业发展带动经济发展，会创造更多的就业岗位，提高少数民族毕业生的就业率，燃起他们建设家乡的热情，挖掘他们为家乡发展做贡献的动力。笔者调研发现，青海职业教育院校（包括中职和高职）其优势即生源大部分都是青海省域内各民族学生，学生生于斯，长于斯，对青海独特的人文、自然环境的适应能力强。当前，青海省工业发展潜力突出，旅游业也开始初现端倪，发展势头强劲，发展潜力大的企业也不断涌现，这将进一步扩大培养本土化人才、订单式人才培养模式的发展空间。

2. 精准"人职匹配"，提高学生与所选专业的匹配度

从当前我国的职业教育培养模式看，入校时的专业选择基本就预设了离校时的就业方向。个体要完美地扮演社会角色，接受与个体相匹配的职业教育是关键。在高职院校进行精准的"人职匹配"判断，才能更好地服务于职业教育"就业"的根本目的，提高高职院校少数民族学生与所选专业的匹配度，才能缓解少数民族毕业生的就业困难。通过对少数民族学生进行综合技能训练，提高他们的专业技能与工作岗位的适配度，提高少数民族学生与所学专业的匹配度就要充分地了解学生的个人情况，如人格特质、兴趣爱好等，高职院校就业指导服务部门要在新生入校之初统一对新生进行相关测试和专业选择、未来职业规划等方面的指导，根据受教育者的特点挖掘其潜能、彰显其价值，这就是好的职业教育。此外，尊重少数民族学生禀有的文化特质，指导学生选择适合个体个性特征的主修专业，助其顺利完成学业并进入适合自己的行业，促进少数民族学生就业。最后，要充分挖掘少数民族学生的文化特征，如针对藏族学生能歌善舞的文化基因突出，可指导他们尽可能多地选择与自身兴趣爱好相匹配的专业作为辅修专业，培养少数民族学生的综合型素质和精神型素质即工匠精神，进而夯实少数民族学生的综合就业能力和人职匹配度。

3. 强化公共实训基地建设，提高实训与职业培训质量

职业教育的特殊性即技术技能人才培养过程中行业企业要深度参与，教育教学质量才能全面提升。公共实训基地是职业教育教学中的一个重

要组成部分，同时还是确保高职教学质量和毕业生与当前社会需求契合度的关键因素。目前，青海省四所高职院校公共实训基地建设基本上能满足"工学一体"实践教学的需要，但实习实训的有效性和针对性方面问题较大，高职院校公共实训基地建设更多的是公共型的实训基地如情绪宣泄室、团体辅导室、个体咨询室等，而在专业型实训基地建设方面力度不够。部分高职院校新开专业连最基本的实训基地国家标准都无法达到，育人质量严重受限。青海省职业教育实训基地建设资金不足是最大的困境，建设省域内高职院校共享型实训基地是解决当前困境的权宜之计。通过"对口援青"与东部发达地区企业合作共建实训基地，建立对口支援实训基地，弥补本地办学资金短缺、技术落后的短板。此外，要进一步完善职业教育集团管理办法，健全联席会、董事会、理事会等治理结构和决策机制。依托职业教育集团，集中力量建设开放共享的实训基地。

（二）加强校企合作与工学结合，实现互利共赢

职业教育要培养高素质劳动者和技术技能人才，积极搭建多样化选择、多路径成才的育人路径是重点。基于青海民族地区职业教育的现实水平，引导本土企业积极参与职业教育育人过程，有利于为青海本土少数民族人才培养确定方向，提高职业教育效率。当前，青海民族地区校企合作缺乏整体推进，统筹运作，开展校企合作仍停留在聘请企业专家上课、举办企业家报告会、送学生去企业参观实习等浅层次合作，距校企双方相互交融，深度合作，形成学院与企业的利益共同体等还有较大差距。应对这一困局，要强化政府主导、行业企业积极参与、职业院校协调配合，并依托区域和行业企业优势，积极发挥行业企业的引领作用。政府牵头成立与行业企业、科研机构、社会组织等共同组建的职业教育集团。进一步深化校企合作运行模式，加快构建产教深度融合的机制。重视发挥企业重要的办学用人主体作用，鼓励企业参与职业院校专业设置论证、人才培养方案制订并以技术支持方式参与教学过程。此外，通过将教育和工作结合在一起，倡导工学结合，学生在校学习时将理论与实践相结合，引导企业接纳学生从事有报酬的工作，在真实工作场景中将学生所学知识与具体技术岗位进行对接，提升学生岗位实践能力。青海职业技术院校与企业用人之间最大的问题是少数民族毕业生与企业提供的工作岗位间匹配不畅，工学结合不仅能够解决此类问题，还能够让学生更快更好地适应未来工作岗位的需要。企业也能招聘到所需要的员工，实现校企共赢。由于经济发展水平较低，青海民族地区职业院校专业课程建设是软肋，工学结合人才培养模式可为解决这一难题提供思路。

（三）完善就业保障体系

1. 全面夯实学生能力基础，培养学生综合素质

青海地处少数民族地区，受用人单位性质的影响，挫伤了少数民族学生就业的积极性。有的由于用工单位的工作环境，导致女生就业较为困难。有的毕业生就业竞争能力较弱，择业行为浮躁，缺乏诚信和自我约束。还有一些毕业生在掌握了一定的专业知识和实践技能的基础上，承受挫折和失败、应变能力较差，不能很好地适应用人单位的要求，错过了就业过程中的机遇。同时，由于受就业观念和家庭等因素影响，大多数高校毕业生将政府机关、事业单位作为就业首选，其次是国有企业，而对规模较小的私营企业、民营企业则不愿去应聘。在这一就业思想现状下夯实学生能力基础，培养学生综合素质将是学校缓解就业压力的明智之举。在能力提升、综合素质拓展的基础上积极干预转变少数民族学生的就业观念，培育学生热爱家乡、建设家乡的就业情怀。高等职业教育的高教性即培养综合素质，职教性即培养胜任岗位的职业能力，要把高教性和职教性完美地整合于学生这一个体，[①]以更好地去满足民族地区社会、各行各业、区域发展和个人发展的现实需要。民族地区职业教育中必须把技术与人文教育密切结合起来，才能培养出符合国家现代职业技术需求的人才。[②]

2. 积极探索创新创业教育体系，鼓励各族学生自主创业

通过对青海高职院校毕业生的调研发现，毕业生创业的主要原因为

---

① 周建松. 高等教育发展趋势与我国高等职业教育的对策选择［J］. 中国大学教学，2017（4）：39-42.

② 怀特海. 教育的目的［M］. 庄莲平，王立中，译. 上海：文汇出版社，2012：71.

"希望通过创业实现个人理想"（71.43%）和"对创业充满兴趣、激情"（71.43%）。对于青海各族学生来说，职业教育在彰显民族特色、传承民族技术与文化、承续民族精神方面有着天然的功能，是民族地区经济文化发展的人才培养池。① 这里承载着相应的民族文化特色，从青海民族文化精品着手，发现和开发其市场价值，直至产业化，这是需要既懂本民族文化又富含民族文化自豪感的本民族的社会成员来开发，青海高职院校要积极鼓励和支持少数民族学生围绕本民族特色文化产业进行创新创业，既能解决毕业生就业问题，使毕业生有长足的发展，还能使民族文化的产业化发展规避民族文化本来样态被破坏的窘境，让文化的原生态在市场的开发和经济价值的获取中保持平衡，同时可以给同类毕业生提供就业创业机遇，从而带动地方经济发展。同时，许多青海本土企业本身就是成功的创新创业案例，其具有更加丰富的创业经验，可邀请这类企业与职业院校共同设计创新创业课程体系，参与教学改革与技能培训，从而提升学生创新创业的能力。如青海海西地区丰富的资源储量，大中型创新企业集群发展的区位优势，深厚的企业文化底蕴与良好的人文环境，将为毕业生营造更为良好的就业创业环境。

3. 深度优化培养目标，倡导二、三产业融合培养

在对青海当地企业的用人需求调研中发现，许多企业设置的服务型岗位也在大量地招聘工科专业毕业的高职院校毕业生，从中不难看出青海本土高职院校培养的工科毕业生就业并不仅仅局限于第二产业。这在青海高职院校的人才培养目标定位方面镜鉴意义颇大，在设定培养目标时考虑将学生培养方向往服务型和管理型人才定位方向倾斜。青海民族地区职业教育要瞄准青海全省市场需求，形成与青海区域经济和产业发展紧密对接的专业体系，以产业集聚区为依托，② 深度优化高职院校培养目标，积极倡导

---

① 李强，任胜洪. 民族地区职业教育传承民族文化路径探析——基于社会组织参与视角[J]. 中国职业技术教育，2020（22）：74–79.
② 黄文胜. 促进"教育+产业+就业"联动融合发展的重庆职业教育统筹发展对策研究[J]. 河北职业教育，2017，1（6）：5–8.

二、三产业融合培养。如柴达木职业技术学院要利用海西循环经济实验区在经济、社会、科技、教育、智力等方面的优势，加快学院专业结构的战略性调整，加速海西经济和社会信息化进程，全面提升区域整体竞争力、综合创新力和服务水平。在经济与产业结构迅速向技术密集型、知识密集型产业转化过程中，对技术应用型和技能型人才的需求将日益趋向多元化，这为柴达木职业技术学院的专业发展、学历教育、继续教育和职业培训等多种形式的教育服务提供了更大的发展空间。

4.1+X 证书制度

"1+X 证书制度"全称为"学历证书 + 若干职业技能等级证书"，学历证书主要是学生通过学历教育获得的资格证书，职业技能等级证书是学生通过职业教育和培训获得的职业技能层次的证明证书，是衡量受教育者经济收入和甄别社会地位的主要依据。①"1+X 证书制度"的核心是在职业教育制度体系中扩展"职业技能等级证书"，是鼓励学生提升职业技能、拓展就业渠道的重要路径，将"1+X"证书制度试点与专业建设、课程建设、教师队伍建设等紧密结合，"1+X"专业团队还需要不断学习现代职业教育理念，进一步加强人才培养和校企深度合作的理论研究并指导实践，进一步完善校企一体运行机制，持续推进人才培养模式的创新，将"1+X"证书制度试点与专业建设、课程建设、教师队伍建设等紧密结合。通过试点，深化教师、教材、教法"三教"改革，促进校企合作，建好用好实训基地，探索建设职业教育国家"学分银行"，构建国家资历框架。②

5.就业指导与服务体系建设

对青海部分高职院校的毕业生进行追踪调研发现，毕业生就业满意度处于较高水平，就业竞争力逐渐增强；学校教育教学模式合理，获得毕业生较高评价。但同时也存在学校校园招聘会/宣讲会的服务质量、校企沟通与合作、服务态度等方面的问题，需要探索和强化就业指导与服务体系

---

① 吴南中，夏海鹰. 以资历框架推进职业教育 1+X 证书制度的系统构建［J］. 中国职业技术教育，2019（16）：12.

② 孙善学. 对 1+X 证书制度的几点认识［J］. 中国职业技术教育，2019（7）：72—76.

建设。

构建"招生—培养—就业"联动机制。坚持深化教学内涵，优化教学条件，提升教学质量，就业布局与学校专业设置及培养定位的契合度要进行灵活调整，要以服务地方经济发展为主旋律；以青海省高职院校毕业生主要行业流向为依据，合理分配人才培养资源。要始终注重教学质量及就业创业服务水平的提升，每年根据毕业生和用人单位问卷调查的反馈，聚焦问题，实施改善。

提升就业指导水平和服务能力，一是以就业指导课为契机，加强就业指导能力建设；二是结合不断变化的就业形势，教育毕业生客观分析自身优势和不足，强化就业技能训练，提升综合竞争力，合理选取岗位目标；三是保持与离校未就业毕业生联系，引导他们端正就业思想，克服困难，帮助他们解决就业问题。最后，要与时俱进地修改完善就业工作服务指导体系，在精准就业上下功夫，系统做好顶层设计，"走出去，引进来"，多渠道拓宽就业市场。为保障毕业生更高质量、更充分就业的目标，青海民族地区高职院校要积极拓宽毕业生就业渠道：一是引导和鼓励毕业生到城乡基层就业；二是充分发挥中小微企业吸纳毕业生就业的主渠道作用，举办中小微企业专场招聘会，鼓励毕业生到中小微企业就业；三是围绕国家重大战略、青海发展经济"四张牌"和柴达木循环经济试验区特色产业，主动对接人才需求，向重点地区、重大工程、重大项目、重要领域输送毕业生，鼓励毕业生到急需的行业或企业就业。

青海高职教师人格特质与职业承诺的关系：教学效能感的中介作用 *

胡维芳 **

一、引言

职业承诺（occupational commitment）已成为职业心理学的一个重要研究领域，它是个人对职业或专业的认同和情感依赖，是对职业或专业的投入和对社会规范的内化而导致的不愿变更职业的程度。① 职业承诺作为个人对特定职业的态度或行为倾向，它的形成发展过程必然会受到个人稳定的人格特征的影响。② 而人格是教师心理的核心，教师的人格特征将会对教师的行为产生直接影响。

对中小学教师的相关研究显示：教师的大五人格对职业承诺有一定的预测作用。也有学者研究过教学效能感与教学行为的关系，认为教学效能感可以显著预测教师的教学行为，而教师的教学行为又与其大五人格息息相关，很多行为的体现正是大五人格的折射。这是否意味着教师的教学效能感与大五人格之间可能存在着某些联系？对职业承诺的相关研究发现，

---

* 本文发表于《民族高等教育研究》2019 年第 7 卷第 2 期。
** 胡维芳，女，江苏理工学院教育学院教授，硕士生导师，研究方向：职业教育心理学。
① 龙立荣，方俐洛，凌文辁等. 职业承诺的理论与测量［J］. 心理学动态，2000，8（4）：39–45.
② 王霞霞，张进辅. 国内外职业承诺研究述评［J］. 心理科学进展，2007，15（3）：488–497.

教学效能感在职业承诺与职业倦怠之间起中介效应，而探究职业承诺的本质原因往往会发现其与教师自身的个人特质有关，比如，对待教学的热情、感受到的对教学或自我的高评价。

青海作为我国西部经济社会发展的重要地区，其高等职业教育所培养的高技能型人才为青海经济的腾飞发挥了重要的人力资源作用。那么，青海高职院校教师的人格特质对其职业承诺究竟有什么样的影响作用呢？教学效能感是否在其中起显著的中介效应？本研究将对这些问题进行探讨，旨在为青海乃至西部地区高职院校制定科学、合理的管理制度，提高教师的教学效能感水平，增强其职业承诺，促进教师的专业成长，提供心理学的实证研究依据。

二、研究方法

（一）研究对象

本研究以青海三所高职院校的教师为被试，采用随机整群抽样的方法，共发放问卷270份，回收255份，其中有效问卷为233份，有效回收率为91.4%。男教师105名，女教师128名；教龄5年以内、6~10年、11~15年、16年及以上的教师分别为85名、61名、44名、43名；初级、中级、高级职称的教师分别为38名、102名、53名（其他40名）；学历为本科及以下和硕士及以上的教师分别为92名、141名。

（二）研究工具

1. 大五人格问卷

采用王孟成、戴晓阳等编制的《中国大五人格问卷简式版》。[①] 该问卷共40题，采用Likert 6点计分方式，从1"非常不符合"到6"非常符合"。在本研究中，该问卷的内部一致性系数为0.802，说明该问卷信度较好。

---

① 王孟成，戴晓阳，姚树娇. 中国大五人格问卷的初步编制Ⅲ：简式版的制定及信效度检验［J］. 中国临床心理学杂志，2011，19（4）：454-457.

2. 教师教学效能量表

采用俞国良、辛涛、申继亮编制的《教师教学效能量表》。① 该量表有27题，包括两个分量表：个人教学效能感和一般教育效能感。采用6点记分法，从1"完全不赞成"到6"完全赞成"，分值越高说明教学效能感水平越好。量表的一般教育效能分量表的克隆巴赫α系数为0.74，个人教学效能分量表的克隆巴赫α系数为0.54，总量表的克隆巴赫α系数为0.77。同时一般教育效能分量表、个人教学效能分量表和总量表的分半信度依次为0.85、0.86、0.84，效标关联效度系数为0.51（P<.001）。在本研究中，测得该问卷的内部一致性系数为0.893，说明信度较高。

3. 职业承诺问卷

采用龙立荣等编制的《教师职业承诺问卷》。② 该问卷共16题，分为三个维度：情感承诺、继续承诺、规范承诺。采用4点记分方法，从1"非常不符合"到4"非常符合"。三个维度的同质性信度分别是0.88、0.79、0.74，三因素解释了总变异的49.29%，表明信效度良好。在本研究中，该问卷的内部一致性系数为0.863，说明问卷具有较好的信度。

（三）数据处理

使用SPSS17.0进行数据处理与分析。主要采用了描述性统计分析、独立样本t检验、单因素方差分析、相关分析和回归分析。

三、研究结果

（一）青海高职教师人格特质、教学效能感、职业承诺的现状

对青海高职教师的人格特质、教学效能感、职业承诺的现状进行描述性统计分析，其结果见表1、表2、表3。

---

① 俞国良，辛涛，申继亮. 教师教学效能感：结构与影响因素的研究［J］. 心理学报，1995，27（2）：158–166.

② 龙立荣，李霞. 中小学教师的职业承诺研究［J］. 教育研究与实验，2002（4）：51–61.

表 1　青海高职教师大五人格及各维度的描述性统计

因子	M	SD
大五人格	3.89	0.40
神经质	2.83	0.77
尽责性	4.52	0.76
开放性	3.95	0.79
外倾性	3.6	0.74
宜人性	4.54	0.69

由表 1 可知，青海高职教师大五人格的总均分为 3.89，各因子得分从高到低依次为：宜人性 > 尽责性 > 开放性 > 外倾性 > 神经质。

表 2　青海高职教师教学效能感及各维度的描述性统计

因子	M	SD
教学效能感	4.16	0.63
一般教育效能感	3.64	0.90
个人教学效能感	4.46	0.70

由表 2 可知，青海高职教师教学效能感的总均分为 4.16，高于中值，这说明青海高职教师的教学效能感处于中等偏上水平。其中，个人教学效能感的得分高于一般教育效能感，且高于总的教学效能感。

表 3　青海高职教师职业承诺及各维度的描述性统计

因子	M	SD
职业承诺	2.84	0.45
情感承诺	2.90	0.65
继续承诺	2.52	0.65
规范承诺	3.07	0.55

由表 3 可知，青海高职教师职业承诺的总均分为 2.84，高于中值，这说明青海高职教师的职业承诺处于中等偏上水平。各维度得分从高到低依次为：规范承诺 > 情感承诺 > 继续承诺。

（二）大五人格、教学效能感、职业承诺间的相关分析

1. 人格五因素与职业承诺的关系

人格五因素与职业承诺及其各维度之间的相关性，见表 4。

表 4　职业承诺与人格各维度的相关矩阵

变量	职业承诺	情感承诺	继续承诺	规范承诺
大五人格	0.27***	0.33***	−0.13	0.38***
神经质	−0.13	−0.23***	0.14*	−0.17**
尽责性	0.25***	0.32***	−0.08	0.29***
开放性	0.13*	0.25***	−0.21*	0.23***
外倾性	0.20**	0.30***	−0.13	0.26***
宜人性	0.28***	0.27***	−0.06	0.41**

由表 4 可知，职业承诺与大五人格密切相关（p<0.001），两者呈极其显著的正相关关系。职业承诺中的情感承诺、规范承诺维度与大五人格中的尽责性、开放性、外倾性及宜人性因子也呈极其显著的正相关关系，而情感承诺维度与神经质因子呈极其显著的负相关关系，规范承诺维度与神经质因子呈非常显著的负相关关系。继续承诺维度只与大五人格的神经质因子呈显著正相关，与开放性因子呈显著负相关关系。

2. 职业承诺与教学效能感的关系

职业承诺与教学效能感间的相关性，见表 5。

表 5　职业承诺与教学效能感的相关矩阵

项目	职业承诺	情感承诺	继续承诺	规范承诺	教学效能感	一般教育效能感	个人教学效能感
职业承诺	1						
情感承诺	0.85***	1					
继续承诺	0.54***	0.11	1				
规范承诺	0.79***	0.67***	0.09	1			
教学效能感	0.24***	0.37***	−0.26***	0.39***	1		
一般教育效能感	0.13*	0.29***	−0.24***	0.21**	0.75***	1	
个人教学效能感	0.24***	0.31***	−0.19**	0.40***	0.87***	0.32***	1

由表 5 可知，职业承诺及各维度与教学效能感及各维度均密切相关，职业承诺及其情感承诺、规范承诺维度与教学效能感及其一般教育效能感、个人教学效能感呈显著的正相关关系，而继续承诺与教学效能感及其一般教育效能感、个人教学效能感呈显著的负相关关系。

（三）职业承诺与教学效能感、大五人格的回归分析

1. 教学效能感对职业承诺的回归分析

以教学效能感为自变量，职业承诺为因变量，回归分析结果见表 6。

表 6　教学效能感对职业承诺的回归分析

自变量	非标准化系数 B	非标准化系数 SE	标准化系数 β	t	P	调整后 R^2	F
常量	2.14	0.19		11.11	0.000		
教学效能感	0.17	0.05	0.24	3.67	0.000	0.05	13.45***

由表 6 可知，青海高职教师的教学效能对其职业承诺有一定的正向预测作用，F=13.45，β=0.24，总共解释了变异量的 5%。回归方程为：

职业承诺 =2.14+0.17× 教学效能感。

2. 大五人格对职业承诺的回归分析

以大五人格为自变量，职业承诺为因变量，回归分析结果见表7。

表7　大五人格对职业承诺的回归分析

自变量	非标准化系数 B	SE	标准化系数 β	t	P	调整后 R^2	F
常量	1.66	0.28		5.96	0.000		
大五人格	0.30	0.07	0.27	4.23	0.000	0.07	17.90***

由表7可知，大五人格对职业承诺有一定的正向预测作用，F=17.9，β=0.27，总共解释了变异量的7%。回归方程为：

职业承诺 =1.66+0.30× 大五人格。

3. 教学效能感、大五人格对职业承诺的回归分析

对职业承诺与教学效能感、大五人格进行逐步回归分析，以教学效能感和大五人格为自变量，职业承诺为因变量，结果见表8。

表8　教学效能感、大五人格对职业承诺的回归分析

自变量	非标准化系数 B	SE	标准化系数 β	L	P	调整后 R^2	F
常量	1.48	0.29		5.11	0.000		
教学效能感	0.11	0.05	0.15	2.21	0.028		
大五人格	0.23	0.08	0.21	3.02	0.003	0.08	11.53***

由表8可知，以青海高职教师的教学效能感、大五人格为自变量，职业承诺为因变量，进行回归分析。结果发现：青海高职教师的教学效能感、大五人格对其职业承诺有一定的正向预测作用，因子总共解释了职业承诺8%的变异量。回归方程为：

职业承诺 =0.11× 教学效能感 +0.23× 大五人格 +1.48。

教学效能感与大五人格共同对职业承诺的预测模型见图1。

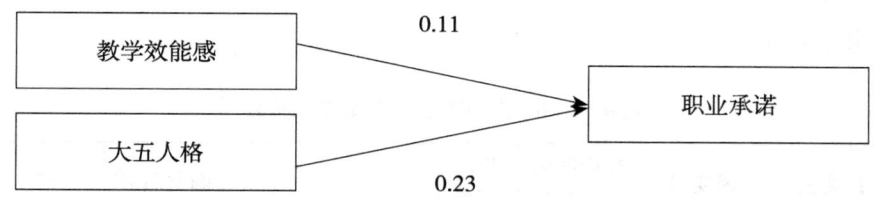

图1　教学效能感、大五人格对职业承诺的预测模型

（四）教学效能感的中介作用分析

根据温忠麟等人（2004）提出的中介效应检验程序，[①] 首先对检验变量得分取均值并中心化处理，生成三个对应的变量：自变量（X）为中心化的大五人格，中介变量（M）为中心化的教学效能感，因变量（Y）为中心化的职业承诺。如图2所示，依次检验 c，a，b 以及 c' 的显著性。

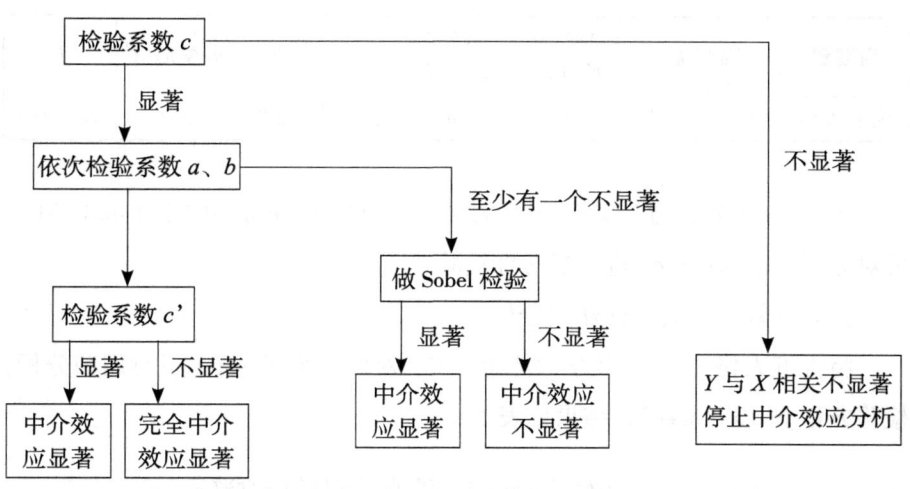

图2　中介效应检验程序

[①] 温忠麟, 张雷, 侯杰泰, 等. 中介效应检验程序及其应用 [J]. 心理学报, 2004, 36（5）: 614-620.

1. 大五人格对职业承诺的回归分析

将大五人格（X）对职业承诺（Y）进行回归分析，检验方程 $y=cx+e1$，结果见表9。

表9　大五人格对职业承诺的效应检验

自变量	因变量	非标准化系数 B	标准化系数 β	t	p	调整后 R^2	F
大五人格	职业承诺	1.66	0.27	4.23	0.000	0.07	17.90***

由表9可知，方程 $y=cx+e1$ 的回归效应显著，c 值为 $1.66(p<0.001)$，可以进行方程 $m=ax+e2$ 的显著性检验。

2. 大五人格对教学效能感的回归分析

将大五人格（X）对教学效能感（M）进行回归分析，检验方程 $m=ax+e2$，结果见表10。

表10　大五人格与教学效能感的效应检验

自变量	因变量	非标准化系数 B	标准化系数 β	t	P	调整后 R^2	F
大五人格	教学效能感	1.71	0.40	6.65	0.000	0.16	44.22***

由表10可知，方程 $m=ax+e2$ 的回归效应显著，a 值为 $1.71(p<0.001)$，可对方程 $y=c'x+bm+e3$ 进行显著性检验。

3. 教学效能感的中介作用分析

将大五人格（X）、教学效能感（M）对职业承诺（Y）进行回归分析，检验方程 $y=c'x+bm+e3$，结果见表11。

表11　教学效能感在大五人格与职业承诺间的中介效应检验

自变量	因变量	非标准化系数 B	标准化系数 β	t	P	调整后 R^2	F
大五人格 教学效能感	职业承诺	0.23 0.11	0.21 0.15	3.02 2.21	0.003 0.028	0.08	11.53***

由表 11 可知，方程 $y=c'x+bm+e3$ 中，c' 值为 0.23（$p<0.001$），b 值为 0.11（$p<0.05$），存在显著的差异，表明教学效能感的中介效应显著。

四、分析与讨论

（一）青海高职教师大五人格、职业承诺、教学效能感现状分析

本研究发现，青海高职教师的职业承诺和教学效能感均处于中等偏上水平，表明青海高职教师对自己所从事的高等职业教育有着较高的认同感和情感依赖，愿意投入其中，并希望长久地在本单位工作下去。而且坚信自己能够有能力影响学生的学习行为和学习成绩。本研究结果还告诉我们，青海高职教师的个人教学效能感得分普遍高于一般教育效能感，这也正反映出了一种现状：青海高职教师能更多地从自我教学效果中感受到高的评价和主观意识，从而获得成就感，而对于教学本身以及教育对学生的发展和促进作用抱着较为消极的看法。

另外本研究还发现，青海高职教师的大五人格呈现高宜人性、高尽责性和高开放性，以及低神经质、低外倾性的人格特质。这表明了青海高职教师更倾向于利他、同情、尊重别人；能够严于律己，有一定的目标性和计划性，对于自己的本职工作能够承担一定的责任；在人际交往方面也较为开放，有探索新事物的精神；能够表现出一定的自信、热情、活跃的特质；能够较为合理地控制和调节自己的情绪，善于疏导消极被动的情绪。一般情况下，具备这些人格特质的教师似乎对自己的专业认同和情感依赖更高，也更能够坚守自己的本职岗位，也更容易体会到教育教学对学生的积极性意义。这些都是提高青海高职教师职业承诺的有效途径。

（二）青海高职教师大五人格、教学效能感、职业承诺三者的关系分析

本研究结果表明，青海高职教师的教学效能感与职业承诺存在显著相关。其中，一般教育效能感、个人教学效能感与情感承诺、规范承诺存在显著正相关，而继续承诺则与教学效能感呈显著负相关。这是因为高职教师在教学过程中，当体会到更多的成就感和价值感时，就会对自己的专业更加认同，情感上也更加依赖，也不愿意离开现已从事的职业。但也正是因为体会

 高原职业教育的改革与发展研究

到了高成就感而对自己的能力有了较以往更高的评价,认为自己的胜任力提高了,所以对职业的投入度反而会相对减少,导致其继续承诺水平降低。

本研究发现,大五人格与职业承诺之间存在显著的相关。大五人格中的神经质因子与职业承诺中的情感承诺、规范承诺维度存在显著负相关。De Neve 和 Cooper(1998)的元分析研究表明,外倾性和宜人性正向预测积极情感,神经质正向预测消极情感。[1] 大五人格中的神经质倾向高,则其情绪波动就较大,且更多表现的是消极和被动的情绪,有时候还会莫名其妙地悲伤。这样就必然在工作中容易产生分心,难以对自己的职业有高认同感和依赖,投入度也会降低。由此可见,高职教师的神经质水平越高,情感承诺和规范承诺就越低。因此,帮助高职教师完善人格、建立健全心理健康机制有助于防止人才流失。

本研究结果显示,在大五人格对高职教师职业承诺的影响中,教学效能感起着中介作用。也就是说,大五人格可以通过教学效能感对职业承诺产生影响。大五人格是一个相对稳定的特质,一旦形成将难以有较大的改变。但高职院校如果能采取合适的激励机制来提升教师的教学效能感,那么也能提高教师的职业承诺水平,从而稳定高职教师队伍。与此同时,青海高职教师也更加能够获得工作上的安全感和稳定感。

五、结论

本研究得出以下结论:

第一,青海高职教师的职业承诺、教学效能感水平均处于中等偏上,宜人性和尽责性的人格特质明显;

第二,青海高职教师的职业承诺与其教学效能感、大五人格均呈显著相关,其中教学效能感、大五人格对职业承诺有一定的正向预测作用;

第三,青海高职教师的教学效能感在职业承诺与大五人格之间存在显著的中介效应。

---

[1] DE NEVE K M, COOPER H.The happy personality:A meta-analysis of 137 personality traits and subjective well-being [J]. Psychologica1 Bulletin, 1998, 124(2):197-229.

第二章
改革与发展实践

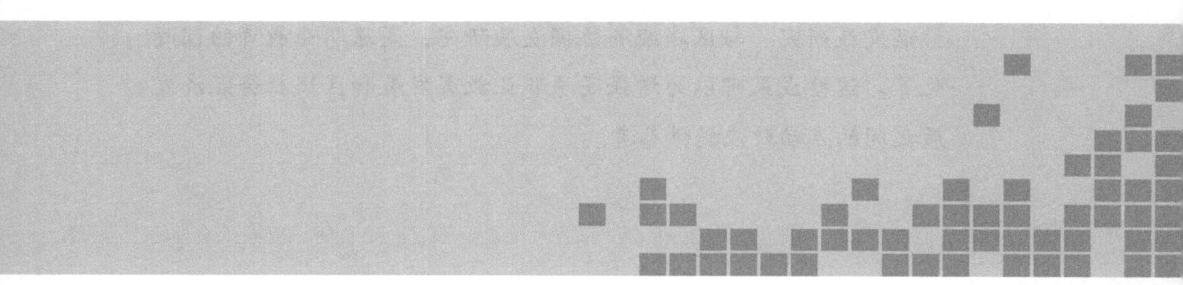

高原职业教育的实践必然要适应高原地区社会经济发展和职业需求。本部分的内容主要是对高原职业教育改革与发展实践的总结与反思。包括高原职业教育的发展情况、困境和路径，以及发展趋势的分析和预测等，还包含高原职业教育与城镇化质量的协调发展研究、与区域经济协调发展研究，高原职业教育的国际化等。这些成果可以为增强高原职业教育发展和区域社会经济发展之间的互动效应提供参考。

以职业教育赋能振兴发展

——我省积极推进职业教育改革发展综述[*]

赵 静[**]

毕业于青海交通职业技术学院工程造价专业的董昌瑞已经在中国公路工程咨询集团有限公司工作两个月了，现在负责广州某项目的施工检测工作。

能如此快速地担任重要的工作是因为还没走出校园就已经和公司签订了就业协议，通过校企合作，董昌瑞快速适应了从学校到施工现场的过渡，实现了就业到岗位晋升的快速进步。与董昌瑞一样，今年，我省有2.5万名毕业生，其中1.61万多名职业院校毕业生从校门走进厂门，实现"无缝对接"，0.7万多名中职毕业生升入省内外高职院校继续深造，就业率达到92%。

这是我省创新职业教育发展理念，推进职业教育改革，贯通人才成长通道，深化产教融合、校企合作，开展"订单、定制、定向"人才培养结出的硕果。

优化布局，改善发展环境

下好职业教育"一盘棋"，顶层设计至关重要。2015年以来，我省经济转型升级的号角吹响，从过去主打资源牌的粗放型经济，转向盐湖化

---

[*] 本文发表于《青海日报》2021年9月27日第004版。
[**] 赵静，《青海日报》社记者。

工、清洁能源、高原农畜产品和旅游文化四张王牌。为了对经济转型升级提供人才支撑，我省印发了《关于进一步加快现代职业教育改革发展的若干意见》，编制完成职业教育"十三五"发展规划、产教融合发展工程建设规划等，明确了职业教育发展目标、办学规模。同时，省教育厅会同省里相关部门，围绕现代学徒制、集团化办学、创新发展等制定具体实施方案，进一步完善了产教融合、校企合作育人机制。

"十三五"期间，中央和省级财政累计投入资金29亿元，新建西宁城市职业技术学院、青海高等职业技术学院、青海柴达木职业技术学院3所高职学校，建成13所中高职国家改革发展示范（骨干）学校和3所技师学院，建成果洛藏族自治州、湟中区、湟源县、化隆回族自治县中职学校新校区，全省职教院校综合办学条件有了明显改善。截至2020年底，全省共有职业学校41所，其中高职院校8所、中职学校33所。相比"十二五"末，高职院校在校生人数增长54.4%，中职学校在校生人数增长12.5%，更多适龄学生接受了职业教育。

省教育厅副厅长马嘉宾介绍，我省共有中等职业学校33所、高等职业院校8所，在校生共计11.57万人，职业院校专业设置基本覆盖青海省支柱产业、优势产业及特色产业。共开设加工制造、旅游服务、交通运输、建筑通信、农业畜牧等200多个专业，建成1450个校内外实训基地。目前，全省9所院校入选国家级现代学徒制试点单位，2个职教集团入选国家第一批示范性职业教育集团（联盟）培育单位。2019年我省因推进职业教育改革成效明显而受到国务院表彰。

经过多年艰辛努力，青海职业教育"旧貌换新颜"，职业教育顶层设计不断完善，政策体系不断健全，办学规模不断扩大，布局结构不断优化，服务功能不断提升，职业教育对全省经济社会发展的支撑能力进一步增强。

推动融合，盘活办学机制

通过校企合作，今年9月，青海建筑职业技术学院电梯工程技术专业学生蔡庭顺已到青海劳安电梯有限公司跟岗实习。"我在完成跟岗实习和顶岗实习后，将在企业入职，就业已经不是问题了……"蔡庭顺对未来满怀期待。

职业教育既要服务建设现代化经济体系的需要，也要实现更高质量更充分就业。我省结合青海实际积极探索，确定了"把专业建在产业链上"的职业教育办学方针，重点推进"引校进企""引企驻校"，着力构建校企协同育人、产教深度融合的职业教育办学模式，推动职业院校和行业企业形成命运共同体。

青海建筑职业技术学院电梯工程技术专业与青海西奥电梯有限公司及其他大品牌电梯公司合作，开展现代学徒制试点工作。校企共同投资1000多万元建立了技术先进、功能齐全的电梯实训基地，依托实训基地成立的电梯技术培训中心集电梯技术培训、工种鉴定、技能考核等多种功能为一体，服务毕业生400余人次，为青海省培训电梯行业技术人员5300余人次，培养现代学徒制学生181名。

青海卫生职业技术学院眼视光专业和省内外的视光企业合作，共同投入组建眼视光中心，以满足学生实习实训和对外开展技术服务的需求。采取"3+3工学交替"模式，让学生在实践中学、在学中练，完成教和学的转化。目前学校已经培养了2000多名通过"验光员"和"定配工"职业资格证书考试的学生，其中1000多名获得了"高级眼镜验光员""高级眼镜定配工"职业资格证书。

同时，为了充分发挥行业企业的积极作用，我省成立了10个职业教育集团，吸引各类企事业单位参与职业教育集团建设。职业院校与西宁经济技术开发区、海东工业园区、柴达木循环经济实验区合作，初步形成产教融合"一体两翼"新格局。建立产教融合型企业认证制度，首批遴选15家产教融合型企业，给予"金融+财政+土地+信用"的组合式激励，与华为、青海盐湖集团等省内外1450多家企业建立了良好的校企合作关系。

加强内涵建设，提升人才培养质量

我省职业教育不仅重视规模和数量，更重视内涵和质量，"十三五"时期，深化教育教学改革，强化内涵建设，努力形成高质量技术技能人才培养体系。

铸魂育人，深入推动习近平新时代中国特色社会主义思想进教材、进课堂、进头脑，加强思政课程和课程思政建设，持续开展"四爱三有"教育，引导学生树立理想信念，践行社会主义核心价值观，增强爱党爱国意识，听党话、跟党走。青海警官职业学院、青海建筑职业技术学院、西宁城市职业技术学院4个项目入选教育部课程思政示范项目建设。

为引领全省职业教育高质量发展，2019年启动国家"双高计划"，重点支持青海交通职业技术学院、青海建筑职业技术学院、青海卫生职业技术学院建设高水平学校，支持青海农牧科技职业学院、西宁城市职业技术学院、青海柴达木职业技术学院分别建设畜牧兽医、学前教育、应用化工技术3个高水平专业（群）。支持高职院校做大做强，明确高职院校努力的方向，极大地调动了学校力争上游、推进改革的积极性。

注重打通中职、高职和本科教育桥梁，全面放开中职学生参加统一高考，实施"文化素质＋职业技能"、单独招生、综合评价招生和技能拔尖人才免试等考试招生办法，完善人才培养渠道，加大中高职贯通培养力度，超过50%的全日制中职毕业生升入高职学校学习。

同时，2020年青海卫生职业技术学院等4所高职与玉树藏族自治州职业技术学校等5所中职合作举办护理、畜牧兽医等专业，青海大学等省内3所高校与青海建筑职业技术学院等4所高职合作举办土木工程、学前教育等专业，为全省尤其为牧区培养急需的护理、幼教、农牧业技术技能人才。

玉树州职业技术学校护理专业的白玛顿珠，一直梦想着读完中职后接着读高职、读本科。去年起，他所在的学校与青海卫生职业技术学院合作举办护理等专业，中职阶段学生经考核合格可直接参加高职阶段的学习。

不久前，青海卫生职业技术学院又与青海大学签订了合作协议，联合培养"专升本"学生，这让白玛顿珠感到很振奋，他觉得自己离梦想又近了一步。

扎实推进"1+X"证书试点。2019年起，组织成立由青海交通职业技术学院等8所试点学校牵头的院校联盟，试点"1+X"教学。目前参与试点的公办学校已达31所，涉及69个职业技能等级证书、65个专业。注重发挥职业学校技能大赛以赛促学、以赛促教的作用，每年都组织省级比赛，同时遴选优秀选手参加全国职业院校技能大赛。"十三五"以来，我省职业学校学生在全国职业院校技能大赛中屡创佳绩，共获得89个奖项，其中一等奖1个、二等奖15个、三等奖73个。今年，我省成功举办了全国职业院校技能大赛高职组"导游服务"赛项，这是全国大赛首次落户青海。

职业教育与城镇化质量的协调发展

——基于2005年和2013年的省级层面数据[*]

阙大学　吕连菊[**]

一、引言

1978年以来，中国职业教育取得显著成绩，2013年中国职业教育在校生和毕业生达3967.54万人，占总人口3%，其中高等、中等和初等职业教育在校生和毕业生分别为1323.25万人、2638.3万人和5.99万人，前两者分别占总人口的1%和2%。与此同时，中国的城镇化水平从1978年的17.92%提升到2013年的53.73%，城镇人口达到7.31亿，城镇化水平年均增速1.032%，是同期世界年均增幅的5倍。

在取得快速增长的同时，中国的城镇化进程出现了许多问题，如转移人口就业能力较弱、农民市民化程度较低、就业结构滞后、环境污染和城市拥挤等，重规模扩张，轻内涵建设，城镇化质量较低，2013年中国城镇化质量仅为0.5079，因此，需尽快提高中国城镇化质量，走新型城镇化道路。

党的十八大报告和2013年底召开的中央城镇化工作会议均提出了要提高城镇化发展质量。发展职业教育直接影响着城镇化质量，可以在提升

---

[*] 本文发表于《职业技术教育》2015年第36卷第27期。
[**] 阙大学（1982—），男，南昌工程学院经贸学院副教授，经济学博士，研究方向：教育经济与管理。吕连菊（1982—），女，南昌工程学院经贸学院讲师，研究方向：教育经济与管理。

转移人口素质和就业技能,改善城镇人口结构、产业结构和就业结构,促进农民市民化、城镇民主和法制建设、教育公平等方面影响城镇化质量。那么,目前职业教育与城镇化质量协调性如何,是滞后还是超前于城镇化质量?高等、中等和初等各层次职业教育与城镇化质量协调性又如何,是滞后还是超前于城镇化质量?职业教育及其不同层次与城镇化质量的相关性如何?文章将基于省级层面数据来分析回答上述问题,该研究有助于得知滞后于城镇化质量的不同省市应采取哪些对策以及重点发展哪一层次职业教育来提高城镇化质量。

目前,国内外学者主要关注的是职业教育与经济发展的协调性与相关性[1][2][3]和职业教育对城镇化进程的影响,且主要是实证分析职业教育对城镇化水平的影响,[4][5][6][7]对于职业教育对城镇化质量的影响关注不够,且很少就职业教育与城镇化质量的协调性进行研究,仅发现冉云芳(2013)基于2006年和2011年的省际截面数据分析了中等职业教育与城镇化发展的协调性与相关性,[8]但该研究对象仅为中等职业教育,不够全面。本文将基于2005年和2013年数据,利用因子分析法对比研究中国不同省市职业教育及其不同层次与城镇化质量的协调度,然后利用Pearson、

---

[1] 张震. 职业教育与中原经济区建设协调发展研究[J]. 中国职业技术教育,2012(18):44-47.

[2] 崔晓迪. 现代职业教育与区域经济协调发展研究——以天津市为例[J]. 教育与经济,2013(1):31-36.

[3] 吴业东. 浙江省职业教育与农业产业协调发展关联性评价与改进措施分析[J]. 中国职业技术教育,2014(18):84-85.

[4] AILLMAN B. The Causes and Consequences of Rapid Urbanization in an Ethnically Diverse Region: Case Study of a County Town in Yunnan[J]. China perspectives,2013(3):25-32.

[5] MURICHO, W.P, KOSKEY J. Education Reforms in Kenya for Innovation[J]. International Journal of Humanities and Social Science,2013(9):123-145.

[6] CHANT S. Cities through a "Gender Lens": a Golden "Urban Age" for Women in the Global South?[J]. Environment and Urbanization,2013(25):19-29.

[7] 阚大学,吕连菊. 职业教育对中国城镇化水平影响的实证研究[J]. 中国人口科学,2014(1):66-75.

[8] 冉云芳. 中等职业教育与城镇化发展的协调性与相关性研究——基于2006年和2011年的省际截面数据分析[J]. 教育发展研究,2013(23):63-69.

Spearman、Kendal 相关分析和回归分析来研究职业教育及其不同层次与城镇化质量是否相关及其相关性大小。

二、实证分析

（一）衡量指标体系构建

为了对职业教育与城镇化质量的协调度与相关性进行分析，文章基于以下四个原则来选取相关指标构建衡量体系。

一是相关性原则。职业教育主要是通过促进农村适龄青年转移，改善城镇人口结构、促进城镇产业结构和就业结构升级、提高城乡劳动力素质，缩小城乡收入差距、促进农民市民化、促进城镇民主和法制建设、促进城镇化进程中的教育公平等方面影响城镇化质量。

二是数据可获得性原则。在选取指标时需考虑到数据的可获得性，指标的获得主要来源于相应年份的《中国教育统计年鉴》、《中国统计年鉴》、各省市的统计年鉴、统计公报和《中国教育经费统计年鉴》。

三是动态性原则。目前，城镇化建设重规模，轻内涵，城镇化质量不高，出现了城镇产业结构不合理、农民市民化程度不高、转移农民就业能力较弱、城市拥挤和环境恶化等诸多问题。因此，在注重量的同时，更需注重质的提高。文章构建的城镇化质量指标体系不仅将城镇化率作为其中的一个指标，还将城镇化看作量和质发展的动态过程。

四是代表性与独立性。选取的指标体系从各个侧面和各个角度衡量职业教育与城镇化质量，且这些选取的指标之间尽量相互独立，以增强最后实证结果的真实性和可靠性。

基于上述原则，文章从教育规模、师资队伍建设、经费投入和办学条件四方面构建了 17 个指标来测度职业教育及其不同层次的发展水平。具体是用学校数、每十万人口中在校生数、毕业生数和招生数 4 个指标衡量教育规模，用教职工数、专任教师数和生师比 3 个指标衡量师资队伍建设，用教育经费投入、生均经费投入、教育财政支出占总经费投入比率、民办学校办学经费占总经费投入比率和社会捐赠经费占总经费投入比率 5 个指标衡量经费投入，用生均校舍面积、生均固定资产值、生均图书册数、生均计算机数和生均多媒体教室座位数 5 个指标衡量办学条件。

对于城镇化质量的测度，目前已有很多学者构建不同指标体系来衡量，文章在参考魏后凯等（2013）构建的指标体系基础上，① 加入城镇化率、高新技术产业增加值占规模以上工业增加值比重、社会保险综合参保率、每百户拥有电话数（含移动电话）、环境噪声达标率来测度城镇化质量。由于选取的指标较多，数据量大，文章采用了 Z 得分值法对数据进行了标准化处理，以消除数据在量纲和数量级上的差别，并对指标体系中的逆向指标采用了"1/ 逆向指标"或"1– 逆向指标"的方法进行了处理。

下面首先通过因子分析法计算出不同省市在职业教育和城镇化质量上的综合得分，并分别进行排序；然后根据得分排序情况得到不同省市在职业教育和城镇化质量上的等级差；最后进行协调度的衡量和分析。

（二）协调度分析与相关性分析

1. 2005 年职业教育与城镇化质量的协调度分析

为了利用因子分析法对 2005 年职业教育与城镇化质量的协调度进行分析，首先需进行因子分析适应性检验，文章运用 KMO 和球形 Bartlett 检验，结果发现职业教育及其不同层次和城镇化质量各指标的 KMO 值分别为 0.758、0.812、0.794、0.825 和 0.767，均在适合因子分析的临界值内；球形 Bartlett 检验的相伴概率 P 值也均为 0.000，因此，适合于作因子分析。然后使用主成分分析法，对衡量职业教育和城镇化质量的指标按照特征值大于 0.8 的原则提取公因子，得到了衡量职业教育和中等职业教育的两个公因子，衡量高等、初等职业教育以及城镇化质量的三个公因子，具体是职业教育和中等职业教育的前两个公因子累计方差贡献率分别为 92.214% 和 91.546%，高等和初等职业教育的前三个公因子累计方差贡献率分别

---

① 魏后凯，王业强，苏红键，等. 中国城镇化质量综合评价报告［J］. 经济研究参考，2013（31）：3–32.

为 90.238% 和 91.019%，城镇化质量的前三个公因子累计方差贡献率为 89.206%。因此，采用公因子对职业教育及其不同层次和城镇化质量进行衡量，简化了结构，并保证了准确性。最后，以公因子的方差贡献率为权重，计算职业教育及其不同层次和城镇化质量的综合得分。计算公式为：

2005 年职业教育综合得分 =F1×61.920%+F2×30.294%

2005 年高等职业教育综合得分 =F1×60.437%+F2×17.933%+F3×11.868%

2005 年中等职业教育综合得分 =F1×64.709%+F2×26.837%

2005 年初等职业教育综合得分 =F1×59.324%+F2×20.852%+F3×10.843%

2005 年城镇化质量综合得分 =F1×55.603%+F2×21.779%+ F3×11.824%

依据上述公式，分别得出各省市职业教育及其不同层次和城镇化质量的综合得分，然后进行排序，并计算等级差 1，以等级差来考察职业教育与城镇化质量的协调度，等级差的绝对值越小，表明职业教育与城镇化质量的协调度越好，反之亦然。

表 1 为 2005 年职业教育与城镇化质量的综合得分及其排序。借鉴相关文献和结合专家意见，文章将职业教育与城镇化质量的协调度分为五个等级：等级差在［0，±2］区间代表协调度为好；等级差在［±3，±7］代表协调度为较好；等级差在［±8，±12］代表协调度为一般；等级差在［±13，±17］代表协调度为较差；等级差在［±18，±27］代表协调度为差。

根据上述标准，就职业教育总体与城镇化质量的协调度而言，山西、浙江、广东、广西、贵州、西藏、甘肃的协调度为好；北京、辽宁、上海、江苏、福建、江西、湖北、云南、陕西、青海、新疆的协调度为较好；河北、吉林、安徽、湖南、重庆的协调度为一般；天津、内蒙古、黑龙江、山东、海南、四川、宁夏的协调度为较差；河南的协调度为差。其中，北京、天津、内蒙古、辽宁等 12 省市的职业教育滞后于城镇化质量。

第二章 改革与发展实践

表1 2005年职业教育和城镇化质量的综合得分

地区	职业教育总体 得分	职业教育总体 排序	高等职业教育 得分	高等职业教育 排序	中等职业教育 得分	中等职业教育 排序	初等职业教育 得分	初等职业教育 排序	城镇化质量 得分	城镇化质量 排序	等级差1	等级差2	等级差3	等级差4
北京	0.0298	5	0.0326	4	0.0271	6	0.0121	10	1.4011	2	3	2	4	8
天津	-0.0214	19	-0.0302	21	0.0027	12	-0.0028	16	0.9289	3	16	18	9	13
河北	0.0236	8	0.0291	8	0.0082	9	0.013	9	-0.2108	19	-11	-11	-10	-10
山西	-0.0187	17	-0.0043	14	-0.0325	22	0.0174	4	-0.1723	17	0	-3	5	-13
内蒙古	-0.0353	26	-0.0319	22	-0.0447	27	0.0206	3	0.1009	11	15	11	16	-8
辽宁	0.0226	9	0.0290	9	0.0062	10	-0.0377	27	0.6103	5	4	4	5	22
吉林	-0.0228	20	-0.0216	18	-0.0250	18	0.0158	7	0.3996	8	12	10	10	-1
黑龙江	-0.0234	21	-0.0198	17	-0.0273	19	-0.035	23	0.4760	7	14	10	12	16
上海	0.0312	4	0.0237	11	0.0349	1	0.0052	12	1.4285	1	3	10	0	11
江苏	0.0323	3	0.0358	3	0.0287	5	0.0011	15	0.2128	9	-6	-6	-4	6
浙江	0.0297	6	0.0306	6	0.0288	4	-0.0369	25	0.5094	6	0	0	-2	19
安徽	0.0162	14	-0.0110	16	-0.0114	15	0.0215	2	-0.2601	24	-10	-8	-9	-22
福建	-0.0158	15	-0.0256	19	-0.0021	13	0.0127	6	0.1617	10	5	9	3	-4
江西	-0.0163	16	0.0115	13	-0.0392	25	0.0019	14	-0.2583	23	-7	-10	2	-9
山东	0.0352	1	0.0380	2	0.0320	2	-0.0303	21	-0.0390	14	-13	-12	-12	7
河南	0.0251	7	0.0207	12	0.0235	7	-0.0267	20	-0.3704	27	-20	-15	-20	-7

续表

地区	职业教育总体 得分	排序	高等职业教育 得分	排序	中等职业教育 得分	排序	初等职业教育 得分	排序	城镇化质量 得分	排序	等级差 1	等级差 2	等级差 3	等级差 4
湖北	0.0215	11	0.0312	5	-0.0069	14	0.0082	11	-0.0745	15	-4	-10	-1	-4
湖南	0.0216	10	0.0278	10	0.0054	11	0.0281	1	-0.2512	22	-12	-12	-11	-21
广东	0.0347	2	0.0382	1	0.0312	3	0.0037	13	0.8456	4	-2	-3	-1	9
广西	-0.0318	24	-0.0334	24	-0.0202	17	0.0143	8	-0.3430	25	-1	-1	-8	-17
海南	-0.0538	29	-0.0524	29	-0.0531	29	-0.0592	31	0.0529	12	17	17	17	19
重庆	-0.0324	25	-0.0350	25	-0.0195	16	-0.0185	19	-0.0241	13	12	12	3	6
四川	0.0190	12	-0.0106	15	0.0184	8	-0.0104	17	-0.3537	26	-14	-11	-18	-9
贵州	-0.0457	28	-0.0389	26	-0.0494	28	0.0169	5	-0.5083	30	-2	-4	-2	-25
云南	-0.0269	22	-0.0261	20	-0.0276	20	-0.0352	24	-0.4690	29	-7	-9	-9	-5
西藏	-0.0605	31	-0.0576	30	-0.0420	26	-0.0573	30	-0.6326	31	0	-1	-5	-1
陕西	0.0181	13	0.0293	7	-0.0291	21	-0.0136	18	-0.2317	20	-7	-13	1	-2
甘肃	-0.0390	27	-0.0436	27	-0.0364	23	-0.0374	26	-0.4584	28	-1	-1	-5	-2
青海	-0.0302	23	-0.0504	28	-0.0574	30	-0.0348	22	-0.2065	18	5	10	12	4
宁夏	-0.0568	30	-0.0667	31	-0.0649	31	-0.0451	28	-0.1002	16	14	15	15	12
新疆	-0.0206	18	-0.0328	23	-0.0378	24	-0.0507	29	-0.2436	21	-3	2	3	8

表2 2005年职业教育和城镇化质量的协调度状况

和城镇化质量的协调度	好	较好	一般	较差	差	滞后于城镇化质量的省市
职业教育总体	山西、浙江、广东、广西、贵州、西藏、甘肃	北京、辽宁、上海、江苏、福建、江西、湖北、云南、陕西、青海、新疆	河北、吉林、安徽、湖南、重庆	天津、内蒙古、黑龙江、山东、海南、四川、宁夏	河南	北京、天津、内蒙古、辽宁、吉林、黑龙江、上海、福建、海南、重庆、青海、宁夏
高等职业教育	北京、浙江、广西、西藏、甘肃、新疆	山西、辽宁、江苏、广东、贵州	河北、内蒙古、吉林、黑龙江、上海、安徽、福建、江西、山东、湖北、湖南、重庆、四川、云南、青海	河南、海南、陕西、宁夏	天津	北京、天津、内蒙古、辽宁、吉林、黑龙江、上海、福建、海南、重庆、青海、宁夏、新疆
中等职业教育	上海、浙江、江西、湖北、广东、贵州、陕西	北京、山西、辽宁、江苏、福建、重庆、西藏、甘肃、新疆	天津、河北、吉林、黑龙江、安徽、山东、湖南、广西、云南、青海	内蒙古、海南、宁夏	河南、四川	北京、天津、山西、内蒙古、辽宁、吉林、黑龙江、福建、江西、海南、重庆、陕西、青海、宁夏、新疆
初等职业教育	吉林、西藏、陕西、甘肃	江苏、福建、山东、河南、湖北、重庆、云南、青海	北京、河北、内蒙古、上海、江西、广东、四川、宁夏、新疆	天津、山西、黑龙江、广西	辽宁、浙江、安徽、湖南、海南、贵州	北京、天津、辽宁、黑龙江、上海、江苏、浙江、山东、广东、海南、重庆、青海、宁夏、新疆

就高等职业教育与城镇化质量的协调度而言,北京、浙江、广西、西藏、甘肃、新疆的协调度为好;山西、辽宁、江苏、广东、贵州的协调度为较好;河北、内蒙古、吉林、黑龙江、上海、安徽、福建、江西、山东、湖北、湖南、重庆、四川、云南、青海的协调度为一般;河南、海南、陕西、宁夏的协调度为较差;天津的协调度为差。其中,北京、天津、内蒙古、辽宁、吉林等13省市的高等职业教育滞后于城镇化质量。

就中等职业教育与城镇化质量的协调度而言,上海、浙江、江西、湖北、广东、贵州、陕西的协调度为好;北京、山西、辽宁、江苏、福建、重庆、西藏、甘肃、新疆的协调度为较好;天津、河北、吉林、黑龙江、安徽、山东、湖南、广西、云南、青海的协调度为一般;内蒙古、海南、宁夏的协调度为较差;河南、四川的协调度为差。其中,北京、天津、山西、内蒙古、辽宁、吉林、黑龙江等15省市的中等职业教育滞后于城镇化质量。

就初等职业教育与城镇化质量的协调度而言,吉林、西藏、陕西、甘肃的协调度为好;江苏、福建、山东、河南、湖北、重庆、云南、青海的协调度为较好;北京、河北、内蒙古、上海、江西、广东、四川、宁夏、新疆的协调度为一般;天津、山西、黑龙江、广西的协调度为较差;辽宁、浙江、安徽、湖南、海南、贵州的协调度为差。其中,北京、天津、辽宁、黑龙江、上海等14省市的初等职业教育滞后于城镇化质量。具体结果见表2。

2. 2013年职业教育与城镇化质量的协调度分析

同样,首先运用KMO和球形Bartlett检验进行因子分析适应性检验,结果发现职业教育及其不同层次和城镇化质量各指标的KMO值分别为0.762、0.819、0.785、0.834和0.725,均在适合因子分析的临界值内;球形Bartlett检验的相伴概率P值也均为0.000,因此,适合于作因子分析。在此基础上,分别得到衡量职业教育及其不同层次和城镇化质量的公因子,具体是职业教育总体、初等职业教育和城镇化质量前三个公因子的累计方差贡献率分别为93.902%、91.468%和90.417%,高等和中等职业教育总体前两个公因子的累计方差贡献率分别为 89.176% 和 90.574%。以公因子的方差贡献率为权重，计算职业教育及其不同层次和城镇化质量的综合得分。计算公式为：

2013 年职业教育综合得分 =F1×60.415%+F2×19.353%+F3×14.134%
2013 年高等职业教育综合得分 =F1×63.571%+F2×25.605%
2013 年中等职业教育综合得分 =F1×66.213%+F2×24.361%
2013 年初等职业教育综合得分 =F1×60.157%+F2×18.078%+F3×13.233%
2013 年城镇化质量综合得分 =F1×56.902%+F2×20.761%+ F3×12.754%

依据上述公式，分别得出 2013 年各省市职业教育及其不同层次和城镇化质量的综合得分，然后进行排序，计算等级差。然后依据等级差和划分标准，得到职业教育及其不同层次与城镇化质量的协调度和滞后于城镇化质量的省市，见表 3。

就职业教育总体与城镇化质量的协调度而言，浙江、江西、湖北、贵州、西藏、陕西的协调度为好；北京、山西、辽宁、江苏、湖南、广东、云南、甘肃、青海、新疆的协调度为较好；天津、内蒙古、吉林、黑龙江、上海、福建、山东、广西的协调度为一般；河北、安徽、河南、海南、重庆、宁夏的协调度为较差；河南、四川的协调度为差。其中北京、天津、内蒙古、辽宁、上海、浙江的职业教育滞后于城镇化质量，原因在于职业教育规模偏小；山西、吉林、黑龙江、青海的职业教育滞后于城镇化质量，原因在于职业教育规模偏小、经费投入不足和办学条件较差；福建、海南、重庆、宁夏的职业教育滞后于城镇化质量，原因则在于除上述提到的所有因素外，师资队伍水平也较低。

就高等职业教育与城镇化质量的协调度而言，北京、浙江、广东、贵州、新疆的协调度为好；山西、辽宁、江苏、湖北、西藏、陕西、甘肃、青海的协调度为较好；河北、内蒙古、黑龙江、安徽、福建、江西、山东、湖南、广西、重庆、云南的协调度为一般；天津、吉林、上海、海南、四川、宁夏的协调度为较差；河南的协调度为差。其中北京、内蒙古、辽宁、上海的高等职业教育滞后于城镇化质量，原因在于高等职业教育规模偏小；天津和宁夏的高等职业教育滞后于城镇化质量，原因在于高等职业教育规模偏小和师资队伍水平较低；吉林、黑龙江、福建、重庆、青海的高等职业教育滞后于城镇化质量，原因在于高等职业教育规模偏小、经费投入不足和办学条件较差；山西和海南高等职业教育滞后于城镇化质量，原因则包括了上述所有因素。

就中等职业教育与城镇化质量的协调度而言，北京、山西、江苏、浙江、贵州、西藏、新疆的协调度为好；天津、内蒙古、吉林、上海、福建、江西、湖北、湖南、广东、陕西、甘肃、青海的协调度为较好；河北、辽宁、黑龙江、山东、云南的协调度为一般；安徽、广西、海南、重庆、宁夏的协调度为较差；河南、四川的协调度为差。其中北京、天津、辽宁、吉林、上海、浙江的中等职业教育滞后于城镇化质量，原因在于中等职业教育规模偏小；内蒙古、海南、青海的中等职业教育滞后于城镇化质量的原因除了规模因素，还有师资队伍水平较低；湖北的中等职业教育滞后于城镇化质量的原因在于经费投入不足和办学条件较差；山西、黑龙江、新疆的中等职业教育滞后于城镇化质量的原因包括规模、经费投入和办学条件因素；福建、江西、陕西的中等职业教育滞后于城镇化质量是由于师资队伍、经费投入和办学条件水平偏低；重庆和宁夏的中等职业教育滞后于城镇化质量的原因则包括了上述所有因素。

表3 2013年职业教育和城镇化质量的协调度状况

和城镇化质量的协调度	好	较好	一般	较差	差	滞后于城镇化质量的省市
职业教育	浙江、江西、湖北、贵州、西藏、陕西	北京、山西、辽宁、江苏、湖南、广东、云南、甘肃、青海	天津、内蒙古、吉林、黑龙江、上海、福建、山东、广西	河北、安徽、海南、重庆、宁夏	河南、四川	北京、天津、山西、内蒙古、辽宁、吉林、黑龙江、上海、浙江、福建、海南、重庆、青海、宁夏

续表

和城镇化质量的协调度	好	较好	一般	较差	差	滞后于城镇化质量的省市
高等职业教育	北京、浙江、广东、贵州、新疆	山西、辽宁、江苏、湖北、西藏、陕西、甘肃、青海	河北、内蒙古、黑龙江、安徽、福建、江西、山东、湖南、广西、重庆、云南	天津、吉林、上海、海南、四川、宁夏	河南	北京、天津、山西、内蒙古、辽宁、吉林、黑龙江、上海、福建、海南、重庆、青海、宁夏
中等职业教育	北京、山西、江苏、浙江、贵州、西藏、新疆	天津、内蒙古、吉林、上海、福建、江西、湖北、湖南、广东、陕西、甘肃、青海	河北、辽宁、黑龙江、山东、云南	安徽、广西、海南、重庆、宁夏	河南、四川	北京、天津、山西、内蒙古、辽宁、吉林、黑龙江、上海、浙江、福建、江西、湖北、海南、重庆、陕西、青海、宁夏、新疆
初等职业教育	湖北、湖南、西藏	山西、内蒙古、山东、广西、陕西、宁夏、新疆	北京、吉林、黑龙江、上海、江苏、江西、河南、青海	天津、浙江、广东、海南、重庆、四川	河北、辽宁、安徽、福建、贵州、云南、甘肃	北京、天津、内蒙古、辽宁、上海、江苏、浙江、福建、山东、湖北、广东、海南、重庆、陕西、青海、新疆

就初等职业教育与城镇化质量的协调度而言，湖北、湖南、西藏的协调度为好；山西、内蒙古、山东、广西、陕西、宁夏、新疆的协调度为较好；北京、吉林、黑龙江、上海、江苏、江西、河南、青海的协调度为一般；天津、浙江、广东、海南、重庆、四川的协调度为较差；河北、辽宁、安徽、福建、贵州、云南、甘肃的协调度为差。其中北京、天津、辽宁、上海、江苏、浙江、山东、福建、广东、湖北的初等职业教育滞后于城镇化质量，原因在于初等职业教育规模偏小、经费投入不足和办学条件较差；内蒙古、海南、青海的初等职业教育滞后于城镇化质量是由于初等职业教育规模偏小和师资队伍水平较低；重庆、陕西、新疆的初等职业教

育滞后于城镇化质量的原因则包括了上述所有因素。

3. 2005年和2013年职业教育与城镇化质量的协调度比较分析

一是相对2005年，2013年职业教育总体与城镇化质量的协调度整体变化不大。其中，协调度好和较好的省市由18个下降为16个，协调度较差和差的省市由8个下降为7个。但职业教育滞后于城镇化质量的省市由12个上升为14个，东部地区和中西部地区各7个，新增的是山西和浙江。这说明14个省市职业教育发展水平与城镇化进程不相适应，没有跟上新型城镇化发展的需要，故需大力发展职业教育，以提高城镇化质量，特别是海南、重庆和宁夏。

二是就高等、中等职业教育与城镇化质量的协调度而言，相对2005年，2013年整体变化也不大。其中，高等、中等职业教育与城镇化质量协调度好和较好的省市分别由11个增加为13个、16个增加为19个，协调度较差和差的省市均由5个增加为7个。高等职业教育滞后于城镇化质量的省市依然为13个，东部地区6个，中西部地区7个，新疆不再滞后，山西的高等职业教育则变为滞后于城镇化质量。这表明13个省市需要发展高等职业教育，以提高城镇化质量，特别是天津、吉林、上海、海南和宁夏。而中等职业教育滞后于城镇化质量的省市则由15个增加为18个，东部地区7个，中西部地区11个，新增滞后的是上海、浙江和湖北。这表明18个省市需要发展中等职业教育，以提高城镇化质量，特别是海南、重庆和宁夏。

三是相对2005年，2013年初等职业教育与城镇化质量的协调度有所下降。其中，协调度好和较好的省市由12个下降为10个，协调度较差和差的省市由10个增加为13个。初等职业教育滞后于城镇化质量的省市由14个增加为16个，东部地区10个，中西部地区6个，黑龙江和宁夏不再滞后，内蒙古、福建、湖北和陕西的初等职业教育则变为滞后于城镇化质量。说明这16个省市需大力发展初等职业教育以进入更高层次教育提高城镇化质量，特别是天津、辽宁、浙江、广东、福建、海南、重庆。

四是除初等职业教育，2005年和2013年，职业教育及其不同层次与城镇化质量协调度一般、较差和差的省市基本主要是中西部地区，2005年大部分东部地区省市的职业教育及其不同层次与城镇化质量协调度则为好或较好，而2013年东部地区省市的协调度分布较为分散，大部分省市的中等职业教育与城镇化质量协调度为好或较好，大部分省市的高等和初等职业教育与城镇化质量协调度则为一般或较差。

五是除中等和初等职业教育，2013年职业教育和高等职业教育超前于城镇化质量的省市多于滞后于城镇化质量的省市。因此，整体而言，职业教育和高等职业教育的发展速度相对领先城镇化质量的提升速度。这表明职业教育和高等职业教育在一定范围内超前发展的省市为城镇化发展提供了人才储备，从而防止了城镇化进程中出现的人才短缺现象，在一定程度上也反映了这些省市对于职业教育和高等职业教育的重视和教育本身所具有的前瞻性。

4. 职业教育与城镇化质量的相关性分析

上述职业教育与城镇化质量的协调度是分别以各省市两者的等级差来衡量的，为了更直观衡量职业教育与城镇化质量的关联度，将2005年和2013年反映职业教育发展水平和城镇化质量的综合得分值进行相关分析。从表4可知，2005年和2013年职业教育总体、高等和中等职业教育与城镇化质量之间的Pearson相关系数、反映匹配性的Kendall相关系数和反映等级相关程度的Spearman相关系数均在置信度（双侧）为0.01和0.05时是显著的，而初等职业教育与城镇化质量之间的Pearson、Kendall和Spearman相关系数不显著。

由此可知，2005年和2013年职业教育、高等和中等职业教育与城镇化质量相关，初等职业教育与城镇化质量不相关。且从表4可知，整体而言，从2005年到2013年，职业教育总体、高等和中等职业教育与城镇化质量相关性有较小幅度的下降。

表 4　2005 年和 2013 年职业教育与城镇化质量的相关性

与城镇化质量的相关系数	2005 年				2013 年			
	职业教育	高等职业教育	中等职业教育	初等职业教育	职业教育	高等职业教育	中等职业教育	初等职业教育
Pearson	0.407*	0.386*	0.529*	0.176	0.479**	0.361*	0.530**	0.083
Kendall	0.290*	0.303*	0.312*	0.032	0.282*	0.260*	0.308*	−0.067
Spearman	0.419*	0.405*	0.450*	0.045	0.395*	0.371*	0.419*	−0.101

注：**、* 分别代表在置信度（双侧）为 0.01 和 0.05 时，相关性是显著的。

为了深入分析职业教育及其不同层次对城镇化质量的促进作用，分别采用各省市 2005 年和 2013 年的职业教育及其不同层次综合得分数据和城镇化质量综合得分数据进行回归分析。

首先，回归结果显示，2005 年和 2013 年职业教育与城镇化质量的线性回归方程分别为 CH=0.1042+6.8650ZY 和 CH=0.0944+7.3104ZY，方程回归系数的伴随概率分别为 0.0231 和 0.0064，说明在不考虑其他影响因素条件下，职业教育发展水平每增长 1 个百分点，城镇化质量分别增长 6.8650 和 7.3104 个百分点，职业教育对城镇化质量的促进作用有所增加。

其次，回归结果显示，2005 年和 2013 年高等职业教育与城镇化质量的线性回归方程分别为 CH=0.1039+6.0681GZ 和 CH=0.1007+5.4289GZ，方程回归系数的伴随概率分别为 0.0318 和 0.0457。中等职业教育与城镇化质量的线性回归方程分别为 CH=0.1749+9.2319ZZ 和 CH=0.1709+9.9402ZZ，方程回归系数的伴随概率均为 0.0022。说明在不考虑其他影响因素条件下，高等和中等职业教育与城镇化质量是正相关的，原因在于农村接受过高等和中等职业教育的女性更容易留在城镇，改善了城镇人口结构；高等和中等职业教育提高了人口素质和技能，加速了农村劳动力转移和产业间劳动力的流动，推动了城镇产业结构和就业结构升级；高等和中等职业教育提高了人们收入，特别是农民收入，缩小了城乡收入差距；高等和中等职业教育有助于改变农民的身份、地位、价值观念、工作生活行为等方式，实现市民化；高等和中等职业教育在传授知识技能的同时，也会进行民主和法制教育，推进城镇民主和法制建设；政府对高等和中等职业教育资助制度日益完善，资助力度增加，减少了城镇化进程中的教育不公平。再者，从回归结果可知，在不考虑其他影响因素条件下，高等职业教育对城镇化质量的促进作用由 2005 年的 6.0681 下降为 2013 年的 5.4289，这可能是由于随着高等教育的扩招，高等职业教育规模大幅增加，师生比下降等致使高等职业教育质量有所下降导致的。此外，从回归结果可知，在不考虑其他影响因素条件下，中等职业教育对城镇化质量的促进作用由 2005 年的 9.2319 上升为 2013 年的 9.9402，原因可能在于目前中国整体经济发展水平不高，从事更多的是劳动密集型制造业和传统服务业，科技水平和附加值不高，中等职业教育较好地迎合了这种产业需求。

最后，回归结果显示，2005 年和 2013 年初等职业教育与城镇化质量的线性回归方程分别为 CH=0.1004+3.5182CZ 和 CH=0.0678+1.5978CZ，方程回归系数的伴随概率分别为 0.3447 和 0.6555，说明在不考虑其他影响因素条件下，初等职业教育与城镇化质量的正相关不显著，这也和上述 Pearson、Kendall 和 Spearman 相关系数不显著相吻合，原因可能在于初等职业教育规模大幅下降、师资队伍流失、经费投入不足致使初等职业教育发展水平下降，与此同时，城镇对初等职业教育需求较少，初等职业教育难以优化城镇人口结构、产业结构和就业结构，也难以缩小城乡收入差距、促进农民市民化，对城镇民主和法制建设的促进作用也极其有限。

三、主要结论与政策建议

（一）主要结论

一是相对 2005 年，2013 年职业教育、高等和中等职业教育与城镇化质量的协调度整体变化不大，初等职业教育与城镇化质量的协调度有所下降。除初等职业教育，职业教育及其不同层次与城镇化质量协调度一般、较差和差的省市主要是中西部地区，东部地区大部分省市 2005 年的职业教育及其不同层次与城镇化质量协调度则为好或较好，而 2013 年东部地区省市的协调度分布较为分散。

 高原职业教育的改革与发展研究

二是相对 2005 年，2013 年职业教育、中等和初等职业教育滞后于城镇化质量的省市数有所增加，高等职业教育滞后于城镇化质量的省市数没有变化。除中等和初等职业教育，2013 年职业教育和高等职业教育超前于城镇化质量的省市多于滞后于城镇化质量的省市，整体而言，职业教育和高等职业教育的发展速度相对领先城镇化质量的提升速度。

三是 2005 年和 2013 年职业教育、高等和中等职业教育与城镇化质量相关，初等职业教育与城镇化质量不相关。且在不考虑其他影响因素条件下，职业教育、高等和中等职业教育与城镇化质量均是显著的正相关关系，职业教育和中等职业教育对城镇化质量的促进作用有所上升，高等职业教育对城镇化质量的促进作用有所下降。

（二）政策建议

结合上述结论，对于职业教育滞后于城镇化质量的省市，政府均需加大投入力度，用政策弥补因资源禀赋匮乏和区位环境因素造成的职业教育发展滞后现象。由于滞后的各省市具体情况不同，依据它们在不同层次教育中的协调度可知：

北京、辽宁、福建、山东、广东应增加经费投入，改善办学条件，重点发展初等职业教育以进入更高层次教育来提高城镇化质量，陕西和新疆还需通过加强师资队伍建设来发展初等职业教育，青海则只需提高师资队伍水平即可。

内蒙古、山西、吉林和上海应重点发展高等职业教育提高城镇化质量，四省域高职院校需明确办学定位，增强办学能力，扩大规模，设置为城镇化进程服务的专业和课程体系以及探索新的高职人才培养模式，并且吉林还需增加高职院校经费投入，改善其办学条件，除此以外，山西则还需通过引进和培养相结合来提高高职师资水平。

浙江、江西和湖北应重点发展中等职业教育来推进城镇化进程，其中浙江主要是扩大中等职业教育规模，湖北主要是增加中职学校的经费投入和改善其办学条件，江西则还需加强中职师资队伍建设。

天津和海南应通过扩大规模，提高师资水平重点发展高等职业教育

提高城镇化质量，海南还需通过增加经费投入，改善办学条件发展高职教育，且两省市还需发展初等职业教育以进入更高层次教育提高城镇化质量，其中天津需增加中职经费和改善其办学条件，海南则只需加强师资队伍建设。

黑龙江和宁夏应重点发展高等和中等职业教育推进城镇化进程，其中黑龙江需加大财政支出，扩大规模，改善办学条件发展两类教育，宁夏则需通过扩大规模和提高师资水平来发展高职教育，还需通过增加经费投入和改善办学条件发展中职教育。

重庆应通过加强师资建设，增加经费投入，改善办学条件来发展中等职业教育以及初等职业教育以进入更高层次教育来提高城镇化质量。

西部民族地区高职教育发展：
进程、挑战与变革[*]

——基于《规划纲要》发展回顾与"双高计划"前瞻

马鸿霞　朱德全[**]

民族教育事业是我国教育事业的重要组成部分，高水平的民族高职教育是职业教育现代化的必备环节。《国家中长期教育改革和发展规划纲要（2010—2020年）》（简称《规划纲要》）明确了"进一步加大对民族教育支持力度、积极发展民族地区高等教育"及"把提高职业教育质量当作重点"的职业教育发展目标。在《规划纲要》的基础上，2014年发布的《国务院关于加快发展现代职业教育的决定》（简称《决定》）确立了2020年职业教育要达到"结构规模更加合理、办学水平普遍提高"等整体目标，2015年发布的《国务院关于加快发展民族教育的决定》制定了2020年"民族地区教育整体发展水平及主要指标接近或达到全国平均水平"的具体目标。依据《规划纲要》及以上配套文件的蓝图，教育部在延续高职示范校建设的基础上，陆续展开了高职骨干校建设、"高职教育创新发展行动计划"、"中国特色高水平高职院校和专业建设计划"（简称"双高计划"）等改革行动。在上述行动的推动下，民族地区职业教育在经费投入（刘晓

---

[*]　本文发表于《华东师范大学学报（教育科学版）》2021年第39卷第4期。
[**]　马鸿霞，西南大学，研究方向：职业教育，图书情报与数字图书馆，农业经济。朱德全，西南大学，研究方向：职业教育、教育理论与教育管理、中等教育。

巍，朱克岚，2017）[①] 及师资队伍建设上（王佳昕，祁占勇，2018）[②] 发展显著。但是，民族地区职业教育发展相对滞后，不仅存在"专业偏向城市转移、脱离民族文化语境、脱离民族社会现实"[③] 等地方性意义缺失问题，同时也存在"城市中心主义、学历主义、科学主义等价值取向异化而导致的对区域经济增长贡献度不高"[④] 及"经济水平制约着硬件建设水平"[⑤] 等问题。

如上所述，学者们多从某一侧面对民族地区职业教育的发展及存在问题进行探讨，鲜有研究者对民族地区高职教育进行整体刻画与系统阐述。本文将以《规划纲要》及其配套文件和《国家职业教育改革实施方案》（以下简称"职教20条"）与"双高计划"等政策的具体要求为依据，从办学水平的5个一级指标16个二级指标及"双高计划"的5个核心指标出发，对西部民族地区高职教育发展进程及其面临的挑战进行分析，并在此基础上提出民族地区高水平高职教育建设的未来愿景，以期为进一步深化我国民族地区高职教育改革、提升民族地区高职教育质量指明方向。

一、研究设计

（一）西部民族地区的界定

鉴于对民族地区的基本范围尚无确切界定，本研究中西部民族地区的界定思路为：首先，依据国家统计局"三大地带"的统计口径析出西部地区所有省份；其次，依据国家民委发布的《2018年民族地区农村贫困监测

[①] 刘晓巍，朱克岚. 西部民族地区特色职业教育体系构建路径探析[J]. 民族教育研究，2017，28（4）：141–144.

[②] 王佳昕，祁占勇. 改革开放40年高职教育政策的演进逻辑与展望[J]. 中国高校科技，2018（11）：72–76.

[③] 张小梨. 少数民族地区职业教育的地方性完善[J]. 贵州民族研究，2019，40（3）：233–236.

[④] 许锋华. 精准扶贫：民族地区职业教育发展的新定位[J]. 高等教育研究，2016，37（11）：64–69，76.

[⑤] 庄西真. 职业教育现代化的区域性与阶段性[J]. 国家教育行政学院学报，2019（10）：3–9.

情况》，充分考虑各自治区及少数民族聚居情况、代表性及数据的可获得性等因素，并参考玉丽（2008）[①]、赵希（2016）[②]等研究者的分析，最终选择新疆、宁夏、西藏、广西、内蒙古、青海、云南、贵州等八个省区为西部民族地区（以下简称"民族地区"）。

（二）内容体系设计与指标赋权

职业教育的标准化是提高职业教育质量、构建现代化职业教育体系的基本前提，由标准化走向现代化是高职教育发展的必然历程，高水平高职教育是职业教育现代化的重要表现。基于以上思路，结合《中国教育监测与评价统计指标体系（修订版）》《规划纲要》及其配套文件的具体目标，本研究首先从办学规模、办学条件、师资保障、经费投入、办学成效等5个一级指标16个二级指标出发对民族地区高职教育办学水平的发展进程进行客观测量。其次，依据"双高计划"的具体要求，从民族地区高职教育服务水平、师资与平台建设、人才质量提升、产教融合及校企合作、管理效能等5个方面对民族地区高职教育发展面临的挑战进行理性分析。

在指标赋权上，借鉴林克松（2018）[③]的相关研究对一级指标和二级指标均采用等权法进行线性分配，统一赋予相等权重（见表1）。

表1 发展进程测度指标

一级指标	权重	二级指标	权重
办学规模（A）	1/5	A1：绝对规模—在校生人数	1/3
		A2：相对规模—在校生人数职普比	1/3
		A3：相对规模—每十万人的入学机会	1/3

---

① 玉丽. 民族地区师资面临的问题与挑战——我国西部民族地区教师质量分析报告[J]. 教育科学研究，2008（3）：25-29.

② 赵希，张学敏. 我国民族八省区教育经费投入回顾与前瞻——基于2005—2014年的数据分析[J]. 教育发展研究，2016，36（17）：1-9.

③ 林克松. 我国省际中等职业教育发展水平的测度与比较[J]. 西南大学学报（社会科学版），2018，44（1）：84-90.

续表

一级指标	权重	二级指标	权重
办学条件（B）	1/5	B1：生均图书册数	1/2
		B2：生均仪器设备值	1/2
师资保障（C）	1/5	C1：生师比	1/4
		C2：双师比	1/4
		C3：高级职称教师比例	1/4
		C4：研究生学位教师比例	1/4
经费投入（D）	1/5	D1：生均公共财政教育预算事业费支出	1/4
		D2：生均公共财政教育预算事业费支出职普比	1/4
		D3：高职教育经费支出占公共财政经费支付比例	1/4
		D4：高职教育生均教育经费指数	1/4
办学成效（E）	1/5	E1：毕业后半年内就业率	1/3
		E2：对母校的满意度	1/3
		E3：月收入	1/3

（三）数据来源与分析技术

1. 数据来源

在数据来源上，主要由面板数据、网络数据及问卷数据三部分组成。

对民族地区高职教育发展水平测度的数据主要源自面板数据与网络数据。具体而言，办学规模、办学条件、师资保障、经费投入的数据主要源自 2010—2018 年《全国教育事业发展简明统计分析》、《中国教育统计年鉴》、2011—2019 年《中国教育经费统计年鉴》、教育部发展规划司发布的《2019 年教育统计数据》及国家统计局网页公布的分地区年度数据等。办学成效指标数据主要源自中国高职高专教育网上公布的《2019 年高职教育质量年度报告》进行整理，调查样本为西部民族地区的 205 所高职院校。

对民族地区高职教育面临的挑战分析数据主要源自问卷数据与网络数据。具体而言，问卷数据源自课题组于 2020 年 4 月对民族地区高职教

 高原职业教育的改革与发展研究

育的调查。首先,课题组以"双高计划"的内容体系为基础,自编了涵盖师资队伍、服务水平、人才培养、平台建设、产教融合等 5 个维度的《国家职业教育改革实施方案》问卷。在此基础上,课题组运用德尔菲法将问卷以邮件方式发放给 5 位职业教育专家,在历经 4 轮专家咨询及多次修正后,形成了最终问卷。5 位职业教育专家对最终问卷进行评估,他们一致认为该问卷内容效度良好,能够全面测量民族地区高等职业教育改革的现状。问卷信度良好,Cronbach's α =0.995。随后,通过随机抽样线上调查的方式向民族八省区的高职院校教师发放并回收了问卷,获得了有效样本量为 497 份的调研数据。网络数据则根据阳光高考网及教育部官方网页中的相关文件进行整理,主要涉及民族地区高职院校基本情况及问卷中所涉及的五大维度。

2. 统计分析

对民族地区高职教育进程的分析主要采用描述统计与推断统计相结合、横向比较与纵向比较相结合的方式进行。一方面,用描述统计的方式从纵向关注了《规划纲要》实施以来民族地区高职教育 5 个一级指标 16 个二级指标的发展变化;另一方面,用推断统计中 t 检验、方差分析的方式从横向上测定了各二级指标的统计学差异。对民族地区之间高职教育发展的挑战则主要以描述统计为主,同时也以全国水平为参照对相关指标进行了比较。

在民族地区高职教育整体发展水平的处理上,借鉴了林克松(2018)[①]对中等职业教育发展水平的测度与比较方式。首先对指标进行正向化及无量纲化的处理。一是采用逆向指标倒数值对逆向指标(C1)作正向化处理。二是为便于区域间及全国平均水平的比较,采用均值化的方式对西部民族地区高职教育发展进程的 16 个二级指标进行无量纲化处理。即某一区域二级指标的标准化值 = 该区域二级指标的实际值 / 该二级指标全国平

---

① 林克松. 我国省际中等职业教育发展水平的测度与比较[J]. 西南大学学报(社会科学版),2018,44(1):84-90.

均值。无量纲化处理后各指标所得的标准化值越大,表明发展水平越好。可根据与全国标准化值 1 之间的差距判断西部民族地区高职教育具体发展水平。其次,采用加法合成法对西部民族地区高职教育发展进程进行整体测度,计算公式为:

整体发展水平 =0.2*(1/3A1+1/3A2+1/3A3)+0.2*(1/2B1+1/2B2)+0.2(1/4C1+1/4C2+1/4C3+1/4C4)+0.2*(1/4D1+1/4D2+1/4D3+1/4D4)+0.2*(1/3E1+1/3E2+1/3E3)

数据分析主要采用 Excel 2006 及 SPSS 22.0 进行。

二、进程:民族地区高职教育发展迅速,大部分办学指标提升明显

(一)办学规模:规模不断扩大,入学机会总量增加,与本科教育协调发展的格局已初步形成

办学规模是教育资源配置的主要依据,是职业教育均衡发展的重要表征。高职教育办学规模体现其对经济社会发展所需技术技能型人才的供给能力及区域内高职教育资源的丰富程度。高职教育办学规模扩张是助推经济增长的因素之一(王伟,孙芳城,2017),高职教育与普通本科教育的规模之比是高等教育结构协调程度的表征,高职教育的入学机会在很大程度上影响着高等教育的教育公平。实现《规划纲要》中确立的"大力发展职业教育"的目标,须从扩大职业教育的办学规模开始。我国高职教育在资源丰富程度、结构协调程度及教育公平方面存在地区差异。从在校生人数、职普比及每十万人的入学机会等 3 个二级指标出发对民族地区高职教育的办学规模进行判断,能较好地反映《规划纲要》实施以来民族地区高职教育的发展情况。

1. 在校生人数:规模稳步扩大,增幅均值达到全国水平

在校生人数体现高职教育的绝对规模。从年度来看,2010—2019 年,全国高职在校生人数稳步增加,从 966.20 万人增长至 1280.71 万人,增幅为 32.55%。与全国趋势相比,除西藏外,西部其他民族地区高职在校生人

数都在稳步增加。贵州、青海、云南、新疆、宁夏、广西等六省区高职在校生人数整体增幅均已远超全国水平。贵州增长最为迅速（184.10%）；内蒙古增长（19.25%）较为缓慢；西藏则显得与众不同，与2010年相比，西藏高职在校生人数有所萎缩，下跌幅度为6.20%（见表2）。

表2 2010—2019年高职在校生人数（单位：万人）

	2010年	2011年	2012年	2013年	2014年	2015年	2016年	2017年	2018年	2019年	增幅
贵州	13.89	14.00	15.43	16.18	18.70	21.92	27.23	31.06	34.47	39.46	184.10%
云南	18.33	19.17	18.75	18.97	19.78	22.86	25.53	29.20	32.47	39.33	114.54%
新疆	11.18	11.70	12.24	12.71	13.53	14.28	15.09	16.62	18.12	21.62	93.37%
青海	1.69	1.59	1.70	1.74	1.86	2.20	2.57	2.95	3.08	3.11	83.74%
广西	30.61	31.54	32.31	32.54	34.59	36.36	38.73	40.99	45.07	55.37	80.88%
宁夏	2.90	3.09	3.44	3.71	3.98	4.04	4.09	4.25	4.42	5.08	75.23%
内蒙古	17.37	17.30	16.96	16.92	17.16	18.15	19.02	19.59	19.65	20.71	19.25%
西藏	1.14	1.25	1.29	1.22	1.13	1.10	1.11	1.14	1.10	1.07	-6.20%
全国	966.20	958.90	964.20	973.60	1006.60	1048.60	1082.90	1105.00	1133.70	1280.71	32.55%

从增幅均值来看，2010—2019年间，民族地区在校生人数平均增幅与全国平均增幅之间差异不显著。方差分析显示，表2中各组间具有显著差异（F=32.556，p<0.001）。贵州及云南平均增幅要显著高于全国平均水平；区域间贵州增幅均值最高（0.12），比内蒙古（0.02）和西藏（0.01）分别高出0.1个百分点；西藏增幅均值最低（-0.01），与其他民族省区相差0.13至0.07个百分点。

对在校生人数的分析表明：《规划纲要》实施以来，民族地区高职教育绝对规模稳步扩大，高职教育供给能力快速提高，且其平均增速与全国保持一致，但在增速上区域间差异较大。GDP增速及内地高职院校在西藏招生数量的逐年增长可能是导致区域间差异的主要原因。统计数据表明，高速增长的GDP为在校生人数平均增幅最快的贵州与云南两省的高职教育资源提供了坚实的经济支撑。与 2010 年相比，贵州和云南 GDP 增幅分别高达 264.38% 与 221.47%，同期二者的高职院校数量也分别增长了 21 所与 12 所。内地高职院校在西藏招生数量的逐年增长及对高考生的强吸引力可能是导致藏区高职在校生人数小幅度萎缩的原因之一。统计发现，区外就读高职的西藏籍学生数量在逐年增加，仅 2019 年区外就读的西藏籍高职学生就有 28577 人，与 2018 年相比增幅高达 23.15%。

2. 职普比：与全国平均水平持平但尚未达到政策目标，宁藏两区相对较低

在校生人数职普比体现高职教育的相对规模。在相对规模上，《决定》明确了 2020 年"高职教育规模占高等教育的一半以上"的发展目标。从年度来看，2010—2019 年，全国高等教育在校生人数职普比呈振荡中缓慢下跌的趋势。与全国相比，民族地区在校生人数职普比则波动较大。与 2010 年相比，贵州、新疆、青海、云南、宁夏等五省区呈上升趋势。其中，贵州在校生人数职普比上升较为迅速，增幅为 41.16%。广西、内蒙古、西藏等三省区则与全国的变化趋势相同，都有不同程度的下跌。西藏跌幅较大，比 2010 年下降了 27.63%。与国家既定目标相比，民族地区要实现"高职教育规模占高等教育一半以上"的发展目标还略有困难。截至 2019 年，除贵州（1.06）、广西（1.06）、新疆（1.03）三省区已初步实现高等教育在校生人数职普比大体相当的目标外，西部其他民族地区都距此目标有一定差距。其中，与 2019 年全国平均水平（0.73）相比，宁夏（0.60）与西藏（0.42）两省区相对较低（见表3）。

表3 2010—2019 年高等教育在校生职普比（高职在校生人数／本科在校生人数）

	2010年	2011年	2012年	2013年	2014年	2015年	2016年	2017年	2018年	2019年	增幅
贵州	0.75	0.69	0.67	0.63	0.68	0.78	0.90	0.98	1.01	1.06	41.16%
新疆	0.80	0.83	0.84	0.84	0.87	0.88	0.89	0.92	0.93	1.03	27.88%
青海	0.60	0.53	0.54	0.52	0.54	0.62	0.71	0.79	0.78	0.74	22.55%

续表

	2010年	2011年	2012年	2013年	2014年	2015年	2016年	2017年	2018年	2019年	增幅
云南	0.72	0.65	0.58	0.53	0.52	0.59	0.64	0.71	0.74	0.84	16.57%
宁夏	0.57	0.54	0.55	0.55	0.56	0.54	0.54	0.54	0.55	0.60	6.35%
广西	1.17	1.11	1.06	0.98	0.97	0.94	0.92	0.90	0.92	1.06	9.54%
内蒙古	0.88	0.82	0.76	0.74	0.73	0.76	0.77	0.78	0.76	0.78	−11.05%
西藏	0.58	0.63	0.63	0.57	0.51	0.47	0.46	0.47	0.45	0.42	−27.63%
全国	0.76	0.71	0.68	0.65	0.65	0.67	0.67	0.67	0.67	0.73	−4.18%

独立样本 t 检验显示，民族地区高等教育在校生人数职普比均值与全国平均水平之间无显著差异。方差分析显示，表3中组间差异显著（$F=33.453$，$p<0.001$）。内蒙古、广西、新疆职普比高于全国平均水平；区域间广西职普比均值（1）最高，高出除贵州外其他省区 0.48 至 0.12 个百分点；宁夏职普比均值（0.55）较低，低于广西、贵州、新疆、内蒙古等省区 0.45 至 0.22 个百分点；西藏职普比均值（0.52）最低，低于新疆、贵州、内蒙古三省区 0.37 至 0.26 个百分点。

对在校生人数职普比的分析表明：《规划纲要》实施以来，民族地区高职教育与本科教育规模已逐渐开启良性运行方式，高职教育与本科教育协调发展格局已初步形成。但仍需注意两个问题，一是西部部分民族省区高等教育在校生人数职普比尚未到"职普比大体相当"的政策目标，还需继续努力；二是各省区高等教育在校生人数职普比发展并不稳健。在依照《全面提高高等教育质量的若干意见》（2012年）中确立的"普通高校本科招生规模保持相对稳定"的大前提下，高考人数逐年减少、本科招生增长率更大（俞启定，2019）[①] 及认识误区导致的职业教育认同感不强是高等教育职普比未达预期目标的可能原因。

---

① 俞启定. 新中国成立以来职业教育定位及规模发展演进的回顾[J]. 浙江师范大学学报（社会科学版），2019，44（5）：12–21.

3. 入学机会：增幅明显但仍低于全国平均水平，藏区不升反降需要重视

入学机会是职业教育均衡发展及教育公平的重要指标，反映高职教育的相对规模。从年度来看，2010—2019 年间，全国每十万人的高职入学机会由 721 人增至 915 人，增幅为 26.95%。有七个民族省区高职入学机会与全国趋势相同，增幅非常明显。与 2010 年相比，贵州、广西两省区在入学机会上实现了从低于全国平均水平到远高于全国平均水平的跨越式发展。云南、青海、新疆、宁夏、内蒙古等五省区在每十万人高职入学机会上，虽然一直低于全国水平，但也在稳步上升。西藏每十万人高职入学机会最低，不仅一直低于全国平均水平且在 2010 年的基础上有所下跌，下跌幅度为 19.83%（见表 4）。

表 4　2010—2019 年高职每十万人入学机会（高职在校生人数/人口数　单位：人）

	2010年	2011年	2012年	2013年	2014年	2015年	2016年	2017年	2018年	2019年	增幅
贵州	399	404	443	462	533	621	766	868	958	1089	172.81%
云南	398	414	402	405	420	482	535	608	672	810	103.24%
青海	300	280	297	301	319	374	433	493	511	511	70.14%
广西	664	679	690	690	728	758	801	839	915	1116	68.12%
新疆	512	530	548	561	589	605	629	680	729	857	67.46%
宁夏	458	484	532	567	601	605	606	623	642	731	59.60%
内蒙古	703	697	681	677	685	723	755	775	775	815	16.05%
西藏	380	413	419	391	355	340	335	338	320	305	−19.83%
全国	721	712	712	716	736	763	783	795	812	915	26.95%

从均值来看，民族地区每十万人高职入学机会要低于全国平均水平（579<766）且具有显著的统计学差异（t=−6.377，p<0.01）。方差分析显示，表 4 各组之间差异显著（F=16.076，p<0.001）。云南、青海、西藏、宁夏四省区高职入学机会低于全国平均水平；区域间广西入学机会最高（788

人），高出西藏、青海、云南、宁夏等省区 428 至 203 人；西藏入学机会最低（360 人），与内蒙古、新疆、宁夏等省区相差 369 至 225 人。

对每十万人的高职入学机会的分析表明：《规划纲要》实施以来，民族地区高职教育均衡发展和教育公平成效显著，高职教育相对规模不断扩大，入学机会增幅明显，但与全国相比仍有一定差距，区域之间相差较大。西部民族地区欠发达的经济、人口的地理分布（王善迈等，2013）①、高等职业教育资源相对匮乏及西藏地区高职院校布局聚集于省会城市的不均衡状态（李中国，张敏，黎兴成，2016）② 可能是导致入学机会与全国平均水平及区域间差距的主要原因。

（二）办学条件：大部分达标，失衡现象明显

办学条件是职业教育标准化建设的底线，也是高水平高职教育发展的基本条件。依据教育部官方网页中教育统计数据的统计口径，从生均图书册数、生均仪器设备值等 2 个二级指标出发对民族地区高职教育办学条件进行测度。

1. 生均图书册数：低于全国平均水平且呈扩大之势，青宁蒙藏四省区业已达标

生均图书册数反映图书配备情况，是高职教育的基础条件保障。从年度看，2010—2018 年，全国高职生均图书册数呈缓慢增长趋势。但是在西部民族地区，除青海和宁夏两省区高职生均图书册数持续增加外，其他民族省区都有不同程度的下跌。其中，云南下跌最为迅速，跌幅为 26.79%。与《教育部普通高等学校基本办学条件指标》（简称"指标"）中规定的生均图书册数（60 册）相比，截至 2018 年，西部民族省区中青海、宁夏、内蒙古、西藏等四省区已完全达标，但贵州、广西、新疆、云南四省区还低于达标水平（见表 5）。

---

① 王善迈，袁连生，田志磊，等. 我国各省份教育发展水平比较分析[J]. 教育研究，2013，34（6）：29-41.

② 李中国，张敏，黎兴成. 西部高职教育规模与布局：现状分析与对策建议. 复旦教育论坛，2016，14（3）：66—70.

表 5 2010—2018 年高职生均图书册数（单位：册）

	2010年	2011年	2012年	2013年	2014年	2015年	2016年	2017年	2018年	增幅
青海	51.32	51.02	49.78	50.26	56.99	53.54	52.91	56.37	73.07	42.38%
宁夏	54.67	53.84	57.68	54.21	59.57	57.51	68.25	68.43	69.11	26.41%
内蒙古	63.06	59.35	65.30	66.79	64.53	61.29	61.91	60.55	62.84	-0.35%
贵州	55.27	62.05	59.21	59.79	59.20	55.25	51.64	53.28	52.10	-5.74%
广西	60.61	61.29	61.04	65.73	62.82	57.53	54.80	56.50	52.01	-14.19%
西藏	90.99	65.13	68.45	64.90	77.95	79.32	79.14	76.08	77.18	-15.18%
新疆	65.88	67.95	61.76	61.78	62.14	61.95	61.72	56.51	53.00	-19.55%
云南	59.13	51.69	51.58	57.87	53.48	48.12	46.91	45.56	43.29	-26.79%
全国	63.10	65.33	66.92	68.87	66.87	66.58	67.07	67.78	68.15	8.00%

从均值来看，民族地区高职教育生均图书册数低于全国平均水平（60.19<66.74）且具有显著的统计学差异（t=-5.611，p<0.001）。方差分析表明，表 5 各组间差异显著（F=14.426，p<0.001）。内蒙古（62.85）、广西（59.15）、贵州（56.42）、云南（50.85）、青海（55.02）则显著低于全国平均水平；区域间比较来看，西藏（75.46）显著高于其他民族省区。

以上分析表明，《规划纲要》实施以来，民族地区高职生均图书册数与全国相比差异呈扩大趋势，图书资源相对欠缺，对学生拓宽视野、增加阅历不利。办学规模的急剧扩大与历史欠账是导致生均图书册数区域差异的主要原因。办学规模急剧扩大的省份多在生均图书册数指标上表现欠佳，而办学规模有所萎缩但历史表现一贯良好的西藏则在生均图书册数上显著高于全国平均水平。

2. 生均仪器设备值：均已达标且达到全国平均水平，贵州显著低于全国平均水平

教学仪器设备是高职教学、实验、科研等的必备条件，教学仪器设备的充足程度会对教学质量产生一定影响。从年度来看，2010—2018 年，民族地区高职教育生均仪器设备值与全国发展趋势相同，皆呈快速上升之

势。其中，增长最快的是青海，增幅高达 228.04%。增长最慢的是云南，增幅为 14.24%。截至 2018 年，青海与云南也分别为民族地区中高职生均仪器设备值最高与最低的省区，分别为 17160 元与 5272 元。与《指标》中规定的生均仪器设备值（4000 元）相比，截至 2018 年，西部民族地区已全部达标（见表 6）。

表 6 2010—2018 年高职生均仪器设备值（单位：元）

	2010年	2011年	2012年	2013年	2014年	2015年	2016年	2017年	2018年	增幅
青海	5231	5552	5033	5745	6129	6736	8516	12302	17160	228.04%
宁夏	5070	6371	7360	8700	9186	10313	13381	14637	15049	196.82%
内蒙古	5296	6201	7209	9214	9825	9943	12564	13483	14936	182.02%
广西	5483	6284	6110	7109	7906	7939	8473	9507	10124	84.64%
西藏	6739	3815	4143	4585	6870	7936	8118	8759	10520	56.11%
新疆	5753	5953	6040	6648	7341	7721	7886	8080	8563	48.84%
贵州	4786	4710	5004	5482	6149	6219	5803	6567	6956	45.34%
云南	4615	4297	4401	7468	7874	7233	5236	5520	5272	14.24%
全国	6115	6634	7025	7673	7897	8163	8570	9237	9875	61.49%

从均值来看，民族地区高职教育生均仪器设备值与全国平均水平之间差异不显著。方差分析显示，表 6 各组间差异显著（F=3.531，p<0.01），贵州（5742 元）低于全国平均水平，民族地区区域间生均仪器设备值差异不显著。

对生均仪器设备值的分析表明：《规划纲要》实施以来，民族地区高职生均仪器设备投入充足且已达到政策目标，为教学效率和教学质量的提高提供了有力保障。同时，对低于全国平均水平的贵州需要予以重视，高职院校乐于扩招以获得高额财政拨款但又怠于投资改善基本办学条件行为可能是导致贵州生均仪器设备值较低的原因。

（三）师资保障：整体有所进步，但专任教师投入不足、双师型教师数量欠缺、区域配置结构性失衡现象依然存在

师资队伍是职业教育良性运行和健康发展的必备条件。鉴于高职教育的"职业性"与"高等性"（匡瑛，2020）[①] 表征，对师资保障的分析将从民族地区高等职业院校生师比、双师比、高级职称教师比及研究生学位教师比等4个二级指标出发进行测度。

1. 生师比：达到全国平均水平，滇新桂黔四省区不达标

生师比反映教师数量充足与否，体现高职院校人力资源的利用程度，合理的生师比是保证教学质量和提高办学效益的前提条件。从年度来看，2010—2018年全国高职生师比虽有小幅攀升，增幅为4.01%，但一直维持在《指标》规定的合格水平（<18）。民族地区中云南、新疆、广西、贵州等四省区则在不断攀升中突破合格水平（>18）；青海与宁夏两省区生师比有所降低。与《指标》中规定的合格水平相比，截至2018年，西部民族地区高职生师比不达标省份由2010年的2个增加至4个，青海和西藏已达到《指标》中规定的优秀水平（<16）（表7）。

从均值来看，民族地区高职生师比与全国平均水平（17.52）之间差异不显著。方差分析显示，表7中组间差异显著（$F=13.180$，$p<0.001$）。贵州（18.82）、云南（20.84）高职生师比显著高于全国平均水平，青海（15.82）则显著低于全国平均水平。区域间比较发现，青海生师比全面低于除西藏外的所有民族地区；云南生师比区域间最高。

对生师比的分析表明：《规划纲要》实施以来，与高职教育规模不断扩大相反，西部民族地区教师人力资源投入相对不足，教师教学压力相对较大，生师比不合格省份增加，区域之间差异较大。人力资源投入不足与办学规模急剧扩大是导致生师比不合格省份增加的原因。

[①] 匡瑛. 高等职业教育的"高等性"之惑及其当代破解[J]. 华东师范大学学报（教育科学版），2020，38（1）：12–22.

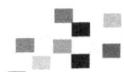

表7 2010—2018年高职生师比

	2010年	2011年	2012年	2013年	2014年	2015年	2016年	2017年	2018年	增幅
云南	17.76	19.23	19.92	18.26	20.23	21.40	22.70	22.70	25.40	43.02%
新疆	17.40	17.72	18.18	18.19	18.52	19.00	19.20	20.10	21.20	21.84%
广西	17.62	17.33	17.89	17.13	17.35	17.60	18.10	18.30	19.30	9.53%
贵州	18.08	18.17	18.83	18.90	18.81	19.10	19.60	18.80	19.10	5.64%
西藏	14.45	19.37	19.01	18.02	14.00	14.70	15.10	15.80	15.00	3.81%
内蒙古	16.72	16.94	16.12	16.04	16.73	17.80	17.40	17.00	17.10	2.27%
青海	16.12	15.29	15.84	15.37	15.12	16.10	16.40	16.20	15.90	1.36%
宁夏	19.59	20.41	18.39	17.58	16.94	16.60	18.10	17.60	17.20	12.20%
全国	17.21	17.28	17.23	17.11	17.57	17.70	18.00	17.70	17.90	4.01%

2. 双师比：低于全国平均水平且波动频繁，达到既定目标困难较大，亟待加强

双师型教师体现职业教育的特殊需求，是职业教育改革中的重要力量，双师比是职业教育教师整体素质提升的重要指针。从年度来看，2010—2018年，全国双师型教师比例不断攀升，民族地区中内蒙古、新疆两省区高职教师双师比一直在持续上升。与2010年相比，内蒙古与新疆两省区双师比的增幅分别高达43.34%与43.23%。广西虽有所波动但整体保持上升趋势，增幅为9.64%。其他西部民族省区高职双师比则在波动中整体表现为下降趋势。其中，西藏高职教育双师比下降较为明显，由2010年的16.97下降至2018年的3.61，下跌幅度为78.73%，此种剧变可能与当地的统计口径变动有关。与《深化新时代职业教育"双师型"教师队伍建设改革实施方案》（简称"职教师资12条"）中确立的"到2022年，职业院校双师型教师占比要超过一半"的目标相差较远（见表8）。

表8 2010—2018年高职双师比

	2010年	2011年	2012年	2013年	2014年	2015年	2016年	2017年	2018年	增幅
内蒙古	27.32	31.04	31.04	31.21	31.76	35.86	38.14	37.19	39.16	43.34%
新疆	26.28	27.11	29.91	28.46	28.96	30.89	38.75	38.12	37.64	43.23%
广西	33.92	37.43	36.87	39.28	42.49	41.46	41.25	40.08	37.19	9.64%
贵州	28.39	31.23	31.53	31.67	29.66	28.09	28.58	28.39	27.63	−2.68%
青海	29.67	31.62	36.57	38.96	31.92	36.21	31.05	28.51	27.42	−7.58%
云南	26.30	29.40	28.86	23.20	25.66	24.92	25.33	24.00	24.13	−8.25%
宁夏	30.13	29.90	29.47	30.54	27.62	25.09	28.46	27.78	26.60	11.72%
西藏	16.97	23.85	26.25	1.22	0.33	15.59	19.40	19.67	3.61	78.73%
全国	33.33	35.35	36.13	36.61	38.27	38.96	39.05	39.70	40.51	21.54%

从均值来看，民族地区高职双师比要低于全国平均水平（29.31<37.55）且二者之间差异显著（t=−3.001，p<0.01）。方差分析表明，表8中组间差异显著（F=24.619，p<0.001）。贵州（29.46）、宁夏（28.40）、云南（25.76）、西藏（14.10）双师比显著低于全国平均水平；广西（38.89）双师比高于贵州、西藏、云南、青海、宁夏等省区。

对双师比的分析表明：《规划纲要》实施以来，民族地区双师型师资队伍建设有所收获，但整体而言，双师型教师比例依然偏低，不利于学生职业能力的提高与教育质量的提升，亟待继续加强。民族地区高职师资较多源于高校应届毕业生、双师型培训基地数量较少、省市及院校未形成专门的双师型教师培养机制、社会力量参与高职教育的力度不够等因素是双师型教师比例偏低的原因。

3. 高级职称教师比例：整体达标且与全国平均水平保持一致，区域间差异较大

教师专业技术职务是教师教学能力和教学水平的重要体现，反映教师质量情况，高级职称教师数量占比将直接影响到职业院校人才培养质量。

从年度来看，2010—2018年，全国高职高级职称教师比在缓慢上升。与全国趋势相同，西藏、广西等两省区高职高级职称教师比在振荡中上升，内蒙古自治区则一直呈稳步上升趋势；云南、新疆、贵州、宁夏、青海等五省区高职教师高级职称比在振荡中有所下降。其中，与2010年相比，西藏上升速度最快，增幅为61.68%；青海下降速度最快，跌幅为27.75%。截至2018年，民族地区高职院校高级职称教师比例均已达到《高职高专院校人才培养工作水平评估方案》（简称"方案"）中的合格水平（20%），内蒙古一直维持在优秀水平（30%）（见表9）。

表9　2010—2018年高职高级职称教师比例

	2010年	2011年	2012年	2013年	2014年	2015年	2016年	2017年	2018年	增幅
西藏	17.38	18.44	20.85	25.09	25.21	26.10	29.02	30.91	28.10	61.68%
内蒙古	31.64	33.38	33.29	33.28	33.38	35.57	35.18	34.59	36.04	13.91%
广西	25.65	25.89	26.10	27.24	27.11	26.26	26.22	26.96	26.49	3.27%
云南	28.79	28.16	28.48	27.94	28.44	27.96	26.94	26.88	27.02	−6.15%
新疆	26.65	26.57	25.58	26.46	26.46	26.88	26.33	26.96	24.75	−7.13%
贵州	25.81	26.98	27.24	27.51	25.76	25.16	24.36	23.85	23.47	−9.07%
宁夏	33.89	33.91	33.76	31.90	31.81	30.28	29.92	29.56	28.76	−15.14%
青海	39.86	42.46	43.34	43.29	36.35	35.68	30.65	27.46	28.80	−27.75%
全国	28.65	28.87	29.06	29.28	29.36	29.57	29.48	30.07	30.28	5.69%

在均值上，民族地区高职高级职称教师比例与全国平均水平之间差异不显著。方差分析显示，表9中组间差异显著（$F=18.917$，$p<0.001$）。内蒙古（34.04）高职高级职称教师比例高于全国平均水平（29.40），广西（26.44）、贵州（25.57）、云南（27.85）、新疆（26.29）低于全国平均水平。区域比较发现，内蒙古、青海、宁夏高职高级职称教师比例均值都要高于西藏。

对高级职称教师比例的分析表明：《规划纲要》实施以来，民族地区高职院校高级职称教师比例变化缓慢，有升有降；整体都已达标且与全国平均水平保持一致。由于区域间职称评审条件有所不同，故而在高级职称教师比例上区域差异显著。考虑到民族地区职称评审条件相对宽松，尚需进一步加强师资队伍建设，提升教师业务水平，同时逐渐缩小区域差异。

4. 研究生学位教师比例：持续上升，整体达标但仍然低于全国平均水平

教师学历结构是衡量教师队伍素质高低的重要依据，对高职教育中具有研究生学位教师比例的测量可直接反映出高职教育学历结构优化的具体进程。从年度看，2010—2018年，全国高职研究生学位教师比在快速上升。与全国趋势相同，民族地区高职研究生学位教师比也呈稳步上升趋势。与2010年相比，西藏上升速度最快，由2010年的24.74上升至2018年的56.36，增幅为127.81%；云南上升速度最慢，由2010年的32.45上升至2018年的38.77，上升幅度为19.48%。截至2018年，民族地区高职研究生学位教师比例已全部达到《方案》中的合格水平（15%）；除青海与贵州外，西部其他民族地区高职研究生学位教师比例也已全部达到《方案》中的优秀水平（35%）（见表10）。

在均值上，民族地区高职研究生学位教师比例要低于全国平均水平（32.04<41.85）且二者之间差异显著（t=-3.553，p<0.001）。方差分析显示，表10中组间差异显著（F=7.044，p<0.001）。贵州（25.66）、青海（25.00）、新疆（27.93）研究生学位教师比例低于全国平均水平；内蒙古（35.73）、广西（32.88）、云南（34.73）研究生学位教师比例要高于贵州。

对研究生学位教师比例的分析表明：《规划纲要》实施以来，民族地区高职研究生学位教师比例持续上升，教师学历提升与学历结构优化发展势头良好，在全部达到合格标准的前提下已逐渐向优秀标准靠近。但是，高学历教师整体比例低于全国，区域之间的差异仍值得警惕，经济发展水平和对高学历人才的重视程度是导致此种差距的可能原因。

表 10　2010—2018 年研究生学位教师比例

	2010年	2011年	2012年	2013年	2014年	2015年	2016年	2017年	2018年	增幅
西藏	24.74	27.25	29.15	30.49	33.94	35.59	54.56	57.02	56.36	127.81%
宁夏	22.62	25.36	27.06	34.02	36.91	42.61	42.51	43.34	46.02	103.45%
青海	15.69	20.45	22.12	26.52	24.71	26.78	28.97	29.14	30.59	94.96%
新疆	18.84	23.93	24.16	26.33	26.63	29.15	31.95	34.42	35.97	90.92%
贵州	19.60	22.34	24.39	24.43	27.02	26.83	27.03	28.97	30.31	54.64%
内蒙古	28.03	31.06	35.58	34.47	35.13	36.31	38.55	39.94	42.50	51.62%
广西	26.90	29.26	29.14	32.36	35.46	33.82	35.14	37.62	36.25	34.76%
云南	32.45	34.03	34.28	31.20	34.86	34.89	34.47	37.61	38.77	19.48%
全国	32.33	35.39	38.03	40.02	42.32	44.52	45.93	48.14	49.97	54.56%

（四）经费保障：生均经费完全达标，经费供给稳步提升，开创了与本科"同等待遇"格局，但区域投入差异较大

经费投入是高职教育发展的物质基础，为高职教育的快速发展起到助推作用。可从生均公共财政预算教育事业费支出、生均公共财政预算教育事业费职普比（高职教育/普通本科）、教育经费占公共财政经费支出比重及生均教育经费指数等 4 个二级指标对经费保障进行测度。

1. 生均公共财政预算教育事业费支出：稳步提升，超出政策目标并与全国平均水平持平

生均公共财政预算教育事业费支出的大小可反映各地区高职教育经费的充足情况。2014 年财政部、教育部发布的《关于建立完善以改革和绩效为导向的生均拨款制度加快发展现代高职教育的意见》中确立了"2017 年各地高职院校年生均财政拨款水平应当不低于 12000 元"的经费投入目标，同时实施了"以奖代补"的经费投入机制。从年度来看，2010—2018 年全国高职生均财政教育事业费支出呈稳步上升趋势。与全国相同，民族地区高职生均公共财政预算教育事业费支出也呈快速增长趋势。其中，青海增长最快，由 2010 年的 6865 元增至 2018 年的 40603 元，增幅高达

491.42%；新疆增幅最慢，由 2010 年的 9464 元增至 2018 年的 17620 元，增幅为 86.18%。同时，除青海外，西部民族各省区在生均公共财政预算教育事业费支出上有所振荡，出现过小幅下降。截至 2018 年，民族地区高职教育生均公共财政预算教育事业费支出已全部达到并超过 12000 元的预定目标（见表 11）。

表 11　2010—2018 年高职生均公共财政预算教育事业费支出（单位：元）

	2010年	2011年	2012年	2013年	2014年	2015年	2016年	2017年	2018年	增幅
青海	6865	8430	10314	11045	11856	14457	21751	23717	40603	491.42%
云南	5764	7736	13457	9570	8993	12768	13326	14537	14347	148.89%
广西	5094	6575	7092	7429	9283	12695	11651	14020	12309	141.66%
贵州	5807	5631	8994	7882	9454	10179	11495	14520	13317	129.33%
宁夏	8984	17922	16942	11070	11445	20116	19254	17248	20089	123.60%
内蒙古	9302	10243	14333	14746	15884	18640	19625	19656	18992	104.17%
西藏	13984	16564	15493	16048	23325	33406	29917	30307	27996	100.21%
新疆	9464	10397	10280	13456	11351	18336	18214	15719	17620	86.18%
全国	5839	7594	9585	9517	9831	12555	12923	14693	15462	164.81%

从均值来看，民族地区高职生均公共财政预算教育事业费支出与全国平均水平之间无显著差异。方差分析显示，表 11 中各组间差异显著（$F=5.863$，$p<0.001$）。西藏均值最高（23005 元），比全国平均水平高出 12116 元；云南（11167）、贵州（9698）、广西（9572）较低，低于西藏一万多元。

对高职生均公共财政预算教育事业费支出的比较表明：民族地区对高职教育经费投入力度逐步增大，生均财政经费保障达到政策目标，但是投入不平衡、投入倒退等问题依然存在，中央政府对西藏教育的高度重视及财政转移支付连年向深度贫困地区倾斜的政策实施是藏区生均公共财政预算教育事业费支出显著高于全国平均水平及其他民族地区的主要原因。

2.高等教育生均公共财政预算教育事业费支出职普比：在振荡中上升，与全国平均水平一致，与本科"同等待遇"初显

高等教育生均公共财政预算教育事业费支出职普比可揭示各地区对不同教育类型投入的差异，是高职与普通本科教育在经费投入上是否实现"同等待遇"的直接依据。相较于普通教育，职业教育需要更高、更充足的经费投入作为保障（林克松，2018）[①]。从年度来看，2010—2018年，全国高等教育生均公共财政预算教育事业费支出职普比缓慢上升。在民族地区中，除宁夏与西藏外，其他六省区高等教育生均公共财政预算教育事业费支出职普比与全国发展趋势相同，呈现在振荡中上升的趋势。其中，上升速度最快的是青海，由2010年的0.54上升至2018年的1.35，增幅为150.70%；上升速度较为缓慢的为贵州，由2010年的0.549上升为2018年的0.55，增幅为0.30%；西藏下跌速度较快。青海、内蒙古、新疆、云南在教育事业费支出方面，已基本实现"普职比大体相当，与本科同等待遇"的政策要求（见表12）。

表12 2010—2018年高等教育生均财政预算教育事业费支出职普比

	2010年	2011年	2012年	2013年	2014年	2015年	2016年	2017年	2018年	增幅
青海	0.54	0.34	0.43	0.58	0.85	0.66	0.83	0.90	1.35	150.70%
新疆	0.61	0.54	0.61	0.82	0.70	0.92	1.00	0.87	0.95	55.96%
云南	0.60	0.66	0.53	0.69	0.72	0.84	0.86	0.93	0.92	51.60%
广西	0.63	0.52	0.45	0.45	0.63	0.75	0.74	0.82	0.84	33.34%
内蒙古	0.88	0.63	0.96	0.94	0.85	1.02	1.11	1.08	1.00	13.85%
贵州	0.55	0.44	0.65	0.41	0.61	0.54	0.62	0.72	0.55	0.30%
宁夏	0.75	0.49	0.72	0.48	0.50	0.60	0.58	0.55	0.69	-7.18%
西藏	0.77	0.59	0.54	0.51	1.05	0.96	0.87	0.86	0.70	-9.40%
全国	0.63	0.55	0.55	0.60	0.60	0.72	0.72	0.76	0.78	24.66%

---

① 林克松.我国省际中等职业教育发展水平的测度与比较[J].西南大学学报（社会科学版），2018，44（1）：84-90.

从均值来看，在高等教育生均公共财政预算教育事业费支出职普比上，民族地区与全国平均水平之间并没有显著差异。方差分析（F=4.185，p<0.001）显示，内蒙古（0.94）在生均公共财政预算教育事业费支出职普比上独占鳌头，远高于全国平均水平（>0.66）及广西（0.65）、宁夏（0.60）、贵州（0.57）等省区。

对职普生均公共财政预算教育事业费支出比的分析表明：在生均公共财政预算教育事业费支出方面，高职教育与本科教育"同等待遇"水平正在逐步得到落实，高职教育经费支出体现良性发展局面，但区域间依然存在较大差异。新增教育经费是否持续向职业教育倾斜是造成生均公共财政预算教育事业费支出职普比区域差异的主要原因。内蒙古因政策落实到位，在生均公共财政预算教育事业费支出职普比上表现突出。

3. 高职教育经费支出占公共财政支出比例：稳步上升但低于全国平均水平

高职教育经费支出占公共财政支出比例可直接反映各地公共财政对高职教育的重视程度、投入水平及力度。从年度来看，2010—2018年全国高职教育经费支出占公共财政经费支出的比例呈稳步上升趋势。除西藏外的民族省区高职教育经费支出占公共财政经费支出的比例与全国发展趋势相同，增长势头明显。青海于2018年大幅度提升了教育事业费支出的公用部分，故表现出井喷式增长，增幅高达338.35%；西藏在近年来大幅度下降了教育事业费支出的个人部分，故而降幅明显，为36.01%（见表13）。

表13 2010—2018年高职教育经费支出占公共财政支出比例（%）

	2010年	2011年	2012年	2013年	2014年	2015年	2016年	2017年	2018年	增幅
青海	0.15	0.14	0.14	0.15	0.15	0.17	0.36	0.38	0.64	338.35%
贵州	0.41	0.31	0.43	0.38	0.47	0.47	0.56	0.72	0.69	66.82%
云南	0.27	0.32	0.43	0.32	0.27	0.31	0.35	0.36	0.38	41.91%
广西	0.49	0.53	0.53	0.47	0.59	0.64	0.59	0.70	0.63	28.50%

续表

	2010年	2011年	2012年	2013年	2014年	2015年	2016年	2017年	2018年	增幅
内蒙古	0.59	0.62	0.70	0.64	0.60	0.62	0.67	0.71	0.66	11.35%
宁夏	0.43	0.75	0.61	0.40	0.33	0.52	0.48	0.39	0.47	9.38%
新疆	0.51	0.45	0.34	0.38	0.39	0.49	0.48	0.39	0.47	8.55%
西藏	0.21	0.22	0.17	0.15	0.31	0.35	0.18	0.18	0.14	−36.01%
全国	0.49	0.55	0.61	0.55	0.54	0.58	0.61	0.63	0.63	28.95%

从均值来看，在高职教育经费支出占公共财政支出比重上，民族地区低于全国平均水平（0.43%<0.58%）且差异显著（t=−5.676，p<0.001）。方差分析显示，各组间差异显著（F=21.033，p<0.001）。与全国平均水平相比，云南、青海、新疆、西藏四省区低于全国平均水平，而内蒙古、广西两省区则优于以上四省区。

对高职教育经费支出占公共财政支付比重的分析表明：《规划纲要》实施以来，民族地区政府对高职教育较为重视，财政投入水平和力度不断加大。但是受制于欠发达的地方经济，和全国相比，民族地区对高职教育的经费投入相对较低。

4. 高职生均教育经费指数：波动明显但高于全国平均水平

依据《中国教育监测与评价统计指标体系》可知，高职生均教育经费指数反映国家和社会对高职教育的支持力度，可用于监测和评价相对于国家经济发展水平投入于高职教育的经费情况。其计算方式为：高职生均教育经费指数 = 高职生均教育经费支出 / 人均 GDP。指数越大，说明国家和社会对高职教育发展的支持力度越大。从年度来看，2010—2018 年全国高职生均教育经费指数呈缓慢下降趋势，这表明全国高职生均教育经费增长速度低于公民支付能力。民族地区高职生均教育经费指数则波动较大。其中，青海省高职教育生均教育经费指数快速上升，由 2010 年的 0.57 上升至 2018 年的 1.10，增幅高达 93.55%；西藏、内蒙古、宁夏三省区高职生均教育经费指数在缓慢上升，而广西、新疆、云南、贵州等四省区高职生均教育经费指数则有不同程度的下跌，表明以上省区在高职生均教育经费上的投入力度要低于同期人均 GDP 的增长速度（见表 14）。

表 14　2010—2018 年高职生均教育经费指数

	2010年	2011年	2012年	2013年	2014年	2015年	2016年	2017年	2018年	增幅
青海	0.57	0.47	0.46	0.47	0.60	0.65	0.73	0.70	1.10	93.55%
西藏	0.99	1.04	0.86	1.23	1.11	1.03	0.87	0.69	1.50	52.07%
内蒙古	0.32	0.31	0.32	0.30	0.35	0.43	0.42	0.47	0.44	38.12%
宁夏	0.57	0.82	0.79	0.44	0.45	0.67	0.60	0.48	0.57	0.49%
广西	0.58	0.54	0.51	0.53	0.53	0.60	0.51	0.57	0.55	−4.63%
新疆	0.65	0.51	0.42	0.52	0.48	0.70	0.64	0.53	0.48	−26.24%
贵州	0.73	0.74	0.72	0.59	0.51	0.52	0.56	0.54	0.43	40.78%
云南	1.09	0.75	1.00	0.69	0.62	0.69	0.65	0.58	0.48	−56.16%
全国	0.44	0.42	0.42	0.39	0.37	0.40	0.38	0.37	0.36	−17.95%

从均值来看，在高职生均教育经费指数上，民族地区高于全国平均水平（0.63>0.39）且具显著差异（t=8.411，p<0.001）。方差分析（F=17.274，p<0.001）显示，除内蒙古（0.37）与青海（0.64）外，其他民族省区在高职生均教育经费指数上都显著高于全国平均水平；西藏生均教育经费指数较高，优于除云南外的其他省份。

对高职生均教育经费指数的分析表明：《规划纲要》实施以来，民族地区政府对高职教育的支持力度较大，生均教育经费的增速要高于人均 GDP 的增速，但在生均教育经费支出上，还存在稳定性不强与区域失衡的问题。根据已有研究，以上现象可能与民族地区高职教育依然处于发展与建设时期有关，其人力、教育设施、基础建设等各项成本投入与支出的高度不稳定的状态可能是导致生均经费指数剧烈变动的原因（杜鹏，顾昕，2016）。[①]

[①] 杜鹏，顾昕. 中国高等教育生均教育经费：低水平、慢增长、不均衡. 中国高教研究，2016（5）：46–52.

综合经费投入指标可知，《规划纲要》实施以来，民族地区高职教育经费投入稳步提升，对高职教育的经费投入供给能力明显增强，对其重视程度与支持力度有所提高，已初步开创与本科教育在经费投入上"同等待遇"的良好格局，但生均教育投入变动较大，区域投入差异性依然存在，与全国相比依然存在一定差距。

（五）办学成效：人才质量提升明显，促进就业和提高收入成效显著

办学成效体现高职教育办学质量，是高职教育的价值体现，也是高职教育质量评价的重要内容。对2019年发布的高职教育年度质量报告中的民族地区高职毕业生毕业后半年内就业率、对母校的满意度及月收入等三个方面进行分析发现：在毕业后半年内的就业率方面，内蒙古（94.67%）最高，宁夏（90.24%）最低。除宁夏、西藏、新疆三省区外，云南、贵州、广西、青海及内蒙古等省区高职毕业生半年内的就业率均高于全国平均水平（92%）。对母校的满意度调查中，贵州（94.77%）最高，青海最低（90.26%）。对2018届民族地区高职毕业生的月收入进行比较发现，西藏最高（5733元），青海最低（2858元）（见图1）。

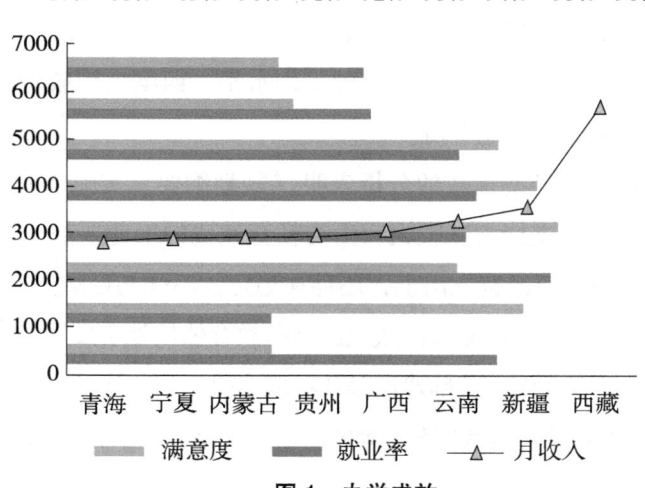

图1 办学成效

t检验显示：西部民族地区高职就业率要显著高于全国平均水平（93%>92%；t=2.021，p<0.05）；西部民族地区高职毕业生对母校的满意度要显著高于全国平均水平（93%>90%；t=4.449，p<0.001）。西部民族地区高职毕业生月收入要显著低于全国平均水平（3170元<4112元；t=-15.544，p<0.001），这可能与民族地区整体人均可支配收入较低有关；但西藏高职毕业生月收入（5600元）显著高于全国平均水平（t=-3.793，p<0.01），这可能与藏区高职院校以可"留在当地进入政府部门和事业单位工作及进入自治区国企工作"的公安、师范教育、农林牧等专业设置为主有关；也可能"与数据失真有关"（王琨，丁超，2019）。值得关注的是，与国家统计局发布的2018年中间收入人群的年可支配收入（23189元）相比，西部民族地区高职毕业生年可支配收入要相对较高且具有显著的统计学差异（t=20.436，p<0.001）。

办学成效关乎职业院校生存与发展，也关系到学生未来的前途与命运。对办学成效的分析表明：大力发展民族地区高职教育符合区域需求，民族地区高职院校在倾力提升教育质量且效果明显。一方面，民族地区的高职教育在促进就业、实现学生预期方面成效显著，其就业率与满意度都高于全国平均水平；另一方面，虽然民族地区高职毕业生月收入低于全国平均水平且区域间明显失衡，但显而易见的是，高职教育已经成为民族地区适龄劳动力提高自己收入水平、实现脱贫致富的有效途径。

三、挑战：民族地区高职教育基础薄弱，"双高计划"核心指标表现欠佳

《规划纲要》实施以来，民族地区高职教育发展成就斐然。办学规模不断扩大，入学机会总量增加；办学条件明显改善，教师队伍逐渐优化，经费供给稳步提升，人才培养质量成效显著；在规模与经费上，已逐渐形成与本科"同等待遇"、协调发展的良好格局。但是随着职业教育改革的不断深化和"双高计划"的逐步推进，民族地区高职教育还面临以下挑战。

 高原职业教育的改革与发展研究

（一）教育服务水平有限是民族地区高水平高职教育建设面临的一大阻碍

"双高计划"中将"精准对接区域人才需求、提升服务发展水平"作为未来高职教育发展目标之一，明确了"促进民族传统工艺及民间技艺传承创新、服务乡村振兴战略、广泛开展面向农业农村的职业教育和培训、拓展社区教育和终身学习服务"的服务方向。调查发现，民族地区高职教育服务能力较弱，在具体实践中存在着推动中小企业发展成效不佳（55.5%）、服务乡村振兴效果不理想（53.3%）、面向区域经济开展人才培训较少（52.3%）、解决生产生活实际问题不足（52.7%）等问题。在国家层面上，民族地区的表现也有待提高。在教育部及六部门公示的五批总计263个国家级农村职业教育与成人教育示范县中，民族地区入选34个，仅占12.93%。

合理的办学格局是教育服务水平充分发挥的重要前提。但是，民族地区高职教育存在着办学格局失调的现象，这对职业院校提升服务水平产生了不利影响。对阳光高考网中高职院校的数据进行整理后可知（见表15）：民族地区高职教育办学主体单一，以公办院校为主（80.50%）；办学类型趋同，以综合类（31.12%）和工科类（29.88%）为主，区域所需的医药（9.13%）、农业（3.32%）、林业（1.24%）等院校相对较少；办学特色缺失，在专业设置及课程设置中能体现民族地区文化、艺术特色类的院校仅占12.45%；布局失调，在西部76个地级行政区域中，有22个地级行政区域（28.95%）到目前为止还没有一所高职院校。

从表15可知，民族地区高职教育办学格局失调。显然，单一的办学主体、趋同及特色缺失的办学类型及失衡的院校布局既不利于民族传统工艺和民间技艺的传承创新，也为服务乡村振兴、开展农村农业职业培训及拓展社区服务等工作的开展带来诸多困难，远不能满足高职教育服务地方经济、服务区域发展的需求。由办学格局失调所致的教育服务水平有限已成为民族地区高水平高职教育建设面临的一大阻碍。

表 15　民族地区办学主体、类型、特色、布局情况（单位：所）

	小计	公办	民办	工科	医药	师范	艺术	民族	综合	体育	财经	林业	政法	农业	语言	民族特色专业院校	无高职地级市
内蒙古	35	27	8	16	1	4	2	0	5	1	2	0	1	1	2	5	0
宁夏	11	9	0	3	0	2	1	0	1	1	2	0	1	0	0	2	3
青海	8	8	0	2	1	0	0	0	3	0	0	0	0	1	0	1	5
西藏	3	2	3	0	0	1	0	0	1	0	0	0	1	0	0	1	6
云南	51	38	13	11	9	5	2	0	13	1	4	2	1	2	1	3	3
新疆	37	34	3	13	1	1	0	0	17	1	0	0	2	2	0	11	1
广西	49	35	14	10	5	5	2	0	19	1	4	1	2	1	0	3	4
贵州	47	41	6	17	5	4	0	0	16	0	3	0	1	1	0	4	0
总计	241	194	47	72	22	22	6	0	75	5	15	3	10	8	3	30	22
比例（%）		80.50	19.50	29.88	9.13	9.13	2.49	0.00	31.12	2.07	6.22	1.24	4.15	3.32	1.24	12.45	28.95

（二）师资与平台"双缺"成为制约民族地区高水平高职教育发展的瓶颈

"双高计划"中提出要"打造数量充足、专兼结合、结构合理的高水平双师队伍"。师资队伍对专业群建设、"三教"改革、人才培养作用重大，高水平师资是高职教育的核心竞争力（王嘉毅，麦艳航，2019）。①但是，结合民族地区高职教育发展进程及民族地区高职院校在高水平师资队伍建设的相关项目中的表现可知，民族地区高职院校在高水平师资队伍建设上存在数量不足、质量不高的情况。一方面，从数量来看，民族地区高职院校存在着专任教师投入不足、双师型教师数量不够等问题。其中，新疆石河子职业技术学院以40.10的生师比成为教师数量不足的典型代表。另一方面，从质量来看，民族地区高职院校教师水平还待提升。在高水平师资队伍建设的相关项目中（见表16），民族地区高职院校表现较为落后。在全国首批认定的120个国家级职业教育教师教学创新团队立项建设单位和2个培育建设单位中，民族地区仅有7项被认定为立项建设单位，有1项被认定为培育建设单位。在2019年全国职业院校技能大赛公布的高职组52个一等奖、87个二等奖、143个三等奖中，民族地区高职院校仅获得一等奖3项（5.77%）、二等奖6项（6.90%）、三等奖19项（13.29%）的成绩，合计获奖28项（9.93%）。在高水平师资队伍的建设上，民族地区高职院校虽然比较重视，但是效果欠佳，其重视程度、推进和效果得分依次降低（分别为72.66、67.39和66.74分，满分100）。

表16　2019年全国职业院校技能大赛高职组教学能力比赛获奖数量（单位：项）

	小计	一等奖	二等奖	三等奖
内蒙古	9	2	2	5
广西	6	0	3	3
宁夏	4	1	1	2

---

① 王嘉毅，麦艳航.西部地区高等教育发展：机遇、挑战与对策［J］.中国高教研究，2019（12）：49-53.

续表

	小计	一等奖	二等奖	三等奖
贵州	4	0	0	4
云南	3	0	0	3
西藏	2	0	0	2
新疆	0	0	0	0
青海	0	0	0	0
合计	28	3	6	19
全国	282	52	87	143

技术技能创新服务平台是对接科技发展趋势、高效培养人才的必备环节。"双高计划"中提出要"建设集人才培养、团队建设、技术服务于一体，资源共享、机制灵活、产出高效的人才培养与技术创新平台"。调查发现，民族地区高职院校不仅缺少技术技能创新服务平台且建设推进乏力。具体而言，对教育部官方网页中公布的高职教育创新发展行动计划（2015—2018年）中平台认定的结果的分析（见表17）发现，民族地区职业教育存在着技术技能创新服务平台稀缺的问题。整体来看，民族地区在国家级双师基地（43个，9.75%）、虚拟仿真实训中心（3个，6.52%）、协同创新中心（60个，12.50%）、生产实训基地（106个，9.11%）、技能大师工作室（12个，12.37%）等高水平平台建设上表现平平。部分地区表现不尽如人意，如：西藏除了1个协同创新中心之外，一无所有；内蒙古在虚拟仿真实训中心、生产实训基地、技能大师工作室三个平台建设上无任何收获；青海在虚拟仿真实训中心、技能大师工作室方面也无任何突破。调查发现，"双高计划"实施以来，虽然民族地区高职院校对技术技能创新服务平台较为重视，但是效果欠佳，其重视程度、推进和效果得分依次降低（分别为72.58分、66.98分、66.26分）。

调查发现，劳动补偿机制不健全（67%）和校企合作深度不够（65.6%）是影响民族地区高水平师资队伍建设的主要原因；缺乏高水平双师型队伍（60.6%）和资金不足（46.1%）是影响其技能创新服务平台建设的主要因素。作为"双高计划"的核心指标，高水平师资队伍及技术技能创新服务平台方面的"双缺"无疑会直接影响到高水平高职教育的建设进程。

表17 民族地区国家级平台认定结果（单位：个）

	双师基地	虚拟仿真实训中心	协同创新中心	生产实训基地	技能大师工作室
宁夏	2	1	6	8	1
西藏	0	0	1	0	0
新疆	12	1	7	29	1
广西	0	1	16	31	3
内蒙古	9	0	3	0	0
云南	13	0	13	15	5
贵州	6	0	12	16	2
青海	1	0	2	7	0
合计	43	3	60	106	12
全国	441	46	480	1164	97

（三）进一步提升人才培养质量是民族地区高职院校发展的诉求

"双高计划"本质上体现了职业教育强化内涵建设、实现高质量发展的改革目标。民族地区虽然在人才培养成效上提升明显，但依据职业院校学生在全国职业教育技能大赛的具体表现及1+X证书的实际认定情况可知，民族地区高职教育的人才培养水平仍有待提高。

职业教育技能大赛获奖情况可间接反映职业院校之间的差距，揭示职业院校的人才培养质量和水平。在2019年全国职业教育技能大赛中（见表18），民族地区高职学生获奖人数较少（493人），占比较低（8.16%），并且，获奖等级也较低。其中，一二三等奖获奖人数分别为39人（3.89%）、120人（5.93%）、334人（11.07%）。技能大赛的获奖情况表明，民族地区高职院校在人才培养上与其他地区还有一定差距。

表18 2019年全国职业教育技能大赛高职学生获奖情况（单位：人）

	总获奖人次	一等奖	二等奖	三等奖
广西	194	24	53	117
贵州	132	12	37	83
内蒙古	46	1	10	35
云南	36	0	5	31
宁夏	34	2	6	26
新疆	33	0	4	29
西藏	9	0	0	9
青海	9	0	5	4
小计	493	39	120	334
全国合计	6045	1003	2024	3018

1+X证书是深化复合型技术技能人才培养、夯实学生可持续发展基础、拓展就业创业本领、缓解结构性就业矛盾的有效途径。在教育部公布的两批1+X试点院校名单中（见表19），合计认定5296个试点，涉及全国1861所中职院校、1050所高职院校和436所本科院校。其中，民族地区高职认定试点416个，涉及高职院校167所，占全国被认定高职院校的15.9%。其中，在绝对比例的比较中（涉及高职数量/1050），贵州和云南较高，高于全国平均水平（>3.23%）；在相对比例的比较中（涉及高职数量/各省高职院校总数目），除青海、贵州、新疆外，西藏、宁夏、广西三省区远低于全国平均水平（<78.13%）。在1+X试点的认定中，民族地区高职院校总体命中率低，且部分省区高职院校由于各种原因申报不成功，不利于人才培养质量提升。

综上所述，民族地区高职教育在人才培养质量上与其他地区还有一定差距，在复合型技术技能人才培养的环境及途径上还有待加强，其人才培养层次尚低。落实"双高计划"提质增效、促进职业院校内涵发展的改革目标，尚需进一步提高人才培养质量。

表 19　高职 1+X 试点认定结果

	认定（个）	涉及高职（所）	占认定高职院校比例	占本省高职的比例
青海	19	8	0.76%	100.00%
贵州	60	39	3.71%	90.70%
新疆	71	27	2.57%	84.38%
云南	64	34	3.24%	72.34%
内蒙古	70	26	2.48%	72.22%
西藏	3	2	0.19%	66.67%
宁夏	32	7	0.67%	63.64%
广西	97	24	2.29%	61.54%
合计	416	167	15.90%	76.26%
全国		1050	—	78.13%

（四）产教融合、校企合作是民族地区高职教育发展的新"痛点"

"双高计划"将"坚持产教融合"列为职业教育发展的基本原则之一。产教融合是精准对接区域人才需求、加快建设现代产业体系、增强产业核心竞争力的有力支撑。通过提升校企合作水平，形成校企命运共同体，在产教融合、校企合作中推动专业建设、推进协同育人，是高水平高职院校发展的必然途径。但是，调查发现，民族地区高职院校对产教融合、校企合作较为重视，得分为 71.79 分，而进展与成效却并不显著，得分分别为 66.91 与 66.27 分。产教融合、校企合作已成为西部民族地区高职教育发展的新"痛点"，无论是在国家层面的具体表现上，还是在院校层面的具体实践中，民族地区产教融合都表现欠佳。

在国家层面的具体表现上，全国共认定先期重点建设培育的产教融合型企业 24 个，民族地区中仅有广西和贵州的 2 个企业入围；在全国确定的 21 个首批产教融合的城市中，民族地区仅新疆有城市入选。在国家公布的三批总计 541 个现代学徒制试点单位中，获得认定的高职院校总计 410 所，民族地区仅入选 56 所（13.66%）。

在院校的具体实践上，首先，民族地区高职教育产教融合缺乏广度，企业主体作用未被凸显。具体而言，存在着企业以资本、技术、管理等要素依法参与办学不够（56.7%），学生实习实训制度不够健全（46.7%），行业、企业转换成果效率较低（54.3%），校企共建基地无处落实（53.5%），企业职工在岗培训效果不理想（51.9%），校企共建产教集团落实情况不佳（53.1%）等多种问题。其次，民族地区高职教育产教融合人才培养体系开放性不足，联合培养机制尚未健全。具体表现在现代学徒制推进效果欠佳（51.5%）、产教融合型师资队伍建设强度不够（53.1%）、对产业教师（导师）特岗计划探索较少（53.3%）等方面。利益分配方式不能达成一致（51.9）、对企业文化价值了解不够沟通存在障碍（49.5%）是导致民族地区产教融合、校企合作障碍重重的可能原因。

产教融合、校企合作困难最终导致民族地区高职教育中课程标准与产业需求对接不够（54.1%）、课程体系未照顾到学生的职业发展需求（46.9%）等不利于复合型、创新型人才培养及高水平职业教育建设的局面。

（五）管理效能低下是民族地区高职教育发展的又一难题

效能体现组织的目标达成程度及达成目标的方式或过程的有效性（张珊珊，王晓丽，田慧生，2020），[①] 管理效能则是组织管理工作目标达成程度及达成目标的方式或过程的有效性的具体体现。民族地区高职院校管理效能低下，对高水平职业院校的建设产生了不利影响。

具体表现在：一是执行能力较弱导致相关工作落实不到位。调研发现，民族地区部分高职院校存在着对职业教育改革最新文件精神学习不到位的情况。在问卷发放过程中，有部分职业院校教师对"双高计划"闻所未闻，对政策要求一无所知，亦有个别职业院校在问卷调研结束之际才组织开展"职教20条"及"双高计划"相关改革方案的集体学习。对教育部下发的《高职教育创新发展行动计划（2015—2018年）》执行情况通报（2016—2018）的文本分析发现，在行动计划工作安排的三年间，民族地区教育行政部门未完成任务的次数较多，分别为宁夏3次、新疆11次、

[①] 张珊珊，王晓丽，田慧生. 质量管理学视角下教材管理效能的提升[J]. 课程·教材·教法，2020，40（1）：50-54.

广西1次、内蒙古5次、贵州3次。这表明民族地区职业教育行政部门与职业院校执行能力较差，多次未在规定时间段内启动职业教育改革的相关任务。二是参与意识不强导致院校并跑机遇丧失。在一些难度不大但可借机扩大学校影响力的活动中，民族地区职业院校往往由于参与较少而错失良机。比如，在全国公布的首批高职"双师型"队伍建设典型案例及个人发展典型案例名单中，西部民族院校分别占10所（10%）和4人（5.71%）。在可与全国各职业院校合作申报的国家级教学资源库项目建设中，全国422所高职院校合作获得项目203项，民族地区仅有11所高职院校参与其中。三是管理水平较低。在已公布的高职院校教学管理35强中，民族地区高职院校入选2所（5.71%）；学生管理35强中，入选4所（11.43%）。调研发现，未形成规范化管理（48.1%）和标准制度缺失（54.5%）严重影响了民族地区高职教育的快速发展。综上所述，提升效能是民族地区高职教育发展面临的又一难题。

四、研究发现与未来愿景

（一）研究发现

基于对民族地区高职教育发展的进程及"双高计划"背景下所面临挑战的分析，本研究得出以下主要结论。

1.民族地区高职院校标准化建设发展成就突出，已初步实现《规划纲要》政策目标

自《规划纲要》实施以来，在国家的强力支持及各类政策的持续推动下，民族地区高职教育标准化建设发展成效显著，已初步实现《国务院关于加快发展民族教育的决定》中制定的2020年"民族地区教育整体发展水平及主要指标接近或达到全国平均水平"的具体目标。

首先，在整体发展水平上，民族地区高职教育全部达到全国平均水平（≥1）。从各一级指标来看，民族地区高职教育在办学规模和经费保障上表现突出。有六个省区在办学规模上远超全国平均水平，所有民族地区高职教育在经费保障上都高于全国平均水平（见表20）。

表20　民族地区高职整体发展水平

	办学规模	办学条件	师资保障	经费保障	培养效果	整体发展水平
贵州	1.96	0.79	0.80	1.03	0.82	1.08
新疆	1.49	0.91	0.83	1.15	0.91	1.06
广西	1.55	0.93	0.93	1.06	0.83	1.06
宁夏	1.19	1.08	0.91	1.19	0.80	1.04
青海	1.22	0.92	0.95	1.17	0.80	1.01
云南	1.47	0.75	0.83	1.15	0.87	1.01
内蒙古	0.90	1.09	0.99	1.24	0.82	1.01
西藏	0.35	1.00	0.81	1.57	1.26	1.00

其次，在总计16个二级指标中，实现了"3+7+4"个办学水平主要指标的飞跃。一是实现了在高职教育生均教育经费指数、毕业后半年内就业率及对母校的满意度等3个二级指标高于全国平均水平的飞跃。二是实现了在校生人数增幅、在校生人数职普比、生均仪器设备值、生师比、高级职称教师比、生均公共财政教育预算事业费支出、生均公共财政教育预算事业费职普比等7个主要指标接近全国平均水平的跨越式发展。三是实现了生均仪器设备值、高级职称教师比、研究生学位教师比及生均公共财政教育预算事业费支出等4个主要指标达到预定政策目标的发展要求。

2. 区域间差距缩小，但失衡现象依然明显

虽然民族地区高职院校整体办学水平提升明显，均衡发展进程加快，区域间差距逐渐缩小，但区域失衡及院校失衡仍对民族地区整体办学水平的进一步提升产生不利影响。

一是区域失衡现象明显。在16个二级指标中有13个指标表现出较为明显的区域失衡现象，从而延缓了入学机会、生均图书册数、双师比、研究生学历教师比例、高职教育经费支出占公共财政支出比、月收入等6个二级办学指标上的政策落实速度。各指标失衡情况总结如下：从办学规模维度来看，西藏在在校生人数及入学机会2个指标上相对落后；宁夏与西

藏在在校生人数职普比指标上相对落后。从办学条件维度来看，内蒙古在生均图书册数指标上优于其他省区。在师资保障维度来看，西藏、青海在生师比上表现最优，广西在双师比指标上表现突出，内蒙古、青海、宁夏在高级职称教师比例上优于西藏，内蒙古、广西、云南在研究生学位教师比例指标上优于贵州。从经费保障来看，西藏、内蒙古及广西表现突出。从办学成效维度来看，西藏在毕业生月收入方面遥遥领先。

二是院校间发展失衡现象普遍存在。民族地区中部分院校发展水平较低，如青海畜牧兽医职业技术学院年度报告显示，该校生均图书册数仅为6.33册，而青海交通职业技术学院生均图书册数则为50.16册。

3. 高职教育类型属性凸显不够

"职教20条"从国家政策层面肯定了职业教育的类型属性，高职教育类型化改革是民族地区高职教育发展的"蓝图"，也是高水平高职院校建设的"行动路径"。但是，民族地区高职教育类型化改革还在初级阶段，类型属性还有待进一步凸显。

一是在办学规模与经费保障上类型化改革虽有成效，但并不显著。从在校生人数职普比来看，西部民族地区高职教育规模（0.73）尚未占据高等教育的一半；从经费保障来看，虽然已开创了与本科"同等待遇"格局，但民族地区高职教育生均财政预算教育事业费支出职普比（0.72）还有进一步提升的空间。

二是办学格局类型化改革还未引起重视。高水平高职教育建设需要深化办学格局类型化改革，但是民族地区高职教育在办学格局上存在着办学主体单一、办学类型趋同、办学布局失调等诸多问题，严重影响了高职教育社会服务水平的提升。

4. 自身"造血"能力不足，高水平高职教育建设任务艰巨

"双高计划"作为职业教育改革的"先手棋"，旨在通过高职教育的质量提升，实现职业教育"引领改革、支撑发展"的建设目标。民族地区职业教育发展长期以来都以依赖于国家强力支持和政策倾斜的"输血"模式为主，自身"造血"能力不足，使得自身高水平高职教育建设困难

重重。

一是自身"造血"能力不足引发"双高计划"核心指标表现全面欠佳，制约了民族地区高职教育质量提升。民族地区高职教育在教师与平台建设上"双缺"现象较为显著，专任教师投入不足、双师型教师数量不够、高水平师资队伍和技术技能平台匮乏等问题普遍存在，对高职院校人才培养质量提升产生了消极影响。民族地区高职教育在产教融合、校企合作等方面表现欠佳，严重影响了高职教育的影响力与服务能力。民族地区高职院校管理效能低下，拖慢了高职教育质量提升的速度。

二是自身"造血"能力不足导致"双高计划"核心指标推进落实不甚理想，影响了高职教育的内涵建设。在"双高计划"的具体行动中，民族地区高职院校在提升服务能力、师资队伍建设、技术技能创新服务平台建设、产教融合及校企合作等方面虽然都比较重视，但是进展和成效却不甚理想。主要原因即在于自身"造血"能力不足，在新的发展形势下无法迅速、有效地落实改革要求。

（二）未来愿景

"双高计划"表明我国"高职教育进入提质增效阶段"（潘海生，周柯，王佳昕，2020），[①] 从规模建设走向内涵建设的民族地区高职教育，必将是一场全面的整体性的变革。基于民族地区高职教育发展进程及其面临的挑战，未来民族地区高职教育发展应遵循以下变革思路。

1. 加固基础：以顶层设计与政策供给保证民族地区高职教育稳步发展

《规划纲要》实施以来，民族地区职业教育被纳入国家战略发展计划。民族教育政策的密集出台有力推动了民族地区职业教育的快速发展（孔凡哲，王尹芬，2019），[②] 国家强力支持已成为民族地区高职教育进入快车道的主要推动力量。因而，进一步加大政策供给，增强扶持力度，以政策优

[①] 潘海生，周柯，王佳昕. "双高计划"背景下高职院校战略定位与建设逻辑［J］. 高等工程教育研究，2020（1）：142-147.

[②] 孔凡哲，王尹芬. 我国少数民族职业教育政策的回顾与展望［J］. 中南民族大学学报（人文社会科学版），2019（6）：78-84.

势来保证民族地区高职教育在稳步发展中补齐短板、缩小区域间差距，是加快民族地区高职教育内涵建设的必要条件。

首先，在顶层设计上加强统筹规划与资金支持，助力民族地区高职教育的进一步发展及人才培养。一是在"双高计划"的遴选上，继续坚持"扶优扶强和兼顾区域"（陈友力，叶赋桂，2020）[①]的原则，尤其要关照到首批无入选院校的西藏和青海，确保每个民族省区至少有一所高水平职业院校入选，便于形成与发挥"以点带面"效应。二是建立人才专项资金，实施由中央财政转移支付为主，省市财政补充为辅的人才发展专项资金（吴德刚，曾天山，邓友超，2015），[②]用于民族地区高职教育双师型教师的引进、培育与奖励。三是要设立西部高校人才岗位制度和特殊津贴制度（陈鹏，李威，2018），[③]提高民族地区高职教师待遇。四是加大民族地区高层次人才培养力度，继续实施"双少生"及"少民骨干"计划并适度增加民族地区紧缺的理工农医类专业硕士及专业博士的招生名额，为民族地区职业教育可持续发展夯实人才基础。

其次，从政策供给上加大对民族地区高职教育的对口支援力度。一是将对口支援民族地区高职教育作为一项基本内容纳入《中西部高等教育振兴计划》及《高校银龄教师支援西部计划实施方案》，并在具体落实中加大对民族地区高职教育的对口支援力度。二是建立民族地区高职院校对口支援机制，加大《职业教育东西协作行动计划》中的东部地区职教集团及职业院校对西部民族地区高职院校的对口支援力度，加强东部地区办学水平较高的高职院校与西部民族地区高职院校之间的沟通，通过建立跨区域间的长效合作支援机制，加快民族地区高职院校在专业群建设、师资水平提升、平台建设等方面的建设进程。

---

① 陈友力，叶赋桂."双高计划"建设项目特征与遴选机制分析[J]．中国高教研究，2020（2）：103-108.

② 吴德刚，曾天山，邓友超．我国西部地区人才资源开发战略研究[J]．教育研究，2015，36（4）：33-41，69.

③ 陈鹏，李威."双一流"建设背景下西部高等教育的挑战与政策供给[J]．教育研究，2018，39（11）：91-98.

2. 凸显"民族本色"：以具有差异性和特色性的民族高职教育破解发展难题

本色体现事物的本质属性。民族地区高职教育是集高等性、职业性、民族性于一体的类型教育。与东部地区高职教育不同，西部民族地区高职教育具有办学效率低（王琨，丁超，2019）[①]、办学类型趋同、院校空间布局相对失衡、高职院校生源呈现强烈的民族与地域特性等特点。结合西部民族地区所特有的多民族与多宗教并存、民族文化浓郁、特色资源丰富等特点，民族地区高职教育肩负传承与创新民族技术与文化及服务民族产业发展的双重职责。因而，理想的民族地区高职教育必然是凸显"民族本色"的类型教育，要从"追随借鉴"走向"民族本色"，以"民族本色"彰显类型属性，从而更好破解失衡难题。

首先，民族地区高职教育在发展中应以差异化为发展战略凸显"民族本色"。民族地区高职院校应借鉴企业管理领域中的差异化战略，在建设规划上要避免全盘照搬东部职业教育的成功模式，以差异化战略在办学效率、专业设置、人才培养、类型多样化等目标中寻求平衡，以差异化战略获取竞争优势和可持续发展能力。同时，鉴于民族地区地广人稀对高职教育办学规模产生的不利影响，可通过政策工具与行政推动，尝试开展职业院校分校工程，以不同于其他区域的差异化的布局方式缓解空间布局失衡之难题。

其次，民族地区高职教育在发展中应以特色化为办学方向增强"民族本色"。由于区域经济、文化、高职院校办学基础等的差异，民族地区高职教育的发展具有不可复制性。民族地区高职教育在发展过程中既应正视差异，更应以多样化、特色化发展作为其使命指引与行动准则。在专业设置、院校布局上要与区域产业、文化与人口发展之间形成有效对接，体现一致性与适应性。要建立民族地区所急需的民族特色旅游业、民族医药、民族工艺、民族农产品深加工、民族特色制造业、民族特色服务业为主体

[①] 王琨，丁超. 民族地区高职教育办学的绩效分析. 民族教育研究. 2015, 30（3）：116–127.

的专业设置及院校布局,通过具有民族特色的高职教育充分发挥自然资源、矿产资源、人力资源、文化资源及教育资源的合力作用,使民族地区高职教育成为促进民族地区经济社会发展的重要手段。在人才培养上,要充分落实教育部与文化部发布的《关于推进职业院校民族文化传承与创新工作的意见》(2013年)的政策精神,注重民族文化技术的传承与创新。应融民族文化于职业教育全过程,以培养具有"民族性技能"和"地方性技能"人才为己任,遵循"基于民族产业转型升级与发展"和"基于传统技术与现代技术相结合传承并改革民族技艺"的目标逻辑构建民族特色高职教育,遵循"重视学生生存与发展""加强民族文化传承与创新"及"促进区域经济发展"的发展逻辑,使民族地区高职教育真正发挥推进民族文化传承与创新和服务民族产业发展的作用。

3.抓住机遇:以"造血"为主提升教育质量,后发赶超建设高水平高职教育

办学质量是职业院校的生命线。民族地区高职教育高水平建设,须突破以"输血"为常态的办学思维,构建以"造血"为新常态的职业教育发展图景。民族地区高职教育正处于提质增效新需求与各种时代新机遇相结合的"交汇点",激发民族地区高职院校"造血"活力,可将民族地区高职教育发展和国家机遇相结合作为突破点,进而增强其在师资、平台、人才培养质量及产教融合等方面的"造血"能力。

一是抓住我国经济"高质量发展"阶段经济提质增效的机遇。研究表明,职业教育可"促进地区经济发展"(Tilak,1988)。[1]在经济提质增效的新阶段,狠抓机遇即意味着民族地区高职教育发展的思路要由"适应经济发展"走向"引领经济发展",意味着要提高民族地区高职教育对区域经济的长远贡献度,要使高职教育成为民族地区经济高质量发展的先导。一方面,民族地区高职教育应致力于职业知识、职业技能的培训与教学,

---

[1] JANDHYALA B. G. TILAK. Vocational Education in South Asia: Problems and Prospects [J]. International Review of Education / Internationale Zeitschrift für Erziehungswissenschaft / Revue Internationale de l'Education, 1988, 34 (2): 244-257.

提升服务水平，加速推动区域经济由依靠劳动力数量的低质量粗放型发展路径转变为更富有竞争力的依靠劳动力知识结构升级和素质提升而实现的绿色环保发展路径。另一方面，民族地区高职教育要加快高端制造业、现代农牧业等专业人才的培养，通过高职教育满足市场高端制造品和高品质农牧产品不足的矛盾。

二是抓住创新发展驱动战略的机遇。创新既是经济增长的"第一动力"，同时也是民族地区高职教育扎根中国实际的改革需求。抓住创新发展驱动战略机遇，首先是要充分利用云计算、区块链、互联网+、大数据等新技术创新民族地区高职教育发展方式；其次是要建立以问题解决为导向的服务逻辑，增强创新意识，通过流程再造、技艺创新等方式提升民族地区高职教育服务中小微企业的能力，构建创新发展新场域，为技术技能创新平台、产教融合等提供新的切入点。

三是抓住"一带一路"及新时代西部大开发带来的开放机遇。"一带一路"建设将民族地区由对外开放的"后方"变为"前沿"，西部大开发"地区互补发展、东西双向协同共进"的总体要求将开创经济发展"国际国内双循环"及"产业转移内循环"的新局面。民族地区高职教育要充分利用地缘优势，抓住"一带一路"建设及新西部开发带来的开放机遇，树立"后发赶超"目标，通过培育现代化的特色专业、"走出去"建设海外分校及实践基地等方式，将区位优势融入国家总体发展战略，在提升国际化水平的同时也可在公平的国际化环境中谋求更高水平、更具有影响力的发展；要通过增设"一带一路"沿线国家语言文化类课程培养学生的文化互动胜任力，从而使民族地区成为对外贸易的重地和经济发展的新的增长点。要通过东西合作，打破区域壁垒，构建由"政—行—校—企"主导的多主体、跨区域、超类别的协同合作，为协同创新中心、生产型实训基地、双师型教师培训基地、教学创新团队等的形成提供良好的外部环境并做好东部地区产业承接的准备工作，为增强民族地区高职教育"造血"能力提供强力支持。

四是抓住乡村振兴、精准扶贫的历史性机遇，扩大服务范围提升民族地区高职教育吸引力。民族地区是我国深度贫困的集中地带,民族地区高职教育是助力精准扶贫(许锋华,2016)[①]、促进乡村振兴的重要手段。民族地区高职教育可通过配合政府加大职业农民培训力度、职教教师送科技下乡、对农牧专业招生和就业给以区别化政策、在高职农牧专业毕业生中招聘并培养技术人员等方式为民族地区培养一批"懂科技、爱科技、爱农村、扎根农村"的技术技能型人才,破解民族地区高职教育"人才出走与淘汰"并存的尴尬局面,使民族地区高职教育成为乡村振兴和精准扶贫的人才保障、智力支持和技术支撑。

4. 优化治理:以"共治、善治、法治"为原则提升治理效能,保障高水平发展

推进教育治理体系和治理能力现代化,既是"双高计划"的改革目标,也是《中国教育现代化2035》提出的十大战略任务之一。民族地区高职教育管理效能低下,其封闭化办学体制、单一化办学模式在当前开放包容、结构多样的经济发展中面临挑战(李峻,2017)。[②] 优化民族地区高职教育治理体系,推进职业教育治理体系创新,是民族地区高职教育高水平发展的保障。

优化民族地区高职教育治理体系,要突出多元主体的"共治"、权利保障的"善治"及作为基础的"法制"原则。首先,要通过市场要素参与民族高职教育的方式构建"省级统筹、多元协同"(李鹏,2020)[③]的"共治"格局,依靠由"政—行—校—企"组成的多元主体实现民族地区职业教育发展由"政策主导模式"向"共治模式"的转变。通过多元主体的"共治",消解民族地区高职教育发展中封闭化办学的体制壁垒,改变产教融合面临的"校热企冷"、政策执行中的力度缺失及高职院校自身发展动力

---

① 许锋华. 精准扶贫:民族地区职业教育发展的新定位[J]. 高等教育研究,2016,37(11):64-69,76.

② 李峻. "一带一路"倡议下我国边疆民族地区职业教育治理研究[J]. 社会科学家,2017(1):127-131.

③ 李鹏. "双高计划"的治理逻辑、问题争论与行动路径[J]. 高等工程教育研究,2020(3):126-131.

不足之难题。其次，要以服务多元主体和保障多元主体的权利为核心，通过打造信息服务平台、降低产教融合型企业的准入门槛、构建产业学院与专业学院的"双院制"、引导企业深度参与人才培养落实"双主体"育人理念，以及鼓励职业院校教师在企业的技术创新、工艺改造、企业转型、员工培训中提供相关的支持和服务等多重措施，促进多主体的利益结合，打造双赢局面，使民族地区高职教育发展由"管治"转向"善治"。最后，要通过严谨而规范的教育立法与规章制度的建立来落实多元主体各方的权利义务关系，推进民族地区高职教育发展由"人治"转向"法治"。具体而言，要明确"法治"的责任主体依然在于政府与职业院校。民族地区政府应以立法建规形式健全职业教育改革的配套文件，保障产教融合、双师型师资队伍培养、职业院校教育经费划拨及自主创收经费的合理使用，确保多元主体各方利益不受损失。民族地区高职院校应健全教师分类管理制度，完善人才评价体系，明确教师岗位职责与薪酬制度，明确产教融合、校企合作中的产权归属和相关权益，为教师提升素质及企业参与产教融合、校企合作"双元育人"提供积极的激励制度。民族地区高职院校还应建立健全事中事后监管体系，将权力下放与事中事后监管有机结合，避免治理过程中的监管越位与缺位，从而提升民族地区高职教育的效能。

青海省职业教育发展现状及问题研究

魏凤英　赵　伟

一、问题提出

职业教育在现代教育体系和促进人力资源开发中发挥着不可替代的作用。职业教育对于人民生活水平的改善、社会经济的进步以及劳动人员素质的提升都起着重要的积极作用。近年来我国先后颁布了一系列相关政策，从宏观层面对职业教育加大支持，2002年已出台并实施《国务院大力推进职业教育改革的决定》，除此之外，从2014年到2016年，为有效推动职业教育发展，青海省在《青海省现代职业教育"十三五"发展规划》推出以后，紧接着颁布并实施了《青海省人民政府关于进一步加快现代职业教育改革发展的若干意见》等一系列的相关文件，强调了在职业教育改革方面青海省需要完成的任务目标以及应当实现的各项要求。这样的政策环境为职业教育改革提供了更多的动力。围绕现实需求展开讨论，目前伴随着我国正投入力度持续推进"一带一路"倡议，政府所实施的制造强国战略《中国制造2025》行动纲领的逐步落实，一系列新兴科技产业，包括大数据以及人工智能等行业竞争进一步加剧，我国在2017年党的十九大

[注] 本文发表于《青海师范大学学报（哲学社会科学版）》2020年第42卷第2期。

[注注] 魏凤英（1980—），女，汉族，青海湟中人，青海师范大学副教授，研究方向：教育学原理。赵伟（1999—），女，汉族，河北保定人，青海师范大学学生，研究方向：心理健康教育。

召开以后将迎来小康社会的全面建成，社会经济的转型等各种因素都对传统的职业教育提出了新的挑战。因此针对提升创新水平以及适应能力对现有的职业教育体系进行升级和优化，是为应对现阶段挑战以及经济社会转型所必须开展的工作，特别是西部地区，需投入更多的精力改善职业教育资源匮乏的现状。对于职业教育体系发展中，我国农村地区、民族地区以及西部地区与其他地区相比较为落后的问题，《中等职业教育改革创新行动计划（2010—2012年）》当中有所提及，[1]而这一现象在青海省表现得十分典型，与全国大部分地区相比较，青海地区的职业教育理念和模式、资金的投入以及相关专业的开设都有较大的改进空间，[2]为了实现职业教育改革发展的有效推进，青海省急需要针对这一问题做出针对性的改进和提升。

围绕职业教育发展领域的研究，现如今理论界和学术界已经开展了较多讨论，学者们大多将探讨重点放在热点问题上，即针对教师专业素养的提升、教学模式的规范化、相关治理体系的优化和升级、办学模式的创新、职业教育体系的现代化建设以及该领域的转型方向等内容进行研究。[3]围绕西部地区在该方面的发展状况所开展的研究得到了重视，研究提出通过建设完善教师团队[4]、衔接中高职[5]、有效进行精准扶贫[6]等有具体针对性的方法来改善现状；也有部分学者指出，可从创新模式、分析发展动

---

[1] 教育部印发《中等职业教育改革创新行动计划（2010-2012年）》[J]. 中国职业技术教育，2011（1）：55-84.
[2] 刘晓巍，朱克岚. 西部民族地区特色职业教育体系构建路径探析[J]. 民族教育研究，2017，28（4）：141-144.
[3] 林克松，石伟平. 改革语境下的职业教育研究——近年中国职业教育研究前沿与热点问题分析[J]. 教育研究，2015，36（5）：89-97.
[4] 黄山井. 论我国西部欠发达地区职业教育现状与教师素质提高探讨[J]. 教育教学论坛，2013（48）：184-185.
[5] 王涛. 西部地区构建现代职业教育体系视角下的中高职衔接模式研究[J]. 中国职业技术教育，2014（20）：41-44.
[6] 张世珍. 关于进一步发挥职业教育在西部地区精准扶贫中作用的思考[J]. 教育与职业，2017（15）：5-7.

高原职业教育的改革与发展研究

力、选择路径[①]以及完善机制[②]等角度着手,但这些研究观点大多还未通过事实验证,偏主观,主要对现实因素以及现有理论进行了思考。为了能够从发展思路以及改革方向上对青海职业教育改革有全面的掌握,基于该地区域多样化以及主体多样化的考虑,围绕经济水平、课程开设、师资队伍、教育结构等多项内容开展了一系列的访谈和调研活动,在了解了青海省在此项改革方面的各项进程后,总结出青海发展职业教育的过程中应当关注的关键问题。

二、研究对象与研究设计

(一)研究对象

本文调研运用随机抽样与分层抽样同时进行的模式,目的是科学抽取不同学校层次以及不同地域的样本。此次调研的职业学校共有9所,除了吉美坚赞民族职业学校、雪域大吉利众藏医药学校以及果洛州职业技术学校这几所民办学校以外,还对青海省工业职业技术学校、西宁卫生职业技术学校、青海建筑职业技术学校、黄南州职业技术学校以及互助县职业技术学校这7所学校展开了调研。除此之外,为了保证不同区域调研样本出现数量差异过大的现象,本文还对玉树藏族自治州在该方面的现实状况展开了以现有资料文献为基础的调查。基于所选取的样本,本文的调研就能够在一定程度上展现该项改革在青海地区整体范围内的具体状况,基于该项调研所进行的问题分析更具有现实意义。

(二)研究问题

在制定研究方案的过程当中,考虑到所研究课题的复杂性,本文将职业教育改革途径的合理选择方法放在首要位置进行思考。对于2010年后我国在政策方面为大力发展、有效改革职业教育出台的一系列支持性文件,

---

① 刘丽平. 西部民族地区中等职业教育发展面临的困境与破解——以甘肃省为例[J]. 职业技术教育,2015,36(2):33-35.
② 高宝立. 以体制机制创新促进西部高职教育发展[J]. 清华大学教育研究,2017,38(5):15-19.

包括《国家中长期教育改革和发展规划纲要（2010—2020年）》（2010）、《国务院关于加快发展现代职业教育的决定》（2014），以及《现代职业教育体系建设规划（2014—2020年）》（2014），在《我国职业教育改革与发展的政策文本分析》当中，孙佩杰等详细分析以上文件内容后总结出，在开展职业教育发展的推进工作时强调建设教师队伍、优化办学模式、创建现代化教育体系是共同存在于三个文件中的几项重点。[①] 根据文件中所提到的相关内容，本文将以上几点作为讨论的关键。除此之外，基于对青海省在该方面已有政策的了解，本文认为青海省的经济特色以及高原区域的特征应当在发展职业教育的过程当中有所展现，因此在进行研究时对青海省的区域经济也进行了关注。

（三）数据搜集与分析

为收集信息，此次研究共发放860张调查问卷，结果有97.6%的问卷有效，筛出839张有效问卷，其中626张回收于学生群体，139张回收于教师群体，74张回收于校领导（详见表1）。将其余问卷除去，对收集得到的信息进行分项统计。另外，还有通过相关访谈整理的一手资料。

表1 青海省职业学校调研样本量统计

学校名称	调研样本人数			
	校领导数	教师数	学生数	学校数
互助县职业技术学校	8	13	104	125
黄南州职业技术学校	6	33	66	105
青海建筑职业技术学院	25	30	141	196
西宁卫生职业技术学校	8	16	72	96
青海畜牧兽医职业技术学院	2	22	104	128
青海省工业职业技术学校	14	0	53	67

---

① 孙佩杰，张淑晗. 我国职业教育改革与发展的政策文本分析[J]. 河南科技学院学报，2015（2）：1-3.

 高原职业教育的改革与发展研究

续表

学校名称	调研样本人数			
	校领导数	教师数	学生数	学校数
果洛州职业技术学校	0	11	29	40
雪域大吉利众藏医药学校		9	41	53
吉美坚赞民族职业学校	8	5	16	29
调研总量	74	139	626	839

本次调查统计了包含年级、生源地、民族、年龄和性别在内的职业学校学生信息。分析样本的年龄分布,由于存在往届初中生就读于中职学校的状况,且此次收集的信息样本来源于两所高职,因此有多达 21.7% 的学生年龄超过 21 岁,但有 71.54% 的学生处于 17—20 岁的年龄段,小于 16 岁的学生仅占 6.75%。关于性别比例,此次调查的学生样本当中较多的是女生,有 36.9% 为男生,共 231 位,男女比例之所以表现出这样的特征,主要是由于此次调查的学生样本对应的专业为护理以及学前教育等。在接受调查的学生对象当中,土族和回族各占 5%,藏族学生占 40%,汉族学生占 47%,剩余 3% 的学生为其他民族。在选择调研样本时,也使其民族结构尽量与青海省目前的民族结构大致上保持一致,这也体现出青海省在职业教育方面实施的区域教育主要是以藏族和汉族这两个民族为主,具有一定的特殊性。从生源分布上来看,来自农村的学生在所有学生中的占比为 88.44%,而来自城镇的学生仅占 11.56%。由此可知,青海省在经济发展方面仍处于较低的水平。从年级分布上来看,一年级学生占比为 20.72%,二年级学生占比为 61.47%,而剩下的 17.81% 则为毕业班学生。对于大多数在职业学校就学的学生而言,其在二年级时通常会有相关的实习经验,因此,来源于这些学生的实训信息具有较高的真实性。为了使信息更加全面,除了与学生状况相关的信息以外,本文还对影响主体、专业分布以及家庭情况等信息进行了调研。

三、青海省职业教育发展现状

本研究从以下四个方面对青海省职业教育状况展开分析：在职业教育方面投入的经费状况、在职业教育方面的人才培养情况、与师资队伍相关的建设情况、各个职业院校的专业结构及其布局情况。这四个方面不但包括教师学生，还包括相关院校及专业。除此之外，通过这四个方面还可以了解到职业教育具有显著的社会性这一特点。

（一）职业院校布局和专业结构

青海省职业院校分布总体分布不均衡，呈现出明显的区域差异特征。55.32%的职业学校集中分布在省会西宁市，其他学校大致分布在以西宁市为中心的周边市县。39所中职学校中，西宁市有20所（含省属学校11所），海东市6所（每县区各1所）；六州地区13所，其中黄南、玉树州各1所，海西、海北、海南州各2所，果洛州5所（公办1所，民办4所）。8所高职学校中，6所在西宁市、1所在海东市、1所在海西州（图1）。

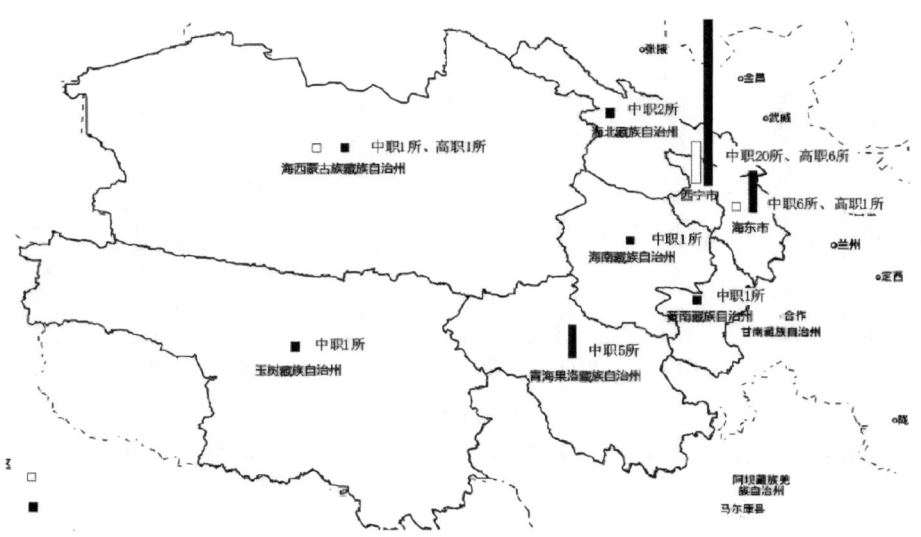

图1 青海省中高职学校数量与分布状况

青海省职业学校专业设置方面，以传统型产业为主，基本覆盖青海省支柱产业、优势产业及特色产业，国家战略性新兴产业开设不足。中职学校包括265个专业布点，开设的专业有90多个，包含19大类，其中包括学前教育、交通运输、加工制造以及旅游服务等。其中，第一产占在校生规模总数的8.89%；第二产占在校生规模总数的31.27%；第三产占在校生规模总数的59.85%。8所高职院校包括123个专业布点，开设的专业包含19个大类，共有112个，如装备制造、交通运输、医药卫生以及电子信息等。据了解，在这些高职院校开设专业中，与新能源汽车、生物产业、新材料以及节能环保等相关的新兴产业较少，一般涵盖在关联性不大的相关专业。同时，注重知识教学轻视实践技能和能力的传统而不够开放的教学模式使得各级各类职业学校在专业设置上大而全的现象比较普遍。调研发现，青海省将近51%的中职学校设置有学前教育专业、医药卫生和教育类专业，在校生规模占到总规模的17%，专业设置雷同现象比较普遍。

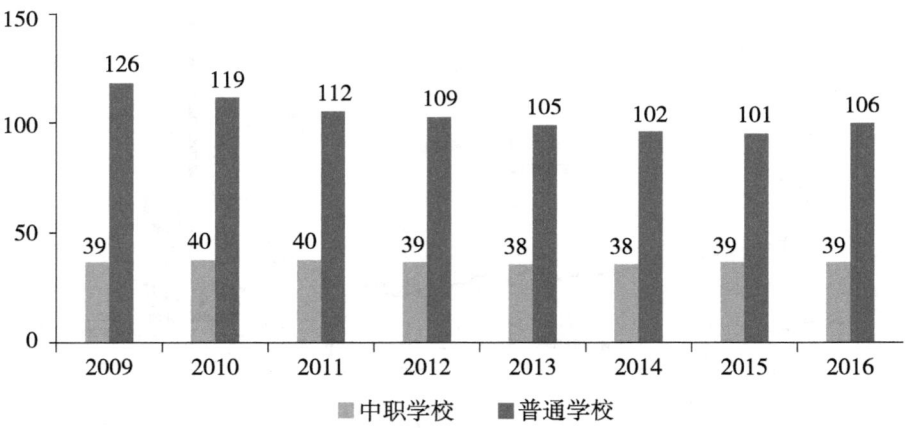

图2-1　2009—2016年，青海省普通高中与中职学校数量变化（单位：所）

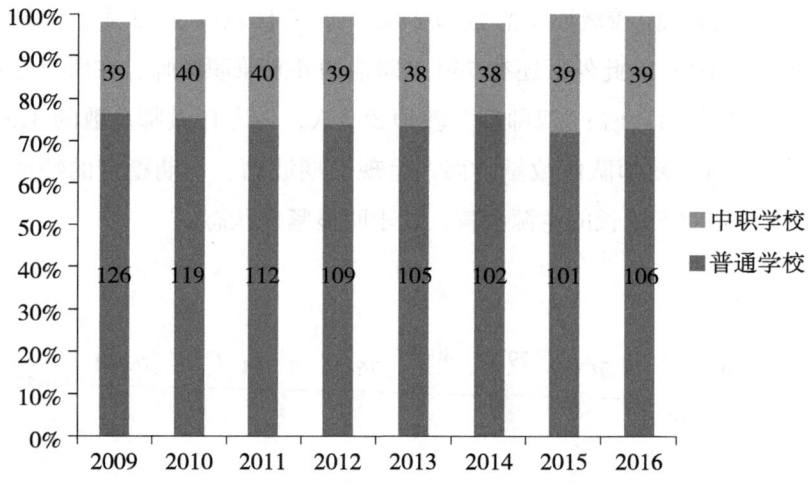

图 2-2　2009—2016 年，青海省普通高中与中职学校数量变化（单位：所）

（二）职业教育师资队伍建设现状

据统计，全省共有 8 所高职院校，39 所中职学校，这些学校中共有 96540 名在校生。其中，高职学校在校生人数为 22483 名，占比为 36.35%。中等职业学校专任教师由 2015 年的 2416 人增至 2457 人。2016 年青海省中等职业教育招生 2.69 万人，在校生 7.41 万人，毕业生 1.93 万人。从普通高中与中职学校办学规模看，2009—2016 年，中职学校规模稳定，对于普通高中而言，则整体呈逐年下降趋势（见图 2-1、图 2-2）。从中职学校的教师与学生数量看，中职学生数量整体呈轻微上升趋势，教师队伍数量相对稳定，这种趋势将进一步降低职业教育学校师生比，加剧师资短缺的困境（见图 3）。

青海省职业院校教师队伍组成结构稳定，数量不足。职业院校师资队伍主要以编制内与编制外、专任教师与兼职教师组成。中职学校教职工总数为 4509 人，编外教师占 32.18%，编制内 3058 人，其中专任教师 2457 人，占教职工总数的 81%；"双师型"教师 863 人，占专任教师总数的 35.13%，生师比 30∶1。目前，中职学校共聘请兼职教师 1451 人，占专任教师总数的 37.13%，其中文化课教师 183 人，专业课教师 1268 人，"双师型"教师 198 人；高职院校教职工总数为 2442 人，专任教师 1253 人，占教职工总数的 51.31%；除此外，还有 769 名聘请的外来兼职教师，在所有专任教师中的占比为 31.49%；"双师型"教师 389 人，占专任教师总数的 31.05%；生师比 18∶1。教师队伍数量方面，呈现短期波动、长期稳定的特征（见图 4），但相对于增长的生源而言，处于明显紧缺状态。

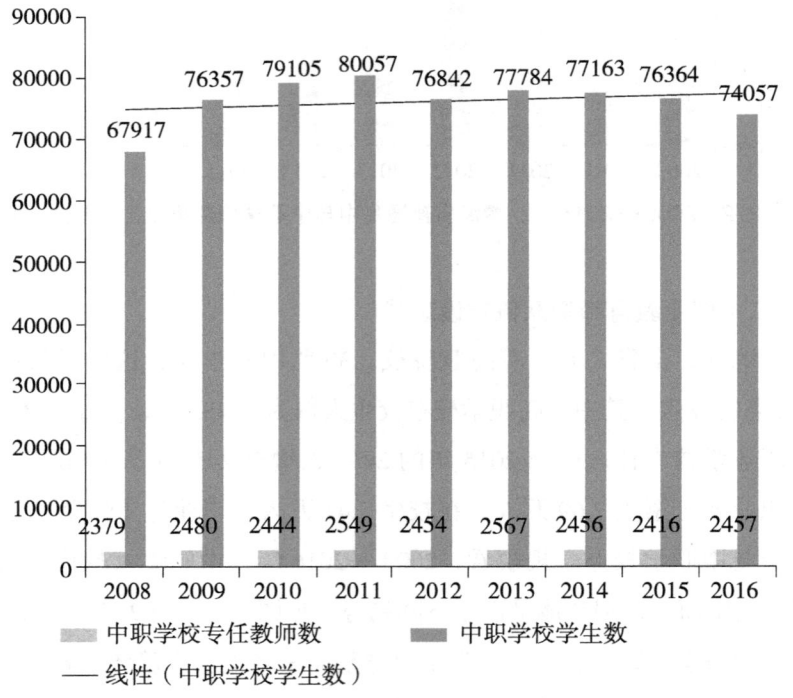

图 3　2008—2016 年，青海省中职学校教师与学生数量变化（单位：人）

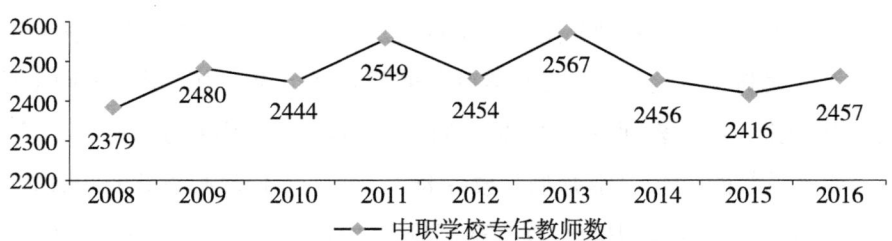

图 4　2008—2016 年青海省中职学校教师数量变化（单位：人）

（三）职业教育人才培养状况

就青海省近年来的发展状况来看，职业院校为青海省培养了大批的技术人才，肩负着人才培养的重任，从某种角度上来看，这些院校也促进了青海省的经济发展。对青海地区职业学校学生就业质量的调研中，33%的教师认为上一届毕业生的总体就业质量一般，4%的教师认为总体就业质量较差，还有1%的教师认为总体就业质量很差。认为总体就业质量较好和很好的分别占50%和12%。对青海地区职业学校学生就业的专业对口比例调查中，27%的教师认为，职业学生的专业对口率在10%—50%之间，6%的教师认为，专业对口比例小于10%（见图5、图6）。当前青海地区职业学校学生毕业后大多留在了本地就业，整体就业质量不高，就业的专业对口率一般。

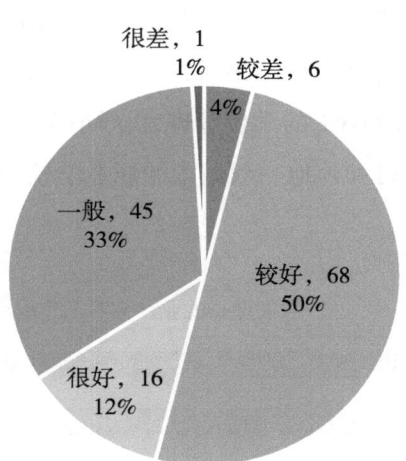

图5 青海地区职业学校学生就业的专业对口比例（教师，单位：人）

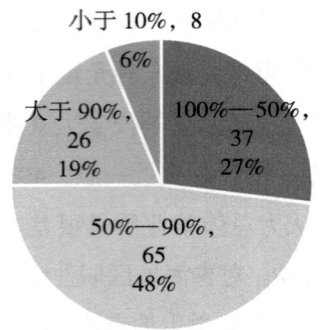

图 6 青海地区职业学校学生就业的专业对口比例（教师，单位：人）

对学生就业地点意愿选择和实际毕业去向的调研中，我们发现，青海省职业学校学生就业意愿和实际就业去向具有较高一致性，即本地化就业倾向明显。从学生调研结果看，有 38.66% 的中职学生希望在家庭所在地区就业，愿意在本省其他城市和省会就业的学生分别占 20.45% 和 10.22%（见图 7）。从学校管理者调研结果看，72.97% 的学校管理者认同毕业生选择当地县城工作；27.03% 的学校管理者认同毕业生选择去大城市工作；认同毕业生去当地农村和外地一般城市的职业学校管理者占比 18.92% 和 13.51%（见图 8）。

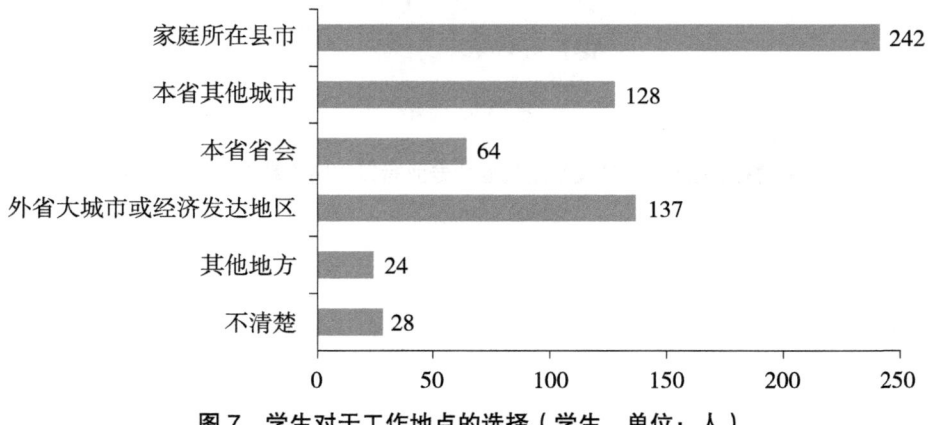

图 7 学生对于工作地点的选择（学生，单位：人）

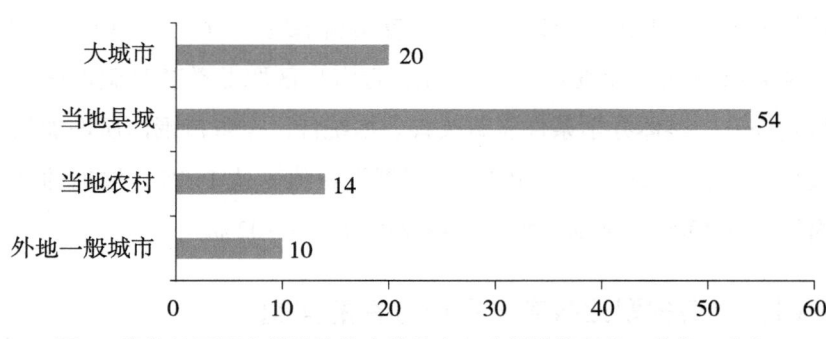

图8　青海地区职业学校毕业生就业去向（学校管理者，单位：人）

（四）职业教育经费投入现状

自2007年以来，我国在助学金监督及管理、助学金评审流程以及与贫困资助相关的政策方面也明确提出了要求，并做出了相关规定，并分别于2009年、2010年对全日制中等职业学校的农村和城市家庭经济困难学生实施免学费政策。在全国资助体系的基础上实施免费的中职教育政策，青海省所有中职学校学生免除学费和免费提供教材。目前，三江源地区生源每人每年补贴超过3000元。2016年起，青海省继续延长补助的时间跨度，对六州职校所有学生和西宁、海东两市贫困家庭学生实施15年免费教育。此外，还根据实际情况，将助学贷款、助学金以及国家奖学金等政策不断地进行完善，据统计，有20%以上的在校生可以享受到国家资助。为改善民族地区办学条件、提高经费保障水平、加强教师队伍建设，①我省"十二五"期间累计安排9.6亿元发展藏区职业教育，我国在2016年期间在民族地区投入的、用于职业教育发展的资金高达1.79亿元。2016年建立高等职业院校生均拨款制度，生均标准可达到1.2万元。此外，在职业教育方面，我国在2017年期间投入的专项资金高达5.2亿元，与2016年相比，增加了34.21%。新建的院校包括技师学院3所、中高职国家改革发

---

① 高宝立. 以体制机制创新促进西部高职教育发展[J]. 清华大学教育研究, 2017, 38（5）: 15–19.

展示范（骨干）学校13所、高职院校3所，除此之外，还新建了国家级高技能人才培训基地5个以及职业教育实训基地48个。党的十八大以来，中央和省级财政累计投入20多亿元，青海地区职业教育基础设施、设备等得到提升，整体办学条件显著改善。据统计，全省范围内所增加的中职学校校舍面积为21%，增加的教学仪器设备值高达158%，增加的高职校舍面积高达130%，增加的教学仪器设备值高达102%。

四、青海省职业教育发展中存在的问题

（一）专业设置与区域产业的匹配度和学生继续深造的匹配度低

专业设置衔接不畅，以中高职专业衔接为例，72%的中职学校和省内8所高职院校的38个专业进行了对接，2016年共有3700多名中职毕业生通过单考单招升入高职，占高职招生总量的34%。但这38个专业数量依然无法满足将近80%中职学生继续深造的需求，整体来看，中职学生升学率仍然较低。具有青海民族特色的藏医、唐卡、工科类专业高职学校都未设置，使这些专业的中职学生升学无望，只能选择相近专业或者改变专业深造；专业不能衔接是造成学生继续深造存在"断头路"情况的主要原因。调研显示，78%的职业学生有迫切的升学愿望，六州（环湖三州和青南三州）中职院校学生升学愿望明显高于西宁市、海东市中职院校学生。（见图9）

访谈中，青海省职业学校管理者认为，专业差异导致的招生困难现象较明显，由于中职学校开设的一些课程高职学校尚未开设，使部分中职学生失去继续深造的可能性；由于高职学生的文化基础课相对薄弱，本科院校对招收高职学生意愿低，学生上升通道窄，升本受到限制。青海民族职业学校人才培养滞后、针对性不强、专业同质化严重，产教融合的人才培养体制尚待健全。实习实训岗位工作内容与所学专业课程脱节现象比较严重，学校缺乏与企业的全面合作机制、优势专业不突出、新兴专业不充足。

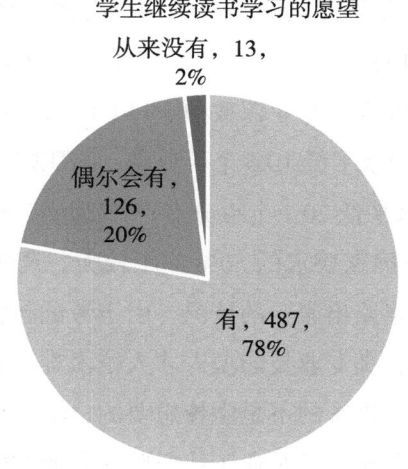

图9 学生是否有继续读书的愿望（单位：人）

（二）师资队伍建设明显滞后

青海省职业教育起步相对较晚，普遍存在专业师资紧缺、整体质量不高、稳定性较差等问题，在一定程度上影响了职业教育的吸引力，限制了优秀教师的加入，职业教师队伍不能满足藏区职业教育的发展需求，主要表现在以下方面：

第一，专业教师短缺。这些地区的中职学校中，普遍存在的问题是教师队伍不够稳定。由于教师待遇不够高，并且受限于编制，其临聘的身份难以转变，因此大多数教师工作的积极性较低，骨干人才容易流失。据统计，在青海省所有的中等职业学校中，学生与老师的比例为32∶1，远远落后于国家20∶1这一标准，除此之外，大多数县、州的职业学校使用的是中小学校编制，缺少教师编制。另外，黄南州、海南州以及果洛州等地区的中职教育学生与老师的比值高达50∶1，难以维持正常教学，需要借助于外聘的方法解决这一问题。职业教师招聘难度大，职业教师要求理论水平高，技能水平更高，但实际上拥有高技能的人才更愿意或在行业企业中工作，或自主创业。

第二，专业课教师与文化课教师结构不合理，高素质教师缺乏。专业课教师占专任教师的56%，按国家标准计算，目前青海省中职学校文化基础课教师缺口225人，专业课教师缺口638人；本科及以上学历教师占79.5%，比全国平均水平低10.6个百分点；高职院校研究生学历教师占59.9%，比全国平均水平低20.1个百分点；"双师型"教师比例中高职分别占35.5%、36.2%，与国家要求的50%差距较大。调研中发现，各级职业学校普遍存在老师"半路出家"的情况。由于考试制度所限，教师招聘的自主性和灵活性不够，高专业技能型人才入校困难，高学历高素质的教师队伍尚未建成，存在"进来的不是学校想要的，学校想要的却进不来"的现象。职业学校教师普遍缺乏企业工作经验和专业技能，这种矛盾在藏区更为突出。

第三，教师自身发展受限。教师只有不定期地到企业进行培训和实践才能提升专业技能，但现实中教师培训机会缺乏、渠道不畅的困境造成了学校教师实践经验不足的现实与学生对应用性技能较高需求之间的矛盾。究其原因，有49.26%的教师认为缺少政府层面的政策、制度保障；41.18%的职业教师认为缺乏与专业对口的企业岗位；36.76%的职业教师认为相关待遇缺乏经费保障；34.56%的职业教师认为企业实践与教师考评、升职、晋级脱钩；企业生产技术落后，基本条件难以满足实践要求、学校积极性不高、认为对企业缺乏有效的监督管理分别占比13.24%、16.18%和18.38%（见图10）。此外，教师待遇低是制约教师自身发展的重要因素。当前我省各类职业学校共聘用1627名教师，月工资最高为5700元，最低为1200元，全部从学校办学经费中支出。临聘教师工作任务重，但工作待遇低，教师同工不同酬现象严重。

第二章 改革与发展实践

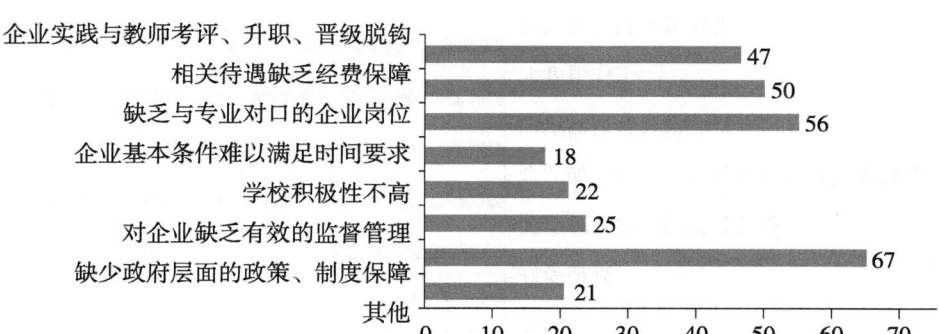

图10 影响教师到企业实践的主要因素（教师，单位：人）

青海省职业学校教师在工作生活中存在较大自身发展困境，教师认为工作生活中较不满意的因素中，工作压力排第一位，占比66.18%；认为收入较低的占比51.08%；36.43%的教师认为个人职业发展受限；32.86%的教师认为工作条件差；25%的职业教师认为社会地位较低（见图11）。在阻碍教师自身专业素质发展的因素中，55%的教师认为没有促进教师发展的政策环境，如适合职业教育的职称评聘制度；51.43%的教师认为职业教育工作强度大；45%的教师认为没有合适的、针对性较强的职业学校教师的培训；30.71%的教师认为工作得不到社会认可（图12）。

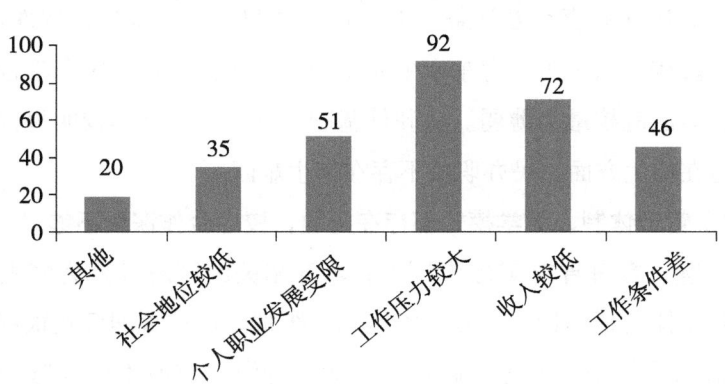

图11 在工作生活中较不满意的方面（教师，单位：人）

193

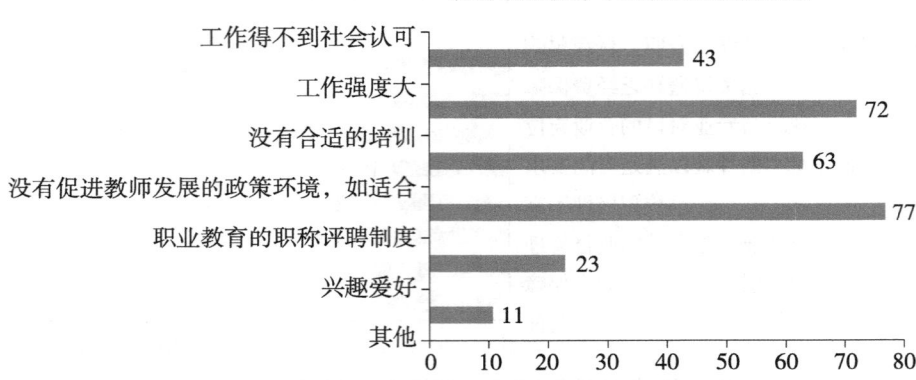

图 12　阻碍教师专业素质发展的因素（教师，单位：人）

（三）职业教育投入与产业发展不协调

青海省一些中高职院校由普通中专合并发展而来，这些学校发展基础薄弱，财务遗留问题多，基础设施陈旧，实训设备简陋，校舍不足，规模偏小，办学条件亟待改善。据统计，海南州所有职业院校的仪器设备值、图书以及建筑面积生均值依次为4151元、14册以及13.5平方米，与全国平均值5010元、26册以及18平方米相比，仍有较大的差距。职业院校基础办学条件在不同性质、类型以及区域的职业学校之间呈现出明显差异：公办学校强于民办学校（主要集中在果洛藏族自治州）；州县中职学校高于省属学校；中职学校建设强于高职学校，当前青海省职业教育侧重于中职教育，无论在规模和办学条件上均强于高职学校。从学校软件建设看，省级高职院校，西宁市、海东市中职院校优于州县院校，民办学校优于公办学校，藏区院校最为薄弱。从硬件基础设施看，公办学校明显优于民办学校，但在招生方面，民办职校不存在招生难问题。

（四）管理体制、教学模式都存在问题，校企合作深度不够

据了解，青海省内实行的与职业教育相关的管理模式为多主体管理模式，其主体包括学校、地方、省这三个级别，这种管理模式很容易引起责权不清以及机制不畅等问题。一方面，青海省政府不但是管理者，又是办学者，因此其有着管理及出资这两重身份。而职业教育通常涉及的

范围较广，其所涉及的部门也多种多样，例如：民政部门以及教育部门等。因此，这种管理模式很容易导致多头管理的问题，当出现问题时也很难明确责任，导致出现政出多门、统筹不力的状况，还会浪费一定的教育资源；另一方面，从青海省的管理方式上来看，在职业教育方面，青海省采取的方法为线性垂直管理，即政府掌握着决定权，地方政府和分级管理部门的主要任务为统筹发展，下级必须贯彻落实上级的决定，而不同地区的职业院校必须要严格执行并配合完成相关工作。这种管理方式在一定程度上打击了学校的主动性，导致不同级别的学校在办学方面的权利受到了极大的限制。经过调查，发现本省不同级别的职业院校在招生、教师评聘以及专业设置等方面都受到了一定的限制。除此之外，这些学校在办学方面的自主性较差，当出现问题时，也很难根据实际状况对相关政策做出调整。

教学模式陈旧，供需脱节问题严重。实际教学中，很多职业学校仍沿袭以课堂为中心的传统单一封闭式教学，学校因缺乏对于课程内容、教学方式方法因时因势调整的灵活性，专业理论课程所占比例远大于应用实践课程，无法有效培养与提升学生的职业能力，造成学生能力与社会需求脱节，无法及时应对市场变化；也导致校企合作项目普遍存在合作层次不深、水平不高的状态和校企双方缺乏共识、合作流于表面的问题。从学生层面看，校企合作的内容与专业不匹配、实训机会少等问题突出。虽然国家层面一直在鼓励与促进职业教育校企合作，然而落实在地方层面，没有具体可操作性的规定和实施办法，也缺乏相关实质性的扶持优惠政策，校企合作存在企业不热学校热的"一头热"现象。

五、改善青海省职业教育现状的几点思考

综上所述，解决青海省职业教育的困境，还要根据实际情况增设一些极具特色的专业，增加在职业教育方面的投资力度，培养更多的具备专业知识的专职教师，对于不同区域经济产业，要尽量提升其协调度，进而构建具有青海藏区特色的现代职业教育内涵式发展道路。

第一，促进职业教育体系均衡发展，实现人才链、专业链和产业链的有序对接。还要注重区域经济能够实现协调发展，改建或撤销一些停止招生或不符合独立办学相关条件的学校，评估不同类别的职业学校并将这些学校的资源进行整合；使民办与公办职业学校能够实现均衡发展，注重扶持民办教育。改革和完善相关制度，合理确定中、高职招生规模；推进考试招生制度改革，打破技能与理论之间的壁垒，实行多元化招生办法；实现对教育资源的合理配置，促进中等职业学校以及高等职业学校在专业设置方面的科学衔接，使这些学校能够共享教育资源，提高教育资源的利用率，实现中高职衔接[①]的课程体系，提高中高职专业衔接的有效性。建立和完善中高职学生多样化成才机制，支持鼓励高职院校和本科院校协同育人、联合培养，共商课程体系，共享师资和教学设备设施。推进普通本科院校、高等职业院校以及中等职业院校"3+4""3+2"的分段人才培养模式改革，并将职业资格证书和学历证书这两者互认互通的政策落实。在支持各职业院校校内实训基地建设的基础上，推动行业企业与学校共建人才培养基地、技术创新基地、科技服务基地。

第二，协同培养，提升教师职业素养，确保教师数量与质量的稳定性。增加教师培训机会，充分利用对口六省市职业院校、职教集团和民办高校帮扶机制，采取一对一顶岗、团队式帮学等方式，提高现有教师职业素养。支持并鼓励教师参与企业实训，联合行业企业进行课题申报与研究工作，形成有效的监督和监管机制；促进教师的知识更新，提升教师的工作积极性，根据实际情况建立科学有效的评估机制，并且在对教师进行考评时，对教师的实践经历以及培训进行考察。增强教师参与培训的积极性。拓宽师资来源渠道，人才聘用标准灵活化，适当提高职业教师准入与聘用标准，增加紧缺人才的聘用渠道，探索建立"青海省职业教育教师资源库"，促进不同职业院校互聘互用优秀教师，加强不同学校教师之间的交流沟通。建立激励性的评优晋升渠道，通过不断整合优化师资队伍，培

---

① 王涛. 西部地区构建现代职业教育体系视角下的中高职衔接模式研究[J]. 中国职业技术教育，2014（20）：41-44.

养与形成一支具有素质高、有着较强的自我发展能力以及教学能力、具备相关基础知识的教师队伍。

第三，夯实院校基础，创新办学模式，释放职业教育发展活力。关注企业和市场的需求，做好专业与企业发展的衔接，通过深入的市场调研和科学的专家论证设置需求专业，制定招生计划，探索定向人才培养方案。依据专业课程特色优势，深化校企合作在专业和课程建设上的良性互动，寻找与企业需求、区域发展相协调的专业设置，课程的内容与形式不断创新与优化。职业学校可吸收优秀的工程技术人员和管理人员到学校任教，职业院校教师和学生也可到企业挂职、实习，达到知识更新和实践互动的多赢效果。提升职业学校学生的综合素养，将工匠精神融入人才培养过程，增强企业用工信心，提高学生就业的核心竞争力；破解学生能力与企业需求不匹配、企业合作意愿低、主动性差的重要矛盾。搭建共赢发展的校企合作平台，吸引企业主动参与校企合作，推动校企合作的广度与深度，形成长期稳定的良性互动格局。

第四，依据区域特色资源优势设置专业，重点打造民族特色型和社会紧缺型专业。青海省在发展资源型工业经济上具有很强的优势，但过度依赖资源型工业造成的资源浪费、环境污染、产业结构失衡等弊端一直存在。发展循环经济，推动新能源、新材料等新兴产业发展将成为青海未来经济发展的必然趋势。青海省盐湖化工、光伏产业、服务业等快速发展，化工设备、光电子、现代物流、生态旅游、电子商务、文化产业等方面的专业技能人才紧缺，急需推动现代职业教育的发展。同时，还要根据青海省的实际情况，对相关的产业结构进行合理的调整，清楚地了解其在技能人才方面的需求，立足于生活、生产、生态这三者的良性循环，提前进行专业布局，把专业建在产业链上，建设特色鲜明、紧贴产业的专业及专业群；立足于产业技术应用，协同传统优势专业和新兴产业，吸引行业、企业和社会参与到职业教育专业链建设中。

第五，加大经费统筹力度，加强职业教育财政投入，提升职业教育发展保障水平；引入社会资本，增强职教自身吸引力。将各个州内建立中职学校作为主要的突破口,以"中央、省、市(州)级支持与对口援助"相结合为手段,将加强信息资源、教师队伍、校园校舍以及专业能力等的建设进行大力的宣传。统筹安排教育经费,充分发挥市场作用,探索职业院校与社会资本合作PPP模式,建立多渠道筹措经费的机制。引入社会资本,参与职业教育发展,加大办学基础投入,可以解决经费不足问题,也有助于提升职业教育在社会中的影响力与吸引力。

青海省职业教育改革发展的
现实困境与路径选择

——基于 9 所职业学校的调研分析[*]

邓彩霞[**]

一、问题提出

职业教育是现代教育体系和人力资源开发的重要组成部分。发展职业教育是提高劳动者素质、促进就业创业、推动经济发展与改善民生的重要途径。从政策支持层面看，早在 2002 年我国就颁布了《国务院大力推进职业教育改革的决定》，2014 年、2015 年和 2016 年又分别出台了若干指导性政策。在此背景下，《青海省现代职业教育"十三五"发展规划》《青海省人民政府关于进一步加快现代职业教育改革发展的若干意见》等也相继出台，明确提出了青海省职业教育改革发展过程中的总体要求和重要任务。由此可见，青海省职业教育改革在政策红利下将迎来新的发展机遇。从现实需求层面看，随着国家"一带一路"倡议的不断推进，政府实施制造强国战略《中国制造 2025》行动纲领的逐步实施，人工智能、大数据等新兴科技产业的竞争态势加剧，十九大后我国全面建成小康社会目标的即将实现，以及整个经济社会转型升级背景下一系列体制机制的深刻调整，

---

[*] 本文发表于《攀登》2018 年第 37 卷第 4 期。
[**] 邓彩霞，女，中共青海省委党校改革发展战略研究所副教授，研究方向：公共事业管理。

都对我国传统职业教育体系的适应性与创新性提出了新挑战,尤其是教育资源相对匮乏的西部地区。教育部印发的《中等职业教育改革创新行动计划(2010—2012年)》中指出,"西部地区、民族地区和农村农业职业教育发展相对滞后,区域间发展不平衡"。[①] 而这三个地区无不是当前青海省发展职业教育的现实特征。当前,西部职业教育发展过程中,在专业设置、经费投入、办学模式、教育理念等方面均落后于全国平均水平,[②] 这也为青海省职业教育改革发展提出更为迫切的需求。

当前,学术界关于我国职业教育改革发展的研究已很丰富,主要聚焦于前沿和热点问题,如转型期职业教育发展方向、构建现代职业教育体系、创新职业教育办学模式与人才培养模式、推进职业教育治理体系和治理能力现代化、教学及教师的标准化等方面。[③] 其中,对于西部职业教育改革发展的问题研究也逐渐引起关注,在整体上阐述如从体制机制创新、[④] 路径选择、[⑤] 发展动力分析、发展模式创新等视角出发,或从具体问题入手,如发挥精准扶贫功能、[⑥] 中高职衔接、[⑦] 教师队伍建设等,[⑧] 但多是基于理论与现实因素的主观分析,关于系统调研数据的实证研究还相对缺乏。因此,为进一步探讨与厘清当前青海省职业教育改革发展的方向与思路,本文通过实地调研、深度访谈等形式,从多主体、多区域角度对青海省职

---

① 中等职业教育改革创新行动计划(2010—2012年)[J]. 中国职业技术教育, 2011(1): 55-84.

② 刘晓巍,朱克岚. 西部民族地区特色职业教育体系构建路径探析[J]. 民族教育研究, 2017(4): 141-144.

③ 林克松,石伟平. 改革语境下的职业教育研究——近年中国职业教育研究前沿与热点问题分析[J]. 教育研究. 2015(5): 89-97.

④ 高宝立. 以体制机制创新促进西部高职教育发展[J]. 清华大学教育研究, 2017(5): 15-19.

⑤ 刘丽平. 西部民族地区中等职业教育发展面临的困境与破解——以甘肃省为例[J]. 职业技术教育, 2015, 36(2): 33-35.

⑥ 张世珍. 关于进一步发挥职业教育在西部地区精准扶贫中作用的思考[J]. 教育与职业, 2017(15): 5-7.

⑦ 王涛. 西部地区构建现代职业教育体系视角下的中高职衔接模式研究[J]. 中国职业技术教育, 2014(20): 41-44.

⑧ 黄山井. 论我国西部欠发达地区职业教育现状与教师素质提高探讨[J]. 教育教学论坛, 2013(48): 184-185.

业教育现状以及推进职业教育改革情况进行全面的调查研究，重点关注青海省职业教育的布局结构、师资建设、校企合作、课程设置以及服务本地经济能力等进展情况，以此作为把握青海省职业教育发展的关键内容和深化职业教育改革的重要着力点。

二、研究设计与数据收集

（一）调研关键问题

职业教育改革与发展问题是一个复杂的系统工程，如何从适当途径确定职业教育改革的关键问题，是研究设计的基本出发点。本文从国家政策层面出发，参考孙佩杰等发表的《我国职业教育改革与发展的政策文本分析》一文的结论，该文章选取 2010 年以来，国家层面出台的关于职业教育改革与发展方面的政策文件，包括《国家中长期教育改革和发展规划纲要（2010—2020 年）》（2010）、《国务院关于加快发展现代职业教育的决定》（2014）以及《现代职业教育体系建设规划（2014—2020 年）》（2014）。通过对这三个政策文件进行文本分析，提取出三个文件关注一致性较高的三个方面：现代职业教育体系构建、职业教育办学模式和职业教育教师队伍建设。[①] 本文将其确定为当前我国职业教育改革与发展中的关键问题。同时，结合青海省颁布的相关政策文件要求，本文认为青海省职业教育发展必须体现高原区域特色与服务地方经济，故增加了服务于区域经济的研究。

（二）调研对象

当前，青海省职业教育改革的重点与难点集中在中职学校，本文选择中职学校为重点研究对象。考虑地域分布和学校层次结构的合理性，调研方式主要采取分层抽样和随机抽样相结合的方法进行。对互助县职业技术学校、黄南州职业技术学校、青海建筑职业技术学院、西宁卫生职业技术学校、青海畜牧兽医职业技术学院、青海省工业职业技术学校、果洛州职

[①] 孙佩杰，张淑晗. 我国职业教育改革与发展的政策文本分析［J］. 河南科技学院学报，2015（2）：1-3.

业技术学校、雪域大吉利众藏医药学校、吉美坚赞民族职业学校等9所职业学校进行深入调研，其中后三所为民办学校。另外，考虑调研样本区域分布的均衡，本调研组通过查阅文献资料等形式对玉树藏族自治州的职业学校发展现状进行了相应调研。这样，本调研所选取样本基本可以代表整个青海省职业学校当前改革发展的现状，并以此反映相关问题。

（三）数据搜集与分析

在调研中共发放问卷860份，剔除无效问卷后，共回收有效问卷839份，有效率达97.6%。其中，以校领导为调研对象的问卷74份，以教师为调研对象的问卷139份，以学生为调研对象的问卷626份。另外，还有通过相关访谈整理的一手资料。

对职业学校学生的基本信息统计中，包括性别、年龄、民族、生源地以及所在年级等基本信息。在学生的调研样本中，有231名男生，占比36.9%，相比而言，女生占比明显更高，这与调研专业以学前教育、护理等专业为主有一定关系。在年龄统计中，有6.75%的学生在16岁及以下，大部分集中在17~20岁，占比为71.54%，21岁及以上的占21.7%。对于21岁及以上的职业学校学生占比也较大的原因在于，一是调研的学校样本中包括两所高职学校；二是中职学校的生源部分来自往届初中生，导致了就学年龄偏大。在民族分布中，47%的学生为汉族，40%为藏族，回族与土族占比都为5%，其他民族占3%。调研样本的民族结构与青海省整个民族结构基本一致，也反映出青海省职业教育的区域民族特殊性，即以汉族和藏族为主要民族的区域教育。在生源分布中，88.44%的学生来自农村，11.56%的学生来自城镇。该结构比例反映了青海省整体经济发展水平较低。在年级分布中，20.72%的学生为一年级，61.47%的学生为二年级，毕业班的学生占比为17.81%。从样本整体看，二年级和三年级学生占比达到79.28%。由于大部分职业学校学生在二年级一般有过实习实训经验，这样基本保证了调研中学生对实训相关信息的真实反映。除了以上信息外，本文为更为全面反映学生信息状况，还调研了职业学校学生的家庭经济、专业分布、学生专业满意度、影响主体等信息。

三、青海省职业教育改革初见成效

近年来,青海省政府在教育资源相对匮乏、发展基础薄弱的条件下,不断探索与创新职业教育发展模式,以支持性政策法规为引领,对接本土产业发展需求,尝试性引入社会资本,加强校企关系搭建和学校师资培养等根本性建设,使得职业教育发展加快,体系日趋完善,为提高劳动者素质、服务区域经济发展,起到了重要的支撑作用,也取得了较为明显的成效。

(一)办学模式趋向灵活化,体系结构不断探索与调整

青海省职业教育经过了几十年的发展,已经形成了中等、高等多层次相结合的职业教育体系。据统计,目前全省共有中等职业学校39所、高等职业院校8所,在校生共计96540人。其中中职在校生74057人,高职在校生22483人。随着经济的发展、市场的成熟,目前青海省职业教育办学模式已由单一逐渐走向多元,逐渐呈现出办学主体的多元化、办学模式多样化的格局。地方政府办学、企业办学、行业与企业联合办学、民间力量办学等灵活多样的职业教育办学模式正在全省范围内进行着积极的探索。当前,青海省基本形成了各级各类职业教育统筹发展,职教、普教、继教沟通衔接,高职学校与普通高校考试招生相对分开的格局。

(二)职业教育法律制度体系基本完善

职业教育法制建设是现代职业教育体系的重要组成部分,是促进职业教育发展的有力保障。青海省在国家层面的《教育法》《职业教育法》《劳动法》《国务院大力发展职业教育的决定》《国务院加快发展现代职业教育的决定》《教育部关于深化职业教育教学改革,全面提高人才培养质量的若干意见》等政策法规的基础上,相继出台了《青海省贯彻落实国务院关于大力发展职业教育的决定》《青海省人民政府贯彻落实国务院关于加快现代职业教育决定的实施意见》《青海省"十三五"教育改革和发展规划》《青海省现代职业教育"十三五"发展规划》《青海省人民政府关于进一步加快现代职业教育改革发展的若干意见》等政策法规,基本形成了行政法

规、政策性文件相配套的较为完善的职业教育法律制度体系。

（三）政府财政持续投入，基础办学条件显著改善

近年来，青海省政府将发展职业教育作为教育发展的战略重点，提高全社会兴办职业教育的积极性，积极办好公办职业院校，大力发展民办职业院校，推进职业教育专项建设计划。在财政扶持上，青海省政府不断加大财政教育投入，确保中高职教育经费按国家规定的比例逐年增长。党的十八大以来，中央和省级财政累计投入20多亿元，2017年职业教育专项资金增加到5.2亿元，比上年增长34.21%，创历史新高。同时也重视藏区职业教育发展，"十二五"期间青海累计安排9.6亿元大力发展藏区职业教育，2016年共投入1.79亿元发展民族地区职业教育。在政府财政持续投入下，青海省职业教育基础设施、设备等硬件设施得到提升，整体办学条件显著改善。

（四）校企合作程度不断深入，办学创新水平不断提升

当前，青海省校企合作不再局限于传统的单一顶岗实习类的合作形式，正向多元化、深层次转变。在校企合作的形式上更具多元化，如：订单培养、现代学徒制、专业共建、联合实验室等。在校企合作的深度上不断拓展，既注重学生培养，也关注教师的继续培训。青海省职业学校办学水平逐步提升，创新性增强。在专业设置创新上，有的职业学校按照省级指导，根据区域特色差异，调整专业结构，探索与创新发展新兴专业；在校企合作创新上，探索多元主体组建紧密型职业教育集团，促进教育链和产业链的有机融合。成立了由企事业单位、学校、科研机构和协会为成员单位的交通运输、现代农牧、建筑通信等9个职业教育集团。开展现代学徒制试点，探索校企"联合招生、合作育人、定向就业"的技术技能人才培养机制。推行学分制、分段制培养等灵活多样的教学组织形式，丰富人才培养模式。另外，青海省正在推进学历证书和职业资格证书"双证书"制度，鼓励职业院校加强与职业技能鉴定机构、行业企业的合作；在课程设置创新上，建立职业院校与行业企业联动开发课程机制，使课程设置能及时反映经济发展、产业升级和技术进步的要求，专业课程和教材能与技

术进步和装备保持同步更新，专业课程内容能对接最新职业标准、行业标准和岗位规范。

四、建设现代职业教育任重而道远

（一）现代职业教育体系发展不完善

当前，青海省现代职业教育体系已基本形成，但现代职业教育的内涵建设还存在诸多不足，主要表现为：其一，教育资源区域差异大，院校发展不均衡，不同地域、不同层次、不同性质的学校发展程度各异。从全省范围看，职业教育存在教育资源区域分布不均衡，一半以上的职业学校分布在省会西宁，职业教育向中心富集的特征明显，这种职业院校分布格局与青海省区域经济发展不均衡紧密相关。从不同层次看，中职与高职之间、省级与州县级之间的职业学校发展情况各异。州县中职学校从硬件基础设施建设普遍优于省属高级院校，省级高职院校，西宁市、海东市中职院校学校软件建设优于州县院校。从不同性质看，民办和公办职业院校发展程度不同，藏区院校尤为薄弱。公办学校硬件基础设施明显优于民办学校，民办学校软件建设优于公办学校。其二，职业学生升学意愿高，培养"立交桥"不畅通。调研发现，当前广大职业学生有迫切而广泛的升学愿望，但整体来看，中职学生升学率仍然较低。可见，青海省职业教育学生继续深造存在"断头路"的情况尚未有效解决。

（二）师资力量薄弱，招生问题凸显

青海省职业教育专业教师短缺一直是影响职业教育发展的制约因素。目前，青海省中职学校生师比32∶1，远高于国家20∶1的标准，州、县大部分职业学校没有专门编制，多数占用普通中小学校编制。果洛州、海南州和黄南州中等职业教育的生师比甚至在50∶1以上，基本依靠外聘等途径解决，难以满足教学的长期需求。加上当前中职学校教师待遇较低，编制有限，很多临聘教师身份无法转变，致使其积极性不高，造成师资队伍骨干流失，整体队伍不稳定。而且，在新教师招聘时由于考试制度所限，教师招聘的自主性和灵活性不够，从而导致真正具有高专业技能型人才入

校困难。另外，因职教吸引力不足等导致学校面临生源危机。当前，青海省中职在校生74057人，占高中阶段学生的38.10%，与全国43%的平均水平有一定差距。在职业学校招生工作困难程度的调研中，学校管理者认为，当前所在职业学校招生比较困难和非常困难的分别占比39%和17%，占到一半以上，这反映出职业教育生源短缺的现实。

（三）办学管理体制机制不畅，校企合作深度不够

目前，青海省职业教育实行省、地方、学校三级管理模式，这种多主体模式一定程度造成体制机制不畅，权责不清的弊端。一方面，由于政府的双重身份（出资及管理）常常造成政府的角色混乱，而且职业教育涵盖范围非常宽，常涉及教育部门、劳动部门、民政部门等多个部门，这又极易形成多头管理的局面，并产生权责不明、统筹不力、政出多门等混乱现象，致使教育资源浪费；另一方面，职业教育在管理方式上多年来一直采用线性垂直管理，发展职业教育的决定权在省政府，分级管理以及地方政府统筹为主，下级贯彻上级决策，地方职业院校严格配合与执行。这就容易造成各级学校自主办学权力受限，抑制了学校办学的积极性和主动性。青海省各级职业院校在专业设置、教师评聘、招生等方面均受到各种限制，学校办学自主性较差，难以根据学校实际进行灵活调整。

（四）服务本地经济广度高，产教融合深度低

职业教育的功能在不断拓展，对其现实价值的观照也在随之变化，从过去单一的经济功能视角，逐步转变为经济功能、社会功能和人本功能并重的视角。① 其中，本地化就业的数量与质量一定程度衡量了职业学校学生服务本地经济的能力，而就业的专业对口率是就业质量的重要指标。一方面，对学生就业地点意愿选择和实际毕业去向的调研看，职业学校学生本地化就业倾向明显，而对职业学校学生就业质量的调研看，发现总体就业质量处于较低水平；另一方面，专业链与产业链不匹配，服务产业发展

---

① 中国职业技术教育学会课题组，于志晶，刘海，程宇，李玉静，岳金凤，孟凡华，房巍. 从职教大国迈向职教强国——中国职业教育2030研究报告[J]. 职业技术教育，2016，37（6）：10-30.

能力不足。青海省职业教育学校的专业设置与区域产业规划存在脱节问题，不能有效适应产业发展的需求。职业教育成功与否最终是由企业和市场来检验，学校缺乏与企业的全面合作机制，课程体系与生产实际需要存在一定差距。特别是优势专业不突出、新兴专业不充足，对青海省产业结构调整、转型升级和新兴产业发展的支撑不够。当前，"校企合作""开放式教学"等模式已成职业院校发展共识，但在实际教学中，企业参与意愿不高，企业合作意愿低。校企合作存在企业不热学校热的"一头热"，校企合作关系不稳定，凭借校领导私人关系维系的现象比较普遍，校企合作层次低。

（五）保障性投入欠缺，学校可持续发展受限

目前，全省职业院校大部分办学指标低于国家标准，也低于全国平均水平。如生均建筑面积、图书、仪器设备值分别为 13.5 平方米、14 册、4151 元，远低于全国 18 平方米、26 册、5010 元的平均水平。按照教育部颁布的中等职业学校和高职院校设置标准，中职学校除 7 所民办学校不达标外，青海女子职校、青年职校、西宁二职、湟源、循化、化隆、门源、贵德县职校等 8 所学校占地、建筑面积等基础设施不达标。部分高职院校办学空间严重不足。其原因主要在于：一是财政投入缺乏可持续性，影响职业教育质量提升；二是由于地方财政紧张，青海一些职校如由原来普通中专合并而来的这些学校发展基础较为薄弱，实训设施简陋，办学条件差比较普遍。由于资金保障不足，青海省职教学校普遍存在专业教师紧缺、教师待遇不高、专业教师和临聘教师同工不同酬等现象，这在一定程度上影响了职业教育的吸引力，限制了优秀教师加入，进而导致职业教育质量难以保障。

五、深化青海省职业教育改革发展的路径选择

根据青海省区域发展布局，基于青海省职业教育供给现状和问题分析，需要抓住国家教育体制改革以及青海省现代职业教育改革的历史机遇，尽快形成较为完备的青海省现代职业教育基本制度体系。

 高原职业教育的改革与发展研究

（一）优化布局，促进职业教育体系均衡发展

职业学校布局与结构的优化调整是青海省职业教育改革的核心内容，也是服务企业行业集聚和地方区域经济发展的重要支撑。一是要继续坚持"州校均衡，产业主导"的原则，根据当前青海省产业布局特征和发展需求，将职业院校建设与产业发展同步规划，实现人才链、专业链和产业链的有序对接。同时，兼顾区域经济平衡发展的需要，六州重点实施"一州一校"建设规划，结合《中国制造2025青海行动方案》和产业发展需求，对各类职业学校进行资源整合和发展评估，开展学校之间必要的联合、合并、协作等，对不具备独立办学条件、停止招生的职业学校进行撤销、改建或整合，发挥整体效益。二是加强中高职在数量、专业设置的均衡衔接和教育资源的共通共享，真正实现中高职贯通。三是加大民办教育扶持力度，注重公办与民办职业学校办学发展的平衡。

（二）协同培养，确保教师数量与质量的稳定性[①]

师资队伍建设是职业教育质量提升的关键。首先，要拓宽师资渠道，实现人才聘用标准灵活化。通过政府购买服务、外聘等形式来拓宽师资来源渠道，包括对双师型教师、实习实训教师和其他教辅人员的引进。学校要根据本校师生比实际，制定院校教师配备的数量与结构标准。政府要坚持总量控制、动态调整的原则，将各区域职业院校的实际需求纳入每年教师招聘的计划中，实现师资分配的均衡性，缓解师资短缺的困境。在招聘标准上，考虑现实情况，注意增加紧缺人才的聘用渠道，探索建立"青海省职业教育教师资源库"，面向省内外引进工程技术型和传统技能型的双师型教师，统筹调配与解决职业教育教师紧缺问题。建立全省职业院校之间的教师信息库，实现职业院校之间优秀教师资源的沟通交流与互聘互用。其次，加大培养力度，提升现有教师职业素养水平。一是需要政府提高职业教育财政投入，增加教师培训机会，继续实施"职业院校素质提升

---

① 严全治，申家龙. 职业教育改革发展应关注的几个问题——兼论国家职业教育改革试验区的功能与任务［J］. 职教论坛，2011（25）：4-8.

计划",加大与企业、社会联合培养的力度,支持和鼓励教师参与到企业的实训中。二是建立科学合理的教师质量动态评估制度,增强教师队伍的活力与知识更新,并将教师的培训和企业实践经历纳入考评、晋升标准之中,增强教师参与培训积极性。最后,放宽编制限制,拓宽教师职业发展空间。主管部门会同省编办核定教师岗位总额,制定教师配备标准,适当放宽职业院校教师编制数量限制。同时,也要拓宽教师职业发展空间,制定出台符合职业教育教师队伍发展的职称评审实施办法,同时简政放权,扩大并赋予职业院校在专业设置和调整、人事管理、教师评聘、收入分配等方面的办学自主权。

(三)创新办学模式,释放职业教育发展活力

健全政府推动、行业指导、企业参与的办学模式是推动职业教育改革发展的抓手。其中,地方企业参与办学的广度与深度是衡量职业教育校企合作质量的重要标准,也是学校对地方经济贡献的评价依据。地方政府可依据企业参与校企合作的程度,制定相关优惠政策进行引导,鼓励和奖励企业中的专业技术人员到职业学校进行讲课,支持校企共建实训基地,并对校企合作深度开展的企业在税收、资金上予以减免和扶持等,或实行"以奖代补"方式激发企业参与动力,以此培植校企合作的土壤,吸引更多企业主动参与到职业教育过程中,实现校企深度持续合作。在合作模式上,注重探索企业入股合办学校的模式,实现学校、企业、社会等多元共赢发展。通过建立政府、企业和其他社会力量共同发挥办学主体作用以及公办和民办职业院校共同发展的职业教育办学体制,激活职业教育发展活力。

(四)产教融合特色办学,提升服务地方经济能力

职业教育面向生产、建设、服务、管理第一线培养高素质劳动者和高技能专门人才,这决定了职业教育必须主动与区域经济社会发展相适应,主动面向社会和市场办学。当前,职业学校与区域经济产业结合的普遍形式即产教融合。产教融合不同于传统意义上的校企合作,其标准并不在于合作企业的数量,而是在于专业、课程设置的标准能否代表产业最新技术水平,办学的体制机制是否符合校企一体化的现实需要。因此,专业设置

的合理性与学校布局的战略性直接影响到职业学校服务青海省地方经济社会发展、顺应产业转型升级的能力水平。在课程设置上，需要立足区域特色资源优势和产业优势打造青海省职业教育的专业结构，避免盲目设置既大而全又不能体现西部特色的职业学校，而要与区域经济发展特点紧密结合，适应本地化经济发展需要。① 职业院校依据区域特色产业开办专业，促进教育链与产业链有效对接是青海职业教育改革的关键抓手。另外，需要注重发挥职业教育精准扶贫的重要功能，对民族贫困地区农民进行农业技术培训，使其迅速转化为适应民族特色农业产业发展的职业农民，提升服务区域经济能力。② 而且，随着互联网技术的发展，要善于运用技术工具，提升教育效果与质量。可以尝试探索出一种能更有效地落实精准扶贫战略的西部农村职业教育制度，如建立网络扶贫管理机制、开发网络培训课程、打造教师队伍以及建立健全基于大数据支持的农村职业教育精准扶贫评价机制等。③

（五）加强投入，推动职业教育基础建设全面达标

发挥政府财政投入主体责任，以藏区每州重点建好一所中等职业学校为突破口，以"中央、省、市（州）级支持与对口援助"相结合为手段，大力加强校园校舍、实训基地、教师队伍、专业能力、信息资源和校园文化建设。推动职业教育硬件设施提档升级，对照职业教育院校设置标准，围绕专业人才培养需求，优化硬件资源配置与组合，确保生均占地、建筑面积等指标达标。进一步完善校内教学实训条件，积极拓展校外实训基地。推动软件资源持续提升，保障职业院校用人自主权，容许学校根据实际需要设置教师岗位，鼓励行业企业能工巧匠到院校兼职，允许学校自主分配教师编制部分的用人经费。需要制定并落实职业院校生均经费标准和

---

① 胡绍英，潘留栓. 职业教育：西部地区教育发展的现实选择［J］. 甘肃省经济管理干部学院学报，2001（3）：55-57.

② 虎文华. 西部少数民族地区职业教育精准扶贫研究综述［J］. 中国职业技术教育，2018（3）：42-48.

③ 李延平，陈琪. 西部农村"互联网＋"职业教育精准扶贫的制度创新［J］. 电化教育研究，2017，38（12）：32-36，43.

公用经费标准，地方教育费附加用于职业教育的比例应不得低于30%。同时，还需要具体问题具体分析，特别是对于省内部分州县地区（如三江源地区）经济发展落后的现实，普遍存在教育费附加落实不到位的问题，地方教育经费转移支付力度小等。因此，需要政府加大市（州）、县级财政在职业教育中的投入力度，以解决经费不足的问题。建立多渠道筹措经费的机制，探索职业院校与社会资本合作PPP模式，破解政府、职业院校融资难题。

对于青海省职业教育改革发展的问题研究，既存在我国乃至世界范围发展问题的普遍性，也存在青海省职业教育自身发展的特殊性。为了更好地结合普遍性与特殊性，本文从青海省职业教育改革发展实际出发，围绕职业教育体系构建、师资队伍建设、办学模式以及产教融合四个关键问题进行深入调研与分析，发现与总结当前青海省职业教育发展的制约因素与存在问题，进而提出推进青海省职业教育的深化改革的路径。总之，立足于现实基础，将青海省区域经济发展需要和国家战略发展的长远需求相结合，是青海省职业教育改革发展研究的最终落脚点。

从数据看新时代以来青海职业教育发展*

王海春　王　荣**

截至 2016 年，全省共有职业院校 47 所，其中，中等职业学校 39 所，高等职业教育学校 8 所，另外，青海大学、青海师范大学、青海大学昆仑学院、青海民族大学 4 所本科院校均设有专科专业。中等职业教育招生 26852 人，在校生 74057 人，高等职业教育招生 9106 人，本科院校专科层次招生 1227 人，在校生 25714 人，职业教育在校生共计 99798 人。

一、办学规模逐步扩大

中等职业学校办学规模逐步减小，高中阶段普职招生差距继续拉大，中职教育占高中阶段比例持续走低。招生规模从 2012 年的 30143 人减少至 2016 年的 26852 人，如图 1（2012—2016 年招生情况）；在校生由 2012 年的 76842 人减少至 2016 年的 74057 人，减少了 2785 人，如图 2（2012—2016 年中职在校生）；每万人在校生由 2012 年的 134 人减少至 2016 年的 125 人，减少了 9 人，如图 4（2012—2016 年中高职每万人在校生）；中等职业教育在校生占高中阶段在校生比例，由 2012 的 44.11% 下降到 2016 年的 38.65%，下降了 5.46 个百分点，如图 5（2012—2016 年高中阶段招生普职比情况）。①②

---

* 本文发表于《青海交通科技》2019 年第 4 期。
** 王海春，青海交通职业技术学院；王荣，青海交通职业技术学院。
① 青海省教育厅. 2017 年青海省教育事业发展简明统计分析［Z］.2017：25-27.
② 青海省统计局. 青海统计年鉴［M］. 北京：中国统计出版社，2017.

高职高专学校办学规模持续扩大。高职高专教育招生规模，由 2012 年的 6525 人增加到 2016 年的 10333 人，增长了 58.36%，其中高等职业教育招生规模招生比例增长较快，由 2012 年的 5723 人增加到 2016 年的 9106 人，增长了 59.11%，如图 1（2012—2016 年招生情况）；每万人在校生由 2012 年的 108 人增加至 2016 年的 126 人，增长了 16.67%，如图 4（2012—2016 年中高职每万人在校生）；在校生由 2012 年的 17006 人，增长至 2016 年的 25714 人，增长了 51.2%，如图 3（2012—2016 年高职在校生）。①②

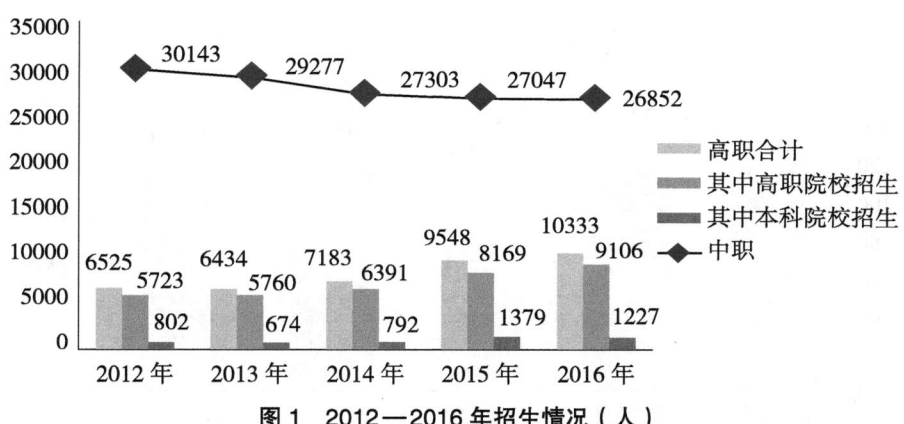

图 1　2012—2016 年招生情况（人）

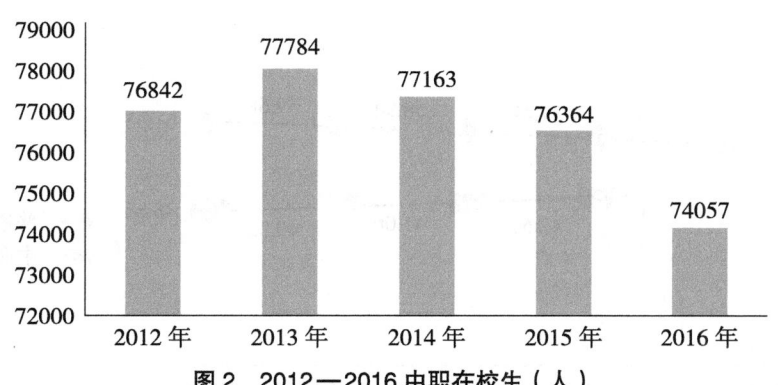

图 2　2012—2016 中职在校生（人）

---

①　青海省教育厅. 2017 年青海省教育事业发展简明统计分析［Z］. 2017：25-27.
②　青海省统计局. 青海统计年鉴［M］. 北京：中国统计出版社，2017.

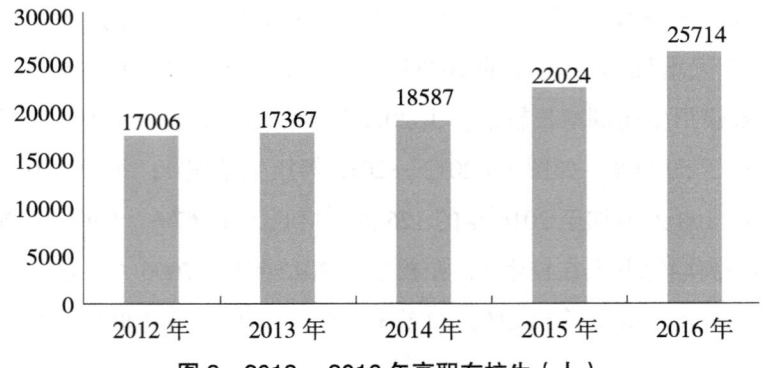

图 3　2012—2016 年高职在校生（人）

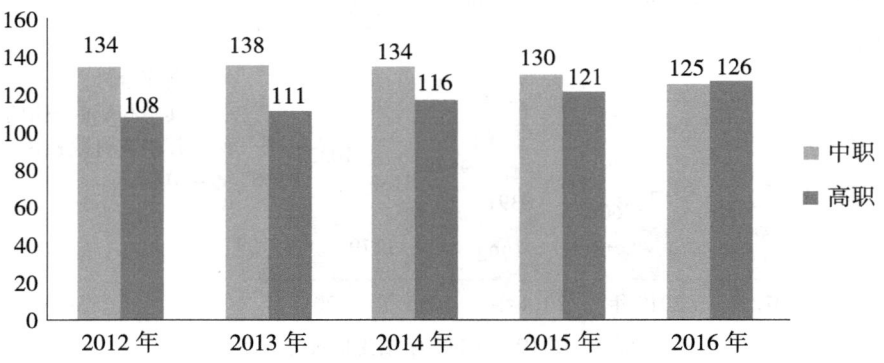

图 4　2012—2016 年中高职每万人在校生（人）

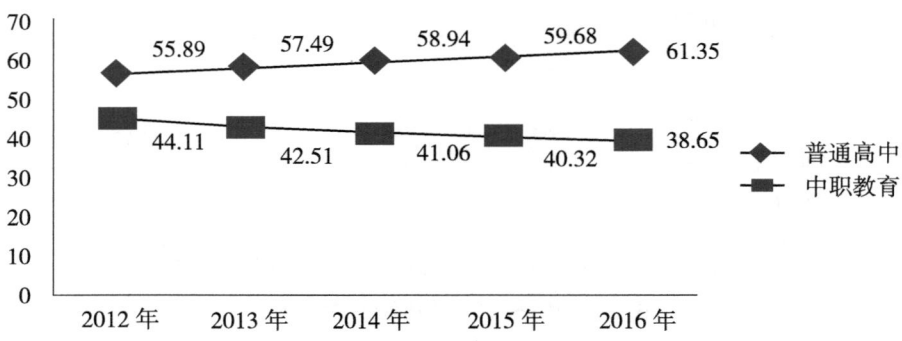

图 5　2012—2016 年高中阶段招生普职比情况（%）

二、专业结构进一步优化

2013年11月,省政府印发了《关于进一步优化全省高等教育和职业教育布局及学科专业结构的意见》(青政〔2013〕74号)。提出以服务地方经济社会发展和培养创新型、实用型、技能型人才为目标,以促进学生就业为着眼点和落脚点,全面调整高等教育和职业教育专业结构的指导思想、工作目标、主要任务和保障措施。采取增招、停招、减招、隔年招等调控手段,推动专业结构优化调整。全国《中等职业学校专业目录(2010年修订)》中有专业类别19个、专业321个,我省中等职业学校招生专业类别实现了全覆盖,全国《普通高等学校高等职业教育专科(专业)(2015年)》中专业大类19个、专业类别99个、专业748个,我省高等职业教育专科招生除水利大类、轻工纺织大类没有招生外,其余专业大类17个全部招生,基本实现了省政府印发《关于进一步优化全省高等教育和职业教育布局及学科专业结构的意见》的总目标。我省近五年排名前十位中、高等职业教育招生专业排序,见表1近五年排名前十位的中等职业教育招生排序表,表2近五年排名前十位的高等职业教育招生排序表。[①]

表1 近五年排名前十位的中等职业教育招生排序表

序号	2012年 专业分类	招生数	2013年 专业分类	招生数	2014年 专业分类	招生数	2015年 专业分类	招生数	2016年 专业分类	招生数
1	加工制造类	7314	加工制造类	7756	加工制造类	6106	加工制造类	5989	加工制造类	4990
2	教育类	3861	信息技术类	2465	农林牧渔类	3031	医药卫生类	3299	医药卫生类	3988
3	石油化工类	2749	教育类	2411	医药卫生类	2390	交通运输类	2810	教育类	2974

---

① 青海省教育厅.2017年青海省教育事业发展简明统计分析[Z].2017:25-27.

续表

序号	2012年 专业分类	招生数	2013年 专业分类	招生数	2014年 专业分类	招生数	2015年 专业分类	招生数	2016年 专业分类	招生数
4	医药卫生类	2642	旅游服务类	2382	交通运输类	2292	农林牧渔类	2460	交通运输类	2741
5	信息技术类	2531	医药卫生类	2257	石油化工类	2232	旅游服务类	2213	旅游服务类	2031
6	旅游服务类	2410	石油化工类	2162	教育类	2204	教育类	1905	信息技术类	2026
7	文化艺术类	2383	农林牧渔类	2014	信息技术类	2098	信息技术类	1777	文化艺术类	1729
8	交通运输类	1667	交通运输类	1921	旅游服务类	2095	文化艺术类	1651	农林牧渔类	1632
9	财经商贸类	1040	文化艺术类	1920	文化艺术类	1482	石油化工类	1157	石油化工类	1076
10	农林牧渔类	866	土木水利类	959	土木水利类	668	土木水利类	789	土木水利类	814

表2 近五年排名前十位的高等职业教育招生排序表

序号	2012年 专业分类	招生数	2013年 专业分类	招生数	2014年 专业分类	招生数	2015年 专业分类	招生数	2016年 专业分类	招生数
1	土木建筑类	1268	土木建筑类	1362	土木建筑类	1286	医药卫生类	1296	医药卫生类	1367
2	医药卫生类	1077	医药卫生类	846	文化教育类	884	土木建筑类	1175	土木建筑类	1226
3	农林牧渔类	751	农林牧渔类	760	医药卫生类	865	电子信息类	1124	农林牧渔类	1078
4	文化教育类	660	交通运输类	673	电子信息类	739	农林牧渔类	981	财经商贸类	862
5	交通运输类	636	电子信息类	666	交通运输类	647	制造类	972	电子信息类	811

续表

序号	2012年 专业分类	招生数	2013年 专业分类	招生数	2014年 专业分类	招生数	2015年 专业分类	招生数	2016年 专业分类	招生数
6	电子信息类	592	文化教育类	519	农林牧渔类	621	财经商贸类	951	制造类	758
7	旅游服务类	477	制造类	425	旅游服务类	401	交通运输类	871	交通运输类	743
8	制造类	360	旅游服务类	386	制造类	376	旅游服务类	616	文化教育类	551
9	财经商贸类	258	财经商贸类	259	财经商贸类	329	文化教育类	483	旅游服务类	394
10	法律类	128	公安类	147	生化与药品类	269	公安类	274	公安类	335

三、现代职教体系初步建立

深化职业教育招生制度改革，建立中等和高等教育贯通的立交桥，高职院校采取扩大单考单招、"老高职"、"五年一贯制"等招生考试方式，使全省中职与高职院校贯通的学习通道全部打通。2016年高职院校的38个专业与27所中职学校的专业实现对接，2017年实现了全省中等职业学校和8所高职院校38个专业对接全覆盖，315名学生通过单考单招被省内外高职院校录取，打通了中等和高等职业教育贯通的立交桥，超过30%的中职学生升入高职院校继续学习。[①] 普通本科高校的部分专业探索与中、高职专业对口招生。

四、产教融合、校企合作迈上了新台阶

2017年国务院办公厅《关于深化产教融合的若干意见（国办发〔2017〕

---

① 王绚. 中国教育报［M］. 创先争优全力推进教育综合改革，2017.

95号)》发布后，我省召开全省职业教育工作会议，省政府印发《关于进一步加快现代职业教育改革发展的若干意见》，明确了职业教育发展目标、重点任务和具体措施。进一步强化了产教融合、校企合作，积极鼓励和支持社会力量参与，有效增强了职业教育的吸引力，截至2016年全省成立了9个职业教育集团，建立了300多个校内外实训基地，与省内外400多家企业建立了良好的校企合作关系。①集团内各成员单位在专业建设、师资培养、创新创业、学生实习、实训和就业、社会服务等方面开展合作，有力地推动了职业教育的发展。

五、职业教育支出不断增加

2016年职业教育支出达158386万元（其中初等职业教育达2919万元，中等职业教育达37889万元，高等职业教育达58405万元，其他职业教育支出达59173万元），较2012年的70296万元，增加了88090万元，增长了125.31%，见表3（2012—2016年职业教育支出）。②2015年全国各地高职高专学校生均公共财政预算教育经费支出为12751元，相比2014年增长约26%，我省高职高专学校生均公共财政预算教育经费支出为15358元，③高于全国平均值。

表3 2012—2016年职业教育支出（单位：万元）

名称	2012年	2013年	2014年	2015年	2016年
职业教育	70296	87452	92034	112784	158386
初等职业教育	1312	1640	2049	2555	2919
中专教育	3064	17375	6566	8239	10070
技校教育	10952	4069	3149	4368	12770

---

① 王绚.奏响新时代高原教育的交响曲——2017年度全省教育工作综述[J].青海教育，2018.

② 青海省财政厅.2012—2016年全省决算公开数据[Z].http://czt.qinghai.gov.cn/list.aspx?tid=wltrannle.18080615543099750700.

③ 上海市教育科学研究院麦可思研究院.中国高等职业教育质量年度报告[R].2017：22-23.

续表

名称	2012 年	2013 年	2014 年	2015 年	2016 年
职业高中教育	13163	11480	12363	13906	15049
中等职业教育（小计）	27179	32924	22078	26513	37889
高等职业教育	28573	16715	31779	40113	58405
其他职业教育支出	13232	36173	36128	43603	59173

六、职业教育吸引力不断增强

截至 2016 年高等职业教育报到率达 87.57%，较 2012 年的 83.24% 提高了 4.33 个百分点，平均录取率达 95% 以上，见图 6（2012—2016 年高等职业教育报到率、录取率）。中等职业教育就业率达 97.91%，较 2012 年 97%，提高了 0.91 个百分点；高等职业教育就业率达 95.96%，较 2012 年的 94.34%，提高了 1.62 个百分点，见图 7（2012—2016 年就业率）；按大类高职初次就业率，见表 4，2017 届高职生按大类初次就业率统计。[①] 职业教育录取率、报到率、就业率持续提升，表明了职业教育的吸引力不断增强。

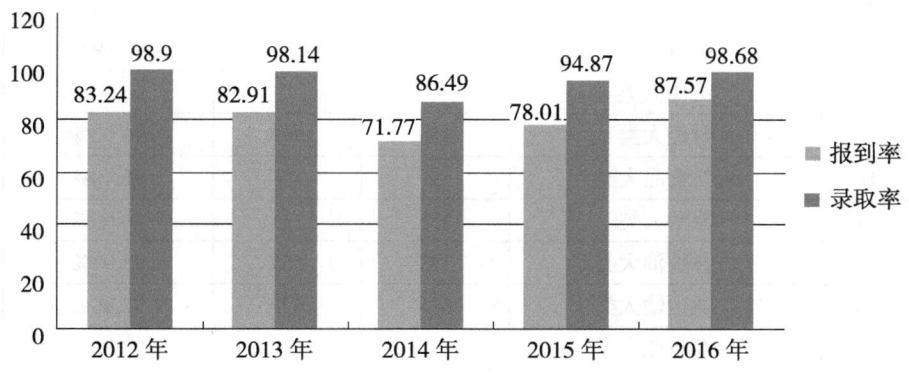

图 6　2012—2016 年高等职业教育报到率、录取率

---

① 青海省交通厅. 青海省 2017 届普通高校毕业生就业质量报告［R］. 2017：15-17.

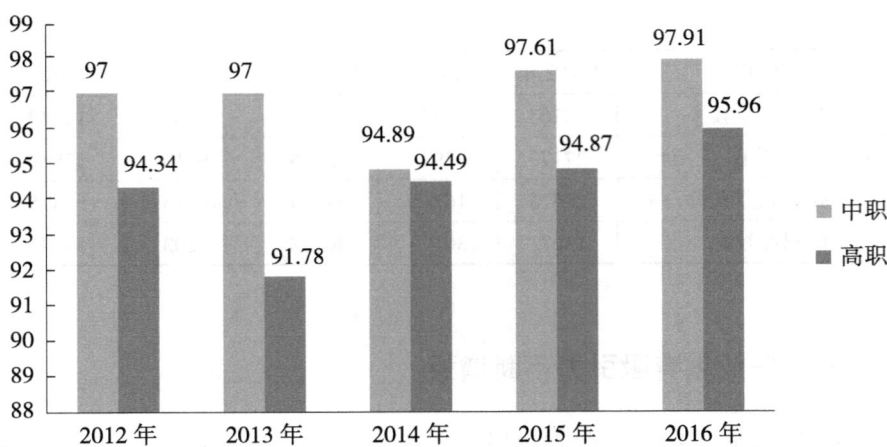

图 7 2012—2016 年就业率（%）

表 4 2017 届高职生按大类初次就业率统计

序号	科类	毕业生数	就业人数	总初次就业率
1	资源开发与测绘大类	181	181	100.00%
2	材料与能源大类	71	71	100.00%
3	艺术设计传媒大学	67	67	100.00%
4	生化与药品大类	235	232	98.72%
5	电子信息大类	771	759	98.44%
6	土建大类	1174	1152	98.13%
7	制造大类	348	341	97.99%
8	法律大类	98	95	96.94%
9	财经大类	355	343	96.92%
10	轻纺食品大类	28	27	96.43%
11	旅游大类	355	341	96.06%
12	农林牧渔大类	593	557	93.93%
13	交通运输大类	665	624	93.83%
14	公共事业大类	64	60	93.75%
15	医药卫生大类	880	824	93.64%
16	文化教育大类	706	658	93.20%
17	公安大类	145	134	92.41%
	合计	6736	6466	95.99%

青海省高等职业教育与区域经济协调发展研究[*]

赵 倩[**]

一、青海省高等职业教育与区域经济发展的概述与现状

青海地处我国青藏高原东北部,是连通我国西北地区与中东部地区的重要交通枢纽,具有重要的战略地位。这为青海社会经济的快速发展提供了难得的机遇,必然也对青海的劳动力市场提出了巨大挑战。

(一)高等职业教育发展

1. 高职教育发展概况

截至 2014 年,青海共有普通高校 11 所,其中 3 所为普通高等院校,8 所为专科层次的高等职业院校,如:青海畜牧兽医职业学院,专业数量 16 个;青海交通职业技术学院,专业数量 20 个;青海建筑职业技术学院,专业数量 13 个;青海卫生职业技术学院,专业数量 9 个;青海警官职业技术学院,专业数量 4 个;西宁城市职业技术学院,专业数量 11 个;青海高等职业技术学院,专业数量 5 个;青海柴达木职业学院,专业数量 8 个;总共开设 79 个专业。

2. 高等职业教育 SWOT 分析

通过 SWOT 战略分析方法,结合内部资源与外部资源探讨青海高等职

---

[*] 本文发表于《柴达木开发研究》2016 年第 1 期。
[**] 赵倩,青海民族大学。

业教育所存在的优势和缺陷以及面临的机遇和风险。

（1）优势（Strength）

目前，青海省独立设置的高等职业院校共8所，特别是在2014年省政府批复新建三所综合性的高职院校，弥补了以往由行业办学带来的专业发展单一的缺陷。

（2）劣势（Weakness）

虽然，青海的高等职业教育发展迅速，但长期发展的滞后，使得青海高职教育实现跨越式的发展困难重重。

（3）机遇（Opportunity）

当前，加快发展职业教育，构建现代化的职业教育体系成为教育工作的重心所在。尤其在西部大开发及新丝绸之路的带动下，更加开放互动的大环境将为青海的高等职业教育拓展出很大的空间。

（4）威胁（Threat）

虽然青海近年来经济取得快速发展，未来发展前景也很广阔。但是经济发展的不平衡必然会导致教育发展的不平衡。

（二）青海经济发展现状及趋势

1. 青海经济形势概述

近年来，青海社会经济发展始终保持着稳定而快速的增长态势，无论是地区生产总值，还是人均生产总值，或工业增加值、财政收入、社会消费品零售总额等指标都不同程度地有所提升。2009年生产总值为1018.62亿元，工业总产值为1260.92亿元，工业增加值为468.60亿元；而2013年生产总值为2101.05亿元，工业总产值为2452.81亿元，工业增加值为964.23亿元，同比可以看出，青海省社会经济发展呈增长趋势。

2. 青海经济发展趋势

根据《青海省国民经济和社会发展第十三个五年规划纲要》，可以找出青海省的发展趋势，首先是要打造现代农牧业体系，围绕种植业、畜牧业、渔业、农畜产品加工流通业等四大行业进行构建。其次构建绿色循环经济体系，促进经济产业结构的全面优化，人民生活水平和质量普遍提高，就业、教育、文化、社保、医疗、住房等公共服务体系更加健全，基本公共服务均等化水平稳步提高。收入差距缩小，中等收入人口比重上升。全省现行标准下农村贫困人口实现脱贫，贫困县全部摘帽，解决区域性整体贫困。

青海省"十三五"时期深入推进教育事业改革发展若干重大问题研究，由于自然条件和历史等因素，青海省教育基础设施仍然不达标，教育发展重要指标、教育现代化指标等落后于全国平均水平，城乡间、区域间教育发展不平衡。要改变这一格局，首先改变教育发展方式，加快发展各级各类教育。加快建立普惠性学前教育体系，深入推进义务教育均衡发展，普及高中阶段教育，加快构建现代职业教育体系，坚持以提升质量为核心，推动高等教育内涵发展，完善继续教育体系，构建开放多元的人才成长"立交桥"。其次以增强民族团结为核心，大力发展民族教育。积极争取国家更多的政策支持和工程项目，科学有序推进双语教学，积极开展民族教育科研工作，加强民族团结教育。再次全面提升教育质量，大力加强教师队伍建设。加强师德师风教育，调整优化教师队伍结构，推进义务教育学校校长教师交流轮岗，健全教师培训体系，完善教师管理制度，进一步改善教师待遇。

二、青海省高职教育与区域经济发展协调性评价

青海省高等职业教育只有与地方经济发展相协调，才能真正发挥对经济社会发展的推动作用。

（一）高等职业教育发展规模、速度与经济发展协调性评价

高等职业教育是与经济发展结合最紧密的一种教育，它的规模和速度直接关系到其为社会经济服务的能力和自身运行的质量和效益。

1. 院校数量与经济发展的协调性

高等职业教育的发展规模受到区域经济发展规模、区域人口发展规模等因素的影响。学院数量应该符合当地经济的发展状况，因此，两者协调发展。

2. 学生数量与经济发展的协调性

2009 年青海省本专科在校生数量共为 43782 人，到 2013 年增加至 50675 人，年均增长率在 3.79% 左右，青海本专科在校生数量是呈现逐年缓慢递增的趋势，更是符合经济协调发展的原则。

3. 教师数量与经济发展的协调性

根据教育部 2014 年发布的《高职高专教育人才培养工作评价方案（试行）》中提出的优秀等级的高职高专院校专业基础课与专业课中的"双师型"教师的数量要占到专任教师总数的 70%，合格等级为 50%，还有很大的提升空间。

（二）高等职业教育人才培养目标及层次与区域经济的协调性评价

高等职业教育培养目标的定位是否科学，影响着高等职业教育人才培养的规格。

1. 人才培养目标与经济发展的协调性

社会需要的人才类型和人才结构决定了高等职业教育的人才培养。而人才培养目标的定位又直接影响到高职教育培养的人才是否符合经济发展的要求。

2. 人才培养层次与经济发展的协调性

根据青海省 2010 年及 2013 年所公布的《青海省人才需求目录》反映的人才需求总体情况和各地区、各部门以及相关企业人才需求的具体情况，可发现近年青海省人才需求状况呈现两个显著的特点：一是对人才的学历层次要求进一步提高。二是对技术类岗位的需求量仍是最大。

（三）高等职业教育人才培养模式与区域经济发展的协调性评价

高等职业教育的专业设置及课程体系设置是人才培养目标的外延，它直接决定学生在校的学习范围和今后的工作领域。

1. 专业结构与经济结构的协调性

从专业建设来看，在已开设的 79 个专业中，开设率较高的专业集中在土建类、农林牧渔类、电子信息类、医药卫生类、旅游类，其余大类专业开设较为分散。高职教育发展的成功经验告诉我们，高职教育在专业设置上必须紧贴地方经济形势的变化，突出地方产业的优势和特点。

2. 课程设置与企业需求的协调性

此处仅以青海某高职院校汽车应用技术专业的课程设置为例，在充分了解青海汽车行业对人才素质需求的基础上，对该专业的课程设置状况进行探讨。

一是汽车行业对人才素质的需求。通过对西宁市的城东区、城北区等地的大中小三个层次的 7 家汽车专卖店的员工和主管人员进行调查访谈，企业对该专业人才需求普遍提出以下建议。

首先是知识结构方面，用人单位认为，高职院校培养的人才基本符合企业岗位的需要，但对本专业领域的先进知识和技术了解甚少。其次是能力培养，用人单位认为，高职院校毕业生虽在生产第一线工作，但现场技术操作能力略显不够。

二是高职院校课程设置现状。在了解汽车行业需求的基础上，充分了解青海某高职院校汽车运用技术专业的课程设置内容及教学进程安排状况，探讨高职教育与区域经济需求的协调性。首先，专业课比例过大，对基础课不够重视。其次，必修课较多，选修课资源有限。例如：青海某高职院校汽车运用技术专业课程设置，第一学年，英语、数学、语文、政治、机械原理与零件、金属材料、汽车维护教程、汽车机械制图等 18 门基础课程，2 门公共选修课；第二学年，汽车电工电子学、计算机应用知识、汽车电气设备构造与检修、汽车实用英语、汽车故障诊断技术、汽车维修质量检测与评定等 18 门专业课程，2 门公共选修课；最后学年主要是实习，而且全国高等院校课程设置基本都是如此。

三、青海省高职教育与区域经济协调发展的对策与建议

目前青海高等职业教育在与地方经济协调发展的过程中还存在一些问题，这些不足不仅使高等职业院校培养的人才无法满足地方经济的需要，同时也阻碍了青海高职教育自身的进一步发展。

（一）政府加强宏观调控，引导高职教育与经济协调发展

高等职业教育具有很强的外部性，是一种直接服务于地方经济建设的教育。正是这种外部性和区域性特点决定了地方政府理所应当地成为高等职业教育的最主要承担者。

1. 根据经济发展需求，扩大高职教育发展规模。随着产业结构的不断调整和优化，首先，改革地方高等职业教育的考试招生制度。结合地方各高职院校的办学特色和培养目标，采取"技能+知识"的考核手段。其次，提供经费保障。地方政府继续发挥投资者的角色，明确中等职业教育与高等职业教育的经费投入。

2. 适应劳动力市场需求，构建多层次职业教育。根据近年来对外公布的《青海省人才需求目录》，可清晰地反映出地方经济发展对高层次高技能型人才的极大需求。地方政府应根据不同地区的经济发展水平，构建多层次的职业教育结构。

（二）企业积极参与，推动高职教育发展

企业作为高等职业教育的主要需求方，决定着高职教育的定位和发展。只有企业深度参与到高等职业教育中，才能使高职教育在真正意义上与经济发展充分结合，从而有效推动经济社会的发展。

1. 转变人才观念，提升职业教育社会地位

筛选理论认为如果雇主对雇员的学历要求超过岗位的需要，教育水平的提高不一定能促进经济增长，应该扭转人们对"高技能劳动者"的偏见。

2. 高职院校深化改革，服务区域经济发展

高等职业教育的生命力在于不断培养适应地方经济发展和社会发展的人才资源，特别是面向生产、建设、服务的第一线培养实用技术型人才。因此，高等职业院校的发展必须立足地方经济建设的需要，准确定位发展目标。

立足地方经济发展，明确办学定位。青海高职院校应了解本地区其他同类高校的发展状况。明确培养什么层次的人才、培养什么类型的人才，

合理利用人力资源。加强校企合作，扩大实习实训基地建设。实习实训基地是高职教育的特色所在，也是高职院校专业建设的基础平台，它的规模和水平影响着高职院校的人才培养质量，也是建设高水平实训基地的最佳途径。

青海省高职教育国际化影响因素 SWOT 分析及发展路径探讨^{*}

刘迎春^{**}

一、引言

我国的职业教育国际化，可以理解为将国际规则和标准有机地融入院校的治理策略、教学、职教研究等过程中，从而提升本国或本地区职业教育质量，达到与国际院校相当的水平。① 我国高职院校国际化步伐不断加快，《国家中长期教育改革和发展规划纲要（2000—2020 年）》要求"要扩大教育开放……适应国家经济社会对外开放的要求。培养大批具有国际视野、通晓国际规则、能够参与国际事务与国际竞争的国际化人才"。国务院《关于加快发展现代职业教育的决定》提出"到 2020 年，形成具有中国特色、世界水平的现代职业教育体系"。教育部《高等职业教育创新发展行动计划（2015—2018 年）》要求职业教育配合国家"一带一路"倡议，助力职业教育"走出去"。目前我国高职院校国际化实践的主要内容是引进专业课程体系、获取职业资格证照和参与国际职业资格技能比赛、出访国外培训、校企合作、境外办学、输出专业课程体系等一系列活

---

* 本文发表于《高等职业教育探索》2018 年第 17 卷第 5 期。
** 刘迎春（1962—），女，山东寿光人，副教授，研究方向：农牧业职业教学，草业科学，农牧职业教育。
① 中国教育新闻网. 教育部对我国职业教育提出了国际化要求［EB/OL］.［2016-01-28］. http://www.edu111.cn/zonghe/1601/783.shtml.

动。①② 正在从形式化活动向含义深层次、形式多元化、成效实用化的方向发展，不仅在专业设置、课程开发、教学方法应用、师资队伍水平和构建等具体活动上着力落实国际化，还积极尝试涉及院校运行管理机制、管理权限分配、激励机制、校企合作等深层次内容。③④ 高职教育国际化是近年来国家对职业教育发展的新期待，是教育顺应国家对外开放和外交大局的需要，是主动应对产业转型升级、应对国际职业教育挑战的举措；全球竞争日趋激烈的人才市场，对全方位、国际化的人才需求愈加强烈，对高职教育提出了适应时代发展的新要求；⑤ 在高职教育对于国民经济增长和综合国力提升作用愈加凸显的今天，高职教育国际化通过引进优质教育资源，拉动院校提升软实力和基础建设，使人才培养质量与国际技能标准和职业资格标准对接，是高职院校达到国际标准并通向一流院校的有效途径之一。⑥

然而，不论国内还是国外，职业教育的主要目标是毕业生就业，为产业注入具备新知识高技能的人力资源，其办学模式应该是工作过程导向、产教融合。"服务当地"是我国目前绝大部分高职学生的出路。围绕本地区经济社会产业的发展大局，不断提高技能人才培养质量，是职业教育发展的生命源泉。⑦ 模式不能照搬，也不能单纯追求国际化的形式。随着中国经济的高速发展，职业教育也应当形成中国道路、中国智慧、中国方案。

还应该看到，我国经济社会文化、教育和对外开放发展存在着地区不

---

① 韩云鹏，王珊珊. 江西高职教育国际化：现状、问题与推进策略——基于江西53所高职院校的调查分析［J］. 职教论坛，2017（25）：75-78.
② 莫玉婉. 高职教育国际化：内涵、实践及改革趋势——基于国家百所示范校的分析［J］. 职业技术教育，2017（16）：24-28.
③ 王冰峰. 高职教育国际化发展探讨［J］. 湖北经济学院学报（人文社会科学版），2015（2）：118-119.
④ 李伟. 高职教育国际化研究综述［J］. 教育与职业，2014（12下）：165-167.
⑤ 买琳燕. 高职教育国际化与一流高职院校建设［J］. 职业技术教育，2015（4）：19-23.
⑥ 买琳燕. 高职教育国际化若干问题探析［J］. 厦门城市职业学院学报，2014（2）：19-22.
⑦ 张茜. 高职国际化办学之惑［N］. 中国青年报，2017-12-18（10）.

平衡，高职教育国际化也存在较大的地区差异。某些国际化内容不能一概而论，应当结合许多因素来综合考量一个学院国际化程度，排名榜不是唯一标准。高职教育的国际竞争力与地方经济发展水平是相辅相成的，不可脱离地方经济社会的发展现实。青海省位于青藏高原腹地，自然气候条件恶劣，经济社会以及教育发展相对滞后。随着国家西部大开发战略的实施以及对国家西部地区经济社会文化教育发展的扶持，青海省经济社会尤其是高等教育发展遇到了重要的战略机会。而国家对高职国际化的新要求，对青海省高职教育来说是又一次历史发展机遇，如果抓住机遇，乘上国际化"快车"，高职教育将开启新的发展阶段。如果错过，青海省高职教育发展会更加被动，发展难度会更大。青海省更应该从当地经济、社会、劳动力市场的实际需求出发，认真冷静考虑高职教育国际化的定位，研究国际化的发展方向、愿景、目标，立足本地区的经济社会文化教育特点，制定国际化发展规划。

本文采用SWOT方法分析梳理了青海省高职教育国际化的现状和条件，探讨了国际化发展路径，以期为青海省高职教育国际化提供参考和借鉴。

二、青海省高职教育国际化影响因素 SWOT 分析

SWOT 分析法是战略规划与决策中具有代表性的研究方法。[①] 它将某个系统的内部优势（Strengths）、劣势（Weaknesses）及其所处环境的机会（Opportunities）、威胁（Threats）四个方面的因素综合考虑，其基本要求和目的是找准优势、清楚劣势、寻求发展良机，规避可能风险，最终制定内部条件与外部环境相匹配的发展战略。[②]

（一）青海省高职教育国际化 SWOT 要素及其评估、讨论

经过全面查考青海省高职院校及其国际化工作的背景和现状，确定

---

① 倪义芳，吴晓波. 论企业战略管理思想的演变［J］. 经济管理，2001（6）：4-11.
② 张焕裕，万尚钦，李丹. SWOT分析方法在农业产业发展战略研究中的应用［J］. 热带农业科学，2010（2）：55-59.

了 7 项反映内在的、主动的、具有自身特质的内部现状要素和 6 项能够产生重要影响的外部环境条件因素,[①]并按各因素的重要程度排序,详见表 1。

表 1　青海省高职教育国际化 SWOT 要素列表

排序	内部现状要素	外部环境要素
1	历史:青海省教育历史,院校历史,国际化历史	政策环境:国家教育、职业教育政策
2	所处区位:青海省所处区位,院校所处区位	经济环境:全国和青海省经济发展状况
3	办学规模:青海省教育发展规模和院校办学规模	社会环境:国家和青海省社会尤其是对外开放情况
4	理念文化:青海省教育发展理念和院校对外开放的理念	相关单位态度:对高职国际化的认识、认可、重视程度
5	专业特色:青海省各院校的专业特色	相关单位干预:支持、宣传和引导的方式和力度
6	资源:青海省自然、社会和文化资源	相关单位能力:管理、组织和调控的能力
7	国家示范和骨干:国家示范院校和骨干院校各 1 所	

分别在内部现状要素和外部环境要素中,做分析对比,区分优势(S)和劣势(W)要素、机遇(O)和挑战(T),并按照要素影响作用的大小排序。青海省高职教育国际化 SWOT 的优势(S)、劣势(W)、机遇(O)、挑战(T)及各个要素的排序列于表 2。

---

① 王予波. 论转变青海教育发展方式的科学内涵及路径选择[J]. 青海师范大学学报(哲学社会科学版), 2010(5): 127–131.

表2 青海省高职教育国际化 SWOT 要素评估结果表

排序	优势（S）	劣势（W）	机遇（O）	挑战（T）
1	院校和国际化历史久	国际化理念和氛围薄弱	有利的政策环境	重视程度不够
2	青海省自然和人文资源	各学院办学规模较小	国民经济稳定发展	缺乏应有的宣传、引导和扶持
3	区域性特色的专业	青海省区位劣势	对外开放力度加大	缺乏应有的组织、管理和调控
4	国家示范和骨干学院各1所			

青海省5所高职院校有较长的历史，而且国际交流工作也开展较早。尤其是青海畜牧兽医职业技术学院，建院77年来，不断承担着涉外工作，外国专家讲学、聘请宠物医学外教、外国学院签订合作协议、实施国际合作科研项目、国外长（短）期培训学习等等，为青海省高职院校开展国际化工作积累了经验教训，这是最突出的优势。青海省具有丰富的矿产、水利、动植物等资源，作为服务地区经济社会发展的高职院校，具有反映当地丰富资源的、特色鲜明的专业课程，成为开展相关专业国际交流合作的先天优良条件。青海省的1所国家百所示范高职院校和1所国家骨干高职院校，在办学质量等方面都具有辐射示范作用。这些要素表明青海省高职教育国际化方面自身特质、综合能力、主动意愿等内部优势。

青海省所处的地理位置，自古以来决定着经济社会文化的发展，加之民族、宗教、社会文化等原因，青海省接受新事物较慢，对外交流开放的意愿不强，青海省高职院校师生素质尚未达到顺利开展国际化的水平，包括综合知识技能水平、外语水平、跨文化交流能力等等。[1]青海省高职院校均属行业主办的专业院校，办学规模均较小。青海省一直是我国军事战略要地，从国家安全和民族宗教等角度考虑，该省许多地区不对外

---

[1] 张茜. 高职国际化办学之惑[N]. 中国青年报，2017-12-18（10）.

国人开放。这些要素是自身内部的劣势条件，是开展国际化突出的限制因素。

目前，国家各项政策对高职教育提出了更高的要求，如上所述，国家各项鼓励扶持国际化的政策、国家西部开发、精准扶贫等政策。高职教育服务区域经济社会文化发展需求的重大使命，与我国经济发展必须同步进行。目前产业结构调整、转型升级、与国际接轨，要求职教院校输出相匹配的技能人才，对青海省高职教育国际化来说，是非常有利的环境条件。①

从各种角度看，青海省高职教育国际化尚未深入人心，故国际化在高职教育业界内外，都尚未被认识到其必要性和紧迫性，未受到应有的重视，这是阻碍高职教育国际化发展的最大障碍。高职教育的相关单位，如政府主管部门、企业等等，对国际化工作的管理、组织、扶持较薄弱，更谈不上引导、调控和宣传。这是高职教育国际化所处环境条件中面临的困难。

（二）青海省高职教育国际化 SWOT 要素矩阵组合分析

基于青海省高职教育的现状和条件，以投入少、见效快、整体效益高为原则，从全部SWOT矩阵组合（优势＋机遇SO、劣势＋机遇WO、优势＋挑战ST、劣势＋挑战WT）中，筛选适合青海省高职教育国际化的各种战略组合，即SO增长型战略、WO扭转型战略、ST抵消型战略、WT防御型战略，详见表3。

借助有利的环境条件，发挥青海省各院校的自身优势，可以采取SO增长型战略，即充分利用外部环境机遇，积极响应并充分利用国家政策，扭转观念，发挥办学历史久、有国际交流工作经验的优势以及独具专业特色的优势，利用国家示范院校的辐射作用，推广国际化工作的经验，总结教训，促进国际化持续发展。在环境条件优良、但自身劣势占上风的情况下，则采取WO扭转型战略，即在特色专业如生态环境建设、合理开发保

---

① 倪义芳，吴晓波. 论企业战略管理思想的演变［J］. 经济管理，2001，(6)：4-11.

护资源、边疆民族团结稳定等，寻找机会，开展国际交流合作，并营造国际化工作的氛围，将青海省的区位劣势转变为开发特色专业、响应国家西部开发政策的优势。

表3 青海省高职教育国际化SWOT要素矩阵组合列表

SO 增长型战略	WO 扭转型战略	ST 抵消型战略	WT 防御型战略
1.紧跟并且充分利用好国家政策，发挥历史悠久、具备国际化经验教训的优势	1.在国家有利政策、经济和对外开放的形势下，转变观念，营造氛围	1.累积经验教训，提升内涵建设，寻找有利扶持政策	1.提高院校整体基础实力，改变观念
2.在国民经济稳定发展的形势下，青海省将凸显资源开发优势，在特色专业中发挥优势	2.利用国家西部开发的政策，规避区位劣势	2.广开渠道，扩大知名度	2.加强与相关单位的沟通，积极参与他们的国际交流工作
3.充分发挥国家示范和骨干院校的带头作用	3.虽然办学规模小，但可以发挥特色专业的优势		3.向相关单位宣传高职教育国际化的意义

当自身具有显著优势、但外部环境条件提出挑战时，则应采取ST抵消型战略，应进一步提高内涵建设，增强自身优势，积累经验教训，认真研究国家政策，寻找机会扩大知名度。从院校自身来讲，全面提高整体基础实力，更新职教理念。加强与相关单位的沟通，参与他们的国际交流工作，向他们大力宣传高职教育国际化的理念。在面临具有挑战性的外部环境时，应采取WT防御型战略，即利用自身和外部环境的优势，规避风险，提升抵御风险能力，任何国际化工作都要以提升整体实力、转变观念等为立足点，扬长避短，争取机会，更全面、深入、脚踏实地地开展国际化工作。在现实情况中，并非单独采用一种战略，常常是以一种战略为主，辅助地采用其他战略。

三、青海省高职教育国际化发展探讨

在目前国家高度重视发展职业教育、加大对外开放和中西部开发的大好形势下，青海省高职教育国际化的自身问题和客观困难必须正视，慎重研究对待。在当前条件下，应偏重采取 WO 扭转型战略。在形势向有利方向转变、时机适当时，可以逐渐转向 SO 增长型战略。

要认真研究国家职业教育相关政策，确定指导思想，即要紧跟国家教育总体发展政策和大局，不拖后腿，但不能急于求成，盲目随从，牢牢抓住高职教育服务地区经济社会、就业导向、产教融合的总原则，明确青海省高职教育国际化的方向，通过持续不断地实施项目，推动国际化工作逐渐向深层次发展，将国际化项目的成果引入教学及其改革中，将新理念、先进经验模式应用于教学和办学中，服务院校发展总目标。

以此指导思想为根基，围绕院校办学的发展总目标，充分调研考察，制定国际化发展规划，其中包括近期和中长期规划，还包括各院校国际化发展愿景、方向、宗旨。

紧跟国家西部开发、乡村振兴、生态建设和环境保护、民族团结、高寒地区特色农牧业等政策，依托青海省自然资源和社会经济文化特点，尝试开设如下领域的专业课程：盐湖资源管理、钾盐矿产开采、风能发电、天然草地管护员培训、高寒草地生物多样性保护技术、生态旅游管理、高寒地区交通管理、高原病护理、农村和草原民族文化发展、边疆社会稳定、民族团结管理、高寒农牧区社区发展、农村牧区基层党建、农村牧区妇女发展、农牧业乡土知识发掘整理等等，[①] 逐渐形成独具特色的专业。

紧密围绕院校提升内涵建设、向一流院校发展的总目标，以上述独具特点的专业课程为主题，确定综合国际合作项目，向各有关部门多渠道

---

① 陈晓琳. 经济结构调整中青海畜牧业发展的不足与对策［J］. 中国农业资源与区划，2016（11）：140–144.

地争取申报国际合作项目，如科技部或各省（区）的国际科技合作计划等等。项目以学习借鉴国际先进的职业教育专业或课程为主线，活动内容包括聘请外国专家讲学交流研讨、选派人员出国或国内考察培训学习。此类综合国际合作项目，已经不同于以往零散的外事接待、出国学习、聘请专家等活动，而是上升到各项活动有机地衔接、全方位地带动国际化发展、瞄准建设一流院校的层次。

实施国际合作项目的同时，多方寻找机会争取资助，选派人员出国考察学习培训，如各省外国专家局团组考察学习项目、国家留学基金委中长期出国访问学者项目、各省产业企业自筹资金专题项目。短期团组培训考察与中长期深造学习结合，瞄准项目主题，努力提高考察、培训和学习的质量，真正学到发达职业教育体系的本质精髓和理念，每人、每一次出国都要拿出有实效的成果，不负于国家的资助。

实施项目过程中，与国外学院建立合作关系，积极配合上级单位的国际交流活动，邀请外国专家专题讲座、短期讲学，多方争取机会开展专题讲座、短期讲学、研讨、现场交流等。

上述实施国际合作项目、出国考察培训学习和聘请外国专家讲学交流等等工作内容，要凝聚为一股合力，指向院校国际化发展目标，最终服务于建设一流院校。

国际合作项目的另一主要内容是学习借鉴。要及时提炼总结国外先进经验、理念和模式，针对办学和教学中的问题，以办学模式、经验、理念、教学方法等形式，提出教学改革和管理的建议，在教学和管理中加以试行，并不断弥补不足，并且对比改革前后的效果。最终总结归纳成为助推院校发展的经验和模式，使国际化工作真正发挥其作用，使先进模式和理念在青海省高职教育中入土、生根、生长、壮大、扩散辐射。申报实施国际合作项目应该持续不断地开展，成为一项常态化的工作，国际化工作不再是陌生高不可攀的内容。以此为主线带动高职院校国际化发展，并且有力地推动院校建设。

四、结论

青海省高职教育紧跟国家职业教育发展形势，要认清目前的内部外部条件，并认识到应当以着力提高自身国际化素质为主，利用好国家扶持政策。各个院校首先要有明确的、立足现实的国际化发展规划和目标。以实施国际合作项目为一条贯穿国际化工作的主线，带动其他形式的国际化工作，使其凝聚实力，瞄准提升高职教育国际化和一流院校建设这个中心目标，还要使实施项目成为连续不断、常态化的工作。

青海省中等职业教育发展四十年[*]

王 荣　王海春　文 霞[**]

引言

青海省职业教育四十年砥砺发展,经历萌芽阶段、恢复重建阶段、快速发展阶段、内涵发展阶段,规模逐步扩大,质量不断提升,结构体系日趋合理。1978年党的十一届三中全会召开后,至2016年,我省中等职业教育大致经历了三个阶段的发展,在贯彻国家"调整、改革、整顿、提高"方针的过程中,青海职业教育事业稳步进入了一个新的历史发展期,全省职业教育出现了繁荣昌盛的新局面。

一、第一阶段改革开放十一年以来职业教育(1978—1990年)

1978年4月22日全国教育工作会议召开,邓小平同志在会上做了重要讲话,强调"扩大农业中学、各种中等专业学校、技工学校比例",我省开始调整中等教育结构,职业教育重新崛起。伴随着国家的改革开放,职业教育很快得到恢复,进入了迅速发展的崭新阶段,1985年达到了一个发展高峰。1949年解放初期,青海有5所中等职业教育学校,其中中师3

---

* 本文发表于《青海师范大学学报(哲学社会科学版)》2020年第42卷第1期。

** 王荣(1974—),女,汉族,陕西西安人,青海交通职业技术学院教授,研究方向:公路工程,职业教育。王海春(1964—),男,汉族,青海互助人,青海交通职业技术学院教授,研究方向:公路工程职业教育。文霞(1987—),女,汉族,青海刚察人,青海交通职业技术学院助理馆员,研究方向:档案管理、教育事业统计。

所，中技 2 所。1951 年 6 月教育部召开全国中等技术教育会议后，青海省迅速贯彻执行会议精神，到 1957 年全省中技发展到 9 所，中专发展到 18 所。1958 年至 1959 年，中专猛增到 46 所，中技猛增到 31 所，并成立农业中学和其他职业技术学校 3 所，超过了经济承受能力，不得不进行调整。到 1965 年，全省中技和中专发展到 20 所，在校生达 5 277 人，农（职）业学校发展到 15 所，在校生达 2 039 名，两者共计 7 316 名，占当时普通高中在校生人数的 40%，中等教育结构基本上趋于合理。"文革"期间，职业技术教育遭到了严重破坏，全省仅剩卫校、财校和湟源 3 所学校，还一度停课和停止招生，实际上处于停滞状态。1979—1984 年，全省农（职）业中学从 1 所增加到 16 所，中专从 30 所增加到 37 所，技工学校从 13 所增加到 21 所，还有普通中学里附设的职业技术班 30 个，在校生达 19122 人，占在校高中生数的 23.6%，改革开放后青海省职业教育得到了恢复和发展。1980 年青海省人民政府有关厅局联合下发了《关于我省中等教育结构改革的意见》，1985 年青海省人民政府发出《关于整顿我省中等专业学校的通知》，提出青海省职业技术教育的奋斗目标：力争到 1990 年全省各类高中阶段职业学校招生数相当于普通高中的招生数。1988 年 10 月召开的青海教育工作会上研讨了《青海省 1988—1995 年职业技术教育发展规划》，规划中对全省各地调整中等教育结构、大力发展职业中学等进行了分类规划，1989 年青海省教育厅制定了《青海省职业技术教育发展规划》。具体实施如下：

一是建卫生学校。1978 年 5 月青海省革委会第一次办公会议决定，建立青海教师进修学院，6 月 10 日省革委会批复同意省卫生局关于在海南、海西、海北、黄南州成立州卫生学校，并将玉树、果洛两州的青海医学院分校改为两州卫生学校。二是建师范学校。1978 年 6 月 12 日省革委会第五次主任、副主任办公会议研究，同意在湟中、大通、互助、乐都、民和、湟源、化隆、循化八县各建一所师范学校，学制三年，每年招生 500 名，1978 年 12 月 28 日经教育部批准，在青海省第一师范的基础上，成立青海师范高等专科学校（1981 年 9 月 30 日经省政府同意，由省、市双重领导改变为由西宁市一级领导，2001年并入青海民族学院，成立青海职业技术学院）。三是建中等专业技术学校。1978年12月青海省建工建材学校成立，开设工业与民用建筑、硅酸盐2个专业，学制四年，同时成立青海省水利电力学校，该校1980年归水电部管理，1984年5月30日，经水电部批准，改为西宁电力学校，开设3个专业，招收初中毕业生，学制三年。1979年青海省交通技术学校升格为青海省交通学校。青海省警官学校成立于1982年12月9日，属普通中等法律专业学校。1983年12月29日经省政府批准正式成立青海省司法学校，1984年秋招生40名。四是大力兴办技工学校，1985年10月，《青海省技工学校学生学籍管理的暂时规定》颁布实施。1978年以后，根据国民经济发展需要，交通、邮电、水电四局技工学校恢复，招生685人。1979年恢复和建立技工学校共9所，技工班1个，当年招生1100人，毕业192人，在校生1300人。1985年有技工学校22所，技工班2个，共有专业45个，累计招生1.58万人，累计毕业9500人，在校生达6300人，教职工1100人，累计向国家输送1.2万名技术工人。以后，相继办起了电力、机械、煤炭、矿山、运输等技工学校。到1990年全省技工学校（班）发展到27所，中央驻青单位8所，累计招生3.06万人，计划外招生519人，在校生8900人，累计毕业2.08万人，当年毕业2300人，有教职工1700人，其中文化技术理论课教师725人，生产实习指导教师115人。① 五是大力发展农（职）业中学，1983年1月21日中共中央发出《当前农村经济政策的若干问题》，其中第八条提出："必须抓紧农村教育改革。要积极普及初等义务教育，扫除青壮年文盲，有步骤地增加农村中学和其他职业中学比例"，到1985年，农（职）业中学发展到20所，在校生达6025名，其中高中毕业生5691名，初中毕业生334名。其中，城市有4所学校和附设的15个职业班，在校生达1650名；县城有12所学校和附设的15个职业班，在校生共2342名；农村有5所学校和附设的26个职业班，在校生共2033名。1985年11月，

---

① 青海省地方志编纂委员会. 青海省志·劳动志［M］. 安徽：黄山书社，1996：132.

青海省职业技术教育奋斗目标指出,在海东地区海东地区(今海东市)各县和大通县、贵德县,"七五"期间办好1所农业职业中学,同时应与普及九年义务教育统筹规划,有计划地新建农业初中。这期间职业教育得到了较快的发展,1990年在校生达20212名,与1978年的11499名相比,提高了75.8%。职业教育占高中阶段在校生的比例1985年达到最高峰,为31.80%,较1978年的23.23%提高了8.57%,详见表1。

表1　1978—1990年普职比 [1]

年份		1978	1979	1981	1982	1983	1984	1985	1986	1987	1988	1989	1990
高中	人数	38000	37700	33400	33700	37100	45200	51800	58994	62671	63557	60381	59409
	比例(%)	76.77	73.66	72.60	72.38	69.80	70.36	68.20	69.56	69.86	69.56	73.71	74.61
中职	人数	11499	13480	12608	12861	1604S	19042	24150	25816	27036	27811	21540	20212
	比例(%)	23.23	26.34	27.40	27.62	30.20	29.64	31.80	30.44	30.14	30.44	26.29	25.39

1985年青海省人民政府发出《关于整顿我省中等专业学校的通知》,通知决定,中专调查、整顿工作开始。省劳动人事厅、省教育厅、省计划委员会、省财经委、省财政厅联合发出《关于整顿我省技工学校的通知》并组成联合整顿验收小组,从1986年4月开始,对参加第一批整顿、验收的国营221厂技工学校等9所学校的领导班子、师资队伍、学校规模、专业设置、招生对象、办学条件、基建投资、办学经费、教学管理、思想政治等方面进行了全面的检查验收,此举对加强技工学校建设起到了积极的推动作用。

青海职业技术教育,经过几年宏观上的结构调整和布局调整,加强了地方政府的统筹职能,微观上探索学校管理、教学内容、教学方法改革,调动了部门办学、联合办学的积极性,使职业技术教育有了较快的发展和提高。

---

[1] 同①:89-90。

二、第二阶段学校评估与《职业教育法》颁布期间职业教育（1991—2000年）

1991年10月17日《国务院关于大力发展职业技术教育的决定》指出，"必须高度重视和大力发展职业技术教育，积极贯彻大力发展职业技术教育的方针"，此阶段召开了第二、第三次全国职业技术教育大会，颁布了《职业教育法》。1996年12月，国务院各部委中专处长联席会在北京召开。会议指出，中专教育今后一个时期仍要认真贯彻"深化改革、保持稳定、积极发展、提高水平"的方针，通过抓好三大改革，做好三项工作，推动中专在新形势下的发展。三大改革是：加快招生与分配制度的改革；推动办学体制改革；教学领域的改革。三项工作是：加强重点中专的建设；推动中专教育评估工作制度化建设；逐步理顺学制。青海的职业教育在此背景下进行了各项改革，并得到大力发展。1991年讨论通过了《青海省人民政府关于大力发展职业技术教育的意见》和《青海省职业技术教育条例》，同步改革劳动人事制度，认真做好职业高中毕业生就业安置工作，此举激发了职业学校学生学习的积极性和家长送子女上职业技术学校的热情。1991—1994年进行了中等专业学校、高级职业中学、技工学校办学水平评估，促使中专进一步提高和完善。1994年，青海省教委组织专门人员在乐都瞿县乡、湟中县多巴镇进行"三教统筹"和"农科教结合"的综合试点。1997年5月5日省教委、省经贸委、省劳动人事厅联合印发了《青海省职业教育"九五"计划和2010年规划要点》，明确了1997—2000年青海省职业教育发展目标，职业教育实施"1353"工程，即建成1所省级职教中心，3所国家级重点中等职业技术学校，5所省级重点中等职业技术学校，30所合格的职业高中或职业培训机构。5月12日省政府批转了省教委、省经贸委、省劳动厅联合起草的《青海省实施〈职业教育法〉，加快发展职业教育的若干意见》，进一步提高认识，明确了职业教育的重要地位，提出了职业教育的奋斗目标，规划了职业教育的发展规模。

2000年中等职业教育招生10699名，与1991年7872名相比增加了

2827 名，招生人数提高了 35.9%。1997 年招生人数达到最高峰，招生达到 15551 名，招生普职比达到 45.51%，详见表 2。1999 年在校生 35333 名，人数达到最高峰，在校生普职比达到 41.7%。2000 年在校生 28887 名，与 1991 年 18291 名相比，招生人数增加了 10596 名，提高了 57.9%，[①] 详见表 3。

表 2　1991—2000 年招生普职比 [②]

年份		1991	1992	1993	1994	1995	1996	1997	1998	1999	2000
高中	人数	17733	14690	15020	16094	18800	17429	18622	16594	17566	19791
	比例（%）	69.26	64.15	65.65	59.81	63.63	57.88	54.49	56.82	61.59	64.91
中职	人数	7872	8210	7858	10816	10747	12681	15551	12610	10955	10699
	比例（%）	30.74	35.85	34.35	40.19	36.37	42.12	45.51	43.18	38.41	35.09

表 3　1991—2000 年在校生普职比 [③]

年份		1991	1992	1993	1994	1995	1996	1997	1998	1999	2000
高中	人数	55904	47964	40039	40221	45194	47758	49395	46846	47059	49391
	比例（%）	75.35	72.26	64.36	66.93	60.85	57.94	58.30	59.29	59.72	63.10
中职	人数	18291	18415	22172	19874	29076	34674	35333	32171	31736	28887
	比例（%）	24.65	27.74	35.64	33.07	39.15	42.06	41.70	40.71	40.28	36.90

青海的职业教育在此背景下进行了各项改革，并得到了发展。这一时期，一是结合市场需求，修订专业目录，使专业更加适应经济和社会发展；二是狠抓中专全面评估，促使中专进一步提高和完善；三是推动中专面向农村培养人才，积极进行招生分配改革，打破部门系统局限，扩大学生入学途径和服务面向，推动毕业生深入基层，自主创业。

---

① 马玉麟.青海教育年鉴（1949—1990 年）[M].西宁：青海人民出版社，2018：115.
② 青海统计年鉴 [M].中国统计出版社.青海省统计局，2010：470.
③ 同②.

高原职业教育的改革与发展研究

三、第三阶段新世纪初的职业教育（2001—2018 年）

全国第四、五、六次职业教育大会在此期间召开。2002 年 9 月 24 日印发《国务院关于大力推进职业教育改革与发展的决定》，2014 年 5 月国务院颁布《加快发展现代职业教育的决定》，开展中等职业学校国家示范校建设。西宁市世纪职业技术学校被立项为第一批建设学校，青海省水电职业技术学校、青海省重工业职业技术学校、西宁市第一职业技术学校、青海省工业职业技术学校、青海互助县职业技术学校、青海乐都县（今乐都区）职业技术学校等 6 所学校被立项为第二批建设学校，青海省海西州职业技术学校、青海省西宁市湟中县职业技术学校、西宁卫生职业技术学校、青海民和县职业技术学校等 4 所学校被立项为第三批建设学校，以上 11 所学校均通过教育部验收，成为国家中等职业示范校。

2001 年对青海省各类中等职业学校和部分高等院校开设的中等职业教育的专业设置进行了调整和规范，将原有的 184 个专业规范为 13 类 88 个专业，同时在 6 所学校分别新增了电子商务、美术绘画（藏式画）等社会急需的 8 个专业。在专业名称统一的基础上按照教育部的教学指导方案，统一了教学大纲，并开始统一使用国家规划教材。2010 年 5 月 16 日按照教育部《中等专业学校专业目录（2010 年修订）》《中等职业学校专业设置管理办法（试行）》，省教育厅开展专业规范化建设，对全省各中等职业技术学校专业进行调整，公布了全省中等职业学校 21 个专业为首批省级重点专业，公布了全省开设农林牧渔专业的中等职业学校。将中等职业学校专业设置权放给学校，学校根据市场自主开设专业，强化了学校办学自主权。针对学校实训基地条件差，学生实训机会少，动手能力不高的情况，省教育厅制订了《青海省中等职业教育实训基地建设规划》，明确了指导思想和目标。针对全省职业学校实习工作薄弱的现状，出台了《青海省中等职业学校实习管理工作规程（试行）》就职业道德教育、实习管理、实习基地建设与管理等方面做出了相关规定，一定程度上规范了实习工作。

2011年9月28日，教育部组织召开2011年教育援青工作会议，这是党中央、国务院决定对口支援青海省藏区以来的第一次教育援青工作会议，标志着北京、天津、上海、江苏、浙江、山东等6个支援省市与青海省六州教育援青工作的正式启动。《三江源地区"1+9+3"教育经费保障补偿机制实施办法》和《三江源地区异地办学奖补机制实施办法》决定，从2011年秋季学期起，由省财政安排经费，在三江源地区实施学前一年教育、中等职业三年教育经费补偿政策，在现行义务教育经费保障机制补助标准基础上，适当提高公用经费和寄宿生生活补助标准。对异地就读的初中、高中阶段学生及当年考入普通高校本、专科学校的农牧民家庭学生，给予一定的资助。两个实施办法明确了教育补偿的范围和政策、补偿标准、资金审核拨付程序、组织实施及监督管理的相关要求等。经过各部门配合、各州努力，2011年藏区招收学生1 609人送到省外中等职业学校学习，藏区职业教育异地办学自此开始了常态化。

2007年招生人数达到最高峰，招生普职比达到49.25%，详见表4。从2007年到2018年招生普职比和在校生持续走低，分别为76 346名和39.57%，详见表5。

这期间，职业教育由传统的职业教育向现代职业教育迈进，职业学校发展由规模扩张转变为内涵提升与发展，2016年高职院校的38个专业与27所中职学校的专业实现对接，2017年实现了全省中等职业学校和8所高职院校38个专业对接全覆盖，315名学生通过单考单招被省内外高职院校录取，打通了中等和高等职业教育贯通的立交桥，超过30%的中职学生升入高职院校继续学习。[1] 普通本科高校的部分专业探索与中、高职专业对口招生，现代职业教育体系逐步建立。

---

[1] 王绚. 创先争优全力推进教育综合改革[N]. 中国教育报，2017-09-14.

表4 2001—2018年招生普职比例 [1]

年份	2001	2002	2003	2004	2005	2006	2007	2008	2009	2010	2011	2012	2013	2014	2015	2016	2017	2018
高中	74.49	78.89	82.72	82.90	70.68	58.82	50.75	55.63	53.42	54.07	54.45	55.89	57.49	58.94	59.68	61.35	60.24	59.72
中职	25.51	21.11	17.25	17.10	29.32	41.18	49.25	44.37	46.58	45.93	45.55	44.11	42.51	41.06	40.32	38.65	39.76	40.28

表5 2001—2018年在校生普职比 [2]

年份	2001	2002	2003	2004	2005	2006	2007	2008	2009	2010	2011	2012	2013	2014	2015	2016	2017	2018
高中	75.57	57.93	82.06	83.13	77.77	69.26	61.12	61.42	58.53	57.66	57.18	57.97	58.36	59.52	60.43	61.17	62.27	62.21
中职	24.43	42.07	17.94	16.87	22.23	30.74	38.88	38.58	41.47	42.34	42.82	42.03	41.64	40.48	39.57	38.83	37.73	37.79

① 青海教育事业简明分析统计2001—2016年。
② 青海教育事业简明分析统计2001—2016年。

结语

党的十八大以来,青海省职业教育主动适应新形势新要求,以服务发展为宗旨,以促进就业为导向,以改善民生为目标,深化产教融合、校企合作,初步构建了规模适度、中高职衔接、职业教育与普通教育贯通的现代职业教育体系。教学质量逐年提高,源源不断地为青海省经济社会发展培养了大批技术技能人才,为推动青海省经济发展做出了重要贡献。

第三章
应用型人才培养

高原职业教育的根本任务是培养适应区域社会经济发展需要的各级应用型、技能型人才。高原职业教育是以服务社会为宗旨，以能力为本位，以就业为导向来实现其促进高原地区社会经济发展的社会发展功能，及促进个体全面发展、个体就业和价值实现、个体职业生涯发展的个体发展功能。本部分成果主要是职业培训和职业学校学生培养方面的内容，包括专业建设、创业就业、"双师型"师资队伍建设、教师教育科研能力、专职辅导员的培育、学生社团建设等内容。为高原职业教育的专业设置、课程体系和实践教学体系的改革、师资队伍建设、文化环境建设的高效化、合理化提供参考。

关于加强青海省职业培训促进就业的调研报告[*]

李爱国　潘　立[**]

加强职业技能培训，对于提升劳动者个人就业竞争力，帮助劳动者更好适应就业岗位需要，进而提升企业劳动生产效率，促进企业生产发展和社会就业，有着十分重要的意义。

一、青海省职业培训促进就业工作基本现状

近年来，青海省委、省政府高度重视职业培训工作，把职业培训作为政府促进就业的服务手段，不断完善政策措施、狠抓督促落实。各基层党委、政府，各相关政府部门、群团组织按照要求，针对青海省城乡劳动力技能素质起点低、参加技能培训主动性不高、培训见效慢的实际情况，坚持政府推动、坚持城乡统筹、坚持以就业为导向，实施培训补贴与就业效果挂钩的联动机制。完善政策、搭建平台、畅通渠道，积极鼓励扶持城乡劳动力参加职业培训；各职业培训机构、相关企业依托政府补贴政策，突出培训效益，广泛推动城乡劳动力实施职业培训；广大城乡劳动力自觉转变观念，通过职业技能的培训，不断提高自身职业技能，增强了就业竞争力。经过努力，青海省职业培训工作进展顺利，培训数量和质量稳步提升，劳动者择业观念和就业能力显著改善，职业培训为促进企业生产、社

---

[*] 本文发表于《中国培训》2015年第8–10期。
[**] 李爱国，青海省人力资源和社会保障厅，研究方向：成人教育与特殊教育；潘立，研究方向：成人教育与特殊教育。

会就业发挥出积极作用,取得了良好成效。

(一)职业培训围绕促进就业实现稳步发展

促进就业的职业培训专指二、三产的就业技能培训。2011年至2014年,青海省全省有51万人纳入省政府统筹规范管理的城乡劳动力技能培训指导性计划,完成培训53万人(次),完成率达105%。其中,二、三产就业培训计划人数为43万人(次),实际培训44万人(次)。2015年,有15.58万人纳入指导性计划,其中,二、三产培训10.16万人。1季度,二、三产实际培训2万人,完成任务的20%。

1. 职业培训与青海省城镇就业数量同步攀升

"十五"末,青海省城镇从业人员94.1万人;"十一五"末,全省城镇从业人员119.2万人;到2012年末,全省城镇从业人员增加到132.88万人。"十五"期间,全省二、三产职业年均培训9.39万人,"十一五"期间,全省二、三产职业年均培训10.7万人,进入到"十二五",2011至2014四年间,全省二、三产职业年均培训近11万人。职业培训与就业保持着紧密联系,随着职业培训人数的递增,就业人数也在同步上升,显现了培训促就业的积极作用。

2. 职业培训人员中农牧区劳动力所占比例不断增加

"十五"期间,全省参加二、三产职业培训的人员中,农牧区劳动力年均培训5.3万人,占56.4%;"十一五"期间,农牧区劳动力年均培训6.87万人,占64.2%;进入到"十二五",2011至2014四年间,农牧区劳动力年均培训9万人,占78%。

农牧区劳动力从一产转移进入二、三产业,是城镇新就业的主要群体。农牧区劳动力参加职业培训比重持续增加,表明农牧民参加职业培训的积极性不断提升,越来越多的农牧区劳动力享受到政府培训补贴政策,通过职业培训提高了转移就业能力,实现了就业。目前,学习技能实现就业的观念在广大农牧民心中日渐稳固。

3. 参加创业培训的城乡劳动力逐年增长

"十五"期间,青海省参加创业培训的城乡劳动力进行创业培训年均

3043人，培训后的创业成功率为20%；"十一五"期间，青海省进行创业培训年均3754人，培训后创业成功率为35%；到"十二五"期间，2011年青海省创业培训5442人，2012年达到8270人，2014年达到1.2万人。培训后创业成功率平均达到40%（见图表1）。

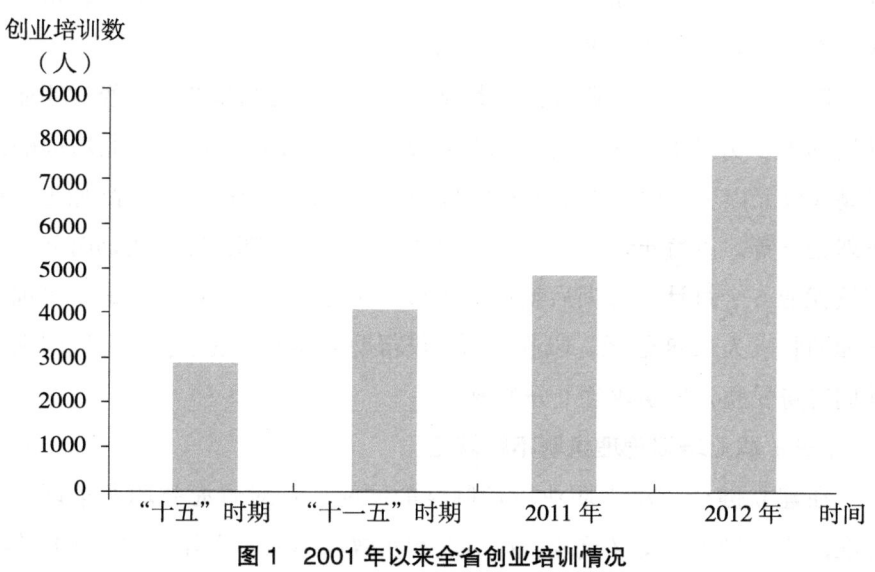

图1　2001年以来全省创业培训情况

创业培训人数的持续增加，反映出一部分城乡劳动力的观念已经从"打工仔"向"小老板"转变，社会创业意识不断增强。

（二）职业培训效益逐步显现

一是促进了城乡劳动力就业能力的提高。目前，青海省人社部门平均每年对8万名城乡劳动力进行二、三产就业技能培训，培训后当期的就业率平均在70%左右，每年有6万多城乡劳动力通过技能培训在二、三产业实现了就业。

二是促进了城乡劳动力就业观念的转变。近年来，随着培训规模不断扩大，一大批城乡劳动力通过培训提高了技能水平，增强了就业的积极性和自信心，培训后顺利实现了就业。同时，培训的成效又激发了更多群众参加技能培训的热情，通过培训实现就业的理念已逐步深入人心。

三是促进了企业职工技能素质的提升。为使企业员工的技能素质得到提升，从2011年开始，青海省全面实施企业对新招人员直接进行培训的工作，近两年来，全省企业已经培训新招职工1万多人；2012年和2014年，围绕扶持企业发展，青海省又进行了困难和小微企业在岗职工技能培训，完成6万多名企业在岗职工培训，在经济环境趋紧的形势下，帮助一大批困难企业、小微企业稳定了职工的就业岗位。

四是促进了城乡就业人员劳务收入的增长。据初步统计，经过职业培训后的城乡劳动力，平均月收入超过2000元，比没有经过职业培训的人员高300元以上。收入增加比较明显的培训工种是厨师、工艺品加工、货车驾驶员等。以每年培训后当期实现就业6万人估算，减去培训时间，一年按就业6个月计，培训后就业的人员年劳务收入7.2亿元，其中培训后增加的收入为1.08亿元。职业培训不仅帮助劳动力实现了就业，同时又让他们终身受益，长期效益十分可观。

（三）职业培训管理机制不断健全

在建立健全劳动力职业培训制度的同时，针对青海省职业培训工作存在的多头管理、交叉重复、针对性和实效性不强等实际问题，2011年3月，青海省政府办公厅印发了《关于统筹规范城乡劳动力技能培训工作的意见》（青政办〔2011〕49号，以下简称49号文件），进一步理顺职能，明确了统筹规范全省城乡劳动力技能培训工作的政策和要求。经过两年的运行，城乡劳动力职业培训制度建设取得长足发展，长效管理机制基本确立。

1. 协调机制普遍建立并运行

2011年，按照省政府要求，青海省人社厅牵头，会同省发改委、省教育厅、省财政厅、省农牧厅、省民政厅、省扶贫开发局、省总工会、团省委、省妇联、省残联等11个部门和单位，成立了青海省城乡劳动力技能培训工作协调小组。各州、地、市依照要求，陆续建立了相应的协调管理机制，通过对培训任务统一协调安排，基本实现了培训资金的统筹使用，遏制了交叉重复培训现象的发生。

2.统筹规范政策措施日益健全

围绕贯彻执行49号文件,从2011年开始,青海省每年编制全省城乡劳动力技能培训年度指导性计划,出台了培训券管理、培训资金管理、培训招投标管理和培训质量监督管理等配套政策,实施了培训项目政府采购招投标,统一规范了补贴标准,量化了培训质量评估检查的指标。全省各州、地、市都制定了培训质量监督、检查制度,城乡劳动力技能培训制度建设不断健全和规范。

3.全面实行了培训券制度

各级人社、农牧、扶贫、民政等部门,从2011年9月份开始发放使用培训券。全省2011至2013年度纳入统筹管理的一、二、三产技能培训,共发放培训券30万份。其中,2011年至2012年度发放15万份,实际使用10.46万份。2012至2013年度的15万份培训券正在使用。培训券使政府的培训补贴由以往对培训机构的"暗补",变成了"明补",直接将补贴发放到群众手中,让群众更加直观地感受到政府的扶持和帮助。

4.强化了监督检查措施

一是实行了培训合格证查重验印制度。全省人社部门开展的城乡劳动力二、三产技能培训,都实行了培训合格证验印制度,通过电子技术检查重复人员,有效杜绝了重复培训的现象。二是落实了培训过程监管制度。各地在技能培训管理过程中,坚持质量优先,认真落实培训监督检查工作,制定细则,落实责任,在坚持现场检查的同时,还采取学员反馈方式全面了解培训情况。三是不断加强对培训机构的管理。2011年以来,每年安排组织对参加政府补贴项目的培训机构进行检查,对不符合质量管理要求的培训机构进行清理整顿,已经先后取消了24家民办职业培训机构的培训资质,限期整顿了8家培训机构,逐步建立起优胜劣汰的运行机制,促进了培训机构办学质量的提高。

(四)职业培训机构建设不断充实改善

截至2014年年底,青海省共有39所中等职业学校(西宁市20所,海东市6所,黄南、玉树州各1所,海西、海北、海南州各2所,果洛州

5 所）。在校生 76842 人，中等职业教育占高中阶段教育招生及在校生的比例分别为 44% 和 42%。教职工 3188 人，其中专任教师 2454 人，师生比例为 31：1。

共开设 90 个专业，专业布点 265 个。涵盖了加工制造、信息技术、石油化工、交通运输等 18 个专业大类。

全省人社部门所属就业训练中心 27 所，教职工 373 人；民办职业培训机构 148 个，涉及培训工种 71 个，教职工 1700 余人；民办培训机构数量比"十一五"增加 71 个，培训工种增加 24 个。各类企业对职工的技能培训也不断加强，通过岗位练兵、技能比赛以及与培训机构联合开展培训等多种方式，不断提高职工生产技术水平。

二、存在的主要困难

（一）青海省城乡求职人员职业培训的任务十分繁重

从劳动力市场供求信息反映的数据看，省内各类企业对招用人员的技能素质要求逐步提升。目前，青海省各类职业招工登记的数量年均约 8 万人次，其中，60% 以上的企业希望招用有一定技能或相应工作经历的员工。求职人员中，有一技之长的成功率一般在 80% 以上，比较突出的是省内各中职（技工）学校、职业学院的应届毕业生，毕业前一到两年，就已经被各类企业预订一空。据统计，青海省城镇登记失业人员中，接受过正规学制类职业教育的很少，约占 3% 左右；每年 40% 左右的城镇失业人员参加各类短期职业技能培训，约有 30% 的人员当期通过技能培训实现就业，但同时，每年又会新增一定数量的失业人员要重新培训。全省农牧区富余劳动力约 80 万左右，经过多年的努力，虽然有 50% 左右的人员都接受过技能培训，但由于这些人员多属季节性就业，岗位变换频繁，很多人的就业技能还比较单一，不能很好地适应转移就业的需要。另外，随着三江源生态保护工程和青海省工业园区建设步伐的加快，生态移民和失地农民要实现就业和创业，开展职业培训成为一项长期而艰巨的任务。

（二）社会普遍存在着重学历文凭轻技能培训的现象

学习职业技能一般只能到企业就业，就社会整体来讲，大部分企业人员的工资收入要低于机关事业单位，从企业内部看，绝大部分工人工资收入也低于专业技术人员，更低于管理人员。这种收入分配的杠杆作用使很多人不愿意学技能、当工人，收入差距导致技能培训对新增劳动力，特别是未就业的大学生缺乏吸引力。目前，社会上绝大部分初中毕业生都选择上高中、考大学，不愿意上中等职业学校，中等职业学校90%以上的学生都是农村生源，且招生总量也在逐年下降。大学毕业未就业人员，首选也是考机关事业单位，对参加技能培训当普通工人的积极性不高。

（三）高层次的职业培训机构不多

青海省目前现有的职业培训机构专业工种有200多个，涉及二、三产业各个方面，但培训层次不高。在推进企业订单定向委托培训工作中发现，不少企业，比如盐湖集团、西部矿业、青海油田等，需要进行一些技术要求较高的技能培训，比如盐化工、煤化工、热动力、油气管道等，企业招到人员后，在省内找不到与生产匹配的培训机构，需要到省外联系培训机构进行培训。国家近年投入大量资金充实了公办职业培训机构的设施设备，但受制于教学能力，很多设备并没有发挥应有的作用。青海省中职学校师生比率约为31∶1，中职教师缺口达到三分之一；全省职业培训机构一线教师中持有高级工或以上职业资格证书的虽然占60%左右，但其中有近一半人员长期脱离实际生产，原有知识已不能适应当前企业的新技术、新工艺，职业培训机构专业设置、教学能力不能满足企业生产发展需求的矛盾日益凸显。

（四）职业培训进展不平衡

表现在两个方面，一方面是区域间职业培训存在差异。西宁、海东两地职业培训数量和质量明显优于牧区六州。这两个地区人口、职业培训机构和用工企业较多，每年培训数量占全省培训数量的60%以上，培训后当期就业率超过80%，效果显著；其余六州，由于人口较少，培训数量也不多。其中，海西州职业培训相对好一些，主要是当地企业较多，培训后就业渠道比较宽，他们大量引进海东等地的富余劳动力，通过招投标吸纳州内外培训机构开展培训、通过辖区内企业直接培训等方式，不断满足劳动力就业和企业用工的需求。而海南、海北、黄南、果洛、玉树五个州，当地企业很少，企业岗位严重不足，群众参加培训后很难在当地实现就业，客观上制约了这些地区职业培训工作的深入开展。另一方面的不平衡是部分特定群体的职业技能培训还需进一步强化。从整体上看，城乡未就业劳动力全部都纳入了政府职业培训补贴政策范围，进展较顺利。但由于外部环境和自身条件等因素影响，城乡劳动力中一些特定群体的职业技能培训仍然显得滞后，最突出的是未就业的大学生。调查发现，这一群体就业期望值较高，很多人不愿到企业就业，参加技能培训的主动性不强。

（五）培训政策宣传和信息传输还有待加强

城乡劳动力技能培训的政策作为促进就业的一项重要服务内容，在各项就业政策中均有体现，涉及面很广。特别是2010年以后，又制定了很多新规定、新程序，比如培训招投标管理、培训券使用、大中专毕业生培训专项等，极大改进了职业培训科学化、规范化的管理，但同时也由于政策内容更新较快，存在着原来的老政策基层还没理解执行好，新的政策又出台执行的情况，给政策落实带来一定影响。调查中发现，政策的频繁调整，容易给基层造成政策不稳定、不连续的误读，导致实际工作的短期活动多、制度建设少，工作缺乏长效性。另外，由于培训信息传输不及时，一些边远地方的群众对培训要求、报名程序不清楚，培训机构到村里招收学员时，个别提出培训申请的人已经外出打工，不能及时参加培训。还有部分农牧民对参加培训有畏难情绪，这部分人员文化程度普遍不高，担心学不好丢面子。这些都反映出技能培训宣传推广的方式还需改进，政府优惠政策的稳定性、连续性和宣传力度仍需加强，转变群众观念，使他们主动参加培训提高职业能力的工作任重道远。

三、加强职业培训促进就业的措施和建议

当前，青海省职业技能培训工作机遇和挑战并存。从有利方面来看，

第一，省委、省政府高度重视。省委、省政府领导经常关心过问培训工作，多次批示，指导培训工作的开展，把职业技能培训放在了重要的议事日程。经过多年的努力，全省职业培训得到了社会各方面的普遍关注和支持，学技能好就业的社会氛围日渐浓厚。第二，职业培训管理制度日趋健全。面向全体劳动者的职业培训制度逐步建立，统筹规范全省城乡劳动力技能培训，落实招投标制度、培训券制度等，在全国都属于领先行列。第三，积累了很多成功经验。结合实际开展培训，较好体现了紧密联系企业生产、突出就业特殊群体培训帮扶的特点，企业新招收人员、就业困难人员、未就业大学生等群体的职业技能培训工作在不断深入推进，越来越多的人享受到了政府的培训帮扶政策，通过技能培训提高了就业竞争能力、实现了就业，全省职业培训不断向精细化管理发展。从面临的挑战看，一是劳动力参加职业技能培训的观念还不强。青海省工业发展基础较弱，长期从事农牧业生产的人口比例较大，很多农牧民对学职业技能到工厂就业缺乏认识。二是培训的任务繁重。职业技能培训需要劳动者有一定的文化基础，而青海省城乡劳动力文化水平普遍不高，对职业技能培训中的很多专业术语不能很好理解，影响了培训效果。三是培训内容不能很好适应企业就业的实际需要。企业技术更新较快，培训内容还不能跟上企业技术需求的变化。今后随着企业用工数量和规模的不断扩大，企业技术创新的不断改进，青海省的职业培训工作将面临更加严峻的考验。

结合青海省职业培训发展需求和存在困难，当前和今后一个时期，青海省职业培训应围绕贯彻党的十八大和省第十二次党代会精神，按照"切实加强职业技能培训，注重提升劳动者就业创业能力"的部署，落实省委、省政府的各项安排。在健全面向全体劳动者职业培训制度的基础上，继续把特殊群体特别是未就业大中专毕业生就业培训放在突出位置，不断完善管理服务，提高就业竞争力，增强就业稳定性。

具体要采取以下措施：

（一）继续加大工作力度，保持职业培训总体规模

一是面向就业市场，抓好培训需求的收集使用工作。一方面，落实基

层就业服务机构，一对一、面对面征询培训意愿，宣讲培训政策和要求，整理汇总培训需求，动员城乡劳动力参加职业技能培训；另一方面，发挥各级就业服务机构职能作用，收集整理各类企业用工需求情况，向未就业城乡劳动力进行宣传推荐，引导群众参加企业需求工种的培训。组织企业和求职人员直接签订委培协议，按照企业要求开展订单点定向的职业技能培训。

二是完善计划，实行目标责任制管理。每年结合征集汇总的培训需求，下达全省城乡劳动力职业技能培训的指导性计划，在强化提升培训针对性的基础上，确保职业技能培训的总体规模。各地的培训计划纳入人社部门进行统一管理，逐级签订目标责任，把培训任务分解到乡镇、街道，形成一级抓一级、层层抓落实的管理格局。

三是整合培训资源，拓展培训能力。一方面，严格推行政府采购招投标确定培训机构和分配培训任务的办法，使职业培训机构较少的牧区六州能够通过公开的平台，召集省内具备资质的职业培训机构在当地招收学员开展培训，解决培训机构不足的矛盾；另一方面，发挥企业培训的主体作用，广泛开展企业直培，利用企业的生产设备、技术人员充实培训力量，让企业直接对新招用的城乡劳动力进行培训，实现培训与使用的无缝对接。同时，各级人社部门继续加强协调联系，引导动员外省区职业培训机构参与青海省的培训工作，不断拓展青海省职业培训的空间和渠道。

（二）严格规范管理，促进培训政策发挥更大效益

一是通过培训计划的统筹避免培训任务的交叉重复。继续落实省政府关于一产农牧业生产技术培训由省农牧厅牵头，二、三产就业技能培训由省人社厅牵头的要求，统筹各部门培训计划，汇总编制青海省年度培训指导性计划，通过计划统筹任务，避免培训项目的重复。

二是实行动态管理，推荐优质培训机构参加政府培训项目的招投标。安排各有关实施培训项目的部门，结合每年年度培训检查考核结果，评选出教学效果好、具备合法资质的培训机构，汇总后向社会公布推荐参加政府补贴培训项目机构的名单。同时，对机构参加政府补贴培训招投标的

推荐机构实行动态管理,凡是违反政策、培训效果不达标的机构,进行淘汰。

三是发放使用好培训券。做好资金支付的审核检查,落实好不使用培训券不予兑付补贴资金的政策。督促各相关部门按照制度规定,认真落实给培训对象发放培训券的工作,确保每一位培训对象都持券参加技能培训,力争在政府补贴的城乡劳动力技能培训中,全部统一使用培训券。

四是执行统一规范的培训补贴标准。严格执行49号文件同一工种培训补贴标准一致的规定,全省技能培训执行统一的学费补贴标准,财政部门审批资金时继续加强政策执行力度,按照规定核准补贴额度,保证各培训项目补贴标准的统一,并向社会公示,通过公开运作,增强政策的公信度。

五是统一验印培训合格证,杜绝对劳动力的重复培训。落实好二、三产就业技能培训合格证统一由省人社厅验印的政策,通过统一验印实现对培训对象实名制管理。在就业培训管理上,把政府培训补贴政策执行到位,提高补贴资金使用效率,杜绝重复培训和补贴多头申报现象发生。财政部门继续严格落实49号文件规定,凡是未取得统一验印合格证书的,不予兑付政府补贴资金。

六是加强培训质量检查和补贴资金的管理使用。量化考核指标,逐级开展检查工作,督促政策的落实,保证政策发挥实效。在资金管理方面,省财政按照各地每年的实际培训人数,足额下达就业培训专项资金。同时,督促检查各地区按照49号文件规定,做好补贴资金的管理和使用,提高资金使用效益。

(三)突出重点群体和重点区域,以项目为引领增强培训的针对性

一是集中力量实施未就业大中专毕业生专项就业培训工程。按照省政府办公厅《关于实施未就业大中专毕业生专项就业培训工程暨2013年培训工作的意见》(青政办〔2013〕146号)要求,全面落实未就业大中专毕业生能力素质专项、技能人才培训、自主创业培训三大类培训。安排各级就业服务部门,深入高校、毕业生家里,一对一、面对面了解培训需

求，结合就业市场做好培训计划的整理汇总；逐项分解三类培训的目标任务，明确责任单位、责任人、报名方式等信息，把任务落到实处；向社会逐一公示培训信息，方便学员报名参加培训，同时接受社会对培训项目的监督；细化操作的办法和程序，指导各地、各有关部门制订各个项目的实施方案，规范运作，使项目实施规范化、科学化。

二是实施园区企业用工万人培训计划。以西宁、海东、海西三地的工业园区为重点，推进全省工业园区企业订单定向培训工作，培训量达到企业新招用工的80%。严格落实《关于进一步推动园区企业用工万人培训计划有关问题的通知》（青人社厅发〔2012〕60号）各项规定，突出发挥园区管委会的主体作用，指导园区管委会制定培训计划，与相关企业建立培训需求信息联系机制，随时报送新招人员的情况，及时组织企业开展培训工作。对园区企业人力资源部门的负责人员进行政策宣讲和业务培训，采取重点督办的办法，对园区申报的培训补贴申请资料，随报随审，保证培训工作的顺利开展。

三是实施三江源生态移民技能培训计划。围绕促进海南州、黄南州、果洛州、玉树州三江源区城乡劳动力就业能力提升，加大培训力度。在海南州实施三江源地区生态移民促就业试点，指导海南州按照省人社厅、财政厅《关于同意海南州三江源地区生态移民技能培训促就业试点工作方案的批复》（青人社厅函〔2013〕61号）精神，认真执行试点方案，积极探索鼓励学员参加培训的办法。指导三江源区紧密结合当地就业市场的需求，以生态移民、未就业大学生为重点，根据培训需求，每年编制下达指导性计划，保证培训的规模；针对三江源区培训机构缺乏的实际，推荐公布招投标的培训机构，同时，紧密结合对口支援藏区协作计划的实施，面向社会动员培训力量支持三江源区开展职业技能培训。

（四）完善企业技能人才队伍建设的政策措施

由人社部门牵头，同财政、国资委、经委等部门，在认真研究青海省技能人才队伍建设现状和问题的基础上，制定企业技能人才队伍建设的具体意见，明确企业技能人才队伍建设的主要任务，促进企业全面开展职工技能培训，创新企业技能人才评价机制，落实企业技能人才培养激励措施，加强组织管理确保政策落实。通过政策的制定和落实，强化企业开展职业技能培训的作用。同时，以国企为重点，相关部门继续做好企业培训需求的调查，开展国企招工定向委培活动，动员省内未就业的大中专毕业生参加企业招聘，按要求进行培训，合格后到企业就业。

（五）梳理政策，加强宣传，营造良好氛围

一是对现行各项培训政策进行评估梳理。广泛开展调研，整理现行的各项培训扶持政策，结合实际工作进行政策实效的评估，对行之有效的政策进行汇总，对阶段性实施的政策及时进行调整和充实。

二是保持政策稳定性。政策确定后要保证一定的执行期，除了细化操作程序、完善执行环节以及开展一些专项的培训活动外，一般不对政策涉及的范围、扶持对象认定的条件等基础性规定进行过多调整，使政策保持一定的稳定性，促进政策的实施。

三是抓好政策的学习和宣传。指导各地区、各有关部门加强学习和宣传，安排组织培训管理人员认真研读文件，确保能够按照文件规定开展工作。借助基层调研以及各种活动的举办，把政策宣传作为重要内容，通过学习宣传，在全社会营造支持职业技能培训的良好环境。

高职院校"双师型"师资建设现状与对策研究

——以青海省为例[*]

柳 春[**]

高职教育既具有普通高等教育的属性，也具有职业教育的特性，而"双师型"师资队伍的建设正是这种双重属性的具体表现。2014年，在全国职业教育工作会议上，刘延东副总理再次强调职业院校应面向企业聘请专兼职教师，建好双师型的教师队伍。

一、"双师型"教师内涵及总体现状

究竟什么是"双师型"教师，还尚未形成科学统一的认识。目前使用较多的标准有以下几种："双证书"标准，教师须具备教师资格证和职业技能等级证；"双职称"标准，教师需具备中级以上教师职称及中级以上专业技术职称；"双能力"标准，无关职称，教师既具备教师的职业能力又具技术人员的职业能力；"双素质"标准，教师具有讲师以上职称并具备技术研究和开发的能力。从本质来看，"双师型"强调教师应具备教学能力、技术能力、产学研结合教研科研能力、社会交往和组织协调能力、管理能力、创新和适应能力等，并且能够将这种职业综合能力渗透在专业技能知

---

[*] 本文发表于《兰州教育学院学报》2015年第31卷第1期上。

[**] 柳春（1989—），女，青海民族大学在读硕士研究生，主要研究方向：教育管理。

识和教育技能知识的传授过程中。①

随着我国高职教育由规模化向内涵式发展的转变,"双师型"建设也取得了长足的进步。一方面,"双师"教师规模扩大。2012 年,我国高职院校的专任教师 42 万人,其中"双师型"教师占专任教师的 40% 左右,外聘教师和有一定企业经历的技术人员的比例明显增加,数量达到 11.6 万人,外聘教师与专任教师之比达到 30.6%。另一方面"双师素质"教师的培养普遍得到重视。教育部逐步完善了关于提升专任教师"双师素质",提高其专业实践能力为内容的培训体系;成立了"全国高职高专教育教师培训联盟",通过整合梳理全国高职培训资源,进一步提高培训效率和水平。

二、青海高职教育"双师型"建设现状及问题分析

近年来,青海高职院校教师队伍建设尽管获得了快速发展,但由于区域社会经济发展的相对滞后,高职教育发展起步较晚(底子薄、基础差、发展规模受限),在未来发展过程中,高职"双师"建设仍将面对一系列难题。

(一)"双师型"教师比重低,且质量不高

调查结果显示,在现有的 5 所高职院校中"双师型"教师占专任教师的比重为 37.8%,其中具有博士学位的"双师"教师不到 1%,具有硕士学位的"双师"教师约为 15%,具有本科学位的"双师"教师约为 22%。由以上数据可以看出,青海省高职院校"双师"教师数量较少,拥有高学历的"双师"教师更少。(为方便统计,以"双证"或"双职称"为标准进行衡量。)

青海现阶段的高职院校大多由中专学校升格组建而成,教师队伍中的一部分为原中专学校的教师,这些教师具有丰富的教学经验,扎实的专业

---

① 覃丽. 高职院校"双师型"教师队伍建设的现状与对策研究 [D]. 天津:天津大学,2005:6.

理论基础，但普遍存在教学理念陈旧、知识结构老化、教学手段单一、无法把握学科发展新动态等问题。新进的绝大多数高职青年教师具有较高的学历，思维灵活且掌握着最新的理论成果，能够迅速适应并创新教学方法，在一定程度上推动了高职院校的改革，但其最大的劣势在于教学基本功不扎实，缺乏技术实践能力，不利于高职教学质量的提升。

（二）人才流失严重，引进高技能型人才存在困难

近年来，高职院校招生规模扩张，使得专业教师短缺的现象愈发凸显，如青海省卫生职业技术学院师生比高达 1∶21.28（教育部标准 1∶16 为合格）。许多专业教师承担着巨大的工作量，超负荷的工作使他们无力更无心参加技术实践和业务进修，不利于整体师资水平的提高。

因此，目前青海高职专任教师数量仍有较大的缺口，而教师流失严重、引进高素质高技能型人才困难更加剧了这一问题。青海地处西部地区，人口相对较少，环境较恶劣，经济相对落后在一定程度上阻碍了高职教育的发展，教师的物质利益及价值追求都受到了影响。一部分具有较强的技术能力和知识水平的教师，更愿意进入经济水平高的公司而放弃目前收入低、环境条件差的工作；一些学历和职称比较高的教师选择辞职，流向经济条件比较好的区域，导致优秀教师不断流失。另一方面，地区吸引力不足，人事政策等原因的限制，使高校在人才引进方面始终存在重学历轻能力、重理论轻实践等问题，高素质、高技能、专家型但学历职称相对较低的人才难以进入高职院校。

（三）经费投入有限，师资培训环节薄弱

近年来，学校基础设施陈旧，实验设备老化，实训基地建设落后等问题得到了一定程度的改善，但由于地方政府对高职院校的投入经费有限，高职院校在师资培训环节仍存在资源整合不到位、培训力量不足、培训时间短、外出机会少、培训效果不明显等问题。在培训内容方面，过分追求培训的效率和规模，忽视了教师的差异性需求，教师接受的培训课程多与实际工作和专业发展脱节。此外，由于区域内发展成熟、管理科学的企业相对较少，专任教师下企业锻炼再培训的机会较少，即使有部分教师到企业挂职锻炼，却因为缺乏合理的考核标准，也导致培训效果失于形式，无法达到预期目标。

（四）缺乏科学全面的考评机制及激励机制

目前对高职教师的评价考核仍普遍采用普通高校教师的职称评审标准，明显存在重理论研究、轻技术开发，重论文成果、轻科学实践，学术成果和科研成果被指标化以便于比较考评的问题。因此多数教师将大量时间和精力投放在完成论文、著作、科研等工作上，而忽视了专业实践和技术开发应用，这就使得我们的"双师"教师空有理论而技术能力不足。在激励机制方面，"双师"教师与"非双师"教师在福利待遇上大致接近，在职称评定上也没有太大优势可言，严重地削弱了教师向"双师"发展的积极性；高职发展起步较晚且长期存在发展条件差、生源质量低、社会认可度低等问题，教师在这种环境下也往往处于一种消极、应付的状态，缺乏强烈的责任感和积极工作的动力。

三、青海建设高职"双师型"师资队伍对策思考

（一）完善政府政策保障机制，助力"双师"建设

首先，政府应加大对高职院校的资金投入。一方面提高教师工资待遇水平，保证合理的物质激励，缓解人才流失问题；另一方面设立专项基金，营造积极的科研氛围，为教师提供项目资金，鼓励教师不断追求专业领域的创新。其次，政府应努力整合院校资源，实现资源共享，组织邻近院校相关专业课教师定期参加技术培训及实践锻炼，定期举办专业技能竞赛，促进高校教师之间理论知识与技能经验的交流。最后，政府通过补贴手段引导鼓励发展成熟的企业为教师实践锻炼提供平台。教师参与一线岗位培训，并通过技术人员现场指导，让教师实践动手能力在有限的时间内得到快速提升。①

---

① 汤红军. 高职院校"双师型"教师队伍建设评价机制研究［J］. 高等职业教，2012（6）：90–93.

（二）构建灵活的人才准入制度，优化教师来源结构

目前，我国高职院校教师入职资格要求，由以往的本科提升至硕士研究生学历，对高学历人才的过分追求，将真正懂技术、会操作的技能型人才挡在校门之外，在一定程度上造成部分教师教学能力不足、缺乏实践工作经验。构建灵活的人才准入制度，对那些具备高级以上职业资格证的人才和国家认定的执业资格证人才以及主持或参与过应用项目开发研究的人才，可放宽条件适当降低学历要求，网罗高层次、高技能型人才。同时，建议高职院校师资多渠道化，1/3 的教师来自学校，1/3 的教师来自企业，1/3 的教师来自社会。① 每年从企业选聘一些有一定理论素养同时实践经验丰富的专业技术人员和管理人员到高职担任专职教师或兼职教师。

（三）健全培养培训体系，实现规范化管理

根据"双师型"教师的要求，结合区域经济发展对高职教育的需求，采用政府、学校、行业与企业共同参与的方式，分层次、分阶段地长久、灵活安排教师岗前培训和在职培训。② 建立新任教师岗前培训制度，加强岗前培训与考核，确保新入职的专业教师在上岗前至少要有一年以上的实际工作经验，具备专业技术的职业资格并定期开展教师资格考试与认定工作，逐步确立"双师型"标准。其次，建立规范的在职培训制度，制定教师职业成长培训规划，将继续教育与教师职称评定挂钩，激励教师积极参加各项培训。加强校本培训，鼓励那些理论知识丰富但实际操作能力欠缺的教师进入企业生产第一线，向具有精湛技能的工人师傅学习，掌握本专业新技术、新方法和新工艺，提高动手和实习实训指导能力，优先推选中、青年教师参与省内外学术交流和专业知识继续教育培训，提升教学科研水平，逐步养成"双师素质"。

---

① 李丽华. 高职院校"双师型"教师队伍建设情况调研报告——以辽宁省为例 [J]. 现代教育管理, 2010（10）：72-75.

② 刘育峰. 高职"双师型"师资建设的借鉴与启示 [J]. 教育与职业, 2013（15）：71-73.

(四)完善考核评价体系,实现科学化管理

高职院校对教师的考核评价仍沿用普通高等教育的评审标准,无法对高职教师进行全面科学的评价。高职院校应尝试创立适合高职教师发展的考核评价方法,将技术创新和发明、主持或参与的应用项目成果、参与企业挂职研修等纳入教师年度考核。通过对教师教学能力、实践能力、专业技能、创新能力、职业道德等多角度的考核对教师工作进行科学合理、客观的评价。同时增加评估主体,不仅要有教师管理者参与,还应包含同事、学生、家长与社会,采用定量与定性相结合的考核办法,注重平时考核与定期考核结合,形成多方位、动态评价体系。实行岗位绩效管理,将奖酬与教师的工作绩效结合起来,引导教师不断追求专业成长。[①]

综上所述,加快"双师型"师资建设是职业教育改革和发展的关键。只有具备理论扎实、技术能力强的"双师型"教师队伍才能保证高职院校的教学质量,培养出具有实践能力、就业能力、创新能力、创业能力的高素质人才。

[①] 张双会,石爱民,徐建平. 高职"双师型"教师专业化发展的管理策略研究[J]. 邢台职业技术学院学报,2011(4):17-20.

高职专业建设适应地方经济发展的实践探索
——以青海交通职业技术学院旅游管理专业为例[*]

赵丽华[**]

目前，我国高等职业教育既面临极好的发展机遇，又面临严峻的挑战。政府重视，社会关注，对高技能人才的需求迫切，这些都是极好的发展机遇；同时我们也要看到，高职教育如何灵活调整和设置专业，摆脱学科型专业建设思想的束缚，及时跟踪市场需求变化，主动适应区域、行业经济和社会发展需要，提高教学质量，深化内涵建设，也是高职教育面临的严峻挑战。

一、高职专业建设适应地方经济发展的必要性

与普通高校相比，高职教育是培养适应地方经济发展需要的高技能人才的高地，它的发展必须与地方经济发展相适应。因此职业性和服务社会作为高职院校的根本性质和使命恰恰决定了高职教育专业建设要根据区域经济中的产业结构、产业发展和人才需求的规格，进行科学合理的调整，充分发挥行业、企业的作用，与区域经济和社会发展紧密对接，以推进高职教育同地方经济融合，从而形成相互促进、共同提高、一体化发展的良性循环格局。

---

[*] 本文发表于《中国经贸导刊》2015 年第 17 期。
[**] 赵丽华，1975 年生，青海西宁人，青海交通职业技术学院副教授。研究方向：旅游管理。

二、青海交通职业技术学院旅游管理专业建设改革的背景

（一）地区经济结构调整、产业转型升级对高职旅游管理专业服务社会带来新的机遇

在知识、技术和全球化进程加快的推动下，青海省的经济结构、组织、体制和运行方式逐步发生变化。一是经济总量增长对服务业的需求在增加。从"九五"开始特别是国家实施西部大开发以来，青海省经济社会发展取得显著成绩，经济总量不断扩大，结构不断优化，在这样的宏观经济背景下，青海服务业面临着难得的发展机遇，服务业的需求不断增长。二是城乡居民生活水平的不断提高增加了对生活服务的需求。随着青海省城乡居民收入水平的不断增长，旅游、休闲、教育等在较高收入水平时才能大规模消费的现代生活性服务产品需求增长。三是解决就业压力的迫切需求要求加快发展第三产业。工业化、城镇化是青海经济发展必然的选择，工业化要采取优化结构、提升层次、用信息化带动工业化的新型道路；城镇化要实现农村人口向城镇人口的转移，人口转移后的就业压力是很重的，因此，就业问题就显得格外突出。要保持经济社会的良好发展态势，就必须解决好就业问题。从青海的现实看，解决城镇产业结构调整中的冗员和富余农村劳动力的就业问题，仅靠工业是远远不够的，青海未来发展中，第三产业发展将成为解决社会就业问题的主渠道，这就要求第三产业这个吸纳劳动力能力最强的产业必须保持住一定的增长速度，创造更多的就业岗位。

（二）青海旅游业发展急需大量旅游管理专业高素质人才

青海十二五旅游规划明确提出："将旅游业培育成为推动青海实现跨越发展、绿色发展、和谐发展、统筹发展的战略性支柱产业。把青海省建设成为全国高原旅游名省，建成新兴的国际性、复合型、四季游的特色旅游目的地。"2012年，大美青海旅游收入首次突破百亿元，阔步迈入百亿元产业时代。实现旅游总收入123.75亿元，同比增长34.1%；旅游总收入相当于全省GDP的6.6%。青海旅游直接从业人员达到7.31万人，间接从业

人员达到 36.55 万人，越来越多人的工作、生活与旅游息息相关。

目前，青海发展旅游的人才支撑不足，旅游教育培训资源短缺，已成为深层次制约青海旅游产业发展的因素。民俗旅游、文化旅游、体育旅游、生态旅游、特种旅游等特色旅游是青海旅游未来的重点发展方向，对于旅游人才的综合素质提出了更高的要求，新兴人才极为短缺。因此加快青海高原地区旅游人才培养与员工在职培训已成燃眉之急。

（三）青海省旅游管理专业教育现状不能满足对高素质应用型人才的需求

青海要打造国家旅游名省，必然需要大量的高素质技能型人才作为支撑。这对我院旅游管理专业建设既带来了良好的发展机遇，也带来了一系列的挑战。目前，青海省开设旅游管理专业的高校有四所，我院是其中唯一开设旅游管理专业的高职院校。此外，还有两所中职开设了旅游管理专业。

普通高校专业建设以学科发展为导向，具有鲜明的学科性特征。中职培养的学生虽然也体现了职业岗位要求，但是在培养过程中对学生理论知识要求相对较低，学生的发展空间和可持续发展能力受限，因而转岗适应性就比较弱。而高职院校的专业是根据社会职业分工而设置，面向职业岗位或岗位群，专业建设以市场需求为导向，突出人文素质教育，具有鲜明的职业性、开放性和实践性特征。

三、青海交通职业技术学院旅游管理专业适应地方经济发展的重要改革举措

（一）创建"校企融通、五段递进"人才培养模式

在专业建设过程中，始终围绕区域经济发展的总体要求，做到人才培养与区域旅游发展相融通、教学内容与职业岗位需求相融通、教学组织与企业运营相融通、教学资源与企业资源相融通，通过校企资源共享，实现人才共育。"五段递进"是指在教学实施过程中，按照人才成长规律，教育教学活动体现由低到高、由浅入深的递进特征，结合大美青海旅游季节

性明显的特征,把教学实施过程中划分为"底蕴搭建、岗位认知、能力构筑、实境演练、顶岗历练"五个阶段,让学生结合旅游实践活动,逐步认知旅游岗位特性,把握市场需求,按照旅游职业岗位技能要求,开展教学一体、做中学、学中做的教学活动,打造和提升学生的职业能力(如图1所示)。

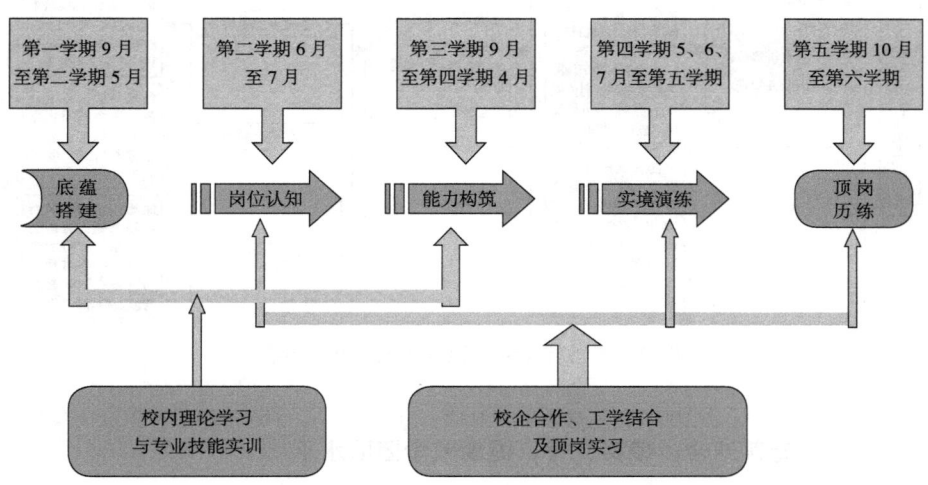

图1 "校企融通,五段递进"人才培养模式

(二)融入行业职业标准,课程体系能力导向

根据"校企融通、五段递进"人才培养模式,为使培养的学生能够适应旅游业发展的需要,具备可持续发展的能力,专业课程体系构建从职业能力培养入手,将目前旅游业执行的《导游服务质量》《旅行社服务通则》《旅行社国内旅游服务质量要求》《旅游景区讲解服务规范》等行业职业标准全面融入专业课程,构建以职业技能为本位,以"行业基本素质+职业岗位技能+职业岗位拓展能力"为主线的理论与实践教学课程体系。专业课程体系纳入岗位能力所需的职业关键知识、职业关键能力、职业关键素质,涵盖了主要岗位的职业要求,又体现了职业成长和职业延伸,以及创新创业能力的培养(如图2所示)。

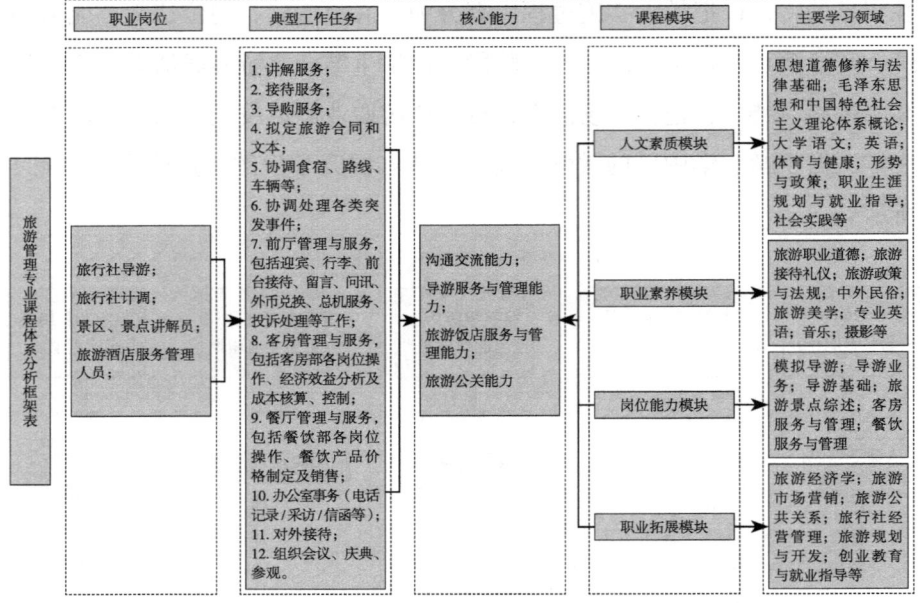

图 2 旅游管理专业课程体系分析框架图

（三）专兼结合、理实交替，提高教学团队水平

按照学院师资队伍建设"双百工程"建设要求，一方面结合专业方向有计划地开展安排专业教师参加学术交流活动、课程建设学习，利用寒暑假期，有计划分期分批安排教师到与专业相关的企业单位进行挂职锻炼、顶岗实践、技术服务和生产实践，培养理论基础扎实、实践操作熟练的"双师"素质教师；另一方面聘用具备旅游行业先进管理经验和服务技能的企业专家和业务骨干作为兼职教师，对其进行高职教育理论和教学方法培训、师德教育，提高高职教育教学理论水平参与专业建设、课程开发和实训教学与指导，重点充实到实训实践教学岗位上，以提高实训指导水平；形成实践技能课程主要由具有相应高技能水平的兼职教师讲授的机制，建立"兼职教师动态师资库"，将兼职教师融进整个师资队伍建设之中，形成专业建设"合力"。

（四）校企深度合作，推动专业发展

在"校企融通、五段递进"人才培养方案实施过程中，坚持校企合作

"双主体"理念。学校在综合考虑相关合作主体利益诉求以及愿景、成长性、规模、资源、能力等要素的基础上，通过深入的沟通交流，与青海宾馆、上海亚湾酒店管理公司等省内外旅游企业紧密合作，校企共建合作培训学校、校内外实训实习基地，合作开展项目开发，为学生提供参与项目开发的机会。并以专业建设委员会为纽带，在人才培养模式改革、项目化课程与教材开发建设、校内外基地内涵建设以及教学资源库建设，专任教师的企业实践指导和兼职教师的教育教学培训，管理和文化等方面开展交流合作。在教学实施过程中，通过企业文化与校园文化的融通渗透，企业助学、校企员工技能比武等活动，努力把企业运行与办学诸要素有机结合起来，整体推进校企深度合作，达成互利共赢的合作目标。

高职教育只有服务地方经济才能获得长足发展，同样，地方经济和行业有了高职从硬件服务到软件提升这种全方位的支持更能健康发展。要实现青海交通职业技术学院旅游管理专业全面、协调、可持续发展，就必须紧紧把握青海地域经济特点，根据地方经济发展的需要确定培养目标，深化人才培养模式改革，推进校企合作，实现校企优势互补、相互促进，提高本地化就业率，只有这样，才能使青海旅游业拥有强劲持久的竞争力。

新时代高职院校专职辅导员培育机制的新思考

——以青海省为例[*]

常金玉[**]

习近平总书记寄语全国广大教师："牢固树立中国特色社会主义理想信念，带头践行社会主义核心价值观，自觉增强立德树人、教书育人的荣誉感和责任感，学为人师，行为世范，做学生健康成长的指导者和引路人；牢固树立终身学习理念，加强学习，拓宽视野，更新知识，不断提高业务能力和教育教学质量，努力成为业务精湛、学生喜爱的高素质教师；牢固树立改革创新意识，踊跃投身教育创新实践，为发展具有中国特色、世界水平的现代教育做出贡献。"[①] 这些论述为加强新时代教师队伍建设提供了"三全育人"根本遵循，其中，高校辅导员发挥着不可忽视的作用，是大学生成长成才成人的指导者和领路者，是承担高校学生思想政治教育和管理工作的践行者，是培养德智体美劳全面发展的社会主义建设者和接班人的主力军，也是高校深入贯彻党的教育方针、确保社会主义办学方向不可或缺的力量。"立德树人、铸魂育人"承载着传播知识、传播思想、传播真理，塑造灵魂、塑造生命、塑造新人的时代重任，为打造中华民族"梦

---

[*] 本文发表于《新疆职业大学学报》2019 年第 27 期第 3 卷。
[**] 常金玉（1986—），男，汉族，甘肃定西人，讲师，主要研究方向：思想政治教育。
[①] 习近平. 习近平向全国广大教师致慰问信［EB/OL］.（2013-09-09）. http://news.cntv.cn/2013/09/09/VIDE1378725723293732.html.

之队"的筑梦人提供了根本遵循。国家和相关教育部门长期高度重视辅导员队伍的建设工作,先后颁布了《教育部关于加强高等学校辅导员、班主任队伍建设的意见》《普通高等学校辅导员队伍建设规定》《大学生思想政治教育工作测评指标体系》《高等学校辅导员职业能力标准(暂行)》等指导性文件,尤其是进入新时代后及时组织召开全国教育大会和学校思想政治理论课教师座谈会等重大教育类会议,制定出台了《国家职业教育改革实施方案》《加快推进教育现代化实施方案(2018—2022年)》和《中国教育现代化2035》等国家对职业教育的顶层设计系列文件,这无疑对新时代职业院校辅导员队伍建设和思想政治教育工作者的健康发展指明了前行方向,提出了殷切期望。

一、专职辅导员队伍建设工作情况

长期以来,我国高等教育培养专任教师,强调学生的专业课学习,而对引导学生思想政治教育、人文素养教育和心理健康疏导的辅导员工作关注不够深入,对辅导员的定位存在各种模棱两可的界定,众说纷纭。直至2017年教育部修订的《普通高等学校辅导员队伍建设规定》中明确指出:"专职辅导员是指在院(系)专职从事大学生日常思想政治教育工作的人员,包括院(系)党委(党总支)副书记、学工组长、团委(团总支)书记等专职工作人员,具有教师和管理人员双重身份。高等学校应参照专任教师聘任的待遇和保障,与专职辅导员建立人事聘用关系。"[①]2019年全国两会上,在国务院《政府工作报告》中专门强调"加快发展现代职业教育,扩大高职教育规模"等职业教育的战略部署,将职业教育提到了前所未有的高度,这也预示着职业教育发展将迎来重大机遇和挑战。目前,尽管国家已经对高职院校给予高度关注和重视,例如,相关政策的倾斜、专项资金的投入、对口人才培养目标等,然而仔细观察高职院校辅导员队伍

---

① 教育部. 普通高等学校辅导员队伍建设规定(中华人民共和国教育部令第43号)[EB/OL].(2017-09-21).http://www.moe.gov.cn/srcsite/A02/s5911/moe_621/201709/t20170929_315781.html.

建设工作仍然存在着许多值得改进的空间和关注的问题。

青海省地处我国西部不发达地区，受地域性发展的限制，加之社会大环境层面上对教育本身的重视程度相对不够，对诸多方面的认知关注度相对落后。目前，全省本科院校4所（含1所本科独立学院），高职院校8所。与全国其他省份相比，无论是在数量、办学规模、人才培养质量，还是在发展建设程度上均较为滞后，发展缓慢。职业院校的学生是祖国的未来、民族的希望。我省高职院校生源复杂多样，多数来自比较贫困的藏区，学生文化素养多元化、知识储备良莠不齐，对管理学生思想政治教育工作的辅导员老师有着严峻的挑战和较高的要求，而辅导员的工作水平和能力直接影响着学生的身心健康发展和学校的长期良性有序的发展。

2019年3月18日，习近平总书记在学校思想政治理论课教师座谈会上指出，"要给学生心灵埋下真善美的种子，引导学生扣好人生第一粒扣子""引导学生树立正确的理想信念、学会正确的思维方法""教育引导学生立鸿鹄志，做奋斗者""引导学生发现问题、分析问题、思考问题"[①]等明确的要求，这足以见得学校思想政治教育工作者的时代使命。其中，辅导员作为高校思想政治工作的主力军，发挥着实现全员全程全方位育人的作用，因此必须加大完善辅导员建设工作机制，下大力气、下实功夫抓好辅导员体系建设。截至2018年底，青海省教育主管部门已成功面向全省高校累计举办了6届辅导员职业能力大赛，逐步加强辅导员队伍建设力度。但作为服务主体的辅导员队伍与青海地区高职学生群体的适应性需求和高等教育与日俱增的服务需求却不相适应，缺乏加大学生管理的活力和魅力。

据2018年底相关资料显示，青海民族大学、青海大学、青海师范大学三所本科学校，在辅导员招聘条件中主要条件为：中共党员、硕士研究生及以上、5年内不得转岗、具有经验者优先、30周岁以下等。由此可见，

---

① 习近平. 在学校思想政治理论课教师座谈会上的讲话［EB/OL］.（2013-03-19）.http://picture.youth.cn/qtdb/201903/t20190319_11900180_2.html.

新时期高校对辅导员的要求体现出学历条件高层次化、年龄结构年轻化、职业经验最大化等特征。相反，由于种种原因，省内各高职院校对辅导员的招聘条件相对宽松，基本要求为学历本科以上、专业以思想政治教育和汉语言文学为主、有工作经验者优先等。另外，与本科院校相比，高职院校专职辅导员招聘在全校整个招聘计划的人数比例小，甚至不设岗。总而言之，当前本省职业院校对辅导员队伍建设工作认识存在不到位，与教育部"配齐配强辅导员队伍"的要求存在差距，存在偏差、重视程度不够等情况。

二、高职院校辅导员队伍建设中存在的问题

目前，虽然部分高职院校在辅导员队伍职业化建设方面开始积极回应，尽力核定编制招聘专职辅导员，但是鉴于条件的限制，辅导员工作的长效培育机制尚未形成，在辅导员队伍建设问题上存在着很大的制约瓶颈，对如何解决好辅导员队伍的培育机制问题，对如何实现学校发展的内涵建设和创新品牌，使社会、学校、学生、家长、教师、企业、市场多维一体共同育人问题等亟待思考和研究。

（一）专职辅导员数量不足

2014年教育部印发的《高等学校辅导员职业能力标准（暂行）》规定："高等学校总体上要按师生比不低于1∶200的比例设置本、专科生一线专职辅导员岗位。辅导员的配备应专职为主、专兼结合，每个院（系）的每个年级应当设专职辅导员，在核定的编制总额内全校专职辅导员数不得少于辅导员总数的70%。每个班级都要配备一名兼职班主任。"据不完全统计，我省高职院校专职辅导员的师生比远低于1∶200的配备标准。辅导员基本上都由30岁以下年轻专任教师兼职担任，由于学校缺乏相应管理岗编制，按国家相关规定足额配备专职辅导员的要求，存在一定程度的困难，也成了学校开展好学生思想政治工作的一个"短板"。

（二）自我身份认同和职业岗位定位不清

从整体上看，教育部、各高校都重视辅导员队伍的建设，且摆在重要

议事日程，从各个方面给予了相应的支持。但是，在辅导员角色认同和岗位认知的问题上仍然不明确，尤其是职业院校反映出的问题较为突出。问题产生的原因主要有以下几个方面：一是无论是社会、学校层面，还是辅导员本身，很大程度上存在对辅导员角色认同不到位的问题，对本职工作认识不深入的问题，造成实际工作中思想和实践脱节现象。二是多数辅导员承担着教学、管理、行政等多维一人的任务，辅导员存在心有余而力不足的问题，很难全身心地投入辅导员工作，工作内容日益繁杂、工作要求日益提高，面对现实窘境，部分辅导员只能零零散散地完成学校交办的暂时性、急需性工作任务以求过关，论文提升质量、效率等效果不理想，造成自我能力水平提升与工作经验积累储量严重失衡。三是部分辅导员对自身职业的满意度不高、认识不到位、定位不准，出现暂时性的茫然和困惑，把当前自身岗位职责工作作为临时过渡性职业而已，没有科学合理的职业理想规划，造成辅导员队伍的"流沙效应"。此外，发展空间小、社会评价不高等也是当前制约职业教育辅导员建设的重要原因之一。

（三）队伍专业化、职业化建设长效培育机制尚未体系化

实现辅导员队伍建设科学化、专业化、职业化的长效培育机制，需要相关教育行政部门和高校立足新时代职业教育发展大局，高瞻远瞩、统筹规划，高度重视"将辅导员职数配置、管理考核、职务晋升、职称评定、津贴待遇及个人发展等方面统筹起来一并考虑"。[①] 目前，各院校应当客观分析、理性思考，急需在完善体制机制、加强政策保障、营造良好社会氛围等方面下功夫，实事求是地制定相关细则和制度，分别从辅导员的准入机制、培训学习、考核体制、职称设定、福利待遇等方面，急需制定出台本省高职院校相应的制度和措施，进一步推动创新辅导员队伍专业化、职业化建设体系，加快实现辅导员队伍职业化建设长效培育机制的建立。从目前的实际情况看，高职院校辅导员绝大多数是通过单纯的人事考试录

---

① 王琦. 高校辅导员队伍职业化建设研究——以甘肃省为例[D]. 兰州大学，2016：52.

用渠道入职或从应届毕业生中临聘的班主任老师，社会工作经验欠缺，短期内适应工作难度大。"教学质量始终是衡量一个学校发展情况的首要标准，这决定了学校更加重视教学质量的提高，专业教师的发展和培养"。①建立健全畅通与基层辅导员交流沟通的渠道，无疑避免了小问题拖成大问题，避免了一般性问题演变成"工作峡谷"的突出问题。此外，专业背景、学习培训、激励机制和考核机制等对辅导员队伍的建设不同程度地有所影响。

三、对高职院校辅导员队伍培育机制体系的几点建议

纵观8所高职院校的学生，据不完全调查，各院校均存在学生生源复杂，管理对象难度大、工作要求特殊的现象，新形势下面对的这一工作实际，无论是工作对象还是工作内容等均提出了新的挑战。鉴于此，如何更加有效地推进辅导员队伍培育机制体系建设，需要国家教育行政部门和高职院校给予高度关注，以及辅导员自身的客观理性认识，进而建立健全高职院校辅导员队伍培育机制体系。

（一）社会和国家教育行政部门层面，建立"认同＋协调"体系

从党和国家教育事业发展的全局出发，认清高职教育发展的新形势和任务，高度重视高职院校辅导员工作，需多方协调合作，共同构建，仅仅由辅导员个人单枪匹马上阵管理学生工作不具备实践的现实操作性，急需要探索建立多维互通联动机制。高职院校辅导员职业应学校管理和社会发展需求而产生的，随着我国进入新的发展阶段，职业教育重要地位和作用越来越凸显，高职院校的管理工作离不开一支"政治立场坚定、综合素质硬、专业知识强、信息接收快"的工作队伍"用高尚的人格感染学生、赢得学生"来引领学生健康发展。另外，对辅导员岗位的工作回报需要通过教育部门、社会的认同和关注予以实现。

---

① 张淼. 新时期高职院校辅导员队伍建设现状调查与分析——基于4所高职院校的调查评估［J］. 浙江纺织服装职业技术学院学报，2015（1）：108-113.

1. 准确定位，认识到位

目前，部分学校、辅导员本身以及学生对辅导员工作的认识不到位，并且对思想政治教育工作的重视程度欠缺，辅导员的岗位职责首要的定位是"思想政治教育和价值引领，践行立德树人的根本任务"，因此急需各界对辅导员应有全新的认识和支持。要切实重视教育部颁发的《普通高等学校辅导员队伍建设规定》要求和习近平总书记在学校思想政治理论课教师座谈会上的重要讲话精神的落实，不能简单地认为只是一纸文件而已，必须结合学校实际，实事求是地贯彻在教育发展的全过程。

2. 重新认识，打破"瓶颈"

伴随高等职业教育的新发展趋势和改革要求，社会对高职院校辅导员的角色认同和期望逐渐得到关注。以往，社会对辅导员角色和工作多以"可有可无"的视角看待，影响了辅导员工作的开展，辅导员工作被边缘化。然而高职院校的职能和学生在社会适应发展程度的效能使得社会对辅导员工作产生了新的认识，认识到辅导员是履行高等学校学生工作职责的专业人员，是高校学生日常思想政治工作的组织者与管理者，是学生健康成长的人生导师、知心朋友。"社会对高职院校辅导员工作职责、角色期望多是以学生就业质量为关注点，期望高职院校辅导员是学生成长的'万金油'。"① 这不仅缩小了他们与专业教师之间的心理差距，也提高了他们的职业自豪感、认同感、获得感，形成了辅导员工作的良性发展，使他们成为最受社会尊重的职业。

（二）高职院校层面，进一步健全优化辅导员队伍"专业化+保障体系"

1. 专兼结合、优化队伍结构

高职教育的性质是培养能够适应生产、建设、管理、服务第一线需要的新型高素质技术技能型人才，重在强调对学生的技能训练、实践操作能力、岗位职业素养的综合养成，把直接为地方或行业经济发展服务作为其发展核心。通过加强专业教师技能的学习培训和辅导员思想素质建设，采

---

① 林玲. 高职院校辅导员队伍建设研究[D]. 合肥：安徽大学，2014：14.

用专兼职发展形式,能够有效加强和改进学生思想政治教育效度和维护高校稳定。一是在辅导员的配备方面,高职院校根据实际工作需要,科学合理地配备足够数量的辅导员。专职辅导员总体上按1∶200的师生比配备,在核定的编制总额内全校专职辅导员数不得少于辅导员总数的70%。每个班级都要配备一名兼职班主任;二是招聘男女比例方面,根据男女优势互补原则,注重男女比例协调,因辅导员的工作比较琐碎,需要灵活、共同促进工作开展;三是年龄结构方面,目前高职学生整体年龄偏小,以95后为主,思想观念感性化,容易受各种新的社会思潮的影响,辅导员年龄应当保持在学生的发展需求层面,不宜过于悬殊,注重协调辅导员队伍保持年轻化。

2. 制定辅导员工作考核的机动办法,健全辅导员队伍的考核体系

目前,相当比例高校辅导员岗位还存在既不属于行政岗,也不属于专技岗的"马赛克"现象,这导致对辅导员的考核还没有独立完整的一个体系,致使很多辅导员归属感、职业自豪感等缺失。对此,首先,职业院校和相关部门应当贯彻执行《中共中央国务院关于进一步加强和改进大学生思想政治教育的意见》中规定的"完善思想政治教育队伍的专业职务系列,从思想政治教育专职队伍的实际出发,解决好他们的教师职务聘任工作……在政策和待遇方面给予适当倾斜"。其次,建立健全辅导员考核机制,将工作实绩、科学研究能力和研究成果相结合,"由学生工作部门牵头,组织人事部门、院(系)和学生共同参与。考核结果要与辅导员的职务聘任、奖惩、晋级等挂钩"。[①]另外,有计划地把辅导员队伍纳入学校党政干部队伍的后备人才库,同时重点推荐优秀辅导员进入校内管理工作岗位或地方组织部门。通过科学的考核和健全的晋升机制,激励辅导员的工作积极性,实现辅导员队伍建设的可持续发展规划,储备新生力量。

(三)辅导员自身层面,提升"职业规划+工作能力"素养体系

新时代,做好大学生思想政治教育工作和教育管理服务工作是对辅

[①] 教育部. 教育部办公厅关于征求对《普通高等学校学生管理规定》《普通高等学校辅导员队伍建设规定》修改意见的通知(教政法厅函〔2015〕55号)[Z]. 2015-10-30.

导员自身素质的测评和考验。从事辅导员工作，应该回答好"什么是辅导员、如何认识辅导员、如何践行辅导员工作"这样一个关键性问题。辅导员应牢固树立坚定理想信念，强化思想政治素质和业务素质，保持优良的师德师风和个人魅力，在日常学生管理及思想政治工作过程中提升自我，力争拥有宽口径的知识储备、较强的组织管理能力、语言与文字表达能力和思想教育引导能力，遵从"注重言行、敬业爱生、育人为本、终身学习、为人师表"的职业准则。作为辅导员，必须与时代同行，树立新理念，掌握新方法，积极争取各种自我素质提升机会，使自己成为一个"学生的受益者、学校的品牌者、国家的建设者"。正如习近平总书记对思想政治理论课教师提出"政治要强、情怀要深、思维要新、视野要广、自律要严、人格要正"的新要求一样，让自己成为学校教师队伍中的"最美风景"。一要做一个乐于学习的人。认真学习贯彻习近平总书记系列重要讲话、党的路线方针政策和现代职业教育政策等，善于总结经验，大胆创新开展工作。二要做一个具有人文关怀的人。对学生要发自内心地关爱，深入了解学生实际，有服务大局意识，成为大学生真心喜爱、终身受益、毕生难忘的精神"导师"。三要做一个爱校如家的人。树立集体意识和责任意识，尽自己最大工作能力推动健康、可持续、又好又快地培养具有健全人格的"社会职业人"。四要做一个敢于担当的人。辅导员作为学生管理第一线的老师应主动担当、敢于担当和善于担当。五要树立终身学习的观念，努力向"双师型"辅导员发展。六要善于开展调查研究，以学生为研究对象，以学生思想政治教育、心理健康教育和学生管理共性等问题为研究内容，广泛探索学生管理新模式和新途径，注重积累总结工作经验并转化为自己的科研成果，运用于开展工作的实践中。

总之，2019年《政府工作报告》的重要批示和《国家职业教育改革实施方案》的出台，高职院校的迅速发展和职业教育深化改革成为新时代高等教育发展的主流。于是，高职院校辅导员队伍有效培育机制的建立，无可厚非地成为学校内涵建设和提质升级推进发展的关键。正确认识、动态调研和分析研判当前我省高职院校辅导员队伍建设的现状，把握好矛盾的主次方面，借鉴学习国内其他高职院校的优秀工作案例，在实践中探索"辅导员队伍职业建设的前沿信息和实践模式，进行针对性的弥补，进行制度上的规范，并加强监督和执行，形成一套有效的利益联结机制和长效机制"。①党中央、国务院对职业教育的重视和部署，社会各界普遍反映，改革力度之大前所未有，职业教育迎来了新的发展机遇。②新时代，继续以"立德树人"为根本任务，坚持全员全过程全方位育人，聚焦"思想政治教育主业、学生成长成才服务体系"，深化职业教育改革，不断加强高职院校专职辅导员队伍建设，既是一项推动职业教育的伟大工程，也是我省抢抓机遇、深化改革、务实进取，不断提升高职院校职业教育现代化水平的"新引擎"。

---

① 冯湘. 高职院校辅导员队伍职业化建设存在的问题与对策研究［D］. 湖南师范大学，2016：26.
② 孙春兰. 在全国深化职业教育改革电视电话会议上的讲话［EB/OL］.（2019-04-04）. http://www.moe.gov.cn/srcsite/A07/zcs_zhgg/201905/t20190510_381564.html.

高职院校学生社团建设存在的问题及对策
——以青海卫生职业技术学院医学技术系学生社团为例 *

史 娜 吴 建**

近年来，各高职院校加强学生社团建设，将社团建设作为校园文化建设的重要抓手和实施素质教育的有效途径。但是，高职院校学生社团建设也存在着一些不容忽视的问题。① 以我院医学技术系为例开展学生社团活动问卷调查，并针对调查问卷反映出的各项问题制订了相应对策，现介绍如下。

1. 调研情况

2017年5月对我院医学技术系2015级、2016级学生发放《医学技术系大学生社团活动调查问卷》进行调查，共发放问卷274份，收回有效问卷264份，有效问卷回收率96%。

---

* 本文发表于《卫生职业教育》2018年第36卷第2期。

** 史娜，青海卫生职业技术学院教师，研究方向：临床医学、职业教育、肿瘤学。吴建，郑州大学，研究方向：职业教育。

① 陆建霞，张绍岚，陈正平，等. 依托专业社团的实践教学形式探索[J]. 卫生职业教育，2016，34（21）：117-118.

1.1 是否有必要参加社团（见图1）

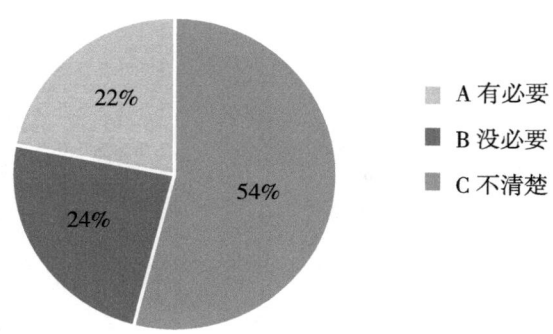

图1　是否有必要参加社团

143名（54%）学生认为有必要参加社团，64名（24%）学生认为没必要参加社团，57名（22%）学生不清楚。

1.2 参加社团个数（见图2）

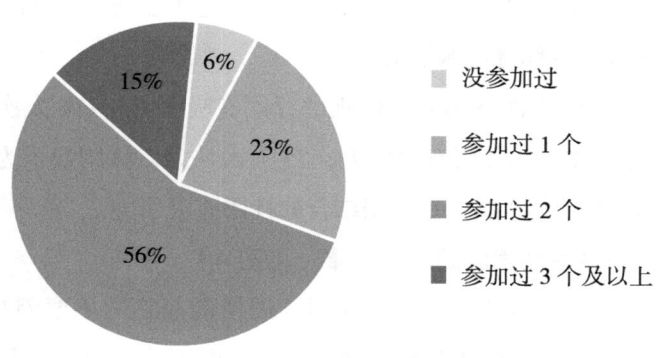

图2　参加社团个数

16名（6%）学生没参加过社团，61名（23%）学生参加过1个社团，148名（56%）学生参加过2个社团，参加过3个及以上社团的学生39人（15%）。

1.3 学生喜欢的社团类型（见图3）

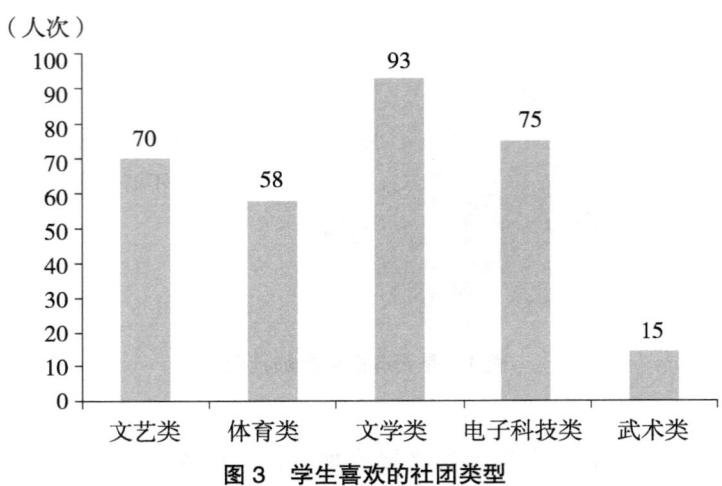

图3　学生喜欢的社团类型

70人次喜欢文艺类社团，58人次喜欢体育类社团，93人次喜欢文学类社团，75人次喜欢电子科技类社团，15人次喜欢武术类社团。

1.4 什么样的社团才有吸引力

调查发现，70人次认为实践性强的社团有吸引力；116人次认为创新性强，可以施展才华的社团有吸引力；75人次认为以休闲娱乐为主的社团有吸引力；49人次认为能与专业相结合的社团有吸引力。

1.5 社团开展活动面临的主要困难（见图4）

149人次认为活动场地问题是社团开展活动面临的主要困难，179人次认为活动经费问题是社团开展活动面临的主要困难，99人次认为社团内部问题是社团开展活动面临的主要困难，145人次认为学校管理问题是社团开展活动面临的主要困难，9人次认为其他问题是社团开展活动面临的主要困难。

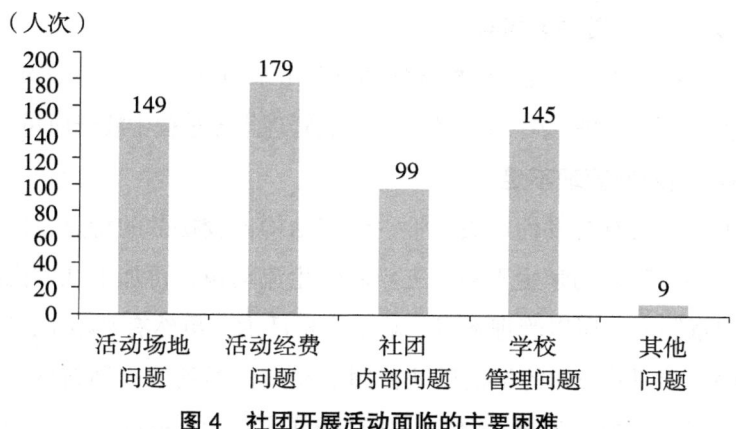

图 4 社团开展活动面临的主要困难

2. 存在的问题

2.1 学生对社团的认识不到位

143 名学生认为有必要参加社团，占学生总数的 54%；近一半的学生认为没有必要参加社团或不清楚是否应该参加社团。说明学生对社团的认识不到位，没有认识到社团在丰富业余生活、提高素质、增强自我管理能力等方面的作用。该问题从另一方面反映出对学生社团的宣传力度不足以及对学生参加学生社团的必要性及意义方面的教育不足。

2.2 活动经费管理过于死板

调查显示，264 名学生中共有 248 名参加过社团活动，其中 179 人次认为开展社团活动主要面临的问题是活动经费问题。系部作为学院二级部门，在使用社团活动经费时缺乏自主权，经费申请过程过于烦琐，影响社团开展活动的积极性。

2.3 社团不能完全满足学生需求

调查显示，最受学生喜欢的社团是文学类社团，达到 93 人次，占学生总数的 35%；其次受学生喜欢的社团是电子科技类社团，达到 75 人次，占学生总数的 28%。医学技术系现有社团中没有文学类、电子科技类社团，因而还不能完全满足学生需求。

2.4 对学生社团缺乏指导

医学技术系社团建设初期指导教师全部由系团总支书记一人担任，其在医学技术系承担工作较多，精力有限，造成管理指导过程中疲于应付的局面。

2.5 社团内部管理不足

学生社团具有自发性、灵活性、组织结构比较松散的特点，医学技术系学生中特长明显的学生不多，三年制学生流动快，再加上社团内部没有明确的规章制度，所以管理随意，缺乏生机活力。虽然有94%的学生都参加过社团，但其中2/3的学生反映社团活动宣传不到位，创新性、实践性不强，没有吸引力，参与人数少、活动开展次数少。同时，了解到有一半的学生在参加1~2次社团活动后觉得无趣，会退出社团。

2.6 活动场地受限

学院面积狭小，部分社团活动因场地原因无法开展。

3. 对策

3.1 加大宣传力度

一是学生处、院团委、系三级联动，通过校园网、宣传栏及日常管理加强社团在校园文化建设中作用的宣传，进一步激发学生参加社团的积极性、主动性。二是将社团发展作为校园文化建设的重要部分，纳入新生入学教育、大学生思政教育以及班团活动中。三是加大对特色鲜明、成绩突出、学生喜爱的学生社团的宣传力度，提高社团知名度。

3.2 灵活管理经费

学生社团经费实施院系二级管理，系党总支根据系学生社团数量、学生人数及系团总支活动需要制订年预算，通过系党总支、系团总支两级把关使用。

3.3 增加社团数量

针对大多数学生的喜好成立学生参与性强、特长要求低、符合大众需求的社团，满足学生需要。目前，医学技术系本着让学生养成热爱阅读的好习惯，已经成立了"大医工匠读书社"，各班学习委员首先成为该社团成员，下学期将进一步发展社团成员，以班级为单位开展阅读活动。同时，医学技术系下一步将成立电子科技社及美容社等。

3.4 聘请专人指导

一是面向全院招聘社团指导教师，将社团指导的成效与教师的职称晋升、考核、提拔、绩效挂钩，调动学院教师特别是青年教师参与社团的积极性。二是对于一些特殊的兴趣社团，学院教师无能力承担但学生需求大的，可从校外聘请指导教师。

3.5 完善管理机制

（1）完善社团内部管理机制。根据各社团特点，在社团发展、活动开展、社团负责人选拔、会员注册及管理等方面形成制度，规范各社团管理。

（2）加强系党总支及团总支的指导。系党总支高度重视学生社团发展，把学生社团建设作为系党总支党建带团建的重要内容，加强对系学生社团的指导和管理，围绕育人开展工作，对社团组织进行目标调控，使社团能够始终坚持正确的政治立场和方向，[①]注重理论学习，鼓励社团及时调整阶段性的目标，使社团活动既贴近学生的思想、学习、生活，符合学生需求，激发学生的兴趣爱好，又顺应时代潮流，适合社会发展的需要。

（3）实施学生素质学分制。将学生参与社团活动的情况作为学生素质教育的重要内容，实施学生素质学分制，要求学生"人人参与社团、人人提高素质"。建立学生参加社团的档案，作为学生推优、奖助学金发放及推荐就业等的重要依据。

（4）建立学院社团考评机制。建立健全学生社团的各项管理制度，将社团管理纳入团总支建设、学生管理工作中，为社团发展提供必要的经费、场地支持。建立激励机制、考评机制，结合"五四"表彰活动，对优秀社团个人、集体进行奖励。

---

① 毕云霄. 高职院校社团活动学分制管理的实践与探索——以淄博职业学院护理学院为例[J]. 卫生职业教育，2013，31（24）：35-36.

高原职业教育的改革与发展研究

浅析民族地区高职教师教育科研能力
——以青海地区为例[*]

马玉萍　司润霞[**]

一、民族地区高职教师教育科研能力研究背景

随着我国进入新的发展阶段，职业教育重要地位和作用越来越凸显，对教师提出了新要求，即不断提高高职教师的教育科研能力。职业院校是知识创新、传播和应用的重要阵地，着力培养高素质劳动者和技术技能人才，因此高职教师的科研能力是新时代职业院校教师素质的基本内涵和社会发展的迫切需要。自高职院校科研能力建设研讨会后，提升高职院校教师的科研能力和水平，日益成为研究者关注的焦点。科研与教学是相长的，教师科研能力的提高，有利于教学内容的更新，有利于教师队伍水平的提高。通过科研和教学的相互促进，教师将会获得更多新知识，进而进行自我知识内化，并通过校企合作进行科学研究，更能培养出实用技术型人才。在学校的发展中，只有学校教育科研的引领，教师的科研行为才能自觉、自主和能动，这样才能推进学校和教师的可持续发展。

---

[*] 本文发表于《教育现代化》2019 年第 6 卷第 83 期。

[**] 马玉萍，女，青海湟中人，青海柴达木职业技术学院副教授，本科学历，研究方向：汉语言文学。司润霞，女，甘肃定西人，青海柴达木职业技术学院助理讲师，硕士研究生，研究方向：思想政治教育。

二、民族地区高职教师教育科研能力存在的主要问题

目前,高职院校的教师主要存在学历偏低、科研意识不强、科研水平不高、能力不足等问题。高职院校教师在参与课题研究、撰写论文、编写教材、获得科研、教研成果奖励等方面的积极性还有待进一步提升,尤其是民族偏远地区的高职院校教师在教育科研能力方面的问题尤为明显。提升高职教师的教育科研能力和科研素养是职业教育不断发展的需求,也是教师自身能力不断提升的内在表现。从职业教育的长远发展考虑,不断加强教师教育科研能力有利于职业教育和教师的可持续发展。

(一)高职教师教育科研能力水平总体偏低

表1 青海省高等职业院校科研论文统计表(2018年11月25日)

序号	院校名称	论文总量/篇	2018年	2017年	2016年	2015年	2014年	合计/篇	备注
1	青海交通职业技术学院	1143	53	79	73	91	92	388	近五年CAS、CSCI、北大核心52篇,其中2018年15篇
2	青海畜牧兽医职业技术学院	683	48	47	57	40	44	236	近五年CAS、CSCD、北大核心59篇,其中2018年4篇
3	青海卫生职业技术学院	583	25	21	17	42	22	127	近五年CAS、CSCI、北大核心26篇,其中2018年10篇
4	青海建筑职业技术学院	472	33	47	32	31	46	189	近五年CAS、CSCI、北大核心33篇,其中2018年3篇
5	青海警官职业学院	400	10	21	0	31	19	81	近五年CAS、CSCI、北大核心1篇,其中2018年1篇

续表

序号	院校名称	论文总量/篇	2018年	2017年	2016年	2015年	2014年	合计/篇	备注
			近五年发表数量/篇						
6	青海高等职业技术学院	37	10	16	11	0	0	37	近五年CAS、CSCD、北大核心8篇，其中2018年1篇
7	青海柴达木职业技术学院	36	19	13	3	1	0	36	近五年CAS、CSCD、北大核心0篇
8	西宁城市职业技术学院	8	4	1	3	0	0	8	近五年CAS、CSCD、北大核心1篇，其中2018年1篇

注：数据来源于维普网。

"科研能力是指人们在已知基础上探索未知的物质世界、精神世界的实践活动中表现出来的研究能力、分析能力等能力。"从青海省高等职业院校科研论文统计数据（表1）可以看出，教师教育科研能力水平总体偏低。在青海省8所职业院校调查对象中，以青海柴达木职业技术学院为例，我们可以看出：2018年共发表论文19篇，但是据青海柴达木职业技术学院《高等职业教育人才培养质量年度报告》统计，截至2019年1月，学院现有教职工总数238人，其中专任教师142人，占比为59.66%，而2018年论文发表的数量占教师总人数的0.98%，占专任教师中的比率为13.3%。由此可见，高职教师教育科研能力不容乐观。

（二）高职教师缺乏对科研的客观认识

民族偏远地区大部分的高职教师进行科研是出于评职称需要，只有小部分的高职教师是出于自己对科研的研究兴趣，可见该地区大多数高职教师缺乏良好的内在动因。通过对相关高职教师进行详细访谈发现，绝大多数的高职教师的学历为本科，他们自身的教育科研能力较弱。大部分职业院校教师对教育科研能力的培养持积极的态度，他们认为教师有必要提高自身的科研能力，但是受工作性质、职称、学历等客观因素的影响，他们对于科研工作心有余而力不足。很多高职教师不知道该如何着手去研究课题，不知该如何开展科研工作，他们在科研方面存在着一定的畏难心理和困惑。另外除了高职专任教师，职业院校管理方面的教师也表示对教育科研感到无从下手，许多管理方面的教师在认识方面也有一定的误区和偏差，导致科研工作难以开展。

（三）高职教师科研实践经验不足

"教师的科研能力是教师的教育科研走向成功的铺路石。"目前，高职教师的工作重心往往在教学和管理方面，进行科研工作的时间和精力相对较少，教师在教学方面发现问题时也不能很好地调整教学方案，并根据问题设计研究解决方案。高职教师对实验数据分析能力不高，在教学中搜集资源和处理问题的能力相对较为薄弱。通过"知网"查阅文献资料的高职教师很少，他们不善于在大数据库中选择对自己论文有参考价值的文献资料，而且整理文献资料的能力、撰写文献综述的能力等还有待提高。高职教师自身不能很好地运用教育理论分析问题，在科研成果的撰写方面也较为欠缺，撰写高水平论文能力较差，不少教师不能够对研究资料进行定性归纳，不能较好地提炼并表达自己的观点。

三、提升民族地区高职教师教育科研能力的途径

随着高职教师对科研方面认识的不断提高，大部分教师对待科研的认识和态度有所改观。据走访调查发现，大部分高职教师有较强的科研意识，肯定科研的价值与意义。

（一）加强科研理论学习

高职教师可通过知网、期刊等方式阅读教育教学理论、专业相关资料、教育教学改革经验等；要结合一线教学经验，不断加强教师经验交流，获取新的知识，不断提高自身的理论水平；要积极掌握新时代教育理念，创新教学方法，正确认识职业教育教学活动的规律和高职学生身心发展的规律，学习前沿教育者的研究理论和成果，努力提升自身的科研能

力。职业教育是实践教育，高职教师可以通过学中做、做中学，掌握教育科研的过程和方法，提升科研能力。要不断提升自身的科研理论水平，并外化为实际的行动。无论是教育科研方法的实施、数据分析技术、信息技术处理、报告撰写，都需要教师真正去用、去做，才能够了解、清楚、熟悉。良好的教育科研素养可以让教师在教育教学过程中发现问题，特别是把教学过程中出现的问题转化成研究课题，继而能在研究课题下得出操作性定义、形成研究方案。

（二）提供培训机会，营造科研氛围

教育部门、高职院校应提供更多岗位培训与在职学习的机会，营造浓厚的科研氛围。良好的科研环境与浓厚的学术氛围对高职教师的科研有一定的影响力，良好的科研环境是一种无形的感染力，教师在不知不觉中会受到潜移默化的影响，能强化教师对于科研能力的认识。高职教师要加强科研能力的提升，他们的发展是一个全面发展的过程，需要在良好的氛围中进行。针对高职教师、骨干教师进行科研理论培训，提升专业系统知识，要发挥科研带头人的示范作用，加强教师的科研意识，组织高职教师科研人员进行小组集中学习活动，定期交流科研和教学方面的心得体会，营造轻松和谐的科研氛围，使教师的教育科研能力和教学中的实践经验相结合，以提升教师的科研水平，最终实现教师们的共同发展和共同进步。

（三）提升科研撰写能力

论文撰写能力作为高职教师教育科研能力的一个组成部分，应该加强高职教师写作能力的培养。高职教师要加强论文写作的基础理论，完善自身的论文写作知识结构，要细心研读规范论文的写作，论文撰写符合标准要求。论文要有高度，可以经常撰写教育教学工作的日常笔记，提炼自己在教育教学过程中的所思所感。论文是研究结果，不是随意抄袭别人的东西，高职教师可以阅读前沿专家发表的相关科研论文和著作，由量变到质变积累一定阅读量后，自己的写作能力不知不觉地提高了。

青海省高职毕业生就业满意度分析

——以青海建筑职业技术学院为例[*]

杜 杰[**]

就业满意度是毕业生对自身就业过程和结果的心理感受，是毕业生对于职业的期望和认知在实际就业后的一种主观上满意或不满意的结果。从价值层面看，就业满意度反映了毕业生的一种价值追求，是他们职业价值观的体现，从毕业生选择未来职业的出发点，可以判断他们对职业的内在价值追求。

一、青海建筑职业技术学院 2019 届毕业生就业情况

青海建筑职业技术学院 2019 届有 1358 名毕业生，初次就业率为 97.94%，86.5% 的毕业生在青海省内就业，其中 65.6% 在西宁就业。从就业领域来看，就业率较高的专业为建筑业，占比 58.9%，具体集中在建筑基础/结构/楼房外观承建业，占比 29.1%；住宅建筑施工业，占比 25.1%；高速公路/街道及桥梁建筑业，占比 9.9%；建筑装修业，占比 9.9%；非住宅建筑施工业，占比 7.5%。

---

[*] 本文发表于《青海教育》2021 年第 1-2 期第 Z1 卷。
[**] 杜杰，青海建筑职业技术学院教师，研究方向：职业教育和高等教育。

二、青海建筑职业技术学院毕业生就业满意度现状

（一）就业满意度变化趋势

就业满意度：是由已参加工作的毕业生对自己目前的就业现状的评价，分为"很满意""满意""不满意""很不满意""无法评估"五项。其中，选择"满意"或"很满意"的人属于对就业满意，选择"不满意"或"很不满意"的人属于对就业不满意。就业满意度计算公式的分子是满意目前就业现状的人数，分母是满意和不满意目前就业现状的总人数之和。数据来源：麦可思公司2019届毕业生培养质量评价报告。样本覆盖情况：2019届高职毕业生总数1358人，麦可思公司共回收问卷1054份，学校的样本比例为77.6%（样本比例=回收问卷数/毕业生总数），共覆盖5个系21个专业。2019届毕业生的就业满意度为71%，与2018届毕业生就业满意度大体持平。

（二）就业不满意的原因

从收入、发展空间、工作氛围、工作环境等七个方面进行就业满意度调查，2019届毕业生对就业不满意的最主要原因是"收入低"，占比64%；其次是"发展空间不够"，占比46%。这与全国各高职院校的数据调查一致，是学生对就业不满意的普遍原因。

三、影响青海省高职毕业生就业满意度的普遍原因分析

（一）社会层面

教育的大众化使得毕业生数量不断增多，高职毕业生就业压力进一步凸显。许多青海省高职毕业生选择了到中小微企业就业。我校2019届毕业生主要就业于300人及以下规模的中小型用人单位，占比78%，与2018届77%的比例基本持平。而中小微企业存在生存困难、管理粗放、企业文化缺失等问题，直接影响了毕业生的就业满意度。同时，社会用人导向也发生了变化。青海省高职毕业生在一些企业中，没有受到应有的重视，专业对口率比较低，也影响着毕业生的就业满意度。

（二）学校层面

首先，现有的专业设置还需进一步完善。一是部分高职院校不断扩大规模，追求大而全，有的专业就业率较低，却仍然每年招生；二是各校热门专业集中招生现象普遍，而就业市场已趋于饱和，这些专业的毕业生供大于求，难以找到理想的工作。其次，参与就业指导的教师队伍不强、专业水平不高。部分高职院校重视专任教师队伍的建设，而忽视了就业指导教师队伍的建设，导致人员数量明显不足，专业化程度也不高。

（三）毕业生层面

毕业生自身的因素也直接影响着就业的质量和满意度。一是就业的信心不足。二是就业的期望值过高。调查显示，一部分毕业生不能正视现实，过于注重工资待遇、工作岗位、生活环境等条件，就业期望值比较高，出现"有业不就"的现象。三是就业的能力不强。

与本科院校的毕业生相比，高职院校的毕业生在综合能力、学习能力等方面还比较欠缺，存在盲从、攀比、依赖等心理，直接影响着就业满意度。

四、青海建筑职业技术学院提升就业工作质量措施

（一）健全职业发展教育体系

近几年，青海建筑职业技术学院经过严格的专业调研论证，科学把握就业市场需求，先后增设了消防工程技术、室内设计、燃气工程技术等专业，目前新增专业招生情况良好，就业质量较高。同时将职业指导、创新创业课程作为必修课列入专业教学计划，分年级、有侧重地贯穿于教育教学全过程。并利用就业专题讲座、创新创业大赛等活动，激发学生就业创业的热情，充分发挥职业指导课程对学生就业的指导作用。

（二）精准帮扶困难学生群体

帮扶困难学生群体就业，是实现毕业生充分就业的难点和关键。青海建筑职业技术学院对就业困难的毕业生情况进行调查摸底，准确掌握就业困难毕业生的具体情况，了解他们的职业兴趣和求职愿望，建立"一对一"帮扶机制、"一生一册帮扶台账"和"一生一策"管理机制。通过精

准帮扶，2019届就业困难毕业生中建档立卡、城镇低保、孤残等毕业生100%就业。

（三）探索"实习+就业"无缝对接机制

青海建筑职业技术学院构建了"责任明确、管理规范、互利共赢"的校企合作运行机制，通过校企合作建设，共育人才，共谋发展。与青海西奥电梯有限公司、西子奥的斯电梯有限公司签订"订单式"人才培养协议，校企双方共同制定电梯专业人才培养方案，共建电梯实训创新基地。2016年引企入校，与甲山装饰设计有限公司共建"创客空间"——梦想咖啡实训室，为学生提供经营体验的平台，为装饰专业学生提供专业项目设计的工作空间。邀请用人单位针对顶岗实习学生进行顶岗实习内容宣讲，用人单位通过与学生签订准订单培养协议，使学生在顶岗实习期间以准员工身份参与生产活动，有效保证了实习质量。"实习+就业"模式促进了顶岗实习单位与就业单位的无缝对接。

（四）培训就业创业专兼职教师

为进一步打造专业化的就业指导工作队伍，形成一支能够满足学生个性需求、适应精细化辅导要求的学生就业指导队伍，组织教师参加各层次创新创业师资培训、职业指导师培训。通过各种途径提高就业、创业指导人员的理论水平、政策水平和工作水平。

五、提高青海省高职毕业生就业满意度的方向

（一）进一步健全各类工作机制，持续不断地提升就业质量

以通过各类专业调研获得的毕业生专业与岗位的匹配度、用工单位需求及满意度的数据及第三方专业评价机构为依托，以问题导向为突破口，不断对相关工作进行梳理、提炼和总结，为进一步优化人才培养方案，提高毕业生就业质量提供有力支撑。

（二）进一步推进就业服务规范化、制度化

健全就业规章制度，明确职责范围，不断增强教师服务意识，改进工作作风。强化辅导员及班主任的政策意识，加强政策学习，明确政策要

求，落实政策内容。

（三）进一步加强就业政策宣传

以校园网、校园公众号、微信平台等媒介，公开、透明地开展就业工作指导，做到就业政策、就业信息发布全覆盖，使学生充分了解就业政策，及时掌握就业信息。积极开拓就业市场，搭建就业平台，调动各方资源收集就业信息，掌握就业需求，提供就业机会。

（四）建设长效监督工作机制

充分发挥意见箱、监督电话及网络监督的作用，畅通监督渠道，为监督工作提供保障。加大对监督、意见反馈渠道的宣传，强化学生的维权意识，掌握维权方法。充分发挥职能部门的监督作用，把监督工作贯穿于整个就业工作的全过程。

（五）继续加大对就业困难群体帮扶力度

准确掌握建档立卡、城镇低保、孤残、少数民族、女性、心理障碍等各类就业困难毕业生的具体情况，确保就业困难毕业生顺利就业。

党和政府对就业工作高度重视，党的十九大报告对更高质量和更充分就业发出了动员令；社会也逐步提高技能型人才的薪酬，尤其是大幅度提高大国工匠、技能大师等高技能人才的薪酬，营造出技能宝贵的良好氛围，这就为高职毕业生的就业提供了政策层面和社会层面支持。相信在学校提高就业工作质量的同时，毕业生就业满意度会逐步提高。

第四章
农牧区职业教育

高原职业教育中最具鲜明特征的是农牧区职业教育。农牧区职业教育的发展必须与农牧区独特的地域空间特征、经济模式特征、社会文化特征、民族构成特征、人口结构特征相适应，使农牧区职业教育与农牧区的社会经济发展实现良性互动，满足农牧区区域社会经济的需求，促进农牧区区域社会经济的发展。本部分内容主要是关于农牧区职业教育的发展研究。包括农牧区不同区域职业教育发展情况，农牧区职业教育助力农牧区精准扶贫、脱贫、防返贫，助力乡村振兴的成效等，对"后脱贫时代"农牧区职业教育的发展进行了有益探索和经验总结。

三江源教育生态研究报告

——藏区职业教育发展问题[*]

王 娟 李宗远 陈化育[**]

一、研究背景

三江源地区是长江、黄河、澜沧江发源地和我国淡水资源重要补给地，是青藏高原生态安全屏障的重要组成部分，在全国生态文明建设中具有特殊重要地位。以草地的承载能力测算，三江源草原普遍超载60%左右，再加上气候干旱和草原建设投入不足，中度以上退化草地已占到60%以上。从草地退化的趋势看出，草地畜牧业已经到了天然草地生态系统所承载能力的极限，如不改变这种状况，脆弱的生态系统将最终走向崩溃。同时，三江源区地域辽阔，自然条件严酷，经济社会相对落后，区内大部分牧民处在贫困线上，三江源地区有7个国家级扶贫县和7个省级扶贫县。为保护和恢复三江源地区的生态环境，减少人为因素对环境的破坏，实施了三江源生态移民工程。生态移民是一项减轻草场压力的根本性措施，采取禁牧、休牧、舍饲圈养等措施，加强天然草地的保护，给草地一个休养生息的时间，并按照以草定畜的原则进行科学利用。实施生态移民是一次

---

[*] 本文发表于《青藏高原论坛》2015年第3卷第4期。
[**] 王娟（1983—）女，青海西宁人，现为青海省教育厅干部。李宗远（1965—）男，云南昭通人，云南昭通学院教授，研究方向：教育基本理论。陈化育（1951—）男，甘肃临洮人，青海民族大学教授，研究方向：少数民族教育。

"生态型"畜牧业的革命，要实现牛羊由自由放牧向舍饲圈养的转变，草原畜牧业将由过去的单纯追求牲畜数量转向兼顾经济效益和生态效益。三江源生态移民工程的最终目标是"迁得出，稳得住，能逐步致富"。生态移民工程计划2010年完成，基于研究和工程的实施情况，将2011年作为生态移民的分水岭。2011年以前为生态移民的"迁出"阶段，2011年以后为"稳住，逐步致富"阶段。

（一）2011年以前三江源生态移民"迁出"阶段和职业教育的平行发展

2002年，国家批准建立三江源自然保护区。2005年，国务院批准实施《青海三江源自然保护区生态保护和建设总体规划》。2008年，国务院出台了《关于支持青海等省藏区经济社会发展的若干意见》。2010年，中共中央、国务院出台《关于加快四川云南甘肃青海四省藏区经济社会发展的意见》及国务院办公厅《关于印发支持四川云南甘肃青海四省藏区经济社会发展若干政策和重大项目意见的通知》。

职业教育是为使受教育者获得某种职业技能或职业知识、形成良好的职业道德，从而满足从事一定社会生产劳动的需要而开展的一种教育活动。职业教育意在培养技能技术性人才。职业教育为初、高中毕业生和城乡新增劳动者、下岗失业人员、在职人员、农村劳动者及其他社会成员提供多种形式、多种层次的职业学校教育和职业培训，是我国教育体系的重要组成部分，是国民经济和社会发展的重要基础。推进职业教育发展是实施科教兴国战略、促进经济和社会可持续发展、提高国际竞争力的重要途径，是调整经济结构、提高劳动者素质、创造人才红利、加快人力资源开发的必然要求，是拓宽就业渠道、促进劳动就业和再就业的重要举措。2002年国务院出台了《关于大力推进职业教育改革与发展的决定》，2005年国务院出台了《关于大力发展职业教育的决定》。

（二）2011年以后三江源生态移民"稳住，逐步致富"阶段与职业教育的互惠发展

2012年，国家发改委出台《关于印发青海三江源国家生态保护综合试验区总体方案的通知》。从2005年至今，在国家科学的顶层设计和优惠政策支持下，青海省启动了三江源生态补偿机制，实施了"1+9+3"教育经费保障、异地办班奖补等11项补偿政策，2011年4月，出台《三江源地区"1+9+3"教育经费保障补偿机制实施办法》和《三江源地区异地办学奖补机制实施办法》。从2011年秋季学期开始对三江源当地就读学生实施了"1+9+3"教育经费保障补偿机制，对异地就读学生实施了异地办学奖补机制。当地就读学生每生每年补助4200元，异地办学办班每生每年补助6500元。2012年省政府制定出台《青海省人民政府印发关于实施学前一年教育和中等职业教育资助政策的意见》（青政〔2012〕64号），实行中等职业教育免学费和免费提供教材政策。中等职业学校在校生免除学费。每生每年2000元标准予以补助；免费提供国家规定教材，按每生每年400元标准予以补助。青海省实行中等职业教育异地办学、1+9+3政策，减轻了藏区农牧民家庭的经济负担，极大地调动了农牧民子女就读中等职业教育的积极性，也使更多的牧民子女接受城市优质职业教育，开阔眼界，掌握技能，融入城市生活，对其就业和帮助家庭脱贫致富十分有益。2014年国务院出台《关于加快发展现代职业教育的决定》，教育部、国家发改委、财政部出台了《关于加快西藏和四省藏区中等职业教育发展的指导意见》，主动适应藏区工业化、信息化、城镇化、农业现代化要求，紧紧围绕"培养什么人，怎样培养人"，着力培养一大批爱国守纪、有一技之长、能就业的高素质劳动者和技术技能人才，使适龄学生有学上、务正业、有奔头，促进民生改善、经济发展、社会稳定和长治久安。

二、研究的目的和内容

三江源生态保护，以生态环境保护和建设为核心，同时积极推动经济发展，提高公共服务水平，促进民生改善。现在，三江源生态保护在促进自然环境可持续发展的同时，一定程度上改善了农牧民的基本生产生活条件。但是，由于受自然地理和人类活动的影响，还存在诸多困难和问题，主要表现在省内各级财政困难，民生问题突出，人口和资源环境之间的矛盾突出。此次研究的主题主要集中在移民社会适应性、移民社会发展方面。由于三江源移民是一种生态工程移民,这一人口迁移过程不具有市场选择性和自然法则的优胜劣汰,特别是由于移民从原居住地搬迁进入安置地往往是一个突变过程,这一过程必然导致生产力和生产关系及自然环境和人文环境的变化,进而引起移民生产方式、生活方式、人际关系等发生变迁。三江源的生态移民工程涉及14477户,70724人,"迁得出"已经成为事实。"稳得住,能逐步致富"又是一个重大问题。

此次研究试图站在教育生态的角度,以职业教育异于其他教育的自身特点,实现三江源生态保护与发展职业教育的有机结合。通过加快发展三江源职业教育,让三江源生态移民掌握一技之长,发展三江源生态移民后续产业,使移民充分就业,改变牧民长期过度依赖自然资源的生存现状,实现生态保护、绿色发展与提高牧民生活水平相结合。一方面,统筹初中毕业生生源管理,统筹中等职业教育和普通高中教育招生,将初、高中应往届毕业生纳入职业教育。另一方面还要面向返乡农民工、进城农民工、社会青年、下岗失业人员、生产服务一线职工、下岗失业人员等城乡劳动者开展职业培训。

(一)职业教育服务三江源生态移民后续产业发展

三江源地区职业教育优先发展与三江源"农牧业十大特色产业"等紧密结合的应用型学科专业,开设农林牧渔、医药卫生、文化艺术、教育、旅游服务、信息技术、交通运输、加工制造类等十大特色产业中的藏医医疗与藏药、学前教育、工艺美术、民间传统工艺(唐卡、藏绣、雕刻等)、畜牧兽医、汽车运用与维修、计算机应用、电子与信息技术、民族音乐与舞蹈等专业,而且这些都是紧贴三江源国家生态保护综合试验区实际和藏族学生易接受的专业。同时,鼓励支持职业学校开办生态环境保护专业。

1.发展职业教育畜牧兽医等农林牧渔类专业服务生态产业。

建立高产优质人工草地、饲草料储备基地和牧草种子基地,积极发展草产品加工业,大力提倡舍饲圈养,进行牛羊育肥,积极发展养殖大户,建立畜产品生产基地,大力发展现代畜牧业及其加工业,增加牧民收入。

2. 发展职业教育三产专业服务商贸流通产业。

把发展第三产业作为缓解生态移民就业压力，增强资金积累，活跃城乡经济的重要产业。依托公路沿线、旅游热线、旅游景点，加快小城镇建设步伐，促进市场建设，以各县（市）县城以及区位、交通、物产等条件优越的乡镇为重点，分层次建设一批规模不等、分工合理、功能互补的专业化市场和商品交换集散地，盘活牧区商贸流通。积极鼓励和扶持个体、私营运输业的发展，为城乡交流提供便利条件。在发展传统第三产业的同时，大力发展信息、咨询技术服务、法律服务、会计服务、金融保险、房地产等新兴服务业。

3. 发展职业教育藏医藏药中草药及产品加工专业服务特色产业。

立足区域内丰富的中藏药材资源优势发展加工业，加快中藏药新产品的开发及研制，推广藏药学，把传统优势、现代科技、生产工艺结合起来，做大做强藏医药业；根据藏民族历来的习惯和技能，发展适宜老人妇女劳作的藏毯业；充分利用区域内饮用泉水资源蕴藏量大、含微量元素丰富的优势，大力发展矿泉水、植物保健饮料等具有高原特色的系列饮料产业。

4. 发展旅游服务类和文化艺术类专业服务三江源生态、民族风情、宗教文化旅游。

根据青海省旅游总体规划，三江源具有垄断性的旅游资源，是青海旅游业发展的后劲和潜力所在，以生态旅游、科学考察、探险旅游、宗教朝觐、风情旅游为主题，可以塑造出"中华脉源"形象。在全省三个旅游品牌中（顶级品牌、特级品牌、重要品牌）属于顶级品牌，是青海省形象载体，是世界知名的特色生态旅游区。因此需树立以旅游促开放，以开放促开发，以开发促发展的观念，把三江源旅游作为一大支柱产业来培育。

（二）扩大就业，改善民生

三江源地区职业学校同时还承担着做好牧区劳动力转移培训的工作，实施"阳光""雨露"计划，提高三江源地区农牧民人口素质、增加移民收入、提高转移劳动力技能技术。创新培训方式，根据市场需求，广泛开

展多渠道、多形式、多层次的技能技术和农村实用人才等培训，进行劳务输出，发展劳务经济。

三、现状与展望

（一）青海省职业教育发展情况

近年来，青海省职业教育紧紧围绕建设循环经济先行区、生态文明先行区、民族团结进步先进区的目标、任务，以规划引领、政策扶持、市场调节、多元办学推进职业教育发展，现已步入了快速发展阶段，中等职业教育实现了跨越式发展。目前，全省共有46所职业院校，其中：中等职业学校38所，高等职业学校8所。2014年，职业院校招生3.38万人，在校生9.4万人，其中：中等职业教育在校生77163人，占高中阶段教育在校生的41%。高等职业教育在校生16857人，占高等教育在校生总数的32%。

1. 完善政策措施，为职业教育提供发展空间

青海省委、省政府高度重视职业教育，于2014年底出台了《青海省人民政府贯彻落实国务院关于加快发展现代职业教育决定的实施意见》（青政〔2014〕75号），全面提出了加快发展现代职业教育的指导思想、基本原则、目标任务和举措办法，并针对全省实际提出了五项重点建设工程，制定了任务书、时间表、路线图，主题突出，责任明确，对构建我省现代职业教育体系、加快职业教育发展做出了总体部署安排。

2. 规划引领，促进职业教育与普通教育协调发展

（1）统筹规划职业教育发展。依据《国务院关于加快发展现代职业教育的决定》《青海省中长期教育改革和发展规划纲要（2010—2020年）》，结合我省实际，编制《青海省现代职业教育"十三五"发展规划（2015—2020年）》《青海省职业院校建设发展规划（2015—2020年）》《青海省示范中等职业学校建设专项规划（2015—2020年）》《青海省藏区六州职业教育"一州一校"建设规划（2015—2020年）》。重点覆盖学校基础能力、特色专业、师资队伍等建设，全面提升职业教育服务经济社会发展的

能力。

（2）扩大办学规模，调整中高职教育结构。根据国家关于高中阶段教育普职比例大体相当的要求，每年明确招生计划，完善高中阶段教育学校招生工作机制，统筹初中毕业生生源管理，统筹中等职业教育和普通高中教育招生，统筹公办和民办高中阶段教育招生，统筹区域内和跨区域的中等职业教育招生。将招生任务层层分解到市州、县区、学校，落实工作责任，建立"一级抓一级、层层抓落实"的工作机制。不断扩大招生范围、拓宽生源渠道。

（3）加大经费投入力度，完善经费稳定增长机制。逐年加大对职业教育的投入，推进职业教育改革发展。2014年省级职业教育专项资金从2006年的2000万元提高至3.2亿元，比2006年增加了16倍，重点用于中等职业学校师资培训、实训基地等基础能力建设，所有的中等职业学校都不同程度得到了项目支持。经初步确认，2015年将提高到3.3亿元。省级城市教育费附加的30%用于职业教育的要求也落实到位。通过中央、省级、市州和县级以及有关省市援助项目的实施，职业院校基础设施、师资队伍、特色专业建设得到加强，人才培养质量不断提高，办学实力和水平得到提升。建成13所国家示范职业院校，7所省级重点职业院校。

3. 以市场为导向，提高职业教育支撑经济社会发展吻合度

（1）优化专业结构，实现专业与产业发展对接。2013年省政府出台了《关于进一步优化全省高等教育和职业教育布局及学科专业结构的意见》（青政〔2013〕74号），进一步明确高等院校和职业学校办学定位、布局及专业结构优化。针对我省经济社会发展的阶段性特征和产业结构调整升级的需要，发挥宏观调控作用，科学合理确定招生规模和分专业招生计划。按照"有增加、有保持、有调整、有压缩"的总体要求，采取停招、限招、减招、隔年招和增招等调控手段，推动学科专业结构的优化。近年来，高职院校新增太阳能应用技术、水产养殖等15个专业，停招、减招卫生管理、农业经济管理等33个专业；中职学校新增光伏发电设备运行与维修、风电场机电设备运行与维护等10个专业，停办了司法类和文秘

专业，取消了 6 所学校举办中医专业的资质。目前，就读服务一、二、三产业类专业的学生比例分别为 4%、39% 和 57%。同时，在西宁市、海东市、海西州蒙古族藏族自治州各新建一所综合性高等职业技术学院，进一步扩大高等职业教育占高等教育的比例。

（2）推动藏区职业教育，深化对口支援合作机制。抓住与东部六省市、民办本科学校、东中部职教集团对口帮扶机遇，深化合作办学内涵，采取联合建设专业、联合培养人才的方式，帮扶支持藏区中职学校发展，提升综合办学实力；同时扩大藏区异地办学（办班）规模，使藏区更多的初、高中毕业生接受职业教育，提高综合素质能力，并鼓励和引导毕业生到省内外就业。2014 年起争取到中央对内地西藏中职班的补助政策，即中央财政补助每生每年 8500 元。2011—2014 年共输送 4100 多名藏区中职学生赴山东、江苏、天津、上海等对口支援省市学习。

4. 以质量为核心，拓宽多元化办学模式

（1）完善办学体制机制，推动校企合作深度融合。按照政府主导、行业指导、企业参与、学校主体的"四位一体"办学模式和校企间"人才共育、过程共管、责任共担、成果共享"的职业教育体制，坚持以服务为宗旨、以就业为导向、以质量为核心，不断深化人才培养模式改革，实行工学结合、校企合作、顶岗实习、"订单式"人才培养模式。紧紧依托行业、企业，积极打造"校中厂、厂中校"的育人模式。校企共建实训场所，共同确定人才培养目标、建立订单培养计划、开发一体化的课程，建立育人评价机制，确保育人质量。青海省成立了由企事业单位、学校、科研机构和协会为成员单位的交通运输、农牧、卫生、建筑、水电、机械、化工、通信等 8 个职业教育集团。学校与企业在合作育人、人才培养、资源共享、产教结合、科研开发、社会服务等方面开展广泛深入的合作。高职院校在校内外建立了 300 多个实践、实训基地，中职学校与省内外 358 个企业建立了良好的校企合作关系，实行了工学结合、顶岗实习的人才培养模式。

（2）以培养"双师型"教师为重点，加强教师队伍建设。一是制定了全省职业教育教师队伍建设规划，提出了以建设"双师型"教师队伍为重点，加强师资队伍建设。分别在广东水电技术师范学院师资培训中心、江苏省盐城技师学院等地举办"双师型"专业骨干教师研修班，有效提高了中等职业学校教师的教育教学水平和教师的整体素质，"双师型"教师比例也得以提升。二是实施"职业院校教师素质提高计划"。积极选派专业骨干教师参加国家级培训，同时每年举办专业骨干教师和管理干部省级培训。建立了专业教师到企业实践的制度。目前，中等职业学校所有校长、50%以上的专业教师均接受过培训。高职院校通过实施"135"高层次人才培养工程，内培外引、专兼结合，使专任教师结构和层次更加合理。三是通过实施"特聘教师"和"见习岗教师"计划，解决我省中等职业学校编制不够、教师数量不足的难题。共聘请行业企业专业技术人员和能工巧匠900多人担任职业学校专业教师和实习指导教师，有效地缓解了教师队伍总量不足和结构性短缺的困难。

（3）广泛开展职业培训，提升劳动者技能。全省中等职业学校在开展学历教育的同时，根据市场需求，广泛开展非学历职业技能培训工作，不断增强服务经济社会的功能。据统计，2010年—2014年，开展以农村劳动力转移培训、农牧民实用技术培训为主的各类职业培训21万人次，为经济转型和产业结构调整提供了人才支撑。

5.多路径成才，完善升学就业多样化成长渠道

（1）推进中高职招生工作衔接，加快构建现代职业教育体系。进一步深化高职招生制度改革，完善人才培养渠道，建立中等和高等职业教育贯通的立交桥。一是推进中高职招生工作衔接协调，调控招生计划，扩大高职单考单招计划。目前，全省38所中职与8所高职专科贯通的学习通道已打通，38个专业进行衔接，每年近15%的中等职业学校毕业生进入高等职业学院学习。二是改革分类招生考试制度。加快推进我省教育分类招生考试，改革完善职业教育人才多样化成长渠道，结合我省实际，制定《青海省高等职业教育分类考试招生的实施意见》，推进"知识+技能"、3+2、2+2及单独招生等工作，全面打通中职升入高职的学习通道。

（2）建立人才需求发布机制，提高就业率和就业质量。由人社部门协同教育、经委、工商、行业及社会力量，广泛参与、分工协作、密切配合，共同建立人才需求预测发布机制，构建与需求相吻合的人才培养体系。各职业院校通过加强职业生涯规划课程，推行工学结合、订单培养等人才培养模式，积极联系用人单位组织就业洽谈会等措施，为学生提供快速就业通道。近年来，中等职业学校毕业生就业率保持在95%以上，高等职业院校毕业生就业率保持在90%以上。大力推行学历证书和职业资格证书"双证书"制度，毕业生获得职业资格证书的比例达85%，毕业生的就业能力逐步提升。2014年全省中等职业教育毕业生16627人，就业人数15792人，就业率94.98%；对口就业14483人，对口就业率87.11%。高等职业教育毕业生5965人，初次就业率94.5%。

（二）三江源国家生态保护综合试验区职业教育发展情况

三江源国家生态保护综合试验区共有9所中等职业学校，黄南、玉树州各1所，海南州2所，果洛州5所（公办1所，民办4所）。三江源地区职业教育办学规模逐年增加，2014年在校生人数为11405人，比2011年增加1239人，增长了12.19%，中职在校生占高中阶段教育在校生总数的36.64%；三江源地区职业学校办学条件大大改善，学校占地面积为55.23万平方米，比2011年增加了3.57万平方米，增长了6.9%。校舍面积16万平方米，比2011年增加了9.33万平方米，增长了139%。固定资产总值5.98亿万元，比2011年增加了5.11亿万元，增长了588%。

近年来，青海省积极争取国家各类项目资金，加大省级职业教育专项投入，改善三江源地区中等职业教育办学条件。重点加强藏区职业学校基础能力建设，扶持特色专业建设，加强实训条件等，提高教育教学质量，使其成为三江源地区移民转移培训、农牧民实用技术培训的主要基地，为三江源地区经济社会发展提供人才和智力支持。深入推进三江源地区职业教育对口帮扶工作。加强与对口支援省市及其他省市职业院校的合作培养机制，扩大联合招生规模，深化合作办学内涵，使更多的三江源地区初、高中毕业生接受优质职业教育。在异地办学、开展师资培训、专业建设等方面加强合作交流力度，增强藏区职业学校办学实力，扩大藏区学生学习、升学和就业渠道。三江源国家生态保护综合试验区职业教育水平和保障能力得以提高，职业学校得到快速发展。

1. 统筹管理三江源国家生态保护综合试验区中等职业学校建设规划

编制了《青海省示范中等职业学校建设专项规划》《青海省藏区六州职业教育"一州一校"建设规划》，将三江源国家生态保护综合试验区四州各1所学校（海南、玉树、果洛、黄南州职业技术学校）纳入总体规划中。加强三江源国家生态保护综合试验区职业学校基础能力建设，扶持民间传统工艺、旅游服务管理等特色专业建设，加强实训条件等，提高教育教学质量，提升办学实力和水平，推动三江源国家生态保护综合试验区经济社会发展。

2. 加强三江源国家生态保护综合试验区中等职业学校基础能力建设

积极争取国家各类项目资金，加大省级职业教育专项投入，改善三江源国家生态保护综合试验区中等职业教育办学条件。仅省级财政，2013年对三江源国家生态保护综合试验区中等职业学校共投入1360万元，其中：黄南州职业技术学校汽车运用与维修专业360万元，果洛州职业技术学校旅游服务与管理专业320万元，海南州职业技术学校汽车运用与维修专业350万元，玉树州职业技术学校旅游服务与管理330万元。2014年对三江源国家生态保护综合试验区中等职业学校共投入3000万元，比2013年增加1640万元，增长了55%，其中：果洛州职业技术学校建设1000万元，海南州职业技术学校700万元，玉树州职业学校500万元，黄南州职业技术学校800万元。重点用于加强三江源国家生态保护综合试验区中职学校教学、实训、学生宿舍楼等基础设施建设，使三江源国家生态保护综合试验区9所中等职业学校达到国家合格中职学校标准，成为三江源国家生态保护综合试验区劳动力转移培训、农牧民实用技术培训的主要基地，为三江源国家生态保护综合试验区经济社会发展提供人才和智力支持。

3. 加大三江源国家生态保护综合试验区中等职业教育师资培训力度

实施教师素质提高计划，加大对三江源国家生态保护综合试验区中等职业学校国家级、省级骨干教师培训工作,提高教师队伍整体素质。2011—2013年三年间,共选派59名三江源国家生态保护综合试验区中职学校教师参加国家级、省级培训,占三江源国家生态保护综合试验区中职学校专任教师的17%。选派17名专业课教师和实习指导教师参加赴企业实践学习。

4. 不断调整优化三江源国家生态保护综合试验区中等职业教育专业结构

围绕三江源国家生态保护综合试验区经济发展对人才需求,调整三江源国家生态保护综合试验区中等职业学校趋同专业和就业质量不高、就业率低的专业,重点建设旅游、民族文化艺术类等专业,适度发展交通运输、商贸餐饮等专业。重点支持三江源国家生态保护综合试验区4所中等职业学校的18个特色专业建设,加快构建与三江源国家生态保护综合试验区产业结构形态相适应、特色鲜明的专业布局,做到专业与产业、企业、岗位对接,专业课程内容与职业标准对接,教学过程与生产过程对接。

5. 提高三江源国家生态保护综合试验区中等职业教育就业率及就业质量

积极引导三江源地区中等职业学校毕业生面向移民社区、农牧区就业。2014年,海南州中职学校毕业生数617人,就业生数578人、就业率93.68%,对口就业516人、对口就业率83.63%;果洛州中职学校毕业生数340人,就业生数244人、就业率71.76%,对口就业165人、对口就业率48.53%;玉树州中职学校毕业生数731人,就业生数459人、就业率62.79%,对口就业43人、对口就业率5.88%;黄南州中职学校毕业生数448人,就业生数380人、就业率84.82%,对口就业306人、对口就业率68.30%。其中:国家机关、企事业单位556人,合法从事个体经营231人,其他方式134人;第三产业1011人;本地就业761人,异地就业250人。

6. 推进三江源国家生态保护综合试验区职业教育异地办班工作

坚持两条腿走路,充分利用对口六省市职业教育资源,在办好我省职业教育的同时，大力推动藏区初高中毕业生通过对口支援到省外接受职业教育。深入推进与对口支援省市的职业教育合作培养机制，扩大联合招生规模，深化合作办学内涵，积极与对口支援省市衔接，采取联合建设专业、联合培养人才的方式，帮扶三江源国家生态保护综合试验区中职学校建设专业，提升综合办学实力，并鼓励和引导毕业生到省内外就业。2011—2013年共输送1888名三江源国家生态保护综合试验区中职学生赴山东、江苏、天津、上海等对口支援省市学习。异地办班取得了良好的办学成效。今年第一届异地办班学生毕业，就业情况良好。海南州2014年第一届江苏省就读的石油工程专业100名学生分别在新疆吐哈油田、大庆油田和江汉油田就业，月平均工资达到4000元以上。

（三）三江源职业教育存在的困难及未来展望

目前，三江源国家生态保护综合试验区职业教育还存在着很多困难和问题。一是校舍不足，教学设备短缺。目前三江源国家生态保护综合试验区除玉树州职业学校外，其他学校人均占地面积和建筑面积与《中等职业学校设置标准》相差较远。校舍不足、教学设备短缺已成为制约三江源国家生态保护综合试验区职校发展和影响教学质量的重要因素之一。二是师资力量薄弱。三江源国家生态保护综合试验区四州职校大部分教师以前从事基础课、师范类、卫生类课程教学工作。由于培训机会少，知识技能长期得不到更新，面对新开设的专业，现有的专业知识难以胜任教学工作，制约了教育教学水平的提高。三江源地区中等职业学校师生人数与藏区六州比为1∶36，远远超出国家1∶20的标准。三是校企合作程度低。由于我省藏区社会发育程度低、企业不发达、产业发展缓慢等因素，推行工学结合、校企合作人才培养模式较为困难，实现真正意义上的产教融合和校企合作难度较大。

三江源国家生态保护综合试验区职业教育展望：

1.完善现代职业教育体系建设

改革高等职业教育考试招生制度，制定相关招生入学政策，争取更多的三江源地区中职毕业生升入高职学院继续学习，增强学生的可持续职业发展能力。

积极构建职业教育与普通教育的横向立交和贯通从中职、专科、本科到研究生的纵向立交。统筹发展各级各类教育和各种形式的职业教育，努力搭建起技术技能人才成长的"立交桥"。一是把"纵向贯通"职业教育作为培养技术技能人才的一种教育类型，建立系统的人才培养制度，打破学历层次限制，疏通上升通道。认真学习先进经验，巩固提高中等职业教育发展水平，创新发展专科层次的高等职业教育，推动中职、高职、本科和研究生等各层次职业教育纵向衔接，满足各层次技术技能人才的教育需求。二是把"横向融通"作为打破职业教育与普通教育界限的突破口，加强职业教育与普通教育的双向沟通，探索建立学分积累与转换制度，鼓励普通学校和职业院校之间开展课程和学分互认，为学生在普通学校和职业院校之间转学、升学提供便利。三是把"外部联通"作为构建现代职业教育开放体系的重要途径，探索多渠道办学模式。适应人的终身学习需要，坚持学历教育和非学历教育并举、全日制与非全日制并重，健全劳动者终身职业培训体系。

2. 提高三江源地区职业教育发展水平

一是巩固和扩大三江源国家生态保护综合试验区职业教育规模。按照普通高中与中职教育规模大体相当的要求，加大三江源国家生态保护综合试验区职业学校招生规模，将应、往届初中毕业生、未升学普通高中毕业生、生态移民等其他群体纳入招生范围，使更多的三江源国家生态保护综合试验区农牧民子女接受中等职业教育后实现稳定就业。二是加大三江源国家生态保护综合试验区职业教育异地办学。利用中央加快西藏和四省藏区中等职业教育发展的政策和对口援青省市及省内优质资源，将三江源国家生态保护综合试验区部分未升学的初、高中毕业生通过对口援青、合作办学方式转移到省外职业院校或西宁地区重点中等职业学校接受优质教育，提高就业质量。三是加大三江源国家生态保护综合试验区职业学校基础设施投入。积极争取国家各类项目资金，加大省级职业教育专项投入，做好《青海省示范中等职业学校建设规划》，改善三江源国家生态保护综合试验区职业学校办学条件，让三江源国家生态保护综合试验区中等职业学校成为当地劳动力转移培训、农牧民实用技术培训的主要基地，为三江源国家生态保护综合试验区经济社会发展提供人才和智力支持。四是优化三江源国家生态保护综合试验区职业学校专业结构。围绕三江源国家生态保护综合试验区经济发展对人才需求及三江源生态移民后续产业结构对技术技能型人才的需求，调整三江源国家生态保护综合试验区职业学校趋同专业，调整职业教育就业质量不高、就业率低的专业，重点建设旅游、民族文化艺术类等专业，适度发展交通运输、商贸餐饮等专业。对三江源国家生态保护综合试验区职业学校无条件开设但人才需求量大的专业，可通过与省内外职业院校联合建设专业、联合培养人才的方式，采取"1+2"等模式（一年在三江源国家生态保护综合试验区主要学习文化基础和部分专业理论课程，两年在省内外职业院校学习专业理论和实践课程），帮扶三江源国家生态保护综合试验区职业学校建设专业，提升综合办学实力。鼓励和引导毕业生到省内外就业。五是加强三江源国家生态保护综合试验区职业学校教师队伍建设，实施教师素质提高计划。加大对三江源国家生态保护综合试验区职业学校国家级、省级骨干教师培训工作，提高教师队伍整体素质，扩大"双师型"教师比例。六是加强城镇移民转产择业培训，使其尽快融入二、三产业。进入城镇的移民弃牧转产从事二、三产业，加强移民的技能培训，帮助城镇移民熟悉掌握非畜牧业生产技能，解决后顾之忧。

高原职业教育的改革与发展研究

"后脱贫时代"职业教育如何行稳致远

——"三区三州"职业教育发展现状与未来展望[*]

张劲英 陈 嵩[**]

一、引言

贫困是全球性、长期性的社会问题。改革开放后,我国的贫困治理体系在探索中演进。十八大以来,脱贫攻坚提升至治国理政的突出位置。2017年6月,习近平主持召开深度贫困地区脱贫攻坚座谈会,提出"要重点研究解决深度贫困问题"。[①] 同年11月,中办、国办联合下发《关于支持深度贫困地区脱贫攻坚的实施意见》,向决战决胜深度贫困发起总攻。2020年是脱贫攻坚收官之年,我国完成了现行贫困标准下农村贫困人口全部脱贫、贫困县全部摘帽,消除了绝对贫困和区域性整体贫困,[②] 创造了人类历史上减贫规模和速度的奇迹,为全球减贫事业做出了重大贡献。后脱贫时代,我国贫困治理的主题将转向巩固脱贫成果、建立反贫困长效机制,[③]

---

[*] 本文发表于《教育发展研究》2021年第41卷第11期。
[**] 张劲英,单位:上海市教育科学研究院,研究方向:高等教育、职业教育和一般服务业。陈嵩,单位:上海市教育科学研究院,研究方向:职业教育、高等教育、成人教育与特殊教育。
① 习近平在深度贫困地区脱贫攻坚座谈会上的讲话[EB/OL].[2021-03-16]. http://www.xinhuanet.com/politics/2017-08/31/c_1121580205.htm.
② 历经八年,现行标准下近一亿农村贫困人口全部脱贫书写人类反贫困史上的中国奇迹[EB/OL].[2021-03-16]. http://www.gov.cn/xinwen/2021-01/02/content_5576179.htm.
③ 李迎生.后脱贫攻坚时代构建一体化的反贫困制度体系[J].中国特色社会主义研究,2020(2):14.

解决相对贫困、多维贫困,[①] 反贫困与城乡融合发展、[②] 乡村振兴战略[③] 的衔接、统筹等。

国际社会消除贫困的经验充分证明了教育的反贫困作用,职业教育在其中最具便捷性和实效性,在构建贫困治理长效机制中的地位和作用更加突出。通过职业教育增强贫困群体可持续发展能力是我国扶贫脱贫战略及政策的重要内容,有效的职业教育支持也将是我国后脱贫时代反贫困战略的重要部分。

"三区三州"是我国脱贫攻坚啃下的最后一块"硬骨头",其作为国家层面的深度贫困地区,贫困面积广、程度深、扶贫政策依赖度高。"三区三州"集连片特困、生态脆弱、边境、少数民族聚居等特征于一体,产业水平低且受到国家政策规划限制,社会发育程度较低,公共服务缺口大,在教育上的表现就是人口的平均受教育程度较低,学校办学质量较差。上述因素不仅使"三区三州"脱贫难度大,而且面临着较突出的多维贫困、贫困代际传递和返贫风险问题。另外,贫困问题还常常与民族、宗教问题交织,对当地社会稳定造成影响。因此,"三区三州"职业教育承担着促进区域经济社会发展、人口素质提升、民族团结、边疆稳定等多重使命,在未来也将肩负艰巨的时代任务。同时,提升职业教育办学水平是贫困地区夯实贫困治理能力的基础工程。"三区三州"是我国重要的农牧交错带、宗教传承地、自然人文资源富集区和"一带一路"开放前沿。[④] 如何依靠独特的区域产业、文化和自然资源构建特色鲜明的职业教育体系,从而促进地方产业经济的特色化发展和区域文化传承,是"三区三州"职业教育发展的重要命题。

综上,"三区三州"职业教育反贫困的实践经验与未来路径在国家层

[①] 何汇江. 后脱贫时代我国反贫困政策的调整与优化[J]. 中州学刊, 2020 (12): 89.
[②] 李迎生. 构建一体化的反贫困制度体系[J]. 光明日报, 2020-07-10 (11).
[③] 高强. 脱贫攻坚与乡村振兴的统筹衔接:形势任务与战略转型[J]. 中国人民大学学报, 2020, 34 (6): 29.
[④] 李俊杰, 耿新. 民族地区深度贫困现状及治理路径研究——以"三区三州"为例[J]. 民族研究, 2018 (1): 49.

面极具典型性与特殊性,是世界减贫事业中国经验、中国模式、中国方案的重要部分。2020年6月至9月,笔者所在的课题组就"三区三州"经济社会发展、职业教育质量及其助力脱贫攻坚的情况展开专项调研。为了兼顾对"三区三州"的整体关照和特定区域的微观考察,课题组深入"三区三州"6省区28个州、县、市的29所职业学校(中职25所、高职4所),开展由教育、人社、发改、财政、扶贫、农业农村、妇联、文旅等部门和职业院校参与的省、州、县、市座谈会43场(其中现场34场,线上9场),同时采集了103所中等职业学校、13所高等职业院校和24个地(市、州)职业教育发展有关数据,并查阅分析各类相关政策、文件、报告、论文等文献数以百计。

本文将以改革开放以来我国的贫困治理特别是十八大以来的脱贫攻坚为背景,结合上述调研发现,回顾"三区三州"职业教育发展取得的成绩、积累的经验,并从后脱贫时代我国贫困治理面临的新形势以及职业教育在其中的地位与功能出发,分析"三区三州"职业教育发展面临的挑战与应对之策,以期对"后脱贫时代"职业教育参与贫困治理的相关政策、实践有所助益。

二、职业教育扶贫脱贫中国经验与后脱贫时代职业教育减贫新特点

(一)职业教育扶贫脱贫的中国经验

改革开放以来我国扶贫脱贫的成就主要归功于政府的系统推进。强有力的行政执行系统、强大的社会动员能力和巨额的资金投入等发挥了重要作用。[①] 脱贫攻坚阶段,政府进一步加大资金投入力度,通过加强基础设施建设,培育贫困地区特色产业,提升教育、医疗保障等公共服务增强贫困地区和贫困人口的自我发展能力。

职业教育扶贫脱贫的经验之一是以彰显职业教育的外部性特征为着眼

---

① 何秀荣. 改革40年的农村反贫困认识与后脱贫战略前瞻[J]. 农村经济,2018(11):1.

点，政府在发展职业教育方面承担主要责任。从国务院颁布的《国家八七扶贫攻坚计划（1994—2000年）》开始，政策文件不断强调推进职业教育在贫困地区教育改革和人力资源开发中的地位；开展东西部和城乡职业学校对口支援帮扶，促进职业教育区域协同发展；①② 发展有组织的劳务输出，为农村劳动力转移和社会主义新农村建设服务；③④ 加大对民族地区职业教育特别是中等职业教育的政策倾斜和扶持力度，建立、完善贫困家庭学生中职教育免学费和助学金制度⑤⑥⑦⑧等。

脱贫攻坚战阶段职业教育参与贫困治理同样贯彻精准扶贫、东西协作的中国特色减贫方略。相关政策精确瞄准国家扶贫开发工作重点县、民族地区、边疆地区、集中连片特困地区等职业教育最薄弱的区域以及建档立卡贫困人口，加强教育基础设施建设和办学经费投入，开展精准招生、精准资助和就业支持。2015年中共中央、国务院《关于打赢脱贫攻坚战的决定》以及2016年教育部、国务院扶贫办印发的《职业教育东西协作行动计划（2016—2020年）》均涉及以职业教育和培训为重点、实现贫困地区人口就业脱贫对接东部劳动力缺口补充的具体举措。

---

① 国务院关于大力推进职业教育改革与发展的决定［EB/OL］．［2021-03-16］．http://www.gov.cn/gongbao/content/2002/content_61755.htm．

② 中等职业教育改革创新行动计划（2010—2012年）［EB/OL］．［2021-03-16］．http://www.moe.gov.cn/srcsite/A07/s7055/201011/t20101127_171574.html．

③ 国务院关于大力发展职业教育的决定［EB/OL］．［2021-03-16］．http://www.gov.cn/zhengce/content/2008-03/28/content_5549.htm．

④ 中共中央、国务院关于进一步加强民族工作加快少数民族和民族地区经济社会发展的决定［EB/OL］．［2021-03-16］．https://www.neac.gov.cn/seac/zcfg/201208/1071806.shtml．

⑤ 中等职业教育改革创新行动计划（2010—2012年）［EB/OL］．［2021-03-16］．http://www.moe.gov.cn/srcsite/A07/s7055/201011/t20101127_171574.html．

⑥ 国务院关于大力发展职业教育的决定［EB/OL］．［2021-03-16］．http://www.gov.cn/zhengce/content/2008-03/28/content_5549.htm．

⑦ 中共中央关于推进农村改革发展若干重大问题的决定［EB/OL］．［2021-03-16］．http://www.gov.cn/jrzg/2008-10/19/content_1125094.htm．

⑧ 国务院扶贫办 教育部 人力资源和社会保障部关于加强雨露计划支持农村贫困家庭新成长劳动力接受职业教育的意见［EB/OL］．［2021-03-16］．http://www.moe.gov.cn/jyb_xxgk/moe_1777/moe_1779/201507/t20150701_192084.html．

（二）后脱贫时代贫困治理新形势与职业教育减贫新特点

随着脱贫攻坚目标的实现，我国贫困治理的方向和任务将转向巩固脱贫成果、建立反贫困长效机制，解决相对贫困、多维贫困，反贫困与城乡融合发展、乡村振兴战略的衔接、统筹等。首先，党的十九届四中全会做出的《中共中央关于坚持和完善中国特色社会主义制度、推进国家治理体系和治理能力现代化若干重大问题的决定》要求"坚决打赢脱贫攻坚战，巩固脱贫攻坚成果，建立解决相对贫困的长效机制"，其中"巩固脱贫攻坚成果，建立解决相对贫困的长效机制"即是对2020年以后贫困治理方向及任务的指引和部署。其次，从国内外反贫困研究与实践趋势来看，个体贫困的内涵是随着社会发展和研究进展不断建构的，衡量标准已经从收入扩大到包含个体知识、技能与健康等人力资本又包含社会活动、社交网络等社会资本的多个维度。贫困救助方式也由基本生存救助向社会兜底救助、能力提升和社会融入相结合，包含收入、就业、教育、医疗等的综合救助方式改革。最后，全面脱贫只是确保全面建成小康社会的底线。随着社会结构变迁和城镇化进程加快，后脱贫时代如何推进反贫困与城乡一体化、乡村振兴战略的衔接、统筹，成为我国全面建设社会主义现代化国家新征程的长远目标。

着眼于上述贫困治理形势变化，后脱贫时代需要构建更积极的预防性反贫困策略。扶贫脱贫阶段，反贫困政策的重点在于贫困发生以后的事后治理。脱贫攻坚虽然已经采取了外部帮扶和自主脱贫相结合的方式，前者包括提供各类贫困救助以及医疗、养老、低保救助等，后者主要是通过协助贫困个人以劳动或经营活动取得收入，如提供就业岗位以工代赈、组织劳务输出以及提供种、养殖项目和创业资金等，但政策目标仍相对注重扶贫对象的"收入脱贫"。然而，贫困个人和地区从根本上摆脱内生动力和发展能力不足的困境，才是治贫的根本。

面对新的贫困治理主题，职业教育减贫的地位和功能需要重新聚焦和定义。从贫困风险群体的固脱防返需求看，其生计可持续性受到自然资本、经济资本、人力资本及社会资本的直接影响,[①]人力资本在其中效应最明显,[②]而与其他教育类型相比,职业教育在提升贫困风险个体的经济、人力和社会资本方面均具有相对优势。职业教育与其他教育类型一样强调主体意识与主体能力的激活,强调自我增值的长远性与发展性,[③]是构建贫困治理长效机制的根本之策。职业教育以就业为导向,注重实践技能的培养与提升,内容与职业岗位的要求对接度高,有助于受教育对象更快地投入工作,消除贫困的效应更为直接;[④]职业教育还具有广泛的包容性,受教育对象范围广、层次多,培养周期短、形式灵活便捷,是个体提升人力资本、获得教育信号的便捷通道,便于贫困人口以高水平就业为中介机制实现阶层流动,斩断贫困代际传递的链条;[⑤]职业教育产教融合、校企合作的人才培养模式,有利于学习者拓展社会互动和社会网络,优化社会资本。[⑥]

从脱贫乡村经济转型和产业兴旺的需求看,职业教育在供给农业全产业链所需人力资本要素,推动农业生产经营创新业态、提高效率、发展特色,提供产业发展所需的技术咨询与服务上具有相对优势。职业教育从办学模式、专业和课程设置上与区域产业发展更易精准对接。

从缩小城乡居民收入差距、促进城乡融合、解决相对贫困的需求看,职业教育对城乡居民收入分配格局的调整具有促进作用。职业教育能够提供契合农村劳动力成长特点的补偿性培训,在灵活开放、成本效率方面具

[①] IAN SCOONES. Sustainable Rural Livelihoods: A Framework for Analysis, Working Paper [C]. Brighton, England: Institute of Development Studies, 1998: 1—22.
[②] 陈灿平. 西部地区新生代农民工贫困脆弱性的评价——基于生计资本考察 [J]. 西南民族大学学报(人文社科版), 2018(5): 127.
[③] 黄雄彪. 民族地区职业教育脱贫攻坚的实践研究 [J]. 中国职业技术教育, 2017(34): 57.
[④] 同③, 58.
[⑤] 黄雄彪. 民族地区职业教育脱贫攻坚的实践研究 [J]. 中国职业技术教育, 2017(34): 58.
[⑥] 朱德全, 吴虑, 朱成晨. 职业教育精准扶贫的逻辑框架——基于农民工城镇化的视角 [J]. 西南大学学报(社会科学版), 2018(1): 73.

有优势。①

三、职业教育参与反贫困的成就与挑战：以"三区三州"为例

（一）"三区三州"职业教育发展成就述要

"三区三州"职业教育近年来在国家脱贫攻坚战略指导下发展已取得明显成效，本文从办学条件、东西协作、专业布局、社会培训、政策创新等方面列举一二。

1. 学校办学条件、培养与培训供给能力有效改善

伴随国家、省和地方政府对脱贫攻坚财政支持的持续推进，职业教育投入力度不断加大，"三区三州"职业院校设施设备等条件明显改善。西藏林芝市职业技术学校2019年新搬迁校区占地面积370余亩，建筑面积9.2万平方米，基建总投资4.3亿元，基本达到国家办学条件。青海省黄南州投入4.5亿余元新建占地面积370亩、建筑面积11万平方米的职业技术学校新校区，可容纳学生5000名；果洛州划拨建设用地145亩，总投资1.6亿元，整体重建州职业技术学校，学校建筑面积达40097平方米，2016至2020年累计投资4800万元建立了9个专业的校内实训基地。2017年，云南省怒江州总投资6.29亿元、占地306亩、建筑面积13.2万平方米的职业教育中心建成，规划办学规模为全日制中职教育在校学生6000人、短期职业技能培训3000人。新疆喀什地区2018年以来筹措资金5.6亿元，新建、改扩建职业学校7所，新增校舍面积32.5万平方米，新增校舍可容纳2万人；2020年，自治区又下拨项目资金3994万元用于喀什地区9所职业院校实训基地建设。

2. 东西协作、对口支援推动职业教育质量发展

脱贫攻坚中创造的东西部协作和对口支援、社会力量参与帮扶机制从基础设施、职教体系、专业建设、助学项目等方面助力"三区三州"职业

---

① 蓝洁. 后脱贫时代职业教育减贫的比较优势与拓展路径［J］. 中国职业技术教育，2020（34）：32.

教育高质量发展。新疆克孜勒苏柯尔克孜自治州（以下简称"克州"）与江苏对口协作，2015年江苏计划外投入1.3亿元升级改造克州职业学校，并与克州开展联合办学5年制高职试点，建立起"读克州中职，上江苏高职"的中高职衔接体系，填补了克州无普通高等教育的空白。新疆喀什地区2019年接收上海、山东、广东、深圳四省市支援职业教育发展的资金1.3亿元、价值2103万元设备、挂职干部25人、支教教师120人次，派出培训教师542人次；全区20所职业院校实现对口帮扶全覆盖。2015年，青海果洛州在上海异地办班的模式扩展为上海·果洛职业教育联盟，集合了两地政府部门、企业、学校等58家单位；青海海北州职业技术学校2015年以来获山东省援助资金3220万元用于教学楼的维修改造、新建实训楼和实训设备的采购。甘肃甘南州的天津援藏特困生高中班项目、援藏建档立卡特困生助学项目2016年至2018年招生388人，援助资金539.49万元；甘南州舟曲县职业中等专业学校获中组部帮扶资金630万元以及5家央企援助2670万元。

3. 探索契合本地社会经济需求的专业布局

"三区三州"部分地区职业院校专业设置已经体现出面向地方优势特色产业、基层民生需求和民族文化传承的特色，承担起促进当地经济建设、产业结构调整和社会稳定的使命。四川甘孜州基于本州民族文化环境和用人需求综合布局畜牧兽医、现代农艺技术、音乐、舞蹈表演、旅游服务与管理、民族美术、藏语文、藏医医疗和藏药、农村医学等专业。云南迪庆州以高原农牧业、林业、旅游业为主要产业，开办了畜牧兽医、现代农艺技术、现代林业技术、旅游服务管理等专业。甘肃临夏州产业以农为主，重点规划发展文化旅游、商贸物流、劳务等产业，并抢抓"一带一路"倡议机遇，一方面拓展对外贸易和涉外劳务，另一方面力图通过民族特需用品生产加工业转型升级成为丝绸之路经济带上重要的产业基地。从上述资源禀赋优势和产业发展战略出发，畜牧、园林、旅游、表演、电商、建筑、阿拉伯语、波斯语等相关专业在中、高职均有布点。青海海西州对标本州产业集群发展规划，做精做强化工、电机、汽修、电气、新能源等优势专业,培育生物医药、电子商务等新兴服务类专业,探索人工智能、无人机、大飞机拆卸维护等战略性新兴专业。

4. 精准培训提升劳务输出水平与规模

技能培训是增强劳动者就业、创业能力从而解决其就业问题的有效途径,对提升"三区三州"劳动者素质、培育产业工人、增加居民家庭收入具有十分重要的意义。"三区三州"技能劳动力外输也为东部地区的发展提供了人力资源支持。甘肃临夏州所辖 1 市 7 县均为六盘山集中连片特困区扶贫开发重点,贫困人口规模较大,是甘肃脱贫攻坚难度最大的地区。2016 年,甘肃临夏州把劳务列为三大"百亿"产业之一,并围绕扶贫重点群体加大职业技能培训力度,开展以建筑技工、工程机械驾驶、美容美发、电焊、东乡手抓、河州小吃、牛肉拉面等为内容的培训;在培训模式上,鼓励和引导培训机构开展"岗位+劳务机构+培训"的"嵌入式"、订单式培训,推行"培训券"式培训,提高培训精准度。2020 年,全州共输转城乡劳动力 55.86 万人,其中贫困务工人员 25.82 万人,创劳务收入 130.42 亿元。① 四川凉山州 2017 年以来累计培训劳动力共 199928 人,其中建档立卡贫困劳动力 168231 人,培训后取得证书 195314 人,发放培训补贴 17281.2 万元。自 2018 年起,凉山州针对 11 个深度贫困县实施免费技能培训全覆盖,并向广东佛山输出劳动力 6718 人,其中建档立卡贫困户劳动力 6159 人。

5. 职业教育扶贫政策创新

"三区三州"部分地区在职业教育扶贫模式上努力探索、创新。四川"9+3"免费教育计划以"州内打基础、内地学技能"的办学模式,探索出一条弥补民族地区职业教育发展滞后、优质资源不足的新路径。2009 年以来,中央和省级财政共投入资金 20 多亿,内地先后有 100 余所中职学校参与,累计招收学生 9.34 万人,其中招收"三区三州"34 个无中职学校

---

① 2020 年全州人力资源和社会保障工作综述 [EB/OL].[2021-03-18]. http://rsj.linxia.gov.cn/bencandy.php?fid=42&id=9928.

县学生6.66万人，已有5万多人顺利毕业。该模式推广至甘肃、贵州，并纳入了国家教育体制改革试点重大项目。甘肃有省、州两个层面相对完整的职业教育助力脱贫攻坚政策体系，率先实现贫困地区职业教育免费，并创造性地将职业培训对准贫困家庭"两后生"。

（二）"三区三州"职业教育问题与挑战

尽管近年来政策、制度环境不断改善，基础设施建设已有成效，但"三区三州"职业教育的历史欠账多、底子薄，加之受到产业水平低、文化观念封闭等制约，存在问题依旧较多。

1. 学校容量资源告急

从笔者调研了解到的情况来看，"三区三州"职业教育校舍、师资、实习实训基地等的短缺仍较为普遍。随着部分地区未来生源激增，上述矛盾会进一步加剧。

按照教育部高中阶段90%的毛入学率和职普比大体相当的要求，课题组对各地中等职业学校的生源情况和学校容纳能力进行对比，预估四川凉山州2025年后中职学位的缺口在2万以上；新疆阿克苏地区2023年、2025年中职在校生人数将分别达到4.4万、5.1万人，但现有中职学校最大规模仅3.1万人。

学生规模扩大将使教师特别是专业教师、"双师型"教师紧缺的问题雪上加霜。按生师比20∶1测算，凉山州目前师资缺口275人；阿克苏地区中职学校到2023年、2025年教师缺口分别超2200人、2500人，专任教师缺口分别为1100人、1400人左右。青海海南州某职业技术学校生师比达45∶1。学校开设23个专业，专业对口教师仅37人，每个专业的专业教师不足2名。学校"双师型"教师仅7人，占比9%，距离《国家职业教育改革实施方案》"到2022年'双师型'教师占专业课教师总数超过一半"[1]的差距极大。

---

[1] 国家职业教育改革实施方案［EB/OL］.［2021-03-19］. http://www.gov.cn/zhengce/content/2019-02/13/content_5365341.htm.

受制于自然条件、薪酬和人才政策等因素,"三区三州"教师紧缺的问题短期内很难得到妥善解决。青海果洛州某职业技术学校为了满足日常教学,通过政府购买服务的形式聘请大专本科院校应往届毕业生任临聘教师,数量占比已达专任教师数的60%。临聘教师流动性大,且许多教学技能达不到"双师型"标准。西藏那曲市某职业技术学校兼职教师招聘困难的原因在于"厨师要1万元才来""退休专家都在那曲市外"。

实习、实训场地的短缺也不容忽视。按照教育部《中等职业学校设置标准》,中职学校"要有与所设专业相适应的校内实训基地和相对稳定的校外实习基地,能够满足学生实习、实训需要。要具备能够应用现代教育技术手段,实施现代远程职业教育及学校管理信息化所需的软、硬件设施、设备。其中,学校计算机拥有数量不少于每百生15台"。然而,四川甘孜、凉山州尚没有综合性公共实训基地,云南迪庆州某中等专业学校计算机共235台,每百生仅8.2台。

2. 涉农和民族特色专业供给不足

职业教育是与地方社会经济发展联系最为紧密的教育类型,需要与地方产业结构有较高的契合度。虽然部分职业院校已经开始探索面向本地特色产业的专业设置,但"三区三州"许多地区仍对发展职业教育认识不够、经验不足,职业院校对地方产业经济的形势、行业发展的人才需求、岗位技术等的调研、分析比较粗糙,导致优势专业不突出,新兴专业不充足,专业低质化、同质化问题比较突出。典型的表现是涉农和民族特色专业供给不足,而容易招生的专业重复设置、大量招生。这样培养出来的学生很难有效就业,造成教育资源配置不合理甚至浪费。甘肃甘南州的产业以农林牧和文化旅游为主,产业发展重点是围绕畜牧和特色种植产业发展现代农牧业,结合农牧资源禀赋开发农牧产品加工全产业链以及提升批零、住宿、餐饮等传统服务业和文化旅游业的发展质量。围绕本州区域经济社会发展,甘南州职业教育一是应培养有文化、懂技术、会经营的新型农牧民和服务地方产业结构调整的技能人才;二是应培养民族文化、特色技艺传承人,发展区域特色和民族特色。然而,中等职业学校农牧专业仅有2个，畜牧兽医为甘南州的唯一布点，农产品保鲜与加工专业2019年才刚刚设立。甘南州舟曲为农区，但舟曲某中等专业学校却没有涉农专业。民族特色专业仅有甘南州中等职业学校的工艺美术（唐卡）。

3. 产业基础薄弱，产教融合、校企合作层次浅，职业教育内涵式发展不足

"三区三州"地处生态敏感区，绝大部分地区禁止开发或限制开发，直接制约了产业发展，企业数量特别是规模以上企业规模数量较少。根据课题组统计，"三区三州"所在的六省区每100平方公里的平均企业数分别为西藏4家、青海14家、新疆16家、甘肃62家、云南147家、四川177家，远低于全国262家的平均水平。"三区三州"大部分又位于所在省区相对边远的区域，本地企业数量更少。本地产业基础薄弱对职业教育造成的直接影响是产教融合、校企合作机会少、层次浅，以企业为学校提供部分实习岗位、学校为企业提供毕业生为主，职业教育内涵式发展不足。西藏那曲市某职业技术学校是国家中等职业教育改革发展示范学校，物流管理是国家示范校重点建设专业，然而学校方面表示，"物流专业的所谓合作就是给他们（合作企业）当搬运工"。

4. 职业教育社会认可度和办学效益低

"三区三州"职业教育社会认可度低集中表现为招生困难和学生流失严重。西藏日喀则市2019年两所中职共计招生2486人，2020年春季开学时在校生数骤减至1000人左右，流失率均超过50%；西藏山南市某中等职业技术学校2019年秋季招生录取960人，实际到校报到不足400人。云南怒江兰坪县某中等职业技术学校2018年招生数为174人，2019年为66人，降幅为62%。

由于生源不足，"三区三州"部分中职学校规模过小，远低于教育部《中等职业学校设置标准》中"学历教育在校生数应在1200人以上""专任教师一般不少于60人"[①]的要求，形不成办学的规模效益。民办学校的

---

① 中等职业学校设置标准［EB/OL］.［2021-03-19］. http://old.moe.gov.cn/publicfiles/business/htmlfiles/moe/s4668/201008/96545.html.

情况尤其严重。凉山州16所中职学校中学历教育在校生1200人以下的学校有5所。青海黄南州4所民办中职学校在校生均低于400人、专任教师均不足60人。其中，A学校仅有教职工9人，在校生133名，共3个教学班；B学校有教师20名，在校学生371名；C学校每年招生50名，有专业教师5名；D学校有教职工31人，在校职中生382人，其中非全日制287人。

在探寻"三区三州"职业教育社会认可度低的原因时，许多调研对象谈及当地根深蒂固的重视学历、鄙薄技艺的社会价值观念。另外，有文献提及"三区三州"贫困户教育收益率极低，使贫困群众对教育致富并不信任，① 即持"读书无益，不及打工"的观念。笔者调研中发现，"三区三州"由于本地企业少，中职毕业生的确存在本地高质量就业难、充分就业难的问题，似乎可以从旁佐证"三区三州"中职教育的投资回报尚不可观。另外，上文提及的资源条件、专业建设、校企合作等问题均直接影响"三区三州"的职业教育质量。"三区三州"职业教育本身的质量问题也是影响其社会吸引力的重要原因。

四、"后脱贫时代"职业教育如何行稳致远："三区三州"职业教育发展对策建议

如前文所述，面向后脱贫时代的贫困治理主题，职业教育减贫的功能和地位更加突出。然而从"三区三州"各地的脱贫攻坚具体举措看，教育扶贫的聚焦点在"义务教育有保障"，以深度贫困地区和特殊困难群体的控辍保学、劝返复学、建立从学前教育到高等教育的资助体系为主。职业教育在国民教育体系中主要承担兜底培养，着眼点主要在教育的外溢效应而非经济收益，构建从"教育有保障"到"升学有能力、就业有技能、人人有出路"的职业教育固脱防返体系仍然任重道远。以"三区三州"为代

---

① 潘昆峰，李宛豫，陈慧娟．易地教育扶贫——破解"三区三州"深度贫困的非常之策[J]．中国人民大学教育学刊，2018（3）：10．

表的脱贫地区未来职业教育如何实现高质量发展、提升助力反贫困的能力？笔者尝试从加大投入、扩大对口支援范围，壮大规模、完善体系，形成特色品牌等几个方面提出建议。

（一）加大投入，扩大对口支援范围

从纵向的历史维度看，"三区三州"职业教育资金投入有很大的进步，但缺口仍十分明显；从横向的地区比较看，"三区三州"职业教育除了促进当地经济社会发展，还承担着维护民族团结、边疆稳定的独特功能。因此，财政投入应给予政策倾斜。另外，"三区三州"人力资源向发达地区的流动客观上使其教育投资有所流失，应该给予适当补偿。为此，笔者建议中央、省级政府进一步加大对"三区三州"职业教育的专项资金投入，以保障职业学校基础能力建设，继续改善职业教育办学条件。

后脱贫时代，职业教育对口支援政策仍有助于补齐"三区三州"教育资源短板、促进教育公平，因此应该延续并实现机制和模式创新。笔者建议一是适时启动新一轮东西协作行动计划，并将东部院校专业带头人、骨干教师的对口支援以及西部专业教师的交流培养作为院校结对帮扶的重要内容，以着力解决"三区三州"师资短缺问题。二是由于按照现行对口支援关系，区属、地州学校不在援助范围，笔者建议扩大对口支援范围，建立内地发达省市优质中职、高职学校与区属、地州中、高职院校的对口支援关系。

（二）壮大规模，完善体系

后脱贫时代，实现基本公共服务均等化是反贫困政策的重要出发点。基本服务均等化是预防贫困发生的有效途径。教育是基本公共服务之一，我国普及九年义务教育的任务已基本完成，职业教育特别是中等职业教育正成为制约"三区三州"人力资源水平及未来发展的"瓶颈"，亟须补齐短板。

《国家职业教育改革实施方案》要求，"把发展中等职业教育作为普及高中阶段教育和建设中国特色职业教育体系的重要基础，保持高中阶段教育职普比大体相当"。① 而笔者在调研中发现,"三区三州"24个地(市、州)中大部分职业教育规模仍然偏小,一半以上职普比低于4∶6,其中青海海北、青海海西、云南迪庆、甘肃临夏、四川阿坝、西藏阿里、西藏日喀则等的职普比均不到3∶7,甘肃临夏的职普比仅1.3∶8.7。

"三区三州"还普遍缺乏高等教育专科和本科层次的职业院校。云南怒江、迪庆州内均没有高职高专院校。青海"三区三州"六地州仅有1所高等职业院校。甘肃临夏州、甘南州现有高职院校1所,实行中高职一体化办学。西藏3所高职高专学校均在拉萨市。四川省"三区三州"3所高职高专院校中的2所位于首府西昌。

因此,笔者认为"三区三州"职业教育亟须壮大规模、完善体系。除了本地新建、扩建职业院校,"三区三州"还应因地制宜确定本地培养、异地培养的结构。地广人稀、经济基础薄弱的地区,更应该扩大异地培养规模。

(三)"三链对接"打造区域特色品牌

"三区三州"职业教育发展尚未摆脱趋同的办学模式和普通教育的教学模式,相对缺乏品牌意识。独具特色的"三区三州"职业教育体系应根植于区域经济定位、地区自然人文基因,并致力于转变地区传统的生产、发展观念。"三区三州"随着产业结构调整出现了一批新的产业和经济增长点,如旅游、民族食品深加工、民族工艺、民族技艺或表演等,需要职业教育给予相应的支撑,聚焦产业与资源要素设置专业,做好产业链、专业链、人才链的"三链对接"。另外,职业院校要培育发展与脱贫乡村特色产业中多链条、多环节相对接的专业,服务现代乡村产业体系和城乡融合发展格局。为提高"三区三州"各地的职业教育专业规划与布局水平,笔者建议各地、州所属省份实行省级统筹,对其职业教育的结构、布局统一规划,以更好地对接脱贫地区产业链条与区域、城乡之间的衔接、互补。

---

① 国家职业教育改革实施方案[EB/OL].[2021–03–19]. http://www.gov.cn/zhengce/content/2019–02/13/content_5365341.htm.

民族地区涉农高职教育之窘及破解之道

——以青海省为例[*]

井亚琼[**]

十九大报告提出乡村振兴战略，并且将此列为我国新时代发展的重要战略之一。强化农业职业教育不仅是民族地区实施乡村振兴战略的重要手段，更是实现人才振兴目标的必由之径。从中央到地方都高度重视少数民族的人才培养工作，除中央加大民族地区教育工作的扶持力度外，各地方部门亦结合自身实际采取了减免学费、教育经费补助等民族教育恩惠措施。[①] 就目前各项教育举措和成果来看，多聚焦于基础性教育和中等职业教育层面。2018年中央一号文件提出，加强农村专业人才队伍建设，高等职业院校要为乡村振兴培养一批农业职业经理人、经纪人，明确了高职院校在高等农业职业教育中的主体责任。笔者选取西部典型的兼备农业性与民族性的青海省为研究区域，通过对其高职教育窘境梳理，尝试性探索一条适应民族地区特色的农业高职教育路径。

---

[*] 本文发表于《安徽农业科学》2021年第49卷第10期。

[**] 井亚琼（1988—），女，青海西宁人，讲师，硕士，研究方向：职业教育管理、农业经济管理。

[①] 杨理连. 高职教育质量管理：内涵审视、体系构建及其评价[J]. 中国高教研究，2015（6）：99-102.

1. 农业高职教育发展初探

民族地区农业高职教育，顾名思义，应突出其民族性、农业性及职业教育的高层次性。为体现出该研究建立在客观实情上的具备一定现实意义的研究价值，笔者从农业高职院校数量结构及专业回应性、招生规模及民族学生占比、专业设置中的民族特征为切入点，对青海省当前的农业高职教育现状进行多维审视，以使其最大化契合该研究主题。

1.1 农业院校数量结构及专业回应性

21世纪伊始，青海并未存在独立的高职教育院校，青海大学为全省高职教育单一主体。

随着国家对职业教育的重视及青海教育水平的提升，2000—2006年先后建立了卫生、建筑、畜牧、交通、警官等5所职业院校，2014年又相继成立了青海高等职业技术学院、西宁城市技术学院和青海柴达木职业技术学院3所高职院校。高职院校数量的渐进式增加说明职业教育水平的稳步提升，然而，在全省所有的47所职业院校中高职院校仅占8所，[①]其中仅有青海畜牧兽医职业技术学院1所涉农院校，这也是青海省唯一的国家示范性高职院校，职业教育层次低、农业院校数量少是当下民族地区高职教育的主要表象。

从户籍角度分析，青海省仍是一个以农民群体为主的农业省份。2017年青海省户籍人口城镇化率为40.92%，[②]其中还未剔除顺应城镇化建设而形成的"披着城市户籍外衣"却以务农为单一或主要收入来源的专、兼业农户。由此推断，农业院校单一性将导致涉农专业的不足，职业教育的农业回应性有待提升。

---

① 王海春，王荣. 从数据看新时代以来青海职业教育发展 [J]. 青海交通科技，2019（4）：40-45.

② 青海省统计局，国家统计局青海调查总队. 青海统计年鉴 2018 [M]. 北京：中国统计出版社，2018.

1.2 高职院校招生规模与民族学生占比

青海共有包括藏族、蒙古族、回族、撒拉族等 30 多个民族在内的少数民族人口 285.49 万，占全省总人数的 47.71 %。[①] 随着国家不断加大民族地区教育工作扶持力度，民族学生进入高等学校的机会显著增加，尤其伴随着高职教育的蓬勃发展，民族高职学生比例较高。

由图 1 和表 1 可知，虽然高等院校招生规模逐年扩张，但是少数民族生源一直保持近半的稳定占比，与青海省总人口中的少数民族比重基本对应，由此不仅诠释出青海省人口的民族比例特征，更揭示了民族地区职业教育责任重大、使命艰巨。

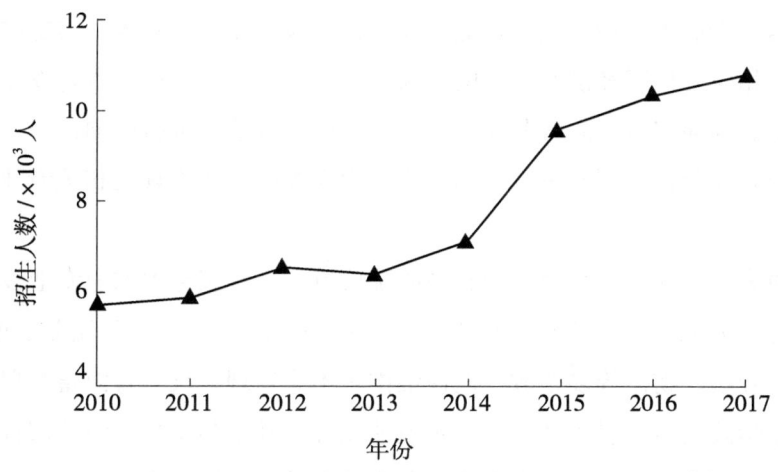

图 1　青海省高职院校招生人数

表 1　青海省高校少数民族学生人数及占比

年份	高校少数民族学生总数（人）	民族学生比重（%）
2012	27 392	42.17
2013	30 136	45.44

---

① 王颖. 高职院校做好少数民族学生教育管理的思考［J］. 法制与社会，2016（14）：241-242.

续表

年份	高校少数民族学生总数（人）	民族学生比重（%）
2014	32 725	46.42
2015	34 062	45.81
2016	35 447	45.72
2017	38 456	47.13

注：数据来源于2010—2017年青海省教育事业发展统计公报。

1.3 专业设置中的农业特征和民族特征

近年来，农业高职院校除继续深化、优化畜牧兽医、园林、农技等传统以第一产业为支撑的农业技能专业外，顺应产业升级及人才需求结构的转变，相应开设了经济管理、电子商务等向一、二、三产业融合发展的专业类型。为便于对青海省各高职院校的专业设置情况进行横向比较，笔者对多数高职院校共同开设的以第三产业为支撑的经济管理类相关专业进行梳理。

由表2可知，一方面，涉农高职院校单一性直接导致农业专业设置不足。另一方面，虽然经济管理类专业具备一定的普适性，且涵盖了服务、旅游、金融、物流等多领域，但仔细推敲不难发现，仅有青海畜牧兽医职业技术学院的专业设置体现了一定农业属性，其余各院校的农业属性及民族特征均不突出，相悖于青海省农业人口基数大、民族学生占比重的社会实情和教育实况。涉农专业少、民族特征不明显已成为青海省高职教育主要特征之一。

2. 民族地区农业高职教育困境审视

基于前文分析，"代表性"青海省的农业高职教育并未达到理想状态。为精确问诊其"病因"并采取有效"诊疗"措施，应避免以"显微镜"式观察法放大某一部门或主体的单己责任，须借助"广角镜头"多维化廓清造成此种不理想状态的内在机理。笔者从系统化的分析视角，深度挖掘影响高职教育最直接参与者——学生、教师和学校的内外部环境因子，全面审视其面临的教育窘况。

表2 青海省高职院校经济管理类专业设置

序号	院校名称	经济管理类专业设置
1	青海高等职业技术学院	物业管理、商务管理、社区管理与服务、老年服务与管理、互联网金融
2	青海柴达木职业技术学院	会计、电子商务、旅游管理
3	青海交通职业技术学院	旅游管理、物业管理
4	西宁城市职业技术学院	旅游管理、酒店管理、电子商务、市场营销
5	青海建筑职业技术学院	物业管理
6	青海畜牧兽医职业技术学院	农业经济管理、会计信息管理、物流管理（农产品方向）、景区开发与管理（草原方向）

2.1 农业高职教育的民族学生困境

民族学生是民族地区高职教育的重要客体，对民族学生的教育质量和民族学生自身的专业掌握程度将直接影响民族高职教育的综合实力与发展前景。就目前青海省民族高职学生实际情况看来，主要面临以下困境。

2.1.1 汉语水平极化差异明显，专业掌握程度参差不齐。

青海6州民族语言多以藏语为主，自全面实施双语教学战略以来，藏区双语教育已基本形成从学前教育、初等教育到高中教育的完整体系。[①] 但由于战略实施的时间及地域非对等性，各民族地区汉语教育并未得以同步均衡发展。例如，青海省玉树州与黄南藏族自治州，两地均是以藏语为主的藏族、蒙古族聚集区，玉树自小学伊始便进行汉语教学，而黄南州的汉语教学起步较晚，有的甚至在小学五年级后才开始，这直接造成两地民族生源汉语基础差异，又受民族地区汉语环境差、民族教师汉语基础弱等现实性影响，此种差异的两极化特征愈发明显。汉语水平的极化差异增加

---

① 王荣，尚玛. 青海藏区藏汉双语教育发展现状与展望[J]. 青海师范大学学报（哲学社会科学版），2014，36（4）：118-120.

了高职课堂教学的隐性难度，受办学条件、师资数量等客观因素制约，高职课堂目前无法实现以汉语水平为标准的分层教学，不同语言基础的民族学生在同时、同地学习相同难度的农业专业，极易造成民族学生对专业掌握程度的参差不齐，严重阻碍专业均衡发展。

2.1.2 农业专业认知不科学，专业与职业偏离。

目前，我国农业人才不仅表现出总量匮乏、本土化程度偏低之尴尬，更是面临青年后备力量不足之"青黄不接"窘境。① 涉农职业就业环境差、工资福利待遇低等现实问题，导致学生、家长甚至社会对涉农专业认知不科学，习惯性将"农字"专业与"穷""苦""累""远"联系起来，农业专业人才"下不去、留不住"现象普遍。② 对于生存环境恶劣、生活条件艰苦的青海少数民族学生而言，在社会传统农业专业认知观念影响下，更易将学农视为一条无出路的"死胡同"，大多数优秀生源填报志愿时往往首选非农专业，现有的农业专业学生多由其他非农专业"调剂"而来，或是基于时间成本和经济成本考虑的非"第一选择"，农业职业院校录取分数直逼"临界点"。在就业方面，受制于农村基层工作劳动时间长、工作强度大、待遇水平低；农业小微企业存活寿命短、部分农业企业存在半年的非生产期等因素影响，③ 大部分农业高职毕业生更偏向留在城市或者县城从事"稳定舒适"的非农工作，少数有创业意向的毕业生也不愿从事农业生产相关项目。对涉农专业的认知不科学，引致专业目标与就业目标偏离，影响农业专业技术人才输出质量。

2.1.3 农业生源低分化、民族化引发的学习低效率恶性循环。

根据"学而优则仕"的专业投票定律，"临界点"录取分数的农业职业院校多以基础较差的民族生源为主。一方面，承接前文，部分学生"非

---

① 沈高峰. 论农业现代化背景下高等农业职业院校人才培养的新模式 [J]. 中国农村教育，2018（15）：25-26.
② 林建华. 三农情怀教育对高职学生农业就业意向的影响 [J]. 职业教育研究，2017（12）：50-54.
③ 董海燕，何正东. 农业职业教育发展70年：历程、成就与展望 [J]. 中国职业技术教育，2019（36）：34-41.

主动"选择农业专业后产生心理落差，学习目标错置，为毕业而学，甚至为奖学金而学；另一方面，大多数边远农牧地区教育水平偏低，初、高中基础知识掌握不牢，学习基础薄弱，未养成良好学习习惯。[①] 单独招生、自主招生、中高职衔接等多元化招生形式虽扩大了少数民族高职生规模，但相应监督机制的缺乏，在招生权利大幅下放的同时，部分高职院校未把好质量关，多数学习基础极差的民族学生根本无法适应高职教学环境、难以理解比较高深的农业专业知识，久而久之，极大地挫败了学习信心、降低学习效率。如果社会公众不改变对农业专业的固化非科学认知，这种"低分化"和"民族化"将演化为农业专业常态，由此引发的学习低效率问题也会一直循环往复。

2.2 民族高职教师困境

虽然大多数民族教育工作者已经意识到民族农业高职教育必须最大限度地体现民族特色，但受制于招聘机制、自身教育背景甚至学校管理体制等，工作难度有增无减。

2.2.1 招聘机制缺陷，教师队伍民族性结构失衡。

从近几年青海省各大高职院校教师招聘情况来看，多看重应聘者的专业背景、学历层次和实践经历，对教师的民族背景鲜有提及，仅有少量较为敏感的学生管理岗位做出相应的民族要求。非少数民族高职教师固然专业功底扎实，但缺乏少数民族文化感同性，对少数民族学习习惯认知模糊，由此引致学生管理难度不断增加。《2019年国务院政府工作报告》提出了高职院校扩招100万的战略部署，而当前高职教师编制有限且少数民族属性不突出，与少数民族生源扩张的供需失衡，将成为民族职业教育发展的主要阻力之一。

2.2.2 民族经验匮乏，学生管理缺乏人性化"软情怀"。

如果说制度化管理是管理的首要阶段，那么人性化关怀则是管理的升华阶段。农业类民族高职学生大多生活在广阔的农牧地区，从小以放牧为

---

① 李艳华，胡佳. 农业高职院校学生特点及教育对策分析［J］. 河南农业，2016（9）：8-9.

生，性格较散漫，加之民族地区基础教育阶段的"礼貌教育"和"养成教育"匮乏，纪律意识不强，过于生硬的"条条框框"，难免会引发学生叛逆、不服从管理的负效应。为避免严苛制度管理的逆作用，高职民族学生管理应更多体现建立在民族文化、民族习惯之上的人文"软情怀"。[①] 对于缺乏民族文化背景、又未接受系统化的民族学生管理培训的非少数民族教师而言，很难将此种"软情怀"应用于管理实践中，进而加大教育管理难度。

2.2.3 课堂教学的民族性诉求提升，教学效果堪忧。

传统的课堂管理注重以"课堂纪律"等制度化手段为主的外部硬约束，看似"和谐"的课堂氛围表象下实则隐藏着学生学习兴趣低下、教学效果不佳的"不和谐"本质。唯有发挥学生内在自主性，使学习变成建立在兴趣之上的内生动力，才能优化课堂教学效果。新疆农业职业技术学院杜艳丰等[②] 通过对农业民族高职学生的课堂研究发现，"说教式""娱乐式"的教育模式已不能满足当代农业职业院校民族高职学生的教育诉求，民族学生更希望教师在课堂上结合各民族特点讲授针对性和实用性强的"干货"，而非一视同仁视角下的"通识"教育模式。笔者通过几年教学观察亦发现诸如民族政策与法规等民族性特征较为突出的课程，或农业专业课程中民族性特征较为凸出的内容，更易激发学生兴趣。因此，民族农业高职院校教师如不具备一定的民族文化素养，即使再下大力气创新教学方法、优化教学手段也难以获得最佳教学效果。

2.3 民族地区农业高职院校困境

2.3.1 生源优势不足，就业需求扩张的结构性压力显著。

因对涉农专业认知不科学，高分生源往往首选非农专业，在"滑档"或别无选择的情况下基于时间成本或经济成本的考虑才"被迫"学农，即

[①] 赵伦芬，张克荣. 制度化与人性化相融合的高职学生管理机制［J］. 教育与职业，2017（4）：68-71.

[②] 杜艳丰，梁海清，段耀辉，等. 德育课"任务驱动、翻转课堂"教学模式运行情况探究［J］. 现代职业教育，2016（18）：23.

使基础较弱的少数民族学生，也不愿意首选"挣钱少、前途小"的农业类专业，农业高职院校多以"低分生"和基础较差的"民族生"为主，招生难、生源差趋势显著。另一方面，对农业岗位"穷""苦""累""远"的习惯性定位，已然成为农业高职教育发展之掣肘，多数农学高职生学习态度消极、学习动力不足，甚至对农业岗位嗤之以鼻。乡村振兴战略明确提出了对高素质农业专业技术人才的迫切需求，农业职业院校面临"入口"生源优势不足，"出口"需求扩张的结构性压力。

2.3.2 工作目标错位，教学职能与管理职能混淆。

对少数民族学生的管理，不仅是教育发展的需要，更是促进校园稳定维护社会和谐的需要，应突出其在高职教育体系中的重要地位。[①] 因民族团结、社会稳定等国家发展的政治性诉求，结合民族地区的社会属性及高职民族学生占比大的教育实情，各高职院校不断强化民族学生管理，普遍采取的做法为实行辅导员和全员化班主任双重管理机制。大部分专业教师在授课之余须承担班主任等学生管理工作，"是否具备学生管理工作经验"甚至成为某些职业院校教师职称晋升或评奖评优的"新常态"硬性指标。部分民族生源比重较大的院校甚至本末倒置，将民族学生管理置于教学工作之上，过分强调学生管理的首要性而忽视了职业教育教书育人、传授知识的本质属性，专业教师工作负担较重、工作目标错位，严重影响农业民族高职教育质量。

2.3.3 招生权利扩张引发的教育目标异化。

2016年3月，教育部出台的《关于积极推进高等职业教育考试招生制度的意见》（以下简称《意见》）指出，逐步形成省级政府统筹管理、学生自主选择、学校多元录取、社会有效监督的中国特色职业教育考试招生制度。青海省积极响应《意见》要求，多元化招生形式，通过自主招生、中高职"3+2"对接、初中后五年制等形式，招录了一大批少数民族考生。多元化招生模式促进社会享受教育资源的公平性，然而，数量增加往往伴

[①] 蔡舒. 高职院校少数民族学生管理工作的难点及应对措施[J]. 教育现代化，2019，6（3）：133-135.

随质量下降的矛盾。部分高职院校为了完成招生人数的量化指标，不断降低录取标准，更有学校将招收民族生源数量的多寡等价于其社会教育贡献的大小，此初衷虽善，但难免会有重社会责任轻教学质量的工作目标异化之嫌。

3. 民族地区农业高职教育出路探寻

针对青海省民族高职教育中存在的主要问题，笔者认为应从以下几方面探寻其出路，从而体现农业职业教育对民族地区发展的重要意义。

3.1 强化政府主导责任，夯实民族教育和农业教育基础

政府作为教育的主导者和参与者，应扮演好其在民族教育中的"引路人"和"捍卫者"角色。从中央到地方各级政府部门都应明确树立民族教育责任意识，不仅在制度顶层设计层面强化对民族教育的重视与支持，更要在民族教育实践中发挥好指引和保障作用。尤其加大民族地区基础教育环节的保障力度，在传承好民族优秀传统文化的前提下，均衡、全面地在民族地区开展汉语言、普通话等普适性教育。在财政允许的前提下，结合当地产业及人才需求结构，适当增加农业职业院校的数量或提高农业职业教育层次，支持各类高等教育中"农"字专业的建设，鼓励高职院校根据社会发展需要增设或调整农业性及民族性显著的专业或课程。

3.2 发挥民族优势，提升"农字"职位社会地位

农业虽是我国的第一产业，但二元格局的不均衡发展及涉农岗位收入水平有限等因素，已成为农业高职院校吸引优秀生源的主要阻力。虽然国家已在农业高等教育、民族职业教育方面加大了政策倾斜和资金支持力度，但仍然无法改变农业专业低分化的普遍现象。因此，政府应发挥农业地区的民族优势，通过拓宽融资渠道、产业升级、研发民族特色农产品等途径不断提升第一产业产值，提高民族地区"农字"岗位待遇水平，在就业、社会保障等关系民生的多领域向"农"字岗位倾斜，逐渐瓦解社会对农业岗位"穷、苦、累、脏"的固化认知，促进公众树立积极正向的农业职业价值观。

3.3 规范农业高职院校自主招生权利，优化生源质量

教育主管部门须根据当地学生实情，在划定合理的自主招生分数"下限"的前提下，综合院校的规模、专业特点等实际情况，科学确定高职院校民族学生招生比例，实现民族学生院校分布平衡化、专业选择机会均等化。在保证结果导向的招生合理性的同时，教育主管部门应发挥好过程监督作用，从院校招生人数的确定、招生程序的规范、招生过程的合规等方面予以指导，避免高职院校自主招生权力膨胀而引致的"农字"专业生源低分化、民族化的恶性循环。对于第一志愿填报农业专业且被录取的少数民族考生，在财政允许的情况下执行一定的学费减免或生活补贴政策，鼓励更多优秀少数民族学生加入学农队伍。

3.4 构建完善的人才引入及培养机制，树立正确的农业价值观和民族责任感

民族高职教师除了具备懂理论、会实践的专业能力外，还应具备了解民族习俗、掌握民族学生心理的文化能力。[1] 在民族院校高职教师招聘环节，须根据专业特点和学校管理要求，在专业和学历达标的前提下，适当增加民族教师的招聘比例，尤其要强调学生管理岗位应聘者的民族文化背景。除此之外，还要建立能够满足农业岗位需求和突出教学实践需要的在职教师培训机制，[2] 利用校企合作、进修等形式，鼓励教师深入农牧地区、农业产业基地，提升教师的农业专业素养，使其树立正确的农业价值观。民族地区还要注重教师"双语"教学能力的培养，满足民族学生在职业教育中的情感依赖，缩短由语言不通导致的师生文化距离，增加教师的民族文化认同感和民族教育责任归属感。[3]

---

[1] 陆海棠. 民族院校教师教育的现实困境和策略研究[J]. 民族高等教育研究，2017，5（3）：73-76.

[2] 达万吉，桑国元. 优秀少数民族教师的特征探究：基于多案例的理论构建[J]. 教师教育研究，2019，31（6）：70-77.

[3] 杨新宇. 民族地区职业教育的现实境遇与发展路径：基于教育生态学的视角[J]. 信阳师范学院学报（哲学社会科学版），2020，40（4）：74-80.

3.5 完善民族地区农业高职院校的体制机制，加大农业院校政策支持力度

近几年，国家事业单位改革风生水起，高职院校也加入了此浩荡的改革队伍。事业单位的改革和转型无疑是利国利民、带动经济发展的良举，但在政策设计与执行中应避免因忽视民族类和农业类高职教育特殊性而产生的"同质化"现象。如隶属于青海省交通厅的青海交通职业技术学院，由于其专业多对接产能较高的第二产业，无论改制成差额拨款单位或是取消事业编制，均不会对其产生实质性经济影响，反而有助于其提高专业建设和产业接轨的自主性。而隶属于青海省农业农村厅的青海畜牧兽医职业技术学院，是青海省最为典型的同时具备民族性和农业性的高职院校，由于其专业的限制性和产业支撑的有限性，改制有可能损坏其原有的利益格局，甚至带来一定的发展阻力。因此，应充分认识农业教育和民族教育的殊性，在顺应体制改革大潮的同时，给予此类高职院校更多的政策和资金支持。

3.6 架构开放型多元共治模式，为民族地区高职院校减负

教育部提出，到 2020 年我国要基本形成学校、政府和社会共同参与的公共治理新格局。① 基于青海省少数民族学生比重大、管理难度大的实情，应重新审视高职院校内部"教""管"不分的传统治理模式，让专业教师抽身于繁杂又耗时的学生管理工作，但受制于师资、财力等客观条件，校方的"教""管"分离势必造成资源的极大内耗。因此，应充分践行"开放共治"管理理念，多维化高职院校管理主体，构建政、校、企联合治理新模式。教育主管部门应继续在民族地区基础教育环节下狠功，在不断提高通识教育水平的基础上，更加重视文化教育，尤其加大礼貌教育和养成教育力度，把好学生管理"入口关"。行业企业在学生顶岗实习或毕业招聘环节中，重点考察学生思想道德素质和校内表现，把好学生管理"出口关"，进而形成一种外部约束、内部治理从"入口"到"出口"的系

---

① 杨新宇. 民族地区职业教育的现实境遇与发展路径：基于教育生态学的视角[J]. 信阳师范学院学报（哲学社会科学版），2020，40（4）：74-80.

统性开放管理模式，优化高职院校学生管理自己责任的非均衡格局，减轻高职教师管理负担。

3.7 创新民族特色农业专业体系

虽然青海省现有高职院校的专业设置基本涵盖了社会人才需求的各领域，但民族特征仍不显著。基于此现状，各高职院校应结合青海省多民族农牧大省的客观省情，不断优化和改革高职人才培养模式，根据产业结构的调整和行业的需求的变化，动态化、常态化专业人才培养体系的建设和修订，尤其在"农字"专业中突出民族属性，适当增设、调整适应民族学生发展的专业和课程。在专业教材的编撰及修订中，以少数民族文化背景和教育背景为切入点，避免教材与现实脱轨，架构与学生民族属性相结合、与社会需求相吻合的农业专业结构和课程体系。

青海涉藏六州民办中等职业教育发展问题研究[*]

马丽亚[**]

一、青海涉藏六州民办中等职业学校基本情况

近年来，在省委省政府大力支持下，青海涉藏六州（海北藏族自治州、黄南藏族自治州、海南藏族自治州、果洛藏族自治州、玉树藏族自治州、海西蒙古族藏族自治州）民办中等职业教育取得了显著成就。截至目前，青海共有中职学校 33 所，其中六州有 13 所，这 13 所中职学校中有 8 所是公办学校，5 所是民办学校。民办学校中 1 所在玉树州，4 所在果洛州。5 所民办中等职业学校教育规模逐渐扩大，办学行为趋于规范，教育教学质量不断提高，毕业生就业率也逐年增高，整体处于稳步提升的过程中。目前，共有在校生 1 987 人，教职工 168 人，专任教师 49 人。学校占地面积为 35.9 万平方米，校舍建筑面积为 5.7 万平方米，固定资产总值为 1.03 亿元。

因地理环境等原因，果洛州、玉树州等地的人才流动量较小，但当地又急需支撑地方经济社会发展的技术技能人才。5 所民办中等职业学校应社会需求，培养了一批当地急需的民族工艺、医疗卫生等方面的技术人才。同时，5 所学校中有 3 所是公益性福利办学，招收的学生多为孤儿或

---

[*] 本文发表于《中国职业技术教育》2021 年第 30 期。
[**] 马丽亚（1987—），女，硕士，一级教师，主要研究方向：职业教育。

贫困生，为学生提供完全免费教育，部分学校还依据家庭经济情况分档次给学生补助生活费用，为推动各个贫困地区教育事业振兴、助力贫困地区精准扶贫做出了很大的贡献。如，吉美坚赞职业技术学校多次受到国家、省、州、县政府及有关部门的表扬，获得了"先进民间组织""中华慈善奖""中华慈善事业突出贡献奖"等十余项奖励；雪域大吉利众藏医药学校先后被评为"全国民办特色学校""民办先进学校"。

5所民办中等职业学校的生源主要来自青海、甘肃、四川、西藏等省区，近5年累计培养毕业生3233名。大部分学生选择就业，遍布西部贫困地区的教育、卫生、民族工艺品加工等多个行业，受到各地用人单位和当地民众的一致好评。还有一部分学生选择继续深造，目前已有多名学生从西藏大学和青海大学毕业。

二、青海涉藏六州民办中等职业教育发展存在的问题和原因

青海涉藏六州民办中等职业教育起步于20世纪90年代，在国家政策的鼓励下，涉藏六州民办中等职业教育利用社会资源进行发展，但因政策环境、经费、师资等因素影响，跟公办学校比，各方面还比较落后，存在很多发展局限。

（一）学校发展规模小

青海涉藏六州5所民办中职学校发展规模均较小，在校生数均不足1000人，均未达到基本办学规模。2020年底，在校生规模分别为果洛州红格尔职业技术学校215人、果洛州雪域大吉利众藏医药学校302人、果洛州吉美坚赞民族职业学校472人、果洛州多杰旦职业技术学校638人、玉树州囊谦县慈行职业技术学校485人，校均学生规模仅为423人，办学规模上呈现出小、弱的特点。

（二）办学条件落后

随着青海省职业教育的快速发展，公办学校在基础设施建设、专业建设、实习实训基地建设等方面改善较快。与公办学校相比，民办学校办学条件严重滞后的现象更加突出。

总体上，青海涉藏六州民办中等职业学校和公办职业院校占地面积和学校产权校舍建筑面积相当，但硬件设施差距特别大。青海涉藏六州职业院校占地面积为 144 万平方米，其中民办中等职业学校占地面积为 35.9 万平方米，是涉藏六州职业院校占地面积的 24.9%，是公办职业院校占地面积的 33.2%；学校产权校舍建筑面积为 42.25 万平方米，其中民办中等职业学校学校产权校舍建筑面积为 5.7 万平方米，是涉藏六州职业院校占地面积的 13.5%，是公办职业院校占地面积的 15.6%。六州职业院校中公办学校校园地面均是水泥硬化地面，但民办中职雪域大吉利众藏医药学校还是原始土地面。

实习实训场所建筑面积为 10.87 万平方米，民办中等职业学校为 0.41 万平方米，占比仅 3.8%，公办职业院校实习实训场地建筑面积是民办学校的 25.5 倍。实习实训场地缺乏，导致很多实训实操课无法开展。

图书总量为 42.67 万册，其中民办中等职业学校为 14.58 万册，占比 34%。计算机共有 4 945 台，其中民办中等职业学校有 393 台，占比仅为 9.4%；计算机中教学用计算机 4 017 台，其中民办中等职业学校有 323 台，占比仅为 8%。教室 761 间，其中网络多媒体教室 405 间，其中民办中等职业学校仅有教室 91 间，多媒体教室也仅有 20 间，5 所民办中等职业学校中，多杰旦职业技术学校和囊谦县慈行职业技术学校没有多媒体教室。

职业教育如果没有强大的经济投入，很难得到发展。由于相关部门在审批民办中等职业学校时门槛设得不高，导致涉藏六州 5 所民办职业技术学校在建校时基本办学条件并不达标。截至目前，由于办学资金紧张等多种原因，青海涉藏六州 5 所民办中等职业学校均不能达到国家规定办学条件标准，学校的办学质量和效益受到了很大的影响。

（三）师资队伍建设不足

青海涉藏六州职业院校教师队伍整体素质不高、数量不足、结构不优。一方面专业教师严重缺编，中等职业教育生师比 38∶1，远远高于国家 20∶1 的标准，其中，海北州生师比 41∶1，海南州生师比超过 91∶1，黄南州生师比超过了100∶1；另一方面教师专业结构不合理。民办中等职业学校因在校生较公办学校少很多，故其师生比均接近国家标准，但教师整体水平较公办学校差距很大。

一是数量少。5所民办中等职业学校共有专任教师49人，仅占六州职业院校专任教师总数的6%。

二是高层次人才稀缺。六州公办职业院校专任教师正高职称0人，副高职称203人，中级职称154人，初级职称170人；民办中等职业学校正高职称0人，副高职称仅3人，中级职称仅9人，初级职称32人。六州公办职业院校专任教师中有2人是博士研究生学历，有46人是硕士研究生学历，有597人是本科学历，有122人是大专学历；民办中等职业学校仅有16人是本科学历，33人是专科学历，无硕士研究生学历及以上学历的教师。

三是"双师型"教师严重不足。六州公办职业院校专任教师中"双师型"教师共有177人，"双师型"教师占专任教师的比例为21.7%，而民办中等职业学校中仅有1人，"双师型"教师占专任教师的比例仅为2%。由于"双师型"教师和专任教师短缺，青海涉藏六州民办中等职业学校教育教学主要是普通高中的教育教学模式，将书本理论知识作为教学内容的核心，不重视学生实操训练，实践应用能力的提升还处于口头层面。

造成涉藏六州民办中等职业学校教师队伍问题的主要原因在于：学校没有较为完善的人才引进机制。因为经费有限，因工资待遇等原因高学历高技能人才不愿到民办中职学校任教，同时学校缺乏完善的教师培养和激励机制。民办中等职业学校的教师基本没有外出培训和学习深造的机会，教师缺乏自我提升的途径和动力。根据调研发现，5所民办中等职业学校教师平均工资为3 500元，与公办教师差距较大。同时，除了个别校领导，一般教职工基本没有参加过外出学习培训，加之学校自身各类学习资源很少，造成教师观念比较落后、知识单一老化。

（四）校企合作、产学结合不到位

校企合作是职业院校与企业共同发展的必然选择，也是人才培养和应用行之有效的一种策略和方法,开展校企合作不仅能促进职业院校学生对未来工作岗位性质的了解并加强实践,同时也能为企业的发展带来新的选择和机遇。建立健全行业企业深度参与职业教育校企合作育人、协同创新的体制机制,构建服务支撑产业重大需求的技术技能人才和创新创业人才培养体系,能够推动产业需求更好地融入人才培养过程,形成教育和产业统筹融合、良性互动的发展格局,基本解决人才供需重大结构性矛盾,使教育对经济发展和产业升级的服务贡献显著增强。但笔者调研发现,近两年,只有果洛州雪域大吉利众藏医药学校和多杰旦职业技术学校开始开展校企合作,其他 3 所民办中等职业学校均未和企业联合开展校企合作。

多杰旦职业技术学校与甘孜县利众唐卡艺术中心、拉孟绘画艺术交流中心、年保玉则生态环境保护协会、四川省藏族传统手工技艺传习基地、迦秀·边巴次仁唐卡艺术画院、果洛年保玉则艺术团、久治绿绒蒿艺术文化传播有限公司、甲勒桑民族传统裁缝技艺传习基地等专业实习基地开展深入合作,让毕业生能够快速进入工作岗位,学以致用,有效解决了毕业生就业难的问题。雪域大吉利众藏医药学校积极走出去,通过多种途径与一些用工单位、科研院校建立合作关系:先后与青海久美藏药厂、西藏雄巴拉曲神水藏药厂、江苏恒泽堂医药连锁有限公司等多家企业达成校企合作协议;青海久美藏药厂、西藏自治区藏医院、青海省藏医院、江苏恒泽堂集团、果洛州藏医院、上海普陀区人民医院等医药企业和医疗机构被确立为学校学生定点实习基地。

青海涉藏六州民办中等职业学校校企合作工作开展不到位,一方面是由于职业学校对校企合作工作的性质及其重要性认识不够。国家和省级相关政策没有设置相应的鼓励和奖励办法,执行度不高。地方企业也没有太大的动力参与校企合作。另一方面是由于藏区,尤其是玉树和果洛优质企业较少,不具备全方位开展校企合作工作的环境。

(五)专业设置同质化现象严重

从涉藏六州 5 所民办中等职业学校的调查情况来看,果洛州和玉树州各职业学校专业设置均存在雷同现象,同一区域中职学校专业重复设置。

表1　玉树州和果洛州公办中职部分开设专业和民办中职所有开设专业

学校名称	开设专业									
	文秘	藏药	藏医医疗（藏医学）	音乐与舞蹈	计算机应用	民族服装与服饰	民间传统工艺制作	工艺美术	影像与影视	运动训练
果洛州职业技术学校（公办）										
果洛州红格尔职业技术学校			√			√		√		
果洛州雪域大吉利众藏医药学校		√	√							
果洛州吉美坚赞民族职业学校	√	√	√		√			√	√	√
果洛州多杰旦职业技术学校	√		√	√			√			
玉树州职业技术学校（公办）	√		√			√				
玉树州囊谦县慈行职业技术学校	√		√				√			

由表1可以看出，5所民办中等职业学校设置最多的是文秘、藏药和藏医医疗（藏医学）专业。专业设置同质化现象严重，一方面是因为学校对人才培养目标认识不清，对区域经济社会发展人才需求没有深入了解，不能做到根据六州产业结构和经济社会实际发展水平、人才需求等特点设置并调整专业；另一方面，涉藏六州教育主管行政部门多年来也未采取有效措施进行专业优化调整和统一布局。

职业学校专业重复设置导致学校丧失办学特色，在发展过程中很难形成优势竞争地位，不利于培养涉藏六州经济社会发展所需要的应用型技术技能人才，也不利于学校发展。

三、青海涉藏六州民办中等职业教育发展路径

新时代新征程,青海涉藏六州民办中等职业教育要立足实际、抓抢机会,在客观分析存在问题的基础上,坚持政府推动、学校主动,营造良好环境、多举措筹措资金、加强师资队伍建设、推进校企合作、特色办学提升吸引力,确保职业教育取得新成效、实现新发展,培养大批当地急需的能"下得去、留得住、用得上"的技能人才,助力藏区经济社会发展。

(一)营造良好环境扩大办学规模

1. 政府加大政策扶持力度

民办中等职业教育能否健康发展主要依赖于政策环境。在青海涉藏六州,正是由于公办职业学校与民办职业学校在办学主体、办学自主权、经费来源等方面存在差别,才导致民办职业教育一直处于弱势地位。因此,省级乃至涉藏六州各级政府应加大对民办中等职业教育的政策支持。

一是要严格按照《民办教育促进法》及《职业教育法》的规定来调整办学行为、强化法制管理,促进和规范涉藏六州民办中等职业学校的办学行为。教育界及企业界人大代表要通过对现有问题和对未来的发展预测积极推动出台地方性政策法规,促进和规范民办中等职业教育特别是涉藏六州民办中等职业教育的办学行为与管理行为。同时也要将公办职业教育与民办职业教育同等对待,结合涉藏六州经济社会发展实际明确民办中等职业教育发展重点和方向,加强对民办职业教育的统筹规划和合理布局,从而实现涉藏六州民办职业教育规模发展。① 二是在提升全省中等职业学校办学实力的过程中,政府要在优化学校布局、加强基础设施建设、重点专业建设、教师队伍建设等方面统筹考虑,把涉藏六州民办职业学校也纳入其中,着力构建涉藏六州民办中等职业学校发展的良好政策环境。②

---

① 邓彩霞. 青海省职业教育改革发展的现实困境与路径选择——基于9所职业学校的调研分析[J]. 攀登,2018(4):70-76.
② 姜大源. 中国职业教育发展与改革:经验与规律[J]. 职业技术教育,2011(19):5-10.

2. 建立健全政府管理体制机制

民办职业学校的发展离不开政府的支持和指导。为更好地促进民办中等职业学校发展，青海省各级各类政府教育主管部门要提高站位，紧跟国家政策导向，在合力发展公办职业教育的同时，也要注重发展民办职业教育，发挥民办职业教育对地方经济社会的作用。

一是要理顺管理体制，形成主管部门专管一体化管理模式，避免多头交叉管理，明确省级、州级、县级政府各级各类部门责任分工，转变观念，由管理型角色向服务型角色转变。[1] 二是建立健全民办职业教育经费投入机制，[2] 为民办职业教育在涉藏六州健康发展提供保障。

3. 建立高效的学校管理机制

现有涉藏六州民办中等职业学校如要更好地发展，学校自身必须要进一步建立健全内部的管理、决策、执行、监督等方面制度，最好能够实现投资者和教学管理者分离，各负其责，保障学校正常运行并实现发展。

一是民办职业学校内部治理结构并没有统一模式。根据调研，笔者发现涉藏六州5所民办中等职业学校中，吉美坚赞民族职业学校实行的是董事会领导下的总校长负责制和独立法人管理机制，其他4所学校实行的是校长法人负责制。涉藏六州各中职学校要根据学校实际情况，选择一种最优的有助于实现学校办学和发展目标的治理结构，实现学校教育教学资源和其他资源优化配置。二是涉藏六州民办中等职业学校要加强外部合作，通过与地方相关企业、学校共享实习实训设施设备等资源，减少开支、降低办学成本，助推学校持续发展，采取最优策略扩大学校办学规模，实现规模发展。

---

[1] 谷小勇，张巍巍. 安徽民办职业教育发展史梳理及政策建议[J]. 职教通讯，2018（21）：11–21.

[2] 娄自强，计祝保. 山东省民办高职院校发展现状与扶持政策选择[J]. 山东高等教育，2015（12）：66–71.

（二）多举措筹措资金，改善办学条件

1. 政府加大经费投入

笔者调研时发现，青海省涉藏六州民办职业教育发展存在的问题大多跟经费问题有关。涉藏六州民办中等职业学校多数为福利性办学，学校的发展主要靠各项捐资，国家和地方财政投入很少。政府通过加大对民办职业教育的资金投入，可以更有效地实现对民办职业教育的管理，从而为地区培养经济社会发展急需的人才，以此促进区域经济社会发展。政府加大对民办职业学校的政策扶持与财政投入，在一定程度上能够提升并且保障涉藏六州民办职业教育的教育教学质量，会对涉藏六州经济社会发展起到积极的推动作用。目前青海涉藏六州不具备对民办学校进行大幅度资金支持的条件，但可以通过逐步完善民办职业教育资金投入机制、设立社会力量办学表彰基金①和民办职业教育专项资助经费等形式，加大对民办中等职业教育的资金投入。

2. 学校多渠道筹措资金

调研资料显示，青海省涉藏六州民办中等职业技术学校整体条件滞后。目前，青海涉藏六州民办中等职业学校的资金主要来自办学自筹，加之大部分是公益办学，学校经费特别紧张。因此，涉藏六州中等职业学校自身可采用吸纳股东、引入连锁教育集团、租赁实习实训设备、校校联合办学等多种途径筹措资金和减少学校办学开支，用以改善办学条件、提升学校教育教学质量。如学校可考虑在不改变学校原有控股股东的情况下引入其他股东，获得更多办学资金。也可以引入比较知名的连锁教育集团。学校可以考虑轻资产化运作方式，采取租赁实习实训设施及场地等方式减少固定资产投资。②

（三）加强师资队伍建设

1. 政府对民办和公办教师同等对待

教师队伍是教育事业发展的重要保障，对民办职业教育也不例外。关

---

① 孔建华，赵清华. 创新思维和制度设计振兴民办职业教育［J］. 内蒙古电大学刊，2015（6）：58-63.

② 和震. 当前民办职业教育发展的路径选择［J］. 中国职业技术教育，2012（12）：49-52.

于民办学校教师的各类问题，重要的解决办法就是对民办和公办中等职业学校教师一视同仁。因此，青海涉藏六州民办学校为了能够建设好教师队伍，首先就要争取政府政策支持，给予民办中等职业学校教师和公办中等职业学校教师同等的法律地位，提升学校教师工资福利待遇。国家级、省级师资相关培训让民办学校教师也参与。同时，探索民办职业学校教师从教补助制度，推动民办中等职业学校教师队伍建设。[1]

2. 学校建立健全教师管理制度

加大教师引进力度，引进紧缺专业人才，聘请能工巧匠、企业工程技术人员任教，引进学校所需的专业教师。注重和加强教师专业技能发展，建立系统化的培训体系，采用校内培训、外派学习等多种培养方式，帮助教师提升专业素养和教育教学能力，从而提升学校教师队伍建设水平。依托对口援青平台与对口援青省份开展师资培养培训、柔性引进"双师型"教师，对现有教师实施素质提高计划，加强师资队伍建设。同时，采取多种激励手段，避免教师产生职业倦怠感，鼓励教师根据自身专业发展特点，在实践教学中不断探索和创新，提升教学水平。要鼓励教师加强科研意识，主动提高科研能力。

3. 引进培养"双师型"教师

"双师型"教师是职业教育发展所需的重要资源。教育主管行政部门要用政策和机制引导专业教师进"行业圈子""职教圈子"和"学术圈子"，使教师在"三个圈子"中磨炼成长为本专业的专家型人才。要以《教师法》和《教师资格条例》为背景，制定符合涉藏六州民办中等职业学校"双师型"教师教学能力和实践能力相关的制度，通过资格认证、遴选、评优、培训、晋升等流程，建设一系列规章制度，促进"双师型"教师培养。青海涉藏六州民办中等职业学校要加大"双师型"教师培养力度，采取主动"请进来、走出去"，一对一顶岗、团队式帮学等方式，通

---

[1] 韩巍. 我国民办职业院校发展现状、问题与政策建议[J]. 职业技术教育，2015（19）：9-12.

过聘、转、学，增加实训教师数量，全面提高现有教师水平，面向省内外引进工程技术人员、能工巧匠等"双师型"教师。不仅如此，还要做好教师素质的提升工作，培养学校骨干教师，派他们去企业实践培训、轮岗轮训，通过提供多元化的培训，鼓励教师参加相关专业技术等级考试，解决教师急需问题，多措并举提高"双师型"教师比例。

（四）推进产教融合、校企合作

1.政府主导成立职教集团

职业教育培养的人才最终要服务区域经济社会发展，最终要参与到行业与企业，职业教育所肩负的培养技能型人才的任务需要职业院校与行业企业共同承担。青海涉藏六州职业院校可在政府主导下组织成立涉藏六州或各州职业教育集团，将民办职业学校和公办职业学校均纳入，从而进一步整合涉藏六州职业教育资源，建立以州政府为主导、以州内企业和职业院校为主体的青海涉藏六州职业教育集团。通过职业教育集团的组建，一方面能对口培养企业所需的技术技能人才，另一方面，可实现涉藏六州职业学校、行业组织和企业资源共享、优势互补、合作共赢。

2.学校主动作为，开展校企合作

涉藏六州民办中等职业学校通过与当地企业开展校企合作，可以与企业、当地非公办医院建立人员交流互动机制，通过管理人员交叉任职，在职业学校教师与企业技术、医院人员之间交叉兼职等方式，推进校企师资共享、基地共用、专业共建、教材共编等，从而实现企业行业支持民办职业教育发展，职业教育服务行业企业和地方经济社会发展的目标。同时，可以开设订单班，为企业、医院定制化培养人才，解决企业和医院招工难和学生就业难问题。①

3.积极推行"校中厂、厂中校"模式

涉藏六州中等职业学校还可以通过积极推行"校中厂、厂中校"模

---

① 和震.职业教育校企合作中的问题与促进政策分析[J].中国高教研究，2013（1）：90-93.

式，加大校内实训基地建设。树立产业养校的理念，可探索学校一个专业配备一个产业，如开设计算机专业和工艺美术专业的学校可开办广告部，开设藏医医疗和藏药学专业的学校可开设藏医医院，开设民族服装与服饰、民间传统工艺制作的专业可开设民族服装服饰工艺品公司。在学校内部建设生产性实训基地，工学结合，有效解决涉藏六州民办中等职业学校办学条件紧张、地区高水平技术技能人才短缺、职业学校人才培养的适应性不强等问题。

（五）特色办学提升吸引力，避免专业设置同质化

1. 政府围绕涉藏六州产业发展，加快职业教育布局结构调整

政府要按照藏区经济社会发展实际需求，编制涉藏六州职业教育布局结构调整规划，[①] 确定涉藏六州职业教育发展总体布局，明确职业教育核心区、发展区，对各个区的功能进行科学定位和明确建设。通过兼并、托管、合作办学等形式整合职业教育资源，实现集约发展。依托对口支援平台，实现错位发展，打造特色学科专业和精品课程。建立学科专业预警评估机制，根据各职业院校招生就业情况，及时对专业设置进行预警，实行动态调整和退出机制。海西州职业院校可重点发展盐湖化工、能源化工、有色冶金、光伏技术、生物医药等专业；海南州和海北州可加快发展生态种养殖、民间传统工艺、电子商务、农畜产品加工等专业。玉树州、果洛州和黄南州可重点建设生态保护、高原旅游、民族文化、藏医藏药、热贡艺术等特色专业。

2. 学校特色办学，发展重点专业

民办职业教育要想获得长足发展，必须要提高质量、办出特色，培养出让用人企业满意、满足当地经济社会发展需求的技术技能型人才。2019年，海北州、黄南州、海南州、果洛州、玉树州、海西州所属的职业学校在校生占高中阶段在校生的比例分别为 41.99%、36.2%、38.29%、55.63%、

---

① 陶文辉. 基于区域经济社会发展的职业教育人才培养结构研究[J]. 中国职业技术教育，2017（3）：58-63.

39.33%、41.53%，尤其果洛州学生普职比已超过国家"要达到普职比相当"的要求，加之玉树、果洛等跟甘肃、四川等涉藏省份接连，目前，有很多甘肃、四川的学生到雪域大吉利众藏医药职业技术学校、吉美坚赞民族职业技术学校等学习，可见青海涉藏六州职业教育发展前景广阔。因此，青海涉藏六州的民办职业学校需要坚持内涵发展和特色发展，按照地方经济发展对技术技能人才的需求设置专业、培养人才，要与公办职业学校实现错位发展，甚至形成涉藏省份职业教育品牌。①

就目前情况来看，藏医是玉树州和果洛州最实用也是最急需的专业，因为玉树和果洛边远牧区气候条件极其恶劣，地广人稀，距青海省会西宁约 800 公里，路途遥远，交通不便。加上很多农牧民群众基础医疗知识水平薄弱，自身救治意识差，很多农牧民群众患有不同程度的疾病，尤其是妇科疾病极为常见，加重了当地农牧民群众的生活负担，因此，在玉树州和果洛州大力发展藏医专业将对改善这一状况作用重大。

3. 积极举办以特色专业支撑的公益性职业教育

作为教育系统的重要组成部分，职业教育的普惠性、社会性和人民性都使其公益性得到了彰显。职业教育的普惠性使受益对象遍布社会各个阶层与群体，尤其是弱势阶层、群体的社会成员。从受益范围上来讲，职业教育的公益性符合社会中大多数成员的整体利益和长期利益。尤其是涉藏六州职业教育中有相当一部分学生来自社会的弱势群体，如贫困家庭、单亲家庭、边远地区等，由于各种原因，他们没有机会接受更多的普通教育，因此，通过职业教育可以让他们习得生存和发展的能力，提高个人和家庭的生活质量及社会地位，促进积极的社会流动，进而实现社会的公平和谐。涉藏六州职业教育在促进社会公平、推动经济增长、消除贫困、减少犯罪率等方面发挥着不可替代的公共性作用。目前涉藏六州 5 所中等职业学校中有 3 所就是纯公益性办学，政府要在积极引导这 3 所学校继续坚

---

① 王士勇. 促进藏区职业教育高质量发展的几点思考［J］. 中国民族教育，2019（4）：31-33.

持公益办学的同时支持其他民办职业学校举办公益性职业教育。特别是要每校发展一个重点特色专业，重点扶持、重点建设，突出一校一特色，避免多校专业同质，积极举办以特色专业支撑的公益性职业教育。对为地方经济社会发展做出巨大贡献的民办中等职业学校，涉藏六州政府可设立民办职业教育奖励基金等给予一定的物质和精神奖励，并为学校专业发展相关方面提供政策支持。

青海民族地区职业教育发展现状研究

——以黄南、果洛、玉树职校为例[*]

琼 英[**]

习近平指出，职业教育是国民教育体系和人力资源开发的重要组成部分，是广大青年打开通往成功成才大门的重要途径，肩负着培养多样化人才、传承技术技能、促进就业创业的重要职责，必须高度重视、加快发展。[①]21世纪初，青海民族地区中等职业技术学校相继改制创建，为了发挥职业教育优势推动地方经济发展，青海省对地方职业教育发展给予了高度重视。文章以青海省黄南、果洛、玉树三所中等职业技术学校为例，通过调查三所学校职业教育的发展现状，发现三所职业学校借助特色专业优势促进了各地职业教育发展。就目前情况来看，三地区域经济发展滞后，主要靠国家投入资金扶持。职业院校在为当地农牧民家庭子女提供教育平台，摆脱家庭贫困中发挥了重要作用。因此，青海民族地区职业教育与区域经济相互推动、协调发展，具有重要的实践价值和意义。

一、黄南、果洛、玉树经济发展概况

进入21世纪以来，青海紧抓西部大开发、"一带一路"等重大发展机遇，实施生态立省战略，社会经济发展水平有了显著的提升。根据

---

[*] 本文发表于《西部素质教育》2022年第8卷第3期。
[**] 琼英（1987—），女，藏族，青海玉树人，副教授，博士，研究方向：区域经济发展。
[①] 习近平就加快发展职业教育做出重要指示[N]．人民日报，2014-06-24（1）．

2016—2020年青海省统计年鉴，青海省总体生产总值呈上升趋势，如表1所示。

表1 2015—2019年青海省及三江源地区生产总值比重情况

年份	青海省（亿元）	黄南州（亿元）	果洛州（亿元）	玉树州（亿元）	三州占全省比重（%）
2015	2011.02	72.75	35.66	60.55	8.4
2016	2258.19	74.65	36.48	61.48	7.6
2017	2642.83	79.01	37.27	64.38	6.8
2018	2865.23	88.33	41.45	53.61	6.4
2019	2965.95	100.95	46.16	59.82	7.0

注：数据根据2016—2020年青海省统计年鉴整理。

从表1统计的数据来看，2015—2019年青海省生产总值中，黄南州经济生产总值明显高于玉树和果洛两州，且逐年上升。改革开放以来，黄南、果洛、玉树经济发展取得了显著进步，但因特殊的地理环境及其他制约性因素，这些地区的经济发展相比青海省平均水平仍然滞后，三州所占全省生产总产值的比重不足10%。

二、黄南、果洛、玉树职校发展现状

改革开放40年来，如果没有职业教育的大力发展，那么不仅无法培养出经济发展所需的大量技能型人才，而且会使大量社会人员因缺少技能而需要国家救济，进而给国家经济发展带来沉重的负担。[1]相比而言，边疆民族地区的职业教育起步晚，且发展缓慢。但近年来，在国家相关政策的大力扶持下，民族地区的职业教育呈现出良好的发展态势，并在地方经

---

[1] 徐国庆. 从分等到分类：职业教育改革发展之路[M]. 上海：华东师范大学出版社，2018：1.

济发展中发挥着举足轻重的作用。

（一）学校概况

黄南、果洛和玉树三州的职业技术学校，其前身都是20世纪50至70年代创办的卫生、民族师范学校。21世纪初，为了顺应社会经济发展要求，黄南、果洛和玉树三州在卫生学校的基础上，通过合并或改制等方式成立了职业技术学校。虽然挂牌成立职校的时间较晚，但从职校前身创建时间来看都比较早，这为改制创办职校奠定了一定的基础。如表2所示，与黄南和果洛两州职校情况相比，玉树州职校具有显著的优势，主要表现为两点：一是合并学校较多，集民师、卫校、职校、电大及大专部五校为一体；二是其前身创办时间最早，与其他两校创办时间相差20多年。概言之，玉树州职校的建设面积、开设专业、实践基地明显比其他两所职校有优势，另外师资力量也较为雄厚。

表2　黄南、果洛、玉树职校基本概况

项目	黄南州职校	果洛州职校	玉树州职校
前身	卫校	卫校	州民族师范学校、卫校
	电大	电大	职校、电大、大专部
创办时间	1978年	1976年	1957年
所在地	隆武镇	大武镇	玉树州（玉树市）
职校成立时间	2004年	2002年	2002年
总占地面积	41亩（新校区370亩）	145亩	203.57亩
建设面积	1.8万平方米（新校区11.9万平方米）	4万平方米	6.8万平方米
总投资	4.51亿	1.6亿	4.5亿
专业	11+7（2019年增设）	13	19
实习基地	1（校内）+10（联合校外企业）	11	14

注：数据由三所职校教职人员提供，时间为2019年7月—2019年9月，笔者整理。

（二）师资状况

职业教育能否实现又快又好地发展，关键要看职校能否打造出一支业务能力强、教学水平高的高素质师资队伍。[①] 教师的综合能力素养很大程度上决定了培养出来的学生的质量。截至 2019 年，黄南、果洛和玉树职校的师资队伍基本情况如表 3 所示。

表 3 黄南、果洛、玉树职校师资队伍基本情况（人）

编制情况	黄南州职校	果洛州职校	玉树州职校
教职工（在编）	53	130	189
教职工（外聘）	50	47	65

在编教师主要负责文化课的教学任务，而非在编（即"外聘"）教师主要负责专业课教学工作，其中有部分教师从事文化课教学工作。总体来讲，大专及本科学历教师的比重偏高，占 97%，硕士学历教师的比重偏低，占 3%。值得一提的是，近年来，随着国家对非物质文化遗产的重视，许多民间艺人被选拔为代表性"非遗"传承人，而为了更好地传承和保护地方非物质文化遗产，不仅"非遗"项目进入了职校，"非遗"传承人也被职校聘请为专业课教师。因此，外聘教师中除了部分教师担任文化课教学，其他专业课教师以地方"非遗"传承人为主。

（三）招生状况

招生作为一个重要指标，可以衡量职校发展的基本运行情况。三州职校自成立以来，招生数量发生了巨大的变化，如表 4 所示。

表 4 近五年黄南、果洛、玉树职校招生情况（人）

年份	黄南州职校	果洛州职校	玉树州职校
2015	822	337	937

---

① 马小丽. 民族地区职业技术教育与经济互动发展研究［M］. 成都：四川大学出版社，2013：87.

续表

年份	黄南州职校	果洛州职校	玉树州职校
2016	924	637	1 310
2017	1 120	380	1 410
2018	1 370	529	1 096
2019	1 317	438	1 117

注：数据由三所职校教职人员提供，时间为2019年8月。

从表4统计的数据来看，三所职校招生数量总体上呈增长趋势。从学生生源情况来看，主要是三州农牧民子女，占总数的95%。具体来讲：①黄南州职校招生人数呈稳步增长的态势，几乎每年增加100~200个学生；②果洛州职校招生人数最少，且招生数量不稳定；③玉树州职校招生人数较多，但是与2016—2017年比较，2018—2019年招生人数略有下降。三所职校招生数量增多的原因，主要是国家政策的扶持。自国家提出"三免一补"政策以来，极大地解决了贫困家庭子女"上学难"的问题。另外，近五年黄南州教育经费投入情况如表5所示。从表5可知，国家对教育费用的资金投入力度是逐年加大的。正是因为国家对教育投入的加大，使贫困学生上学有了保障，在一定程度上解决了职校"招生难"的困境。

表5 2015—2019年黄南州教育经费投入情况

年份	学生总数（人）	助学金（万元）	免学费（万元）	免教材（万元）	公用经费（万元）	总补助资金（万元）
2015	2 195	264	—	—	114	378
2016	2 211	262.4	387	77.4	210.6	937.4
2017	2 626	293	417	83.4	275.8	1 069.2
2018	3 115	293	417	83.4	275.8	1 069.2
2019	3 365	408.1	502.6	100.5	326.9	1 331.8

综上所述，进入 21 世纪以来，青海省总体经济发展水平显著提升，但具体而言，黄南、果洛和玉树三州经济发展较滞后。随着国家对民族地区教育发展的重视，加大对职业教育发展的经费投入，使青海民族地区职校"招生难"等一系列问题在一定程度上得到了解决。这在某种程度上说明了，资金（经济）是推动职业教育发展的关键因素。

三、黄南、果洛、玉树职校专业设置与就业形势

要使职业教育更好地发挥促进经济发展的作用，使人才培养结构与需求结构更好地吻合，关键是要制定出能全面反映企业人才需求的专业目录。在职业教育人才培养体系的整体设计中，教育部、劳动部历来重视专业目录的制订和修订。黄南、果洛、玉树三州职校自改制创建以来，一直在不断地探寻满足地方经济发展需求的职业教育发展道路。其中，专业设置问题得到了地方教育部门及学校领导的极大重视。

（一）专业设置

据调查了解，黄南、果洛和玉树职校开设的专业主要是依据《中等职业教育专业目录》设定的。目前，三所职校开设的专业如表 6 所示。

表 6　黄南、果洛和玉树职校开设专业情况

学校	开设专业
黄南州职校	民间传统工艺（唐卡、堆绣、雕塑）、藏医医疗与藏药、护理、歌舞表演、学前教育、计算机应用、汽车应用与维修、生态环境保护、电子商务、中餐烹饪、保安
果洛州职校	护理、汽车运用与维修、学前教育、旅游服务与管理、会计、藏医医疗与藏药、文秘、药剂、运动训练、美术绘画、音乐、民族音乐与舞蹈、美发与形象设计
玉树州职校	学前教育、汉文秘、藏文秘、护理、旅游服务与管理、会计、计算机、通信技术、生态保护、民族美术、景区服务与管理、现代林业技术、园林技术、畜牧兽医、建筑工作施工、藏医医疗、美容美发、民族服饰

由表6可知，三所职校开设专业情况如下：黄南州职校11个，果洛州职校13个，玉树州职校18个。三所职校开设的专业较一致，像藏医药医疗、护理等作为卫校时期开设的专业得以保留。近年来，类似像民族音乐与舞蹈等具有地方特色的专业被纳入职校专业设置目录。2019年，为顺应地方经济发展需求，黄南州职校在原有的11个专业基础上又增设了旅游管理、民族服装与服饰、酒店管理、电子商务、家电维修、中草药种植、保育（母婴照护）等7个专业。对此，黄南州职校领导表示，之所以增设这些专业是因为当下市场对这类专业技能型人才需求较为迫切。这些专业在当下及今后很长的一段时间内占有巨大的市场空间，因此，职校专业的设置很大程度上是需要与地方经济发展及市场需求相结合的。值得一提的是，黄南州职校以热贡"唐卡之乡"为依托，为唐卡专业学生创造了"教学—实践"一体化的学习园地，这是黄南州职校不同于其他涉藏地区职校最大的特点和优势所在，从而吸引了黄南州周边甚至是其他地区的一大批学生。学生通过在校三年基础学习后，可以选择报考大学或进入当地的唐卡产业园继续深造，待专业技能进一步得到提升后，再选择留在产业园或自己创业。

（二）就业形势

职校作为培养一线青年劳动者不可替代的一个基地，首要任务是培养学生的实践技能。专业教师的配置是否完备，直接影响了职校学生技能的掌握及未来的就业走向。目前，从三所职校的主打特色专业情况来看，黄南州为唐卡专业、果洛州为护理专业、玉树州为学前教育专业。这些专业课的教师充足，究其原因，主要是各学校借助地方资源优势，聘用地方民间精英为专业教师。以黄南州职校为例，热贡唐卡作为国家非物质文化遗产驰名中外，民间唐卡艺人人数已上万，这确保了唐卡专业有充足的外聘教师。近年来，黄南州职校培养出来的学生经过多年的专业技能学习实践，被返聘到学校负责担任专业实践课和唐卡理论课的教师，由此确保了学生的专业技能训练能够得到良好的指导和实践。2005年，黄南州职校设置唐卡专业以来，该专业学生就业率为全校最高，达99%。这不仅培养了大量唐卡专业技能型人才，同时也为地方经济发展注入了活力。例如，XW作为黄南州职校培养出来的第一届唐卡专业学生，如今已在当地成为一位颇具名气的唐卡大师。案例：XW，男，29岁，曲麻村人，现创办缘修林培训学校。"2005年，我有幸在××慈善基金的资助下，成为黄南州职校第一批唐卡专业的学生，当时，班里共20名学生。记得当时全校所有学生加起来也就75人左右。我差不多从13岁开始就练习画唐卡，后来职校招生，参加考试后我顺利通过了考试。我刚开始进职校时是班里名副其实的捣蛋鬼，后来到毕业时我反而成了老师们都表扬的学生。我在班里算是画唐卡较好的一个，时至今日，我还在坚持画，也算是取得了较好的成绩，月收入从3 000元左右开始到现在上万元。有一年接手某寺院壁画的修复工作，这是我人生中接的第一笔大订单，价值375万元。我带着村里100多名画师完成了这项任务。"（访谈时间：2019年5月，XW唐卡工作室）从XW的学术经历及目前工作发展来看，职校三年的学习作为其人生的重要转折点，为他构筑了人生发展的阶梯。同时，不仅解决了他个人的就业问题，也带动了村里其他唐卡艺人实现人生价值，步入创业之路。另外，玉树州职校2015—2019年学生就业（升学）情况如表7所示。根据表7统计的数据来看，玉树州职校就业形势主要有自主就业和升学两种，升学又分为省内升学和省外升学两种。相比而言，自主就业人数较少，而升学人数较多，其中以省内升学为主。由此说明，升学是目前中等职校学生普遍采取的就业（隐形）策略，这表明中等职业技能已不能满足现代市场发展需求，同时学生选择升学也能在一定程度上提高个人未来成功就业的概率。如上所述，黄南、果洛和玉树职校自改制创建以来，除了保留其前身卫校开设的专业，主要依照地方市场需求不断调整设置专业。尤其是地方特色专业，比其他专业具有明显的优势，表现出学生生源充足、师资充足、就业形势良好等特征。而非特色专业的学生则选择继续深造以提升专业技能，确保今后能成功就业或为自己创业奠定良好的技能基础。

表7 玉树州职校2015—2019年学生就业（升学）情况（人）

年份	自主就业	升学 省内	升学 省外	总就业（升学）人数
2015	230	512	192	934
2016	485	578	247	1 310
2017	620	504	286	1 410
2018	367	428	301	1 096
2019	102	519	493	1 114

四、青海民族地区职业教育发展建议

为促进青海民族地区职业教育发展，实现广大农牧民子女成功就业，促进地方经济发展，笔者提出以下四点建议，以供参考。

（一）加强宣传推广，转变传统教育观念

职业教育已成为青海民族地区培养广大农牧民子女接受一技之长的"摇篮"，在青海民族地区社会经济发展中占据不可替代的位置。正如2018年姜大源所说，"职教一人，脱贫一家"已成为精准扶贫的长效和长远之策。为此，要想改变社会对职业教育的偏见，就必须为职业教育创造良好的发展环境和氛围。[①] 具体而言，在政府及相关部门的指导下，要加强舆论引导，借由当地媒体、网络平台宣传关于发展青海民族地区职业教育的政策，以树立职业教育的优良社会形象。同时，通过学校的官微、官媒对青海民族地区职业教育的优势、办学特色、亮点及优秀职校毕业生典型事迹进行宣传，从而促使相关教育工作者转变传统教育观念。

（二）加大资金投入，完善师资队伍

根据三所职校的师资状况，职校非在编教师人数占比在34%以上，且多为大专学历，加之工作不稳定、待遇偏低等诸多原因，导致他们的工作积极性不高，进而直接影响教学效果。今后，要改变职业教育的现状，相

---

① 姜大源.再议中等职业教育的基础地位问题[J].中国职业技术教育，2018（25）：5-9.

关部门需加大资金投入，构建合理的薪酬制度，建立相应的激励机制，为一线年轻教师提供更多的培训和深造机会，提高教师的职业道德和工作热情。同时，还要完善外聘教师的管理制度，给予非在编教师应有的尊重和社会地位。

（三）结合地方资源和特色设置专业

为适应地方经济发展，青海民族地区职业教育唯有结合地方资源和特色才能形成竞争优势。由于各地区的资源和制度安排的差异，形成了各地区不同的经济发展水平和产业结构特征，因此职校设置什么专业、培养什么人才，一定要紧紧围绕当地产业发展的需要，才能培养出对当地经济发展有用的人才，为当地经济建设做出贡献，[①]也唯有如此，才能探寻具有地方民族特色的职业教育发展之路。

（四）加强"校企""校校"合作

与普通学校不同，作为培养一线青年劳动者的重要基地，职校的首要任务是培养学生的实践技能。而专业教师配置是否完备，会直接影响职校学生技能的掌握。因此，职业教育发展中师资队伍的建设，尤其是专业教师队伍的建设尤为关键。笔者认为加强"校企""校校"的合作，是解决当前这一问题的最佳方案。具体而言，基于职校本身的专业特色，可通过"订单"合作模式、工学交替模式、教学见习模式、产学研模式等促成"校企""校校"合作。同时，在"校企""校校"合作的基础上，为学生配备专业教师、提供实际操作平台，使学生将理论学习和动手实践有效结合，很好地掌握一技之长，能够顺利实现就业。

五、结语

随着社会经济的发展，加之当前职业教育优良社会形象的树立，"重普教"的这种观念在青海民族地区得以改变。虽然目前青海民族地区的职

---

① 王士勇. 促进藏区职业教育高质量发展的几点思考［J］. 中国民族教育, 2019（4）: 31-33.

业教育发展缓慢，主要还是依靠国家政策扶持，但不可否认，职业教育在地方经济发展中发挥着重要的作用。对于青海民族地区的农牧民而言，职校为他们的子女提供了教育平台，甚至通过习得一技之长能够改变个人甚至是家庭的生存环境。子女就业不仅意味着广大农牧民家庭能走上致富之路，而且能够确保社会秩序稳定，为地方经济发展注入活力。可见，青海民族地区的职业教育在地方经济发展中具有举足轻重的地位。就当前青海民族地区职业教育发展状况来看，还存在资金投入不足、生源质量差、专业课程设置不够合理及缺乏专业教师等诸多问题，因此相关人员需明确发展青海民族地区职业教育的重要意义，进而不断探索创新。

青海农牧区职业教育精准扶贫的成效与经验

——兼论"后精准扶贫时代"职业教育助力乡村振兴的对策*

何九甫　王　娜**

青海省98%的区域属于全国集中连片特殊困难地区，15个县为深度贫困县，129个乡镇为深度贫困乡镇，①多数贫困人口居住于省内东部干旱山区及南部高寒牧区，这些区域均为传统农牧业生产区，生态环境脆弱、人居环境恶劣，集中了西部地区、高原地区、贫困地区的所有不利因素，是国内生存环境最为严酷的地区。因此，青海省农牧区脱贫攻坚面临的困难更为特殊，任务更为艰巨。主要表现为如下特点：一是农牧区贫困程度深、贫困面积广；二是农牧区产业发展难度大；三是统筹协调农牧区生态环境保护与贫困人口脱贫关系面临极大挑战；四是农牧区发展补短板的任务极艰巨；五是农牧区扶贫工作中的"扶志"与"扶智"任重道远。

教育扶贫是"扶智、扶本、扶根"工程，职业教育作为类型教育，与其他教育类型相比具有针对性较强、时间较短、职业技能导向较明确的显著优势，在教育精准扶贫过程中发挥着独特的作用，《国务院关于加快发

---

*　本文发表于《青藏高原论坛》2021年第9卷第4期。
**　何九甫（1984—），男，甘肃景泰人，青海民族大学教师教育学院讲师，主要研究方向：民族地区教育。王娜（1986—），女，河北博野人，青海省教育科学研究所高级教师，主要研究方向：民族教育。
①　青海省深度贫困地区教育脱贫攻坚实施方案（2018—2020年）[J].青海教育,2018(6).

 高原职业教育的改革与发展研究

展现代职业教育的决定》中将消除贫困作为职业教育发展的功能定位,提出大力发展职业教育精准扶贫,帮助贫困人口习得一技之长,帮助贫困家庭子女改变命运。"职教一人,就业一人,脱贫一家"是青海省职业教育精准扶贫脱贫工作的基本理念,在省委、省政府的统筹谋划下,全省发扬"集中攻坚、久久为功"的精神,聚焦域内深度贫困农牧区经济社会发展,大力开展职业教育精准扶贫工作,扶贫、减贫、脱贫成效十分显著,贫困地区农牧民收入稳步增长,各民族群众自我发展能力不断提高,贫困地区落后面貌显著改观,创造了职业教育精准扶贫脱贫的"青海经验",为"阻断贫困代际相传、共享人生出彩机会"做出巨大贡献。

一、青海省职业教育精准扶贫的政策基础

自实施精准扶贫以来,青海省各级政府按照中央部署要求,结合省情和贫困区域发展实际需求,制定出台多项职业教育精准扶贫的相关政策文件,构建出较为全面系统的职业教育精准扶贫政策制度体系。

2015年,青海省颁布的《青海省农村牧区扶贫开发条例》提出实施十大扶贫工程;2016年,青海省开始实施精准扶贫"八个一批"工程,在上述两项工程中都将职业教育作为推进精准扶贫的有机组成部分提出相关要求。同年,《青海省"十三五"教育改革和发展规划》发布,该规划为青海省打赢教育脱贫攻坚战,保障贫困家庭子女公平接受教育权利,强化贫困地区控辍保学,提高贫困人口劳动技能制定了具体举措,同时提出要增强教育服务农牧区经济社会发展的能力。

2016年,教育部、国家发展改革委、国务院扶贫办等六部门联合印发《教育脱贫攻坚"十三五"规划》,提出要提升教育脱贫能力,紧紧围绕中等职业教育和职业培训两个教育脱贫的重要抓手,通过办好贫困地区职业教育、到省内外经济较发达地区接受职业教育、开展公益性职业培训等方式,确保农牧区建档立卡等贫困人口不因缺少技能无法就业而陷入贫困。青海省出台的《青海省教育脱贫攻坚行动计划》提出,加快实施教育脱贫工程,让农牧区贫困家庭子女都能接受公平而有质量的教育,阻断贫困代

际传递。同时坚持全面覆盖、精准到人的原则,以提高农牧区贫困人口受教育年限和劳动者技术技能为重点,努力构建到村、到户、到人的职业教育精准扶贫脱贫体系。并且出台了《青海省推进教育脱贫攻坚实施方案》《青海省深度贫困地区教育脱贫攻坚实施方案》等政策,明确了农牧区职业教育脱贫攻坚的目标任务,细化规范了政策落地的实施措施,以确保层层压实职业教育脱贫攻坚的目标责任。

2017年9月11日,青海省召开全省职业教育工作会议,提出职业教育要助力脱贫攻坚,要"围绕'八个一批'脱贫攻坚行动计划,强化支持、帮扶、培训等工作,把职业教育的课堂办到田间地头,办到贫困家庭院落,促进职业教育在脱贫攻坚中发挥更大作用"。职业教育在农牧区精准扶贫中的重要性和特殊作用得到更为普遍的认同和重视。会后,青海省政府发布了《青海省人民政府关于进一步加快现代职业教育改革发展的若干意见》,提出要建立和完善符合青海省农牧区经济社会发展需求、助力打赢脱贫攻坚战的现代职业教育体系,充分发挥职业教育精准扶贫的独特作用。青海省人社厅印发的《2017年全省人力资源社会保障扶贫实施方案》中提出的举措有:促进贫困劳动力就业创业,加强贫困劳动力职业技能培训等。

2018年,青海省为推进农牧区职业教育精准扶贫,在全省范围实施职业教育"圆梦行动计划"。"圆梦行动计划"的主要目的是帮助农牧区建档立卡贫困家庭子女接受学历教育,在提高学历层次的同时学有一技之长;吸引深度贫困地区"两后生"(即初、高中毕业未能继续升学的贫困家庭中的富余劳动力)积极接受职业教育,针对性进行技术技能培训,以提高其就业创业的能力;鼓励省内职业院校面向农牧区建档立卡户等贫困家庭人口开展多种形式的职业技能培训,充分利用就业和扶贫资金,支持农牧区未升学初高中毕业生、进城务工农民工、农牧区富余劳动力等群体在职业院校接受劳务输出、生态护林、乡村旅游、民族文化技艺传承等相关内容的职业技能培训,确保农牧区精准扶贫的举措与技能培训的内容实现精准对接。

2019年,《青海省职业技能提升行动实施方案(2019—2021年)》提出,对农牧区就业重点群体和贫困劳动力提供职业培训补贴,对农牧区转移就业劳动力、"两后生"、贫困家庭子女、贫困劳动力等特殊人群开展培训的组织机构,给予技能培训的专项经费补贴。

在精准扶贫脱贫攻坚期间,青海各市州、县区根据农牧区精准扶贫需求制定发布具有地域特色的相关政策制度,如海东市制定出台《海东市"十三五"教育事业发展规划》,海西州出台《海西州教育精准扶贫方案》《海西州教育脱贫攻坚行动计划》等,都提出了域内农牧区职业教育精准扶贫的具体实施举措。在各级政府多元主体的统筹参与下,青海省基本构建了与国家教育脱贫攻坚战略政策有效对接的制度体系,完善的职业教育精准扶贫制度框架确保了农牧区职业教育精准扶贫政策实施的成效。

经过多年政策实践探索,青海省在农牧区全面推广的职业教育学生资助、内地中高职班、东西部职业教育对口支援、扶贫职业技能培训等多项举措,为农牧区脱贫攻坚取得胜利和经济社会全面发展做出积极贡献。

二、青海省农牧区职业教育精准扶贫的经验及成效

(一)生发职业教育(院校)创新发展的动力

精准扶贫脱贫期间,职业教育发展同精准扶贫政策的深度对接,生发了青海省职业教育(院校)改革创新发展的内在活力。据统计,截至2020年底,青海省共有中等职业学校33所,高等职业院校8所,中等职业院校开展农牧区建档立卡贫困家庭子女的学历教育和培训,高等职业院校实施农牧区精准扶贫招生。同时,还大力开展农牧区职业技术技能培训,面向农牧区贫困群体进行专项技能培训,基本实现了农牧区技能培训的全覆盖。职业院校内部针对"一人一策"的职业教育精准扶贫制供给形成体系,农牧区贫困家庭子女接受职业教育情况实现精准识别、精准施策、精准管理的系统化。根据青海省相关政策标准,对农牧区贫困家庭子女接受中等职业教育的学生实现每人每年资助2000元,对农牧区贫困家庭子女进入高等职业院校学习的推行助学金制度,并不断提高助学金标准。总

之，青海省农牧区的各级各类职业院校建立了包括招生、资助、培养等全方位覆盖的教育扶贫脱贫政策保障体系，基本构建了与全国教育脱贫攻坚战略政策有效对接，与农牧区经济社会发展适应，与农牧区各民族贫困人口需求结合的制度框架体系。

据统计，从2017年到2020年，青海省农牧区职业教育发展过程中，仅省级部门下达资金共达五亿多元，用于各级各类职业院校的办学水平提升，推进了职业院校的办学条件改善和优势特色专业建设。与此同时，青海省制定出台多项政策加快农牧区现代职业教育体系建设，优化调整农牧区职业院校布局，提升农牧区职业院校的办学水平和办学能力。一是在农牧区成立了由企事业单位、职业院校、科研机构和行业协会等为成员单位的多个职业教育集团，与农牧区地方企业合作开展现代学徒制试点，建立了职业教育校内外实践实训基地。二是青海省教育厅会同多个政府部门共同出台现代学徒制、集团化办学等方面的实施方案，建立了职业教育领域的教育教学质量评估评价体系，进一步完善农牧区职业教育产教融合、校企合作协同育人机制。三是青海省各市州将农牧区发展相对滞后的职业院校进行整合调整，采取重点打造"一州一校"的方略确保农牧区每个市州的重点行业都建有一所以上职业院校，面向区域发展需求培养专业技能人才。

农牧区职业院校创新发展的成果进一步增强了青海省职业教育精准扶贫的成效，目前农牧区职业院校的专业设置基本覆盖区域支柱发展产业和优势特色产业。同时，青海省进一步明确了职业教育的发展目标，"要将职业教育学校办成支撑产业发展的人力资源供给基地、产业转型升级的技术技能人才培训基地、劳动者全面发展的能力提升和终生教育基地"。

（二）催生产业扶贫项目落地实施的定力

在脱贫攻坚过程中，产业扶贫是实现"造血式"扶贫的核心。青海省坚持把产业扶贫作为稳定农牧区脱贫攻坚成效的重要举措，通过不断完善产业扶贫的制度保障机制，瞄准农牧区特色产业发展实际，以产业发展带动农牧区贫困群众发展生产，借助就业创业实现脱贫致富，催生了产业扶贫项目落地实施的定力。青海农牧区依托特有的自然人文元素、民族民间特色文化、地方特有特产等各类资源，培育发展了乡村旅游、藏医藏药、民族传统文化用品、民间传统技艺等特色产业，助推农牧区的旅游业、种植养殖业、农牧产品加工业、传统手工业等地方产业发展升级，提高产品附加值，提升其经济效益。调研中，笔者了解到青海南部农牧区坚持生态保护优先发展理念，注重脱贫攻坚与绿色发展协调同步共进，坚持打"生态绿色"发展牌，让农牧区贫困群众通过吃"生态饭"实现脱贫致富。据统计，近年青海省探索实践生态扶贫道路，累计开发出 16 万个公益性生态管护岗位，在农牧区 4.7 万户贫困家庭中每户安排一个生态环境管护岗位，以实现农牧区贫困家庭稳定增收。同时，省内各农牧区政府部门还开发出环境整治和治安管理等公益性扶贫岗位，安排建档立卡户贫困群众学习技能稳定就业，帮助农牧区贫困群众脱贫致富。

青海省职业教育精准扶贫政策的实施，拓展了农牧区贫困群众的就业创业渠道，实现了"就业一人、脱贫一户"的教育脱贫目标。当前，青海省已形成一定规模的劳务输出品牌有：海东市的拉面经济、新疆采摘棉花、海西州的枸杞采摘等，政府有关部门通过建立劳务输出输入地对接平台，强化贫困群众"一对一"就业创业指导服务，确保农牧区贫困家庭的劳动力拓展就业门路。海东市政府通过脱贫攻坚强化产业扶持，培育地方特色的农牧业产业化龙头企业，建立了多种类型的扶贫专业合作组织，发展特色种植养殖业、农畜产品加工业、特色旅游业等。海西州职业院校通过遴选并重点支持发展符合区域社会经济发展需求的特色优势专业，并针对性招收农牧区贫困家庭学生接受职业教育，以贫困地区技术技能人才培训为抓手促进农牧区贫困群众脱贫。西宁市通过整合农牧区职业教育培训资源，采取项目化举措将"雨露计划""圆梦计划"等资助项目作为职业教育精准扶贫的着力点，助推产业扶贫项目的落地实施。

（三）激活民族传统文化传承发展的活力

青海省农牧区是多个民族聚居、多种宗教并存、多元文化融合的区域，拥有国家级非物质文化遗产传承项目数十项，域内的少数民族文化遗产具有其独特的艺术审美价值和历史文化价值。少数民族传统文化传承为青海省农牧区职业教育精准扶贫提供了重要载体和手段，二者的协同共进发展，为脱贫攻坚目标顺利实现提供了有力的支撑和保障。黄南州同仁县自 2010 年以来，县扶贫开发局持续投入扶贫资金，专项用于建档立卡户贫困家庭唐卡画师的培养。在扶贫资金和专项人才培训项目的推动下，少数民族文化传承培训基地及画院积极招收农牧区贫困家庭子女，在壮大地方产业发展力量的同时，有效带动了当地贫困农牧民参与唐卡文化的传承创作，并激发了农牧区贫困劳动力就业创业的主动性。同仁县"热贡艺术传习"基地共招收当地贫困家庭 100 多位学员参与学习，该县还在中小学开发开设了"热贡艺术教育"等特色校本课程，普及民族传统文化教育。同时，地方政府专门设立同仁县热贡文化人才培训项目，对相关管理和培训人员进行业务培训，增强其自我发展能力。在脱贫攻坚政策实践过程中，黄南州将非遗综合传习中心与发展现代服务业、乡村文化振兴相结合，为龙头企业积极争取国家级和省级文化产业培育专项资金，多次组织文化企业民族文化作品展示活动。

此外，在调研中笔者了解到，湟中、湟源、互助等县的职业技术学校（中心），邀请非物质文化遗产代表性传承人担任职业教育"双师型"实训导师，开展包括青海刺绣、工艺品加工制作等在内的多项非物质文化遗产作品培训活动，拓展了青海省"非遗进校园、技艺进专业、大师进课堂"等职业教育特色发展的路径，并培养了一大批富有工匠创新精神的新一代非物质文化遗产传承人群体。其中，湟中县职业教育中心的民间传统工艺"唐卡""堆绣""木雕"等三个特色专业被教育部、文化和旅游部、国家民委等部门确定为全国首批职业院校民族文化传承与创新示范专业点。

三、青海省农牧区职业教育精准扶贫存在的问题

通过调研，笔者发现青海省农牧区职业教育精准扶贫过程中还存在诸多问题亟须解决。

（一）职业教育精准扶贫治理机制有待完善

《中共教育部党组关于教育系统学习贯彻党的十九届四中全会精神的通知》要求教育系统要结合实际，推进教育治理体系和治理能力现代化。[①] 职业教育精准扶贫事实上是职业教育治理的有机组成部分，青海省农牧区对职业教育精准扶贫工作的统筹管理还有待持续深入，职业教育扶贫的体制机制尚不完善，相关保障条件未能完全到位。青海省农牧区地域广阔，经济社会发展相对滞后，职业教育发展水平有待提升，职业教育扶贫资源的分配较为分散，职业院校职业技能扶贫的举措针对性有待提升，行业企业参与扶贫的内在动力未能完全激发。此外，青海省中高职教育之间，以及与本科院校专业之间缺乏更深层次的衔接，职业教育立交桥尚未完全打通，导致中高职培养的学生很难有机会继续提升学历层次。笔者认为，产生上述问题的根源在于职业教育精准扶贫政策机制不够完善、能力发挥不足，成为制约贫困地区职业教育和经济社会可持续发展的主要因素。

（二）深度贫困地区职业教育精准扶贫成果巩固面临挑战

青海农牧区均为国家划定的"三州三区"深度贫困地区，这些地区受自然地理、历史文化、教育发展等因素影响，生产生活条件恶劣、交通不便、文化封闭、各民族群众受教育程度普遍较低，致使农牧区贫困人口多、贫困程度深且贫困面积广，再加上产业发展滞后，就业机会较少，农牧区贫困群众缺乏劳动致富所需的知识和技能，面临摆脱贫困的信心、能力、动力等不足的现实问题。加之青海农牧区大多是生态环境脆弱、高寒缺氧、自然灾害频发的区域，区域产业形态较单一，农牧产业基础发展薄弱，大多数农牧民从事传统畜牧及种养业，生产经营方式简单粗放，现代化产业培育难度较大。面对如此现实，职业教育难以充分发挥其开发人力资源、培育职业技术技能人才的直接优势，导致深度贫困地区精准扶贫成果的巩固面临现实挑战。

（三）农牧区职业院校整体办学水平有待提升

青海省农牧区职业教育总体发展还不平衡，整体办学规模偏小，办学

---

① 中华人民共和国教育部. 中共教育部党组关于教育系统学习贯彻党的十九届四中全会精神的通知［Z］.

能力还不能完全适应地方经济社会发展的需要，职业教育发展的短板显而易见，主要表现为：一是学校布局不合理，青海省农牧区各市州大多只有一所职业学校，且面临专业低水平重复建设的困境，大多职业院校开设的专业均为汽车维修、计算机应用、学前教育、唐卡制作、藏医藏药及护理卫生等；二是职业院校办学条件较弱，职业教育所需的重要实习实训场地和设备设施不足，影响学生实践操作能力的训练和提高；三是职业院校专业教师紧缺，现有师资队伍的专业结构不合理，"双师型"教师数量严重短缺；四是中等职业学校毕业生升入高等职业院校和大学的比例较低，职业教育领域的升学政策落实有待提升，渠道有待进一步畅通。再加受传统教育观念制约，农牧区家长、学生主动选择职业教育的意愿不高，职业教育的社会影响力和吸引力有待进一步提高。

（四）农牧区职业教育精准扶贫的举措有待改进

当前，青海省农牧区职业教育精准扶贫虽然探索并构建了"免奖助贷补"等结合的贫困学生资助政策、长短期结合的职业技能培训、新型职业农牧民培育等职业教育精准扶贫的举措和路径，职业教育扶贫的方式也逐渐由"输血式"向"造血式"转变。但是，在实施农牧区职业教育精准扶贫过程中，还存在难以将教育扶贫、产业扶贫、精神扶贫有机融合的困境，农牧区职业教育领域开展的职业技能培育培训在培训的内容、形式以及就业帮扶等方面还缺乏针对性、精准性、持续性等问题，尤其是在实现脱贫攻坚任务新形势下，职业教育精准扶贫成果巩固和助力乡村振兴的政策措施还需结合现实需求进一步细化完善。

四、"后精准扶贫时代"职业教育助力乡村振兴的对策

职业教育拥有助力农业供给侧结构性改革、助推乡村振兴、推进我国经济社会可持续发展的能力。[1] 我国精准扶贫脱贫攻坚已取得胜利，"后精准扶贫时代"已经到来，职业教育既要进一步确保青海省农牧区脱贫攻坚

---

[1] 李兴洲，赵陶然. 职业教育促进乡村振兴之比较优势探析［J］. 职教通讯，2019（5）.

胜利成果的巩固，也要关切青海农牧区乡村振兴战略目标的达成实现，并且要在二者之间做好政策举措的衔接落实。

（一）加强顶层设计，构建职业教育助力乡村振兴的政策体系

治理有效是乡村振兴的保障。[①] 职业教育助力乡村振兴首先必须依靠"政策"这一核心要素，各级政府部门要加强顶层设计，以提升政策的针对性为关键点，以增强政策的有效性为着力点，大力提升青海省农牧区职业教育持续改革创新发展的内在动力。首先，要建立健全领导农牧区职业教育助力乡村振兴各项工作的管理机构，明确其运行机制和职权范围，承担起整合职业教育助力乡村振兴资源，统筹协调各类主体行动的任务，出台"接地气"的职业教育发展政策来推进乡村振兴工作，将职业教育作为助力农牧区乡村振兴的"排头兵"重点发展；其次，要充分发挥政府部门的宏观调控和指导规划作用，把发展职业教育纳入区域经济社会发展的总体规划全面布局，加强对职业教育发展的规划设计、保障机制、制度体系等的统筹领导，进一步调整全省农牧区中等职业学校的布局，统筹推进职业教育与地方经济社会发展的协同性；再次，各级政府要持续加大对农牧区职业教育发展资金的投入力度，要全面落实国家职业教育生均财政拨款政策，通过加大财政扶持力度推进农牧区各类人群的职业教育全覆盖；最后，大力推进职业院校和机构的体制改革创新发展，完善面向农牧区不同群体的教育和培训机制，提升职业院校质量建设的成效，加大培育新型职业农牧民的力度。

（二）完善联动机制，形成职业教育助力乡村振兴的工作合力

青海省职业教育精准扶贫过程中形成了以政府部门为主导、以职业院校为主体、各级各类社会组织协同参与的工作机制，为农牧区乡村振兴打下了良好的工作基础。为保证职业教育助力乡村振兴的有效推进，必须建立专门的职业教育助力乡村振兴管理机构，加强职业教育助力乡村振兴的政策支持、资源整合、监督评价等工作。一是要明确各责任部门的工作权责

---

① 石丹淅. 新时代农村职业教育服务乡村振兴的内在逻辑、实践困境与优化路径［J］. 教育与职业，2019（20）.

和内容要求，细化各项工作的具体措施，推动各责任部门对职业教育助力乡村振兴工作举措的落地实施。青海省要加快出台职业教育助力乡村振兴的相关管理、指导、规划等制度文件，构建政府部门主管，职业院校主抓，行业企业积极参与的职业教育发展新机制；二是要创造性地推进职业教育助力乡村振兴工作，青海农牧区各级政府、部门、组织不仅需要贯彻落实上级政府、部门、组织的各项政策制度，更需要结合本地区的实际需求，创造性地探索乡村振兴中自我积累、自我发展的道路，不断提升自身发展的意识和能力，充分调动农牧区全员参与乡村振兴的积极性；三是要推动农牧区职业教育聚焦区域特色优势产业，对乡村振兴的发展主体针对性地开展急需的技术技能人才培训，促进产教联合助力乡村振兴，以产业发展带动职业教育振兴，探索区域经济与职业教育协同发展的有效路径。

（三）立足技能培训，构建职业教育助力乡村振兴的培训体系

目前而言，整合现有的职业教育培训资源，把农牧民职业技术培训作为实施农牧区职业教育助力乡村振兴工作的重点，成立专门的指导服务机构，加强宏观指导和精准帮扶，加大财政资金的投入力度，构建上下贯通、多方联动、层次分明、保障有力的农牧民职业教育培训体系。因此，各地职业院校应当深入农牧区，调研了解区域产业结构和行业发展对职业教育助力乡村振兴提出的新要求，摸清青海农牧区职业教育发展的短板，明确职业院校的办学方向，规划职业技术培训的目标任务，确保农牧区职业教育发展方向与乡村振兴战略方向的一致。基于农牧区实用人才的类别、层次、需求，确定合适的培训主体，[①] 采用适当的培训方式，增强职业教育助力乡村振兴的实效性。为此，一方面，职业教育要注重教育培养与技能培训的协同性。教育培养就是要针对农牧民家庭子女的实际教育需求，为其提供基本的文化知识教育和基础的技术技能培训，为其终身职业发展奠定基础；技能培训就是要针对农牧区的成年劳动者实施成人教育，重点是结合农牧区的产业发展对其进行专业化的技能培训，提高其文化素质，增强其就业创业能力。另一

[①] 瞿连贵，石伟平，李耀莲. 乡村人才振兴视野下职业教育的功能定位及实践指向 [J]. 中国职业技术教育，2021（6）.

方面，职业教育要注重职业院校发展和区域产业发展的协同性。农牧区职业院校要积极拓展服务领域，瞄准乡村振兴对区域产业发展的新要求，将职业院校发展定位与乡村振兴战略需求结合起来，统筹规划协同发展方案，明确协同发展目标，制定协同发展政策，形成协同发展机制，落实协同发展举措，实现协同发展任务。

（四）激发内生动力，培养职业教育助力乡村振兴的乡土人才

新形势下农牧区职业教育要改革与发展，必须精准对接乡村振兴各领域、全要素需求，为乡村振兴提供全方位、多功能服务。① 青海农牧区要实现长治久安和可持续发展，没有乡土人才就缺乏基本的人力资本，职业教育要针对性地、有计划地、持久地、大规模地培养符合区域乡村振兴发展需求的职业技能乡土人才。一是组织开展各种类型的短期技能培训项目，培训项目按照就近就地原则，依据农牧区经济社会发展需求采取分散办班、分类指导、随到随学等方式，针对不同区域农牧民的需求特点，培训内容以当地主要产业的经营管理为主，确保农牧民培训的针对性和实用性；二是组织开展新型职业农牧民培训，遴选一批农牧区乡村振兴发展的带头人，通过新型职业农牧民培训进行重点扶持，促使其充分发挥示范带动作用，引领农牧区各民族群众自力更生、自我发展；三是组织建立乡土人才技能导师培养制度，针对职业院校培养的乡土人才，为其选配经验丰富的专业职业技能导师，开展个性化、精细化培养，着力培养其具备一技之长，使农牧区乡土人才真正精通掌握一门技艺，并以此为基础培养其未来职业综合发展能力，为其终身职业发展奠定坚实的基础，最终实现农牧区乡土人才自我发展和实现乡村振兴战略的协同。

---

① 张旭刚. 乡村振兴战略下我国农村职业教育的战略转型［J］. 教育与职业，2018（21）.

我国农业职业技术教育精准扶贫路径探讨

——以青海省互助县为例[*]

虎文华[**]

精准扶贫是关乎2020年我国全面建成小康社会的重要德政工程和民生工程。全面建成小康社会的关键在农村,农村小康的关键在农民增收,解决农民增收问题,根本出路要依靠农业技术的不断进步。不断更新的农业技术是农业发展和农民增收致富的载体,在拉动农村贫困人口收入的进程中起着决定性作用。农业职业技术教育则是面向当地农村贫困人口,帮助农民在农业生产岗位上迅速提升岗位技能和职业素养的首要途径。2014—2020年是精准扶贫攻坚克难的关键阶段,农业职业技术教育的开展和落实,是精准扶贫取得胜利的关键,在我国精准扶贫体系中显得尤为重要。

一、农业职业技术教育扶贫是我国精准扶贫战略的重要选择

在精准帮扶的措施上,习近平总书记明确提出"五个一批",即"发展生产脱贫一批、异地扶贫搬迁脱贫一批、生态补偿脱贫一批、发展教育脱贫一批、社会保障兜底一批"。发展贫困区的教育,实现教育脱贫的功能,即助推贫困地区人力资本的增长是教育精准扶贫的核心所在。农业职业技术教育作为提升当地贫困农民人力资本水平最具实效性的教育扶贫方

---

[*] 本文发表于《中国农业教育》2018年第1期。
[**] 虎文华,陕西师范大学教育学院研究生,研究方向:职业技术教育。

式,是教育精准扶贫的主要途径,集中体现着面向贫困地区农民的扶贫方法"重在精准、贵在精准、成败之举在于精准"的靶向扶贫方式。

自 2014 年精准扶贫工作开展至今,面向农村贫困农民的农业技术培训资源欠缺,始终不能满足农民对脱贫致富、创业增收的需求。对于贫困地区的农民来说,农业技术的掌握决定着他们收入水平的提升和生活质量的改善,是农民增加收入的主要渠道。因此,加快发展农业技术培训,是农业职业技术教育精准扶贫成功的关键。在当前,农业职业技术教育主要是针对农、林、牧、副、渔各行业,对贫困地区农民进行种植技术、养殖技术、农产品加工技术的职业技术教育。

(一)农业职业技术教育是中国共产党提倡的精准扶贫策略

1.农业职业技术教育助推我国贫困县经济增长

2011 年,教育部等九部门《关于加快发展面向农村的职业教育的意见》明确提出,农业职业技术教育要以推动县域经济社会发展为目标,坚持学校教育与技能培训并举、全日制与非全日制并重,大力开发农村人力资源,逐步形成适应县域经济社会发展的要求,实现县域经济可持续发展。全面普及推广农业先进实用技术,促进农民自我发展能力的养成,从根本上脱贫。习近平总书记在考察各地精准扶贫工作时也经常强调:"贫困地区发展要靠内生动力,如果仅凭空救济出一个新村,简单改变村容村貌,内在活力不行,没有经济上的持续来源,这个地方下一步的发展还是有问题。一个地方必须有产业,有劳动力,内外结合才能发展。"① 农民是贫困地区农业产业发展的内生力量,对农民进行农业技术培训,提高农民的技术水平和生产能力,农业职业技术教育发挥着关键作用。农业产业的规模化、标准化、规范化生产以及农民生产技术和致富能力的提升均有赖于农业职业技术教育。扶贫开发的最终成效,是要看贫困地区和贫困农民是否具备了发展的内在活力,只有造血功能不断增强,其发展才具有可持

---

① 中国扶贫在线.习近平扶贫观中的方法论[EB/OL].(2016-10-11)[2017-10-03].http://www.sxgov.cn/content/2016-10/11/content_7534211.htm.

续性。县域经济是农村经济发展与繁荣的象征，以县为主要单位，推动贫困县经济持续增长和贫困县农民增收，农业职业技术教育是内源脱贫的主途径。

2. 农业职业技术教育促进我国农业现代化

2015—2017 年中央一号文件以及《国务院关于加快发展现代职业教育的决定》（2015 年）强调，积极发展现代农业职业技术教育，推进农业现代化，发展科技产业园区，建立公益性的农民培养培训制度，培育好一批懂技术、会经营的职业农民、优化农业供给侧结构是农业现代化和国家迈向强国队伍的有力手段，也是新时期精准扶贫、脱贫攻坚的重要举措。农业现代化是指利用技术改造传统农业的历史过程，此过程指物质、人力、技术等生产要素的变革和更新。① 目前，在新型工业化、信息化、城镇化、农业现代化四化同步发展，全面建成小康社会的进程中，农业现代化是基础，农业现代化建设仍处于补齐短板、大有作为的重要战略机遇期，加快农业现代化，是农业职业技术教育精准扶贫的重要任务。

（二）新古典增长模型是对农业职业技术教育精准扶贫的肯定

精准扶贫战略的目标是提高农民增收致富的能力，推动贫困地区经济的持续增长。由罗伯特·索罗（Robert M. Solow）开创的新古典增长模型为理论基础，认为贫困地区经济增长需要人力资本等要素的投入，需要农业技术的进步。在生产要素的组合当中，农业职业技术教育使劳动力和农业技术得到高效率的配置，通过提升农民的技术水平，使劳动力转化为人力资本，实现农民的人力资本增值，从而提高劳动生产率，实现农民收入水平的提升以及贫困地区经济的持续增长。从模型角度来看，是对农业职业技术教育精准扶贫的一种肯定。

1. 技术进步是经济增长的唯一源泉

新古典增长模型是经济增长理论的基石。索罗把技术进步纳入新古典

---

① 冯献，崔凯. 中国工业化、信息化、城镇化和农业现代化的内涵与同步发展的现实选择和作用机理［J］. 农业现代化研究，2013（3）：269-273.

增长模型，提出一个国家经济持续增长的动力来源于技术进步。一国经济增长受技术进步、储蓄率和人口增长率等三种因素的制约，在长期内，一个国家持续提高储蓄率和降低人口增长率的能力非常有限，经济增长在长期内也将收敛于储蓄率和人口增长率二者的平衡状态，在经济增长的这种稳态零增长的过程中，只有技术进步才能推动经济实现持续增长。

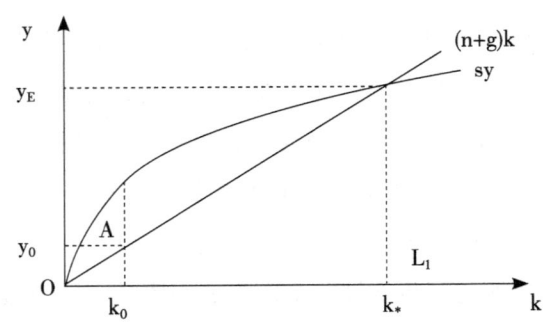

图1　引入技术进步的新古典增长模型

上图为引入技术进步的新古典增长模型。① k为人均资本，y为人均产出，sy为人均储蓄曲线。A点即为稳态，在A点，人均产出和人均资本均不会随着时间的推移而变化，k_0为稳态人均资本存量，y_0为稳态人均产出。将A作为技术状态的变量，假定A以一个固定的比率g增长，技术进步就会使人均产出从y_0增加到y_E，实现总产出n＋g增长。

说明人均生活水平提高来自技术进步，只有技术进步才能实现生活水平的长期上升。如果一个国家有一个不断提高的技术进步率，经济将有一个和技术进步率相等的持续增长率。增加的技术进步会推动经济有一个超越稳态增长率的增长。

在稳态经济条件下，技术进步来自人力资本的增长，人力资本的增长路径之一是农业职业技术教育。"人力资本是指凝聚在劳动者身上的知识、技能及其所表现出来的能力，这种能力是生产增长的主要因素，是一种具

---

① 高鸿业. 宏观经济学原理［M］. 北京：中国人民大学出版社，2012：388.

有经济价值的资本。"① 农业职业技术教育通过农业技术培训，使人力资本得到增长。如图1，储蓄曲线 sy 随技术进步率 g 上升，人均储蓄水平的提高提供了技术进步所必需的厂房、生产设备等人均资本，使人均资本从 k_0 增加到 k_*，在 k_* 处投入人力 L_1，就实现了人均产出 y_E 的增加，即实现了人力资本的增长。人均产出 y_E 的增长一部分来自技术进步率 g，另一部分来自人均资本 k 的积累，持续的技术进步率则来自人均资本 k_* 的增加与人力资本 L_1 的增长。在不断积累的人均资本上，农业职业技术教育使人力资本的增长与技术的进步得到了很好的消化，使技术附着在人身上，提升了贫困地区的人力资本。作为技术附加值和主观能动性最大的生产要素，人力资本的增长实现了全要素生产率的增长。"全要素生产率指各生产要素（人均资本 k_*、人力资本 L_1）投入之外的技术进步对经济增长贡献的因素。"② 也就是说，人均产出 y_E、人均资本 k_*、人力资本 L_1 的增长主要仰仗于技术进步的贡献，技术进步支撑了全要素生产率增长，推动了经济的增长。

2. 对农民进行多种形式的农业技术培训，实现农民的技术进步是农业职业技术教育精准扶贫的核心内容

恩斯特·弗里德里希·舒马赫（E.F. Schumacher）认为，发展中国家落后的主要原因在于农村与农民问题，而农业职业技术教育与培训是解决该问题的关键。只有当农业劳动者的素质文化水平与职业技能提高了，才能从根本上解决发展问题。也只有培养"完整的人"的教育，才有可能促进发展中国家农村的发展。③ 正如保罗·朗格朗（Paul Lengrand）所言："今后的教育应当是随时能够在每一个人需要的时刻，以最好的方式提供必要的知识和技能。"

向农民推广先进实用技术，提高农村实用技术培训水平，通过农业技术培训实施扶贫开发，是农业职业技术教育精准扶贫的关键。西奥多·舒

---

① 靳希斌. 教育经济学 [M]. 北京：人民教育出版社，2008：54.
② 易纲，樊纲，李岩. 关于中国经济增长与全要素生产率的理论思考 [J]. 经济研究，2003（8）：17.
③ 景琴玲. 我国农业职业教育发展模式研究 [D]. 杨凌：西北农林科技大学，2012：16.

尔茨（Theodore W. Schultz）在《改造传统农业》中说："农民学会如何最好地使用现代要素，这既需要新知识又需要新技能。这种知识和技能在本质上是向农民的一种投资。仅仅从经验中学习不仅缓慢，而且在许多方面比其他学习方法还要付出更大的代价。在教育能承担起提供基本知识和技能的工作之前，在职培训起着很大作用，特别是对这一代人更是如此。"① 截至2015年底，我国建档立卡的贫困人口尚有5630万人，在今后不到三年的时间内，需要完成每年减贫1876万以上的人，而人均收入的增长必定来自农民的技术进步，技术技能水平和劳动技巧的熟练水平要经过农业职业技术教育才能提高。与3~4年长学制的学历教育相比，精准扶贫战略期面向"以农为生""以地为生"的贫困农民，农业职业技术教育精准扶贫的培训形式一般也只需要2~3天，这与农民迫切致富的需求相适应，与2020年实现全面脱贫的战略目标相契合。

二、当前我国农业职业技术教育精准扶贫的实施

当前我国农业职业技术教育精准扶贫工作的开展，主要是以农业技术培训的方式进行，其工作思路是：第一，充分发挥政府部门的主导作用，整合协调各方资源，下属单位协同推进；第二，农业大学、综合性大学的农业研究院所及职业学校为贫困片区提供农业技术指导；第三，地市级农业科研机构的农业技术支撑。与农业职业技术教育精准扶贫相关的各主要主体在实际中扎实工作，充分利用各自的资源优势，为农民的技术培训发挥了重要作用。

（一）农业部积极引导，下属单位协同推进

农业部是综合管理种植业、养殖业、农产品加工业，集农业教育、科研、推广培训和应用于一体的农业职业技术教育职能部门。农业部与其下属单位组成的农业职业技术教育扶贫体系，是我国农业职业技术教育精准扶贫实施到位的主体，旨在训练和提升农民的农业生产技术。

---

① 马建富. 扶贫新政与农民职业教育培训策略的选择［J］. 职教通讯，2012（16）：29.

1. 积极发挥全国农业技术推广服务中心（NA-TESC）等单位的职能

中华人民共和国成立以来，在推进农业技术的改进过程中，我国不断建立和完善了各个层级层次的农业技术推广与培训体系，在推进种植、养殖、加工技术的农业职业技术教育精准扶贫工作中，全国农业技术推广服务中心等单位尤其发挥着不可替代的作用。

农蔬种植方面，全国农业技术推广服务中心是我国农业种植技术培训的主要机构，下设县级农业技术推广服务中心、县级农业科学研究所等单位，对基层农技人员进行种植技术培训。基层农业技术人员承担着面向千百万农民短期种植技术普及培训的任务。

牧渔养殖方面，全国畜牧总站负责对县农牧局、畜牧局（乡镇技术推广人员）进行肉牛羊养殖技术培训。全国水产技术推广总站下设县水产技术推广站，同样负责基层农技人员的技术培训。中国水产科学研究院以渔业技术提升为目标，组建专家队伍，为渔业增效渔民创收保驾护航。

农产品加工方面，由农产品加工局进行加工技术的创新工作和推广培训工作。中国农业科学院农产品加工研究所参加农业部"农产品产地初加工惠民工程"，在贫困地区建立初加工基地，配备产后初加工设施设备，并采取"以奖代补"的方式，扶持农民农产品产地储藏、加工设施建设。同时，专家下乡进行科技支农行动。

农业部与其相关单位针对种植、养殖、加工技术的基本扶贫路径如图1所示。

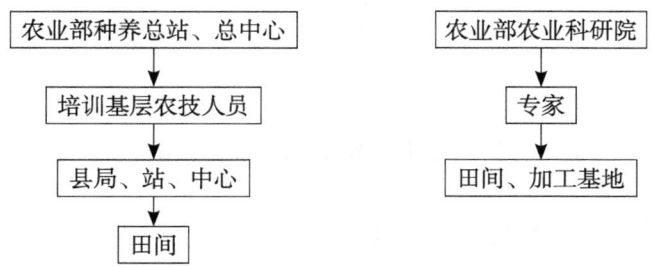

图1　农业职业技术教育精准扶贫路径 I

2. 通过扶贫项目强化技术引领与示范效用

农业产业园区等农业部扶贫援助建设项目，是提高贫困地区农民种植、养殖、加工技术的有效补充。由农业部协调，建立农业产业园区管委会，与农业部基层行政单位保持紧密联系，并与农业高校、地市级农业科研机构建立扶贫长期合作关系。其扶贫路径如图2所示：

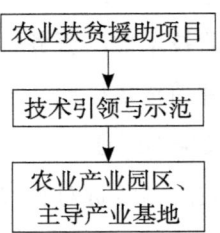

图2　农业职业技术教育精准扶贫路径Ⅱ

3. 开展远程教育，丰富农业技术信息资源

中央农业广播电视学校线上提供广播、电视、音像、培训杂志、12316电话等多渠道的农业信息服务，组建学校师资队伍，线下以县农业广播电视学校为主体，承担当地农民种植、养殖、加工技术培训，是我国重要的农业职业技术远程教育点。扶贫路径如图3所示：

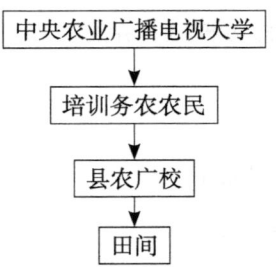

图3　农业职业技术教育精准扶贫路径Ⅲ

（二）扶贫办主导推进的扶贫项目

在我国扶贫工作的实施中，扶贫办作为最具时代特色的机构，发挥了非常重要的作用，推出了针对性很强的扶贫项目，以确保扶贫工作的积极

推进。"雨露计划"和"干部驻村帮扶"是扶贫办针对贫困农民农业职业技术提升的具有代表性的项目。《关于在贫困地区实施"雨露计划"的意见》(2007年扶贫办),明确面向贫困区农业技术扶贫培训两大工程:一是贫困家庭劳动力扶贫产业发展技能提升工程,扶贫培训对象是贫困村种植、养殖、农产品加工人员及农民专业合作社负责人等农业技术实用人才,采取高等院校、科研院所定点扶贫方式,分类组织开展各类农业技术培训;二是贫困村产业发展带头人培养工程,培训对象以致富带头人、村委会负责人等骨干农民为主,面向各级党校、行政学院、职业院校委托进行农业技术升级培训。到目前,"雨露计划"仍是贫困地区基层单位精准扶贫各项计划中的重中之重。

"干部驻村帮扶"项目是政府部门有效帮扶贫困村的包村管道。《关于做好选派机关优秀干部到村任第一书记工作的通知》(2016年扶贫办、中组部)明确提出,多种渠道遴选优质的专业干部人才进村连点帮扶是贫困区内源脱贫的源泉,是帮助贫困农民显著提升农业技术水平的重要路径。

(三)科技部针对贫困地区开展的科技特派员扶贫工作

科技部在我国的扶贫工作中,也扮演着重要的角色。它利用自己的部门优势,以贫困区农业主导产业为扶贫核心内容,从高校、科研院所、高新技术企业遴选高层次人才组建科技特派员,挂职连点帮扶,对当地农民、返乡农民工、大学生村官、乡土人才进行重点技术培训。以农业产业园区为当地贫困农民农业技术升级的载体,发挥园区示范带动作用。通过"科技农业园区+贫困村+贫困农民"的方式,实现当地农民技术培训效果与农业产业项目发展精准对接。

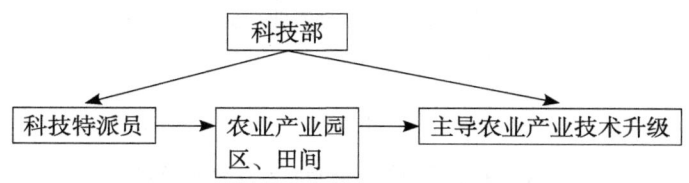

图4 农业职业技术教育精准扶贫路径Ⅳ

（四）农业院校与科研院所提供农业技术人才、科研成果及培训基地支持

各农业大学及综合性大学的农业研究所为主体的高等农业教育是我国农业职业技术教育扶贫的主要有生力量。以专家团、博士团的形式，主要以片区就近扶贫的形式，为贫困村创新特色农业产业、发展主导农业产业及关键技术、重点技术培训提供科研成果与人才资源。专门的高等农业职业技术学校和高职院校内部的农学院，是农村中等职业技术学校的教师资源库，以农村中等职业学校为根基的职业学校开展的面向当地农民的农业职业技术培训，是培养贫困村农业技术人才和新型职业农民的重要基地。

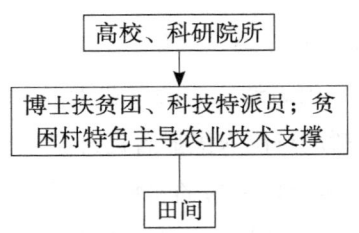

图 5　农业职业技术教育精准扶贫路径 V

（五）地市农业科研机构提供技术支撑

农业科研机构与贫困县农业基层单位、县乡镇村政府精准对接，建立长期扶贫合作关系，为贫困村主导农业产业发挥人才、技术等方面的优势。

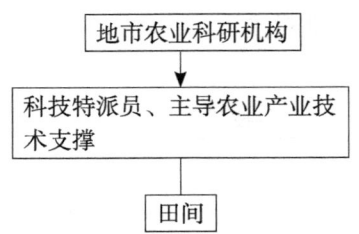

图 6　农业职业技术教育精准扶贫路径 VI

三、个案县农业职业技术教育精准扶贫的路径困境

（一）青海省互助县贫困地区现状

互助县是一个以土族为主，多民族聚居的农业大县，是六盘山连片特困国家扶贫工作重点县。县土地面积3424平方公里，县域耕地面积109.8万亩，人均3.2亩。县总人口39万人，其中农业人口33.94万人，占总人口的87%。县区辖8镇11个乡，294个行政村，2013个合作社，乡村户数8.7万户，乡村人口34.5万人。截至2016年，建档立卡的贫困乡（镇）18个，贫困村90个，贫困户10765户，贫困人口38102人。[①] 在今后不到3年的时间里，要完成每年减贫12700人以上。

互助县周边贫困村坡陡沟深、水资源稀缺、冰雹霜冻等自然灾害频发。多年来农村青壮年劳动力大量外流，劳动力老龄化、妇女化倾向明显，贫困村农业生产劳动力严重不足，生产方式仍以传统农耕式为主，农业机械化普及率低，劳动强度大且农产效益低，当地贫困农民增收困难。

（二）互助县贫困村农业结构特点

按照"县有支柱产业、乡有特色产业""一村一品，一户一业"的国家精准扶贫农业产业发展格局，农业部引导，使各镇—乡之间组建优势农业产业带。即南门峡—林川—台子—塘川产业带（特色蔬菜生产、青稞种植、树莓种植基地），五峰—西山—蔡家堡产业带（高原马铃薯种植基地），塘川—威远—东和产业带（杂交油菜制种、蚕豆制繁种、特色蔬菜生产基地），松多—巴扎—加定产业带（树莓种植、葱花土鸡养殖、白牦牛养殖基地）、东和—东沟—丹麻产业带（八眉猪养殖和獭兔养殖基地）。

在县扶贫规划中，按照"减麦扩草、稳油优蔬、控薯护药"发展思路，90个贫困村分别建立了燕麦、玉米青贮等饲草料生产基地；八眉猪、葱花土鸡、高原獭兔、白牦牛、肉羊等特色畜类养殖基地；油菜、蚕豆、

[①] 互助土族自治县人民政府.互助县2016年政府工作报告［R/OL］.（2017-04-17）［2017-10-13］. http://www.huzhu.gov.cn/contents/39/4372.html.

小麦、菜籽、马铃薯等特色产业生产基地；辣椒、黄瓜、西红柿、叶菜类设施蔬菜生产基地；长白葱、紫皮大蒜等露地特色蔬菜生产基地；树莓、大果樱桃、葡萄等特色果品生产基地；当归、黄芪等种植药材生产基地。以农、牧业为主的特色、主导种养业成为当地贫困农民增收的主要方式。

（三）互助县农业职业技术教育精准扶贫的路径

1. 农业各部门合作，开展与传统农牧业发展相关的技术培训

2012年，农业部颁发《地膜覆盖栽培指导意见》，指出西北干旱、半干旱地区以保墒提温、抗旱节水、增产增收效果显著的地膜覆盖栽培为贫困区农产品增产主推生产技术。以政策中推进的项目为扶贫导向，县农业技术推广中心农技员负责技术到田，进行地膜覆盖栽培技术的培训，保障传统马铃薯、蚕豆、油菜等主导农产品提量增值，促进农民增收。2015年全县示范推广全膜覆盖栽培技术27万亩，马铃薯全膜双垄栽培技术17.2万亩，平均亩产2437公斤，每亩增加农民收入321.6元；蚕豆全膜覆盖栽培技术2.55万亩，平均亩产380.4公斤，每亩增加农民收入623.1元；油菜全膜覆盖栽培技术1.6万亩，平均亩产317.6公斤，每亩增加农民收入242.4元；蔬菜全膜覆盖栽培技术4.65万亩，以大葱为例，平均亩产4200公斤，每亩收入8400元，覆膜后比露地栽培产量提高20%以上。① 利用冬春农闲时间开展"科技下乡"活动，举办全膜栽培专项科技培训班152期，培训农民35075人次，发放地膜、技术材料等，普及文化知识提升地膜栽培技术水平。开展"三联服务"活动，以主导农产品产业化发展提升农民全产业链知识和技能，选派农技人员进驻贫困村，每名农技员上联1名产业专家、联系1~2个产业村、联系10户示范户，开展产业化发展种植到加工环节的技术培训，辐射带动周围千户贫困农户。

农牧局开展"百名人才下基层"活动，围绕油菜、马铃薯、蚕豆、蔬菜、生猪以及饲草六大主导产业，从种养、农机等方面选派9名专家指导员，从县农技中心、蔬菜技术服务中心、种子站、畜牧兽医站、草原站、

---

① 互助土族自治县人民政府.互助县2016年政府工作报告［R/OL］.（2017-04-17）［2017-10-13］. http://www.huzhu.gov.cn/contents/39/4372.html.

农机站等6个推广单位抽调90名农技员开展片区的技术服务工作，分赴全县19个乡镇的90个贫困村，在备耕春播、春播田管阶段举办田间学校，确保扶贫人员直接到村、良种良法直接到田。重点培训测土配方施肥、机械深松、全膜覆盖、粮油高产创建、保护性耕作、生猪繁育育肥以及互助八眉猪等特色养殖业发展。依托县公益性农技机构，借助社会性技术服务专家团开展主导产业产前、产中、产后"全产业链"技术帮扶。

农业部"农业援青"项目以农业产业园为重心，成立农业产业园管委会，整合部门、高校、地方科研机构资源组建高原现代农业研发中心和农牧业专家工作站，专门进行新品种、新技术的引育和试验研究，以"园区＋公司＋基地＋农户"的模式进行示范培训，引导农民对无土栽培、滴灌种植等新技术的田间应用。推行"园区＋基地"多种技术示范培训模式，塘川镇"菜篮子""粮改饲"等乡镇基地作为示范辐射，带动家庭农场主、致富带头人、种养大户、返乡青年等农民主体，打开农民种植技术升级的"最初一公里路"。

互助县农业广播电视学校是县成人中等农业专业技术学校，发挥着培育职业农民固农兴农，提升当地农业产业化水平促进农民增收的重要作用。农广校以培育新型职业农民为导向，促进主导农产品生产技术提升为目标，对生产经营型、专业技能型和社会服务型三类人员进行分类培训，从农业产业园区、农技中心、蔬菜服务中心、畜牧兽医站等单位聘请30名具有实践经验和授课技能的"双师型"兼职教师队伍，从省农科院、青海大学以及县农业系统聘请专家强化师资。为有效落实《互助县新型职业农民培育方案》，农广校在全县19个乡镇实施"互助县农牧民绿色证书工程"，通过绿色证书培训，使从事农牧业生产的农牧民能够具备从事某项工作岗位规范要求的基本知识和技能；以农民产业发展需求为中心，实现培训内容与农民需求精准对接，进行"互助县农民田间学校建设"项目；在全县12个乡镇，通过集中培训和进村入户的形式，开展"农牧业专项技术培训"项目，培训后马铃薯平均亩产3000余公斤，亩增产500

公斤，亩增收比往年增加 350 元[①]；"四培一带"培训模式引领，将"阳光工程"培训项目和示范户培训有机结合，培养农民土专家、专业合作社成员和家庭农牧场，培养扩充新型职业农民队伍，促进当地农业产业化水平提升，促进农民增收致富；充分发挥"农业科技直通车"的作用，下乡赶集、播放节目、专家指导、现场培训，发放《优质马铃薯栽培技术》《杂交油菜高产高效栽培技术》《温室蔬菜栽培技术》《互助县无公害农产品生产技术》《青海农业实用科技》《农民科技培训》等资料教材，多方位提升农民的科学种田水平、农业生产技能和脱贫致富的能力。

2. 县委组织协调，组建互助县精准扶贫指挥部，推进扶贫项目的实施

一是健全和完善干部驻村帮扶工作机制，选派 354 名干部，组成 90 支驻村工作队进驻 90 个贫困村，采取"一帮一、一帮多、多帮一"等多种形式。二是投资 2821.8 万元，实施国际农发基金项目，培训农民 1380 人次，种植优质杂交油菜 15000 亩、树莓 4500 亩，建造温室 170 座、暖棚 590 座，购买牲畜 1434 头，育肥猪 5520 头；扶持互助县玉财畜牧养殖专业合作社、互助互宝加工有限公司。在主导种养业的基础上，以市场为导向，扩大经济作物、经济林果种植和畜牧养殖的方向转变，通过提高农业和畜牧业生产力，以及与优质的合作社和农业企业合作，可持续地增加贫困农牧民的收入。三是以农业产业园为平台，在设施蔬菜等领域示范推广农业物联网技术，引进加工投资大带动能力强的企业，带动特色种植、养殖、加工技术的应用。

3. 与农业院校和科研部门合作，开拓新的脱贫路径

以西北农林科技大学和青海农林科学院园艺所为主，重点支持特色种植业技术的推广应用，组建专家工作站，以农业产业园区为新技术展示的平台，在支持传统主导产业的基础上，重点支持贫困村和贫困户发展蔬菜、树莓、大果樱桃、葡萄、草莓、饲草和中藏药材等附加值较高的经济作物。在园艺所的协调下，与四川种都种业有限公司合作，在园区以及塘

---

① 互助县农业广播电视学校. 2015 年互助县新型职业农民培育工作总结 [R]. 青海：互助土族自治县，2017.

川"菜篮子"基地建成蔬菜制种基地 5 亩。

（四）县农业职业技术教育精准扶贫存在的问题

1. 优质、专业的培训人员不足

面对个案县千家万户的贫困农民，科技特派员、专家扶贫团等兼职性质的专业人力资本明显不足，县农技中心面对千家万户的贫困农户时，也普遍出现农技人员紧缺的现象，普遍的做法是配备 2～3 名农技人员服务当地贫困农村，乡镇政府组织农民进行技术培训。扶贫中基层农技人员匮乏，无法满足农业产业化发展及当地农民致富的需要，精准扶贫力量薄弱。

2. 园区等其他乡镇培训基地的技术示范到农民田间应用的效果不明显

农业产业园区、乡镇菜篮子、粮改饲基地等基础设施建设相对完善，多采用温室大棚进行品种引进、测土施肥、温控等现代农业种养加技术管理，但对于贫困农民来说，普遍缺乏在田间建温室大棚、投入温控设备等资金来源，因此农业产业园区、菜篮子、粮改饲基地中新技术的应用并不能带动当地农民利用这些技术进行生产，实现增收致富，出现农民新技术应用"热在上头，冷在下头，死在田头"的情况。

3. 中高等职业技术学校发挥培训的作用十分有限

职业培训是最能反映出职业学校办学活力的指标，但现实困境是县中等职业技术学校所开设的课程几乎与农业职业技术中种养加技术无关，学校开设的计算机及应用、机电技术应用、学前教育、中餐烹饪与营养膳食、服装制作与生产管理、物流服务与管理、焊接技术应用、汽车维修专业、护理、食品发酵技术等专业，专业设置"城市化""趋同化"明显，与县农业主导产业发展极不相符，无法为贫困农民进行农业技术培训。农业职业技术教师匮乏，不能为当地的农业生产提供技术支撑和咨询服务。另一方面，作为脱贫攻坚根本途径的"雨露计划"，培训内容与农业职业技术教育培训内容并无相关，培训内容多为转移农村劳动力的烹饪、民族歌舞、挖掘机操作、电焊瓦工、建筑油漆工等，导致中等职业学校在农业职业技术教育扶贫中尴尬地存在。

省市高职院校的课程设置极少与当地农业职业技术相关，无法为县农业产业化发展提供科研资源和师资队伍，对县农业产业发展及经济社会发展需要的农业技能型人才支撑不足。

4. 缺乏对农牧产品加工技术的培训

农业技术培训多集中在增产类实用技术如地膜栽培、蔬菜畜牧种养技术的培训上。加工基地多数停留在修建马铃薯储藏窖、蔬菜保鲜库等产地基础设施建设，少数处于原料型和初加工型生产阶段，加工技术多以马铃薯淀粉、粉条为主要内容，农业牧业主导产业及特色果蔬品初加工、深加工程度不高，主导农产品附加值低，不能在农业增产的基础上实现农民增收。

四、实现农业职业技术教育精准扶贫的路径思考

（一）国家政府需提供更多帮助

1. 完善专业人力资本编制，扩大专业人力资本规模

科技特派员、专家扶贫团等专业人力资本是带动农民农业技术进步的核心所在。我国目前农业职业技术教育精准扶贫过程中，在农业生产上出现专业人才不足和空缺的现象，专家团、科技特派员以及高校博士团等专业人力资本在农业主导产业差异化发展的要求中应对不足。因此，在政府主导的扶贫模式下，政府要通过编制建立专门稳定的扶贫人员；鼓励专家、博士、农技人员围绕主导农业产业进行技术创新，延长农产品增值链；在专业人才无法进行一对一精准帮扶的情况下，要充分挖掘和利用农民队伍长期在种养技术上的技术存量，提供农产品交易信息平台。

2. 补贴贫困农民农业机械资金

继续将农民的技术培训与农业产业园区、乡镇等基地建设相结合，补足农业园区内在发展动力，发挥农业园区示范引领功能，化解农民在农业田间生产的风险，对温室大棚等家庭农业设施建设进行资金补贴，确保农民掌握增产增收的新技术新手段，科技兴农。二是在组建和稳定专门的高精尖农业科技人才队伍的基础上，政府补贴普及农业机械，提高农业机械化覆盖率，加大农技和农机结合的力度。

（二）健全职业院校农业职业技术教育精准扶贫体系

职业学校发展的大政方针是"以服务发展为宗旨，以促进就业为导向"，中等职业技术学校在扶贫中应当以"公益性"的身份，服务当地农业产业发展，逐渐实现从贫困农民到职业农民的过渡。这种公益性的服务首先应当充分发挥农村中等职业技术学校布局布点优势，在校内完善或建立农业科研中心、技术培训中心、信息咨询中心以及创业指导中心，利用农业产业园区等农场资源，设点开班，校县对接，对接产业设专业，依托产业建专业，课程自主，健全服务。

省市高职学校扶贫应以"服务产业育人才"为原则，与地方中职院校对接，加强农业专业建设与种养加双师型队伍建设，精准定位种养加人才战略布局，为农村中等职业技术学校提供技术人才和双师型师资。

（三）地方政府助力农产品加工技术落地

农产品初加工、精深加工的培训意味着贫困农民将拥有更高水平的生产性技能，决定着贫困地区人口有能力更为有效地生产物质产品，实现物质生活水平的提升。农产品初加工、精深加工同样也是提高农产品附加值，增加农民就业岗位重要措施。因此，一方面要引进省外大型农业企业，培育、扶持当地农产品精深加工企业；二是加强与农业部农产品加工局、地市农产品加工机构的合作，定位主导农产品加工技术培训，如马铃薯蛋白提取、蔬菜果品真空冷冻干燥、肉制品酶技术保鲜等精加工技术，提高农产品附加值，在农牧业价值链增值收益的基础上，延伸职业农民的就业链，促进农民增收。

后 记

当前，我国职业教育已经达成 2014 年国务院召开的全国职业教育工作会议，教育部等六部门印发的《现代职业教育体系建设规划（2014—2020年）》中的发展目标：到 2020 年形成适应发展需求、产教深度融合、中职高职衔接、职业教育与普通教育相互沟通，体现终身教育理念，具有中国特色、世界水平的现代职业教育体系。我国职业教育已经从以规模扩张为主的外延式发展向以质量提升、机制完善为主的内涵式发展转变。职业教育生态持续优化，职业教育制度体系系统规范、运行有效。这本书作为《高原地区教育政策研究丛书》之一，是在北京师范大学洪成文教授策划指导下编纂而成的。洪成文教授还是高科院高原教育政策研究团队的学术带头人，高原教育政策研究团队是联合北京师范大学和青海师范大学两校教育研究人员共同搭建的科研团队，主要任务是在高原教育政策等领域进行原创性探索，为高原地区的基础教育、职业教育和高等教育的发展提供政策咨询支持。在他的带领下，该团队在教育学术研究，特别是教育政策研究方面取得了丰硕成果，2022 年该团队入选"青海省昆仑英才·高端创新创业人才计划""高端人才项目·引进团队"。

青海师范大学教育学院硕士研究生韩赵艳等同学，也为本书的编纂和顺利出版做了大量的工作，在此深表感谢。

郭 辉
2023 年 5 月